陕西师范大学史学丛书

丛书主编／何志龙

野蛮与文明

任凤阁　王成军／著

科学出版社

北京

图书在版编目(CIP)数据

野蛮与文明/任凤阁，王成军著 . —北京：科学出版社，2015.12
ISBN 978-7-03-047019-5

Ⅰ.①野… Ⅱ.①任…②王… Ⅲ.①世界史-文化-研究 Ⅳ.①K103

中国版本图书馆 CIP 数据核字（2015）第 318367 号

责任编辑：陈　亮　任晓刚/责任校对：何艳萍
责任印制：徐晓晨 /封面设计：黄华斌
编辑部电话：010-64026975
E-mail：chenliang@mail. sciencep. com

科 学 出 版 社 出版
北京东黄城根北街 16 号
邮政编码：100717
http://www.sciencep.com

北京九州迅驰传媒文化有限公司 印刷
科学出版社发行　各地新华书店经销
*
2016 年 5 月第　一　版　开本：720×1000 1/16
2018 年 1 月第四次印刷　印张：25 1/2
字数：400 000

定价：90. 00 元
（如有印装质量问题，我社负责调换）

丛书总序

　　在高等院校，教学与科研是一般教师关注的主要对象，教师们不仅关注自身的教学与科研，也关注他人的教学与科研，但对于学校和学院，高度关注的则是学科，即我们通常讲的学科建设。所谓学科建设，一般包含学科平台建设、师资队伍建设、科学研究和人才培养四个方面。学科平台建设，主要指硕士学位授权点和博士学位授权点的设置和建设，博士后科研流动站的设置和建设，另外也包括教育部人文社会科学重点研究基地的设置和建设，以及其他各类研究平台的设置和建设。师资队伍建设，主要指师资队伍的规模、职称结构、学历结构、年龄结构、学缘结构等方面。科学研究，主要指师资队伍成员从事学术研究所产出并公开发表和出版的学术论文、著作以及研究报告等。人才培养，主要指硕士学位授权点和博士学位授权点所培养的硕士研究生和博士研究生的数量、质量及其在学术界的影响和社会各行业的影响。学科建设的四个方面相互依托，相互促进，相辅相成，共同构成了学科建设的有机整体。其中，学科平台是基础，有了学科平台，有利于引进人才和加强队伍建设，有了学科平台，才能招收研究生，进行人才培养。队伍建设是核心，拥有一支合理的师资队伍，才能支撑和维持学科平台，才能有进行科学研究和人才培养的主体。科学研究是关键，科学研究的成果体现学科平台的力量，也是培养人才的前提和基础，没有较强的科学研究能力，不可能培养出合格的人才。人才培养是目标，人才培养必须依托学科平台，同时，人才培养不仅必须要有师资队伍，而且必须要有具备科学研究能力的师资队伍，才能完成合格的人才培养。

　　与国内大多数高校的历史学科一样，陕西师范大学的历史学科建设，在2012年之前，主要进行的是学科的外延建设。所谓外延建设，就是指增加学科的数量和规模，如拥有几个一级博士学位授权点，几个国家重点学科以及几个教育部人文社会科学重点研究基地等。随着我国改革开放的深化和综合国力的增强，民众对高等教育有更高期待，党的"十八大"明确提出推动高等教育的内涵发展，走以质量提升为核心的内涵发展道路，高校学科建设进入了一个新的时期，学科建设的重点由外延建设转向内涵建设。外延建设主要强调量，而内涵建设则更加注重质，外延建设为内涵建设奠定了坚实的基础。也就是说，在已有学科平台的基础上，凝练高水平的队伍，产出高水平的成果，培养高质量的人才，将成为学科发展的关键所在，而统领这三方面的正是学科特色。凡大学都应该有自己的特色，大学的特色集中体现在学科特色上。所谓学科特色，主要指在某一学科的某一领域，凝练一支高水平的研究团队，产出一系列有影响的研究成果，同时培养出一批在学术界和相关行业有影响的人才。为什么说学科特色是学科内涵建设的灵魂，原因有三：一是从人力资源配置看，很难有一个高校有能力支撑一个学科（一级学科）所包含的所有学科领域。二是从财物资源配置看，很难有一个高校有能力支持一个学科（一级学科）所包含的所有学科领域发展所需要的财力和物力。支持学科建设不仅要有研究团队，而且要有为研究团队提供从事科学研究所必需的财力和物力，如从事历史学研究所必需的场所设施、网络环境和图书资料等，只有满足人、财、物的合理配置，才能进行科学研究。三是只有发展学科特色，资源配置才能实现成本最低，效率最高。如果学科领域广泛，需要配置的文献资源也必然广泛，相应地如果学科领域相对集中，需要配置的文献资源也相对集中，成本低而利用率高。另外，发展学科特色，易于承传学术传统，易于形成内部合作，易于产出系列成果，易于团队培养人才，易于形成学术影响，也易于保持学术影响。

发展学科特色需要考虑诸多因素。作为历史学科建设，要充分考虑地方历史文化，形成自己的学科优势，这种优势既能更好地服务地方，也能充分彰显自己的学科特色。要注重已有学术传统，顺应国家长期发展的重大战略目标，着眼未来，长远规划学科特色。要充分考虑学校的实力地位，谋划学校能够实现的规划，因为学科建设规划只有在人、财、物的可持续投入基础上才能实现。

陕西师范大学的历史学科，依托地处周秦汉唐历史文化中心，考古资源丰富，出土文物规格高和数量大的优势，经过几代历史人70多年的不懈努力，逐步形成了以周秦汉唐历史为主要研究领域的学科特色，中国古代史国家重点学科的获批，也是对这一学科特色的充分肯定。随着国家对历史学科精细化分类管理，原来既是门类也是一级学科的历史学一分为三，调整为中国史、世界史、考古学三个一级学科。根据学校地位的变化和学校对历史学科人、财、物的持续投入状况，面对三个一级学科的评估和建设，在国家一流大学和一流学科建设中，我们面临着前所未有的巨大挑战。在严峻的挑战面前，思路必须明确，决策必须正确，行动必须快捷。环顾国内外高等院校学科建设成功者，无不具有显著特色。我们在学科内涵建设中，特色发展是唯一选择。作为中国史一级学科，其统属的中国古代史和历史地理学两个国家重点学科，是我校的特色学科，也是我校的优势学科，在国内学科建设的激烈竞争中，只有加大建设力度，才能保持优势地位。而要保持传统优势学科的地位，除了加大已有建设的力度，还必须不断探索新的学科增长点，才能进一步强化学科优势，彰显学科特色。中央提出的"一带一路"建设，是我国发展的大战略，为地处丝绸之路起点的我校历史学科发展迎来了难得的发展机遇，学院"丝绸之路历史文化研究中心"的建立，不仅顺应了国家重大战略需求，同时也是我院探索新的学科增长点的体现。中国史升格为一级学科后，发展中国近现代史学科势在必行，而从时间和空间上看，中国近现代史学科的研究领域同样极为广泛，我们也必须选择某一领域，重点建设，特色发展。西北地区的近现代史研究是中国近现代史研究的重要组成部分，把西北地区的近现代史作为我校中国近现代史学科的发展方向，同样具有明显的地域优势，也必将成为我校的学科特色和新亮点。

此外，文物与博物馆学也是学院谋求学科建设发展特色的一大发力点。2008年1月23日，中宣部、财政部、文化部和国家文物局联合下发《关于全国博物馆、纪念馆免费开放的通知》，根据该通知，全国各级文化文物部门归口管理的公共博物馆、纪念馆，全国爱国主义教育示范基地将全部实行免费开放，博物馆已成为国民素质教育的重要基地。在全国范围内，博物馆如雨后春笋，发展迅猛，但博物馆学的专业人才却明显不足，这就为高等院校博物馆学人才培养提出了新的要求。陕西是考古大省、文物大省，更是博物馆大省，博物馆的人才需求也相对较大。基于地缘优势和省内学科建设差异化发展的思路，我校在考古学学科下重点发展博物馆学，经过十多年的发展，取得了一定成就，陕西省文物局与我校签订战略合作框架协议，国家文物局在我校设立文博人才培训示范基地，充分说明我校重点发展博物馆学符合陕西省和国家对博物馆人才培养的需求，特色建设博物馆学的思路得到了肯定和支持。我们将在国内博物馆学研究的基础上，学习、借鉴、吸收国外博物馆学的理论和方法，深入探索努力构建我国博物馆学的学科理论体系，彰显我校博物馆学的学科特色。

彰显学科特色的要素很多，但产出颇具影响的系列研究成果尤为重要。为此，学院设计出版《陕西师范大学史学丛书》。本丛书首批 17 本，均为学院教师近年新作，每本书的内容不少于三编，作者自序。丛书的内容广泛，涉及中国古代史、中国近现代史、世界史等。希望通过出版本套丛书，集中展现学院教师近年来学术关注的领域和成就。鉴于本丛书是在我校大力推进一流学科建设的开启之年规划完成的，故以一流学科建设的思路代为本套丛书之总序。

何志龙

陕西师范大学长安校区文汇楼 C 段 209 室

2015 年 12 月 25 日

前　言

《野蛮与文明》一书也可称为《远古时代》，主要讲述了原始社会的历史演变进程。通过对原始社会历史的学习，可以了解人类社会是怎样起源的，人类历史是怎样开端的，人类社会是如何由母权到父权、由公有到私有的，私有制、阶级和国家是如何产生的，以及人类社会是如何通过蒙昧时代、野蛮时代而进入文明时代的。

马克思主义经典作家把原始社会称为"太古时代"[①]，或者沿用摩尔根的说法称其为"蒙昧与野蛮"时代。在人类历史的五大经济形态中，原始社会是一个距离今日最为遥远而又最为有趣的时代。它是后代文明社会的起点或发源地。现今世界上的所有民族都曾经历过这样一个原始而又落后的时代，因此，研究任何一个民族的历史都应当从这个十分遥远而有趣的时代开始。只有了解人类社会的过去，才能更好地理解人类社会的现在；只有更好地理解人类社会的过去和现在，才能更好地预知人类社会的未来。从这个意义上讲，学习远古时代的历史——人类历史的第一章，具有首要的意义。

原始社会与文明社会相比，具有四个明显的特征，那就是生产力水平极端低下，生产工具简陋粗劣，基本上没有剩余产品；生产资料公有，没有私有制度；没有阶级、没有剥削、没有压迫，人人自由平等；社会发展速度极端缓慢。石器的制造，由打制到磨制，仅仅这么一点变化，竟然经历了将近300万年的时间，社会发展之缓慢可想而知。

原始社会是一个野蛮落后的时代，粗野无文的时代，但绝不能由此认为原始人类社会发展的贡献是微不足道的。在原始时代，凭着辛勤劳动与努力创造，人类终于学会了制造工具，揭开了人类历史的第一页；由不会说话的哑巴到发明了语言，终于开口说话；由茹毛饮血，生吞活剥，到天然火的利用，再到发明人工取火，开始熟食；把飞鸟培养成家禽；把野兽驯化为家畜；把野草野菜

---

① 恩格斯：《反杜林论》，北京：人民出版社，1999年，第118—119页。

培育成庄稼；征服了野兽，保存了人类；发明了陶器；开始了金属的冶炼；创造了图画文字，结束了无文字的原始时代。

通过原始人的辛勤劳动与创造，人类最终告别了粗野无文的原始时代而跨入了文明社会的门槛。试想，没有工具，没有语言，不知用火，那曾是一个什么样的世界？没有家畜，没有农业，没有金属，没有文字，那又曾是一个什么样的世界？今天的人类世界之所以能够如此繁荣，没有原始人类的创造基础，那将是不堪设想的。从这个意义上讲，没有原始人的辛勤劳动与创造发明便没有人类的今天。原始人的贡献是巨大的，对人类社会的发展具有重大意义，应予以充分的肯定。

在脑海中酝酿着写这本书已经是十多年前的事了。那时，学生们要我为他们编写一套通俗易懂、史料丰富，而且能够引起他们阅读兴趣的具有科学性、知识性和趣味性的原始社会史。限于水平，久久未敢动笔。但作为一个人民教师，对于学生的恳求是很难忘怀的。这次动笔撰写，一则是许愿当还；二则是企图对史前时代的一些暗昧之区（如木器时代、产翁制度、生殖器崇拜、食人之风、猎取人头等）加以探索；三则还力图对本书所列专题的有关最新科研成果加以研究。

《野蛮与文明》一书，系为广大青年与历史科学爱好者而写，客观上也为民俗学家、民族学家与人类学家提供了大量的资料，其写作特征系专题论述，因而各章相对独立、自成一体；但就全书与各章内容而论，在写作时又严格遵照了时代顺序与事件本身之发展规律与脉络。这样，读者既可以遵照顺序依次阅读综览全书；也可以选读某些章目了解部分专题。有些专题，如人类起源之争与单偶婚等，为了使读者能够有个全面、系统、淋漓尽致的感受，在写作时，并未以远古时代为限，而是自古迄今一气呵成。不过，本书既然题为"远古时代"，其重点自然放在"远古"这一时期。

晚明时期，苏州有位著名的文学家名叫冯梦龙。有一天，他见一位青年切菜时弄破了手指，但却若无其事继续切菜。有人问他痛不痛，青年说："我刚从玄妙观听书回来。关云长刮骨疗毒，照样又说又笑，我弄破一个手指头，算什么！"冯梦龙听了，深受启发，觉得一本通俗小说的教育作用要比孔孟经典大得多。自此，他把毕生精力放在民间通俗文学的搜集、整理与出版事业上。他改编了《平妖传》、《新列国志》等长篇小说，编纂了合称为"三言"的《古今小说》（《喻世明言》）等书，做出了不少贡献，并由此而负盛名，成为著名的通俗文学家。笔者无条件成为文学家，但却希望把《野蛮与文明》一书写得通俗流畅，让那些对历史过往兴趣盎然的非专业读者也能顺利阅读。我想，只要努力，目的一定可以达到。

为了适应广大青年读者的口味与要求，本书力争做到通俗易懂、深入浅出、生动活泼、雅俗共赏、资料丰富（在某种意义上本书可以说是六十多个专题的资料汇编），同时融入最新科研成果，不仅给人以知识，而且给人以享受。但限于水平，能否做到，没有把握，只能说是奋斗目标。

在一些有争议的问题上，比如先木器论、先木器时代与先石器论、先石器时代论；人类何时开始用火；弓箭何时发明；乱婚、班辈婚存在与否，等等。笔者不落俗套，人云亦云，而是坦率地阐明自己的观点与结论。作为一家之言，或可抛砖引玉就教读者，或可对读者有所启发。

自从 1836 年，丹麦皇家博物馆馆长汤姆逊将原始社会划分为石器、铜器和铁器三大时期以来，在全世界范围内，史学界一直遵循着这样的分期。最近这些年，人们对此提出质疑，人类最先制造的工具究竟是石器还是木器，人类历史的开端究竟是石器时代还是木器时代，这已成为史学界普遍关注的重大问题。作者于本书结尾，在《附文二则》中，详尽地阐明了自己的"先木器与先木器时代"观点，望能引起讨论。如果肯定了先木器与先木器时代，这将使原始社会的分期产生重大变化，人们对石器在早期人类社会中的地位与作用也会作出新的评价，对于人类年龄与人类故乡的论断势必也会有所变化。

在一些历史学家谈论颇少的一些问题上，比如木器时代、乱婚、食人之风、猎取人头、血亲复仇、抢劫婚姻、原始教育、产翁制度、生殖器崇拜，等等，本书也作了一定的介绍与研究。这些都是历史上确曾广泛流行与长期存在的历史现象，对此我们不应回避，而应加以探索。

在没有法律（成文法），没有法庭，没有监狱，没有宪兵、警察、知事和审判官的原始时代，原始人对于无理伤害他们同族成员的凶手或肇事者进行血亲复仇是完全可以理解、无可非议的。血亲复仇在那时被视为复仇雪耻的正义之举，确曾获得受害集团全体成员的支持。反之，原始时代如果不对肇事凶手进行惩戒，任其欲为，那么社会安宁将无从保障。至于谈到食人之风与猎取人头，那则是生产力水平低下，食物贫乏，宗教迷信与愚昧无知的综合反映。用历史的观点来看，它们的发生自有其历史必然性，这与文明时代那种"人相食"的惨剧有着本质的区别，后者是人类社会发展、阶级压迫的产物。显然，对这种人类历史不同时期出现的类似现象，我们应坚持正确的史观，从本质上分析其各自产生、发展、消亡的必然性。这样也更加有助于阐明历史唯物主义的基本原理。

在人类历史上，原始社会是一个为时最古、历时最长、问题最多而文字资料又最为贫乏的时代。如果把整个人类历史估计为 300 万年，那么，原始社会这个人类历史的第一时期就占有 299.5 万年的时间。严格来讲，这一时期仅有实物资料而无文字资料，或者说文字资料相当贫乏。因此，研究这一时期的历史，必须依靠考古学、民族学、人类学、民俗学与古生物学的有关资料。甚至，还必须研究远古的神话和传说。尽管实物资料本身并不附有主观偏见，但如何分析，如何解释却又因人而异，甚至众说纷云。同时，又因实物资料 ——人类化石、人类遗物、遗迹、遗址、甲骨文、钟鼎文、金石文等等，既非白纸黑字，而又十分贫乏，定性、结论往往需要多方考证。因此，远古时代问题最多是难免的。为了不落俗套人云亦云，彼此传抄，笔者对于远古时代的诸多问题进行了全面探索与考证，从而导致在不少问题上笔者的结论都与传统观念相去甚远，甚至根本对立。作为学术探讨，笔者不愿落俗，愿意坦诚相见，知无不言，言无不尽。力争做到言之有据，言之成理，不发空论，不失为一家之言。尽管如此，失误疏漏实所难免，望读者赐教，愿将此书作为引玉之砖。

传统观念认为，"为了把木棒削尖……必须使用石器"。因此，石器发明在前，木器发明在后，其实，恰恰相反，考古学、人类学、民族学、民俗学的有关资料都表明：木器发明在前，石器发明在后；传统观念认为，"木器时代从未有过，而且也不可能有"。其实，考古学、民族学、民俗学、人类学的有关资料都证明：木器时代确曾有过，而且相当漫长；传统观念认为，"乱婚"（杂交）存在于猿群，而不存在于人类社会。其实，人类学、民族学、民俗学、文献学，以及大量的"乱婚节日"都证明：人类社会之初确有乱婚，乱婚是人类社会的第一种婚姻形态；欧美学者、苏联学者以及中国的不少学者认为，班辈婚姻"纯属虚构"。其实，民族学、民俗学、文献学与远古的神话传说都证明：班辈婚姻确曾存在；传统观念认为，人类发明衣服是在尼人时代，理由是此时发明了骨针。其实，骨针之前尚有木针、竹针的存在与运用，其发明时代是在猿人时代的晚期。发明衣服的最初目的不是为了遮羞与美观，而是为了御寒、防虫。使用价值在前，审美价值在后，使用价值先于审美价值，羞耻的观念是后来产生的；某些专家认为，普那路亚婚是"族外群婚的最高发展阶段"。另一些专家则认为，普那路亚婚是"由母系向父系过渡埋藏的产物"。其实，普那路亚婚是由血缘家庭发展出来的；传统观念认为，弓箭的发明是中石器时代开始的标志，甚至还有学者认为，"弓箭的发明是中石器时代晚期的最大成就。"其实，大量事实证明：弓箭的发明是在旧石器时代晚期，最少要在 3 万年前；专家们一致认为，家畜驯养开始于中石器时代。其实，家畜驯养应该开始于旧石器时代末期，至少，狗的驯养就开始于旧石器时代。某些专家认为"虽然，在原始社会里没有产生阶级，没有形成剥削，但是由于原始落后所产生的血亲复仇，给人类带来的危害和苦难，其程度并不亚于阶级压迫所造成的罪恶和痛苦。"其实，这种说法未免言过其实。因为，与阶级压迫相比，血亲复仇毕竟既不经常，也不普遍，并不像阶级压迫那样曾经经常涉及当时社会的每一成员。对于血亲复仇更不应简单地以"原始"、"落后"、"野蛮"、"残忍"等词一口骂倒。因为，用历史的观点看，在那时，血亲复仇实是一种伸展正义之举。它的发生是合乎规律的，具有一定历史必然性；传统观念认为，小亚细亚的吕底亚王国是世界上最先铸造铜币的国家（前 7 世纪）。其实，中国西周时代（约前 1046—前 771）就已开始铸造铜贝——货币。

对于上面这些问题，还有天然火的利用何时开始？抢劫婚姻为何发生？以及产翁制度、图腾崇拜、祖先崇拜、生殖器崇拜、食人之风、猎取人头发生的原因，等等，本书均做历史和文化方面的考证，将于正文详细论述。

远古时代没有文字，因此，人类的化石、遗址与遗物等非文字资料，对于研究那时人类的历史具有特别重大的意义。考古资料多半来自地下，不易伪造，具有极高的史料价值，本书予以高度重视，特别是对于近年来世界各地的考古新发现更注意分析利用，不使遗漏。但仅有考古资料还不够，比如要想运用考古文物说明远古时代人类的相互关系、有无战争、首领如何产生，有无特权，等等，就有困难。因此，除考古资料外，还必须参考落后部落进行研究。应当知道，对世界上现存原始民族的研究，是一把帮助我们继续解开"历史上那些极为重要而至今尚未解决的哑谜的钥匙"①。事实上，运用民族资料研究原始社会史，就会使我们对原始社会的了解更加全面，更加形象，更加生动和具体。作者在撰写此书时，曾经参阅了大量的民族学的有关资料。固然，时至今日，落后部族大都已经受到文明社会的影响，但其基本的社会面貌则仍相去不远。比如，社会的原始性、公有性、平等性，等等。因此，民族学的有关资料对于撰写远古人类的历史是必不可少的。没有考古资料，没有民族学与人类学、古生物学、民俗学的有关资料，撰写此书实无可能。故此，愿向辛勤劳动的有关学者与工作人员深表致意，恕不列举。

---

① 《马克思恩格斯选集》第 4 卷，北京：人民出版社，1995 年，第 3 页。

目录

上

编

一、从神话说起

最初，世界上本没有人类。人类在地球上出现，大约仅有三百万年的历史。那么最早的人类是从哪里来的？人类的最古祖先是谁？关于这些问题，长期以来，科学与宗教，唯物论与唯心论之间，就展开着激烈的争论。然而，首先回答这些问题的却是远古的神话，那么，就让我们先从神话说起吧。

关于人类起源问题，科学不发达的远古时代，就曾有过种种的神话和传说。

古埃及人认为，最初的人是由赫姆神在陶器场里用陶土塑造的。后来，赫奴姆神又同女神赫脱一道，把生命注入了这些泥人的身体里，于是，这些泥人也就开始欢蹦乱跳起来成了活人。

古希腊人认为，最初的人是由泽维斯神用泥土塑造的，而泽维斯神的妻子亚非娜则又把生命送给了这些泥人，于是，这些泥人也就一个个地变成了具有生命的活人。

关于人类的起源，克拉霍印第安人曾有这样一个传说：最初的世界上只有两个男人——普德和普德莱尔，他们孤零零地生活着，没有任何女人陪伴，后来，他们感到寂寞极了，于是普德就决心要创造一个女人。这天中午，普德与普德莱尔的圆木赛跑[①]，刚一结束，普德就到溪水中去洗澡，洗毕回家时，却把自己的宝葫芦留在了水里。哪知普德刚一离开，溪水中就发出了奇特的霹雳声，接着，一位美女缓缓而出，走上岸来。

当普德莱尔见到这位美女，就惊奇地问："你是谁，是从哪里来的！到我这儿来吧，这里是我的家。"[②] 但美女却说："我是普德的女人！"[③] 接着，就继续前进，到普德家里去了。

普德莱尔被女人的美貌迷住了，而自己却不会创造女人！次日，普德请普

---

① 直至今日克霍人无论男女都举行着肩扛棕榈圆木的接力赛跑。
② 刘达成、蔡家骐、李光照编译：《当代原始部落漫游》，天津：天津人民出版社，1982年，第252页。
③ 刘达成、蔡家骐、李光照编译：《当代原始部落漫游》，天津：天津人民出版社，1982年，第252页。

德莱尔一起去打猎，而他却躺在茅屋里装病，并且还用唾沫当眼泪欺骗了普德，谁知道普德刚一出发，他就跑到普德家里，向这位美貌的女人求起爱来，最后，女人动心了，两人就结了婚。普德回来，发现木已成舟，不但没有生气，反而接受了这个现实，送了人情。

接着，普德又去溪里洗澡，故技重演，创造了第二个女人，她比第一个女人更加妩媚人。当她走到普德莱尔家门时，普德莱尔又说："到这儿来吧，这儿是你的家！"① 可是，她没有理睬，直接向普德家里走去，成了普德的妻子。

为时不久，普德创造的两位女人都生了孩子，开始了子子孙孙繁衍。这样一来，克拉霍人越来越多了，他们的共同祖先就是普德和普德莱尔，自从普德莱尔创造人类之后，世界上才开始有了生命和死亡。

关于人类的起源，在中国，也曾有过女娲氏抟土造人的神话。根据这个神话，有位名叫女娲的女神，因为感到孤寂无聊，就按照自己的样子，用黄土造了第一批泥人。后来，她心烦了，干脆顺手折断一根藤条，蘸上泥浆，在地上摔打起来，结果溅出的小泥点也一个一个地变成了人。接着，女娲神又给他们吹了一口气，小泥人就都活了，都会跑会笑会说话了，并且它们自称是"人"，还把女娲称作"妈妈"。不久，女娲神又让男人和女人成婚，繁殖后代，人类也就一天天地多起来了。结果，女娲神所创造的第一批人和他们的子孙就成为社会中的富人，而烂泥浆溅成的小泥人和他们的子孙就成了社会中的穷人。可见，人类一出世就有天生的不平等，一些人是上天注定的富人或统治者，理应压榨别人；而另一些人则是上天注定的穷人或被统治者，理应遭受剥削。显然，这样的神话，是属于在阶级社会中占统治地位人们的主观臆造。②

总之，世界上各个古老的民族几乎都曾流传过类似这样关于人类起源的神话。然而，神话毕竟不是确切的历史，它多半都是原始时代的人类由于历史条件的限制，生产力水平的低下，征服和认识自然的能力的薄弱，科学知识的贫乏，而对人类起源这一问题的愚昧无知的臆想。

随着人类由原始社会进入文明社会，阶级出现了，而各种思想也就清楚地打上了阶级的烙印。剥削阶级为了麻醉和奴役人民，维护他们的特权利益和统

---

① 刘达成、蔡家骐、李光照编译：《当代原始部落漫游》，天津：天津人民出版社，1982年，第254页。

② 富人与穷人的由来，系宋代《太平御览》第七十八卷强加给这个神话的。

治，开始利用和篡改神话，编造了关于人类起源的种种谬论。其中影响最大，直到 18 世纪还在全世界广为流传的，就是原出于《圣经·创世纪》的"上帝造人说"。根据这个说法，上帝耶和华于 7000 年前，在一周之内，不但创造了天地和日月星辰，而且创造了动物和植物。最后，用"红泥"，按照自己的样子，创造了第一个男人，名叫亚当。接着，上帝又给亚当的鼻孔里吹了一口气，他便成了活人。后来，上帝为了不使亚当感到孤独和寂寞，就趁亚当睡熟的时候，从他身上取下一根肋骨，创造了第一个女人，名叫夏娃。而且，夏娃又自动地成了亚当的妻子。这就是人类最古的祖先。今天的人类就是由他们世世代代生育而来的子孙，不仅如此，《圣经》上还说，人类的祖先——亚当和夏娃，曾经在蛇妖的引诱下，违犯上帝的告诫，偷吃了伊甸乐园的禁果——智慧之果，上帝为了惩罚他们，就给他们和他们的子孙也就是后代的人类，设置了种种苦难。这样一来，人类在社会生活中经历的种种不平与苦难，自然也都成了上帝早已安排定的对于人类"原罪"的公正惩罚。因此，下层人民的反抗斗争，自然也就成为"大逆不道"的事。

甚至，直到 17 世纪中期，英国剑桥大学副校长约翰·美特福特还居然破天荒地第一次公开宣称，上帝造人是在"公元前 4004 年 10 月 23 日上午 9 点整!"[①] 奇怪的是，如此毫无科学的谬论，竟然获得了新兴的资产阶级的大力宣扬。而且认为上帝所创造的一切都是"永恒不变的"。总之，在他们看来：人类是由上帝创造的，人类的产生和其他动物毫无关系，从上帝造人开始，人类的体质就和现在一模一样，毫无变化，而且，今后也永远不会变化。

那么，当时的统治者为什么那样卖力去宣传这种毫无根据的"上帝造人说"呢？他们的目的要说明：整个世界以及人类社会的一切，都是由"造物主"——上帝所创造和安排定的，是神圣不可侵犯的。当然，现存的种种社会制度也丝毫不能例外。这样一来，即使人们遭受不公平的待遇、下层人民生活困苦凄惨，也是天经地义的事。因此，人类只有听天由命，尽力维持和遵从上帝所安排的社会秩序，而不应当起来反抗。否则，便是逆天行事。

在过去，一方面由于统治者的大力宣扬；另一方面也由于历史条件的局限，人们的科学知识异常贫乏，根本无法正确解释人类的起源。因此，这类神话得

---

① 另一说法是，英国爱尔兰的大主教厄谢尔引牛津大学圣约翰学院的日历说："上帝创造第一个人——亚当是在公元前 4004 年 3 月 23 日下午 4 时正。"

以广泛流传，长期统治着人们的思想观念。

恩格斯（1820—1895）曾指出："世界是神创造的呢，还是从来就有的？哲学家依照他们如何回答这个问题而分成了两大阵营。凡是断定精神对自然界来说是本原的，从而归根到底承认某种创世说的人……组成唯心主义阵营。凡是认为自然界是本原的，则属于唯物主义的各种学派。"① 唯物主义学派与唯心主义阵营通过长期的论战，终于取得了巨大的进展。随着生产斗争和科学实验的不断发展，人类对自然界的认识逐步深入，对人类的起源问题也有了科学的理解。科学的结论却和上述的"上帝造人说"相反：不是上帝按照上帝的形象创造了人类，而是人类按照人类的形象创造了上帝。那么，人类究竟如何产生？人类的祖先究竟是谁？下面就来谈谈这些问题。

---

① 《马克思恩格斯选集》第4卷，北京：人民出版社，1995年，第224页。

二、人类起源的科学结论

应当知道，人们对于原始社会的研究是为时很晚的，甚至直到 19 世纪中期，人们对于原始社会的历史还可以说是茫然无知的。恩格斯说："在 1847 年，社会的史前史，成文史以前的社会组织，几乎还没有人知道。"[①] 30 年后，美国民族学家摩尔根于 1877 年，出版了《古代社会》一书，受到了马克思和恩格斯的高度重视。4 年之后，马克思出版了《摩尔根〈古代社会〉一书摘要》。接着，恩格斯于 1884 年，又出版了《家庭、私有制和国家的起源》这部不朽的著作。这样一来，马克思和恩格斯就在摩尔根提供的丰富资料以及前人成就的基础上，阐明了人类社会的起源和发展，确立了原始社会史这门崭新的科学体系。可见人类对于原始社会史的研究，到今天为止，充其量也不过仅有一百多年的历史。至于人类如何产生的问题，尽管远古时代已经有了各种各样的揣猜和假说。可是，同样，直到 19 世纪后期，这个问题才算获得了正确的结论。

1859 年，英国著名的生物学家、生物进化论的奠基人达尔文（1809—1882）在总结前人成就的基础上，出版了《物种起源》一书，用大量生物进化的论据证明：一切生物并不是上帝所创造的，而是由低级到高级，由简单到复杂地进化而来的。一切生物都在不断地发展和变化之中，高等生物系由低等生物进化而来的。

1871 年，达尔文出版了《人类起源和性选择》一书，证明：人类也不是上帝创造的，而是由一种已经灭绝的高度发展的古猿——古代类人猿演化而来的：人和现代猿起源于一个 共同的祖先。达尔文的学说，既否定了物种不变说，也否定了"上帝造人说"。它轰动了世 界，给"上帝造人说"者以沉重的打击。恩格斯曾对此予以高度评价，他把达尔文对于自然界规律的发现，比之于马克思对于社会发展规律的发现，说"达尔文的著作（指《物种起源》），写得简直好极了"（1859 年 12 月 11 日或 12 日，给马克思的信）。

---

① 《马克思恩格斯选集》第 1 卷，北京：人民出版社，1995 年，第 272 页。

然而，达尔文的伟大贡献绝不能完全归功于他个人的才能，他是在前人成就的基础上取得的。没有前人对生物研究的成果和资料，没有大量古生物化石的积累与研究，达尔文就不可能有此辉煌成就。尽管达尔文已经发现了人类的真正祖先，证明了人是由古代类人猿演化而来的，但由于历史条件、思想观念和研究视野的限制，他并未能科学地解释古猿怎样转变成人，什么原因使古猿转变成人，猿和人的本质区别是什么，也未能认识劳动在从猿到人转变过程中的决定作用。他甚至认为，人也不过只是生物界出现的一个新物种而已，人和古猿并没有本质的差别，"两者所差异，只是发达程度高低不同罢"①。在达尔文看来，古猿演化成人的过程，只是一种属于生性界的不断进化。他只承认量变，而不承认质变。他根本不懂得什么飞跃或突变。显然，达尔文在人类起源这一问题的最大贡献就是将人从上帝的怀抱又抛回到自然界的生物进化过程中。而人之所以为人，人与动物是否有根本的区别，人类进化中的关键性的质变问题，等等，这些人类进化中的重大问题，达尔文并没有回答。事实上，单靠生物进化论的观点对此确实也是无法解释的。因此，达尔文在研究生物进化与人类起源这一问题所达到的唯物主义观念，只是属于"自然科学家的自发唯物主义"②阶段，他并不是一位彻底的、自觉的唯物主义者。

　　格斯运用辩证唯物主义和历史唯物主义的原理，概括了其所处时代的最新科学成就，于1876年在达尔文还在世时就发表了《劳动在从猿到人转变过程中的作用》这篇光辉的著作，科学地揭示了"从猿到人"的根本规律；创立了"劳动创造了人本身"的伟大理论；纠正和补充了达尔文的论断。恩格斯明确指出，人类所以从动物中分化出来，是由于劳动的结果，劳动在从猿到人的转变过程中起决定的作用，"以致我们在某种意义上不得不说：劳动创造了人本身。"③

　　这样看来，在人类起源这个问题上，达尔文的主要功绩在于他把人从上帝手中解放了出来，但把人归还于动物界；而恩格斯则不仅又把人从动物中提升出来，并明确指出："劳动创造了人本身"，指出人与动物的本质区别就是劳动，是制造工具。

①　（英）达尔文：《人类的由来及性选择》，北京：北京大学出版社，2009年。
②　《列宁选集》第2卷，北京：人民出版社，1960年，第353页。
③　《马克思恩格斯全集》第20卷，北京：人民出版社，1971年，第509页。

"劳动创造了人本身"的伟大理论，科学地阐明了人类的起源。自从恩格斯的《劳动在从猿到人转变过程中的作用》一书问世之后，百余年来，全世界陆续发现了许多从猿到人各个不同发展阶段的人类化石（猿人、尼人和智人），以及原始人制造和使用的原始工具。这些珍贵的资料，完全证明了恩格斯论断的无比正确，给"上帝造人说"观念以毁灭性的打击。时至今日，科学研究已经证明：古猿躯体各部分的结构，是在一切高级动物中与人类最接近的。"古猿通过劳动转变成人"这个人类起源的科学结论，已为举世周知。但是，这种科学观念的建立却不是一帆风顺的。它不仅是一场口头辩论或者打打笔墨官司而已，而是一场尖锐、复杂、激烈的斗争，不少进步学者在这场斗争中，被捕入狱，遭受酷刑，付出了血的代价，有的甚至献出了宝贵的生命。

三、由鱼到人说

应当知道，人类认识自己的起源是很不容易的；关于人类起源问题的科学观念的建立，并不是一帆风顺地进行的。这是科学与宗教、唯物论与唯心论的两种宇宙观之间的一场尖锐复杂的斗争，是一场历时两千多年的大论战。

远在原始社会时期，不少部落成员就已经相信自己那个集团的所有成员统统起源于某种动物或植物；或者说相信他们的祖先就是某种动物或植物；或者说他们的祖先与某种动物或植物有着某种密切的亲缘关系。因此，这些部落成员就非常虔诚地信仰这种动物或植物，不但对它们禁杀禁食进行保护，甚至还歌颂它们，为它们舞蹈，向它们祈求。这就是通常人们所说的"图腾信仰"。不过那时，部落成员对图腾的信仰是一致的，其间并无激烈的斗争。可是，进入阶级社会之后，情况就不同了，人类对于自己的起源，对于自己的祖先究竟是谁，产生了长期的激烈的斗争。

远在 2500 年前，古希腊的唯物论哲学家、思想家泰利斯（约前 624—前 547）；被称为"自发的唯物主义世界观之父"）、阿拿克西曼德（约前 610—前 546）和阿拿克西美尼（约前 585—前 525）就对于神创造地球和人创造一切生物这类无稽之谈发表过相反的意见。阿拿克西曼德认为"人类最初由其他动物发生而来"[①]，最早只有水里披着鳞甲的动物，后来这些动物到陆地上来，适应生活条件，逐渐成为陆地上的动物，最后成为人；"人类开始产生，先是鱼形的，以后慢慢变化，露出水面，可以在陆地上生活了。"[②] 这就是历史上最古的"由鱼到人说"。

古希腊人那种认为鱼是人类祖先思想的产生，要比我国东汉那块画像石——"鱼、猿猴，人"的产生还早数百年。那块画像石直到今天还完好无缺

---

① （苏）B. F. 狄雅可夫、H. M. 尼科尔斯合编：《古代世界史》，日知译，上海：商务印书馆，1954 年，第 382 页。

② 周国兴：《人怎样认识自己的起源》上册，北京：中国青年出版社，1977 年，第 37 页。

地保存在山东曲阜孔庙的西厢内。按照汉代书写顺序，由右至左为鱼、猿、人，人向猿、鱼拱手肃立，科学地反映了由鱼到人的演化顺序。① 古希腊人与古中国人的这种不谋而合的惊人成就，确实令人不得其解，不知其根据所在。

时隔 2000 余年，到了 19 世纪末 20 世纪初，进化论传入中国，《天演论》（赫胥黎著）一版再版，风行海内，轰动了知识界。严复、鲁迅、章炳麟、孙中山等大批思想界人士，利用进化论思想同封建势力、宗教迷信展开了殊死的斗争。在这种形势下，资产阶级民主主义革命理论家章炳麟在其《原人》一文中，系统地阐述了自己对于人类起源的看法。他认为：人类的祖先可以追溯到水中生活的鱼类，由鱼类再慢慢地发展为猿猴，此后，再由猿类逐步地进化为人。接着，新文化运动的旗手鲁迅先生发表了《人之历史》等文，热情地宣传了进化论的人类起源说，唯物地阐明了人类的起源和发展进程。当然，这些论断在今天看来似乎有些粗糙，可是，在那时这些理论，特别是"由鱼到人说"，对于批判"上帝造人说"，批判神创论和不变论，对于战胜封建迷信都起过积极作用。

与阿拿克西曼德大致处于同一时期的另一位古希腊思想家阿拿克西美尼认为：从气凝聚而成的土和水混合，受到太阳的热力，便直接产生植物、动物和人类。尽管这些说法并不完全符合实际，但它却比神创论唯物得多。可是，一无例外，古希腊这类宝贵的朴素的唯物论思想，却遭到了旧的氏族贵族的打击（以泰利斯为首的"米利都学派"曾与希腊氏族贵族展开过激烈的斗争）。后来，杰出的唯物主义哲学家赫拉克利特（前 6 世纪末）和德谟克利特（前 460—前 370），虽然继承、发展和宣扬了上述唯物主义学派的观点，但由于他们这些朴素的唯物论点，受到历史条件的局限，尚还未能说明生物进化的原理，因而长期遭受压抑，甚至最终竟然湮没无闻。

这一时期，古希腊赫赫有名的哲学家柏拉图（前 427—前 347）曾经宣扬说，人是"没有羽毛的两脚动物"②，从而混淆了人与动物在起源上的本质区别。据说，当时学者笛琴斯就提着一只拔光羽毛的鸡子来到柏拉图讲学的学院，见人就说："这就是柏拉图的人！"③ 当他见到柏拉图时就举起这只光秃秃的鸡子开玩

---

① 骆承烈：《沧海桑田话鱼猿》，《社会科学战线》1983 年第 1 期，第 206 页。

② 周国兴：《人怎样认识自己的起源》上册，北京：中国青年出版社，1977 年，第 59 页。

③ 余继林：《原始社会简史》上册，成都：四川人民出版社，1981 年，第 47 页。

笑地问他说："这是不是人？"① 弄得这位唯心主义大师张口结舌，无言以对。在中国，西汉的董仲舒（约前179—前104）开始宣扬天是宇宙的最高主宰，它创造了世界、万物和人类，天之所以创造万物是为了养活人类，而创造人类则是为了实现天的意志，董仲舒的天的意志说教，既是"神创论"，也是"目的论"，它长期地禁锢着人们的思想，阻碍着科学事业的前进。

---

① 余继林：《原始社会简史》上册，成都：四川人民出版社，1981年，第47页。

四、残酷的宗教法庭

到了中世纪，几乎整个世界都为教会势力所笼罩，因此，中世纪被称为"神权时代"或"黑暗时代"是有道理的。那时，教会人士坚决禁止违背《圣经》和反上帝的一切言论，如果有人敢于倡导异说，教会就对他们进行严酷的惩罚。然而，尽管如此，仍有不少进步人士对于上帝创造人类、创造世界万物而且永恒不变的谬论进行了坚决的斗争。反动的基督教会代表着封建贵族的利益，一次又一次地扼杀了这类科学的论证。无数人民由于不相信《圣经》或发表意见反对《圣经》，而被斥为"异端"、"邪说"，判处监禁或火刑，活活地被烧死在"宗教法庭"①。"宗教法庭"于13世纪由罗马教皇格利高里九世正式建立，随后意大利、西班牙、法国等国也相继设立。它残酷地镇压"异端"与反教会封建人士，镇压一切进步的思想家、科学家，秘密审讯、酷刑拷打、判处监禁、流放或火刑。野蛮的神甫们还把这种烧死人而不使人流血的宗教惩罚歌颂为"基督的仁慈"。②

宗教裁判所在西欧横行了500年左右，主要是在法国、意大利和西班牙，而以西班牙的宗教所最为猖狂，在1483年至1498年的15年间，仅仅由总审判长托尔奎达一人判处的火刑人犯就有8 200余人，判处的其他人犯89 000余人。在天主教会的统治中心罗马，在15世纪以后的150年间，判处火刑而被烧死的就达3万人之多。③

波兰天文学家哥白尼（1473—1543）的《天体运行论》本来早在公元1509年就已脱稿。可是，他的这种"地动说"因与教会所歌颂的1800年前亚坦克斯多德（前384—前322）的"天动说"（至公元2世纪，托勒密据此提出系统的"地球中心说"）相抵触，因而一直未敢发表，竟推迟了30多年，直到哥白尼去

---

① 或称"宗教裁判所"与"异端裁判所"，系天主教会侦察与审判"异端"之机构。

② （苏）M. C. 普列雪茨基：《人类起源的科学根据解释与宗教传说》，上海：作家书屋，1950年，第7页。

③ 《宗教裁判所》，《百科知识》1983年第8期，第39页。

世前才得以为世人所知。据说，当他拿到书时已经病了一年多了，这位伟大的学者仅仅摸了摸该书的封面就与世长辞了。

哥白尼的《天体运行论》动摇了亚里多德以来的"地球中心说"，打击了上帝创造人类并为人类创造万物的宗教谬论，触怒了教会那帮贵族老爷。于是，哥白尼的这部科学名著立即就被列为"禁书"。他的日心体系也被罗马教皇宣布为"异端邪说"。甚至，连那赫赫有名的宗教革新者马丁·路德也公然大发雷霆，破口叫骂哥白尼是个"疯子"，背叛《圣经》，"颠倒了全部天文学"。

众所周知，达·芬奇（1452—1519）是欧洲文艺复兴时期，是一位博学多识的具有多方面才能的文化巨人，象征着人类智慧的意大利画家。但是，在天主教会和封建贵族的迫害下，他也不得不到处移居，弄得穷困异常。为了逃避宗教法庭的迫害和追查，他在撰写冲击宗教迷信的科学笔记时，甚至竟然创造了一种极为独特和罕见的书写方法：所有笔记一律用左手自右向左反写。这样书写出来的"怪字"即使是在达·芬奇逝世之后的相当长的时间里，也还很少有人能够读懂它。达·芬奇为了坚持真理反对迷信，为了逃避宗教法庭的残酷火刑，真是挖空了心思。

16世纪中期，比利时有位杰出的近代人体解剖学的创始人，名叫维萨里（1514—1564），他根据人体解剖证明，男女的肋骨数目是相等的，都是24根。这和《圣经》里讲的夏娃是上帝用亚当的一根肋骨造成的，因此男人的肋骨比女人少一根的说法不符合。维萨里的这一发现，引起了人们对"上帝造人说"的怀疑。天主教会为了维持《圣经》的"威信"，就诬蔑维萨里是个大逆不道的"巫师"。并且还捏造说他解剖了一个心脏还在跳动的贵妇人。西班牙宗教法庭甚至假借这个罪宣判了他的死刑，后来说是要对维萨里宽大处理，强迫他到"圣地"耶路撒冷去忏悔。谁料，在归途中，又说船只失事了。就这样，这位杰出的学者竟于1564年不明不白地含冤死去。

伟大的意大利思想家、天文学家布鲁诺（1548—1600）忠实于哥白尼的学说，宣扬"地动说"，主张地球的另一面也有人类，认为宇宙是个无限的太空，在别的星上同样存有生物，等等，因而"1573年时，至少有130处宗教裁判所都指控布鲁诺为'异端'"。接着他又被驱逐出境，流亡于瑞士、英、法、德与捷克等国。1591年2月，罗马教皇用卑劣手段把布鲁诺骗回意大利（收买布鲁诺的旧友莫琴尼格写信骗回），宗教法庭竟将他逮捕入狱，监禁7年，布鲁诺在狱中受尽酷刑，坚贞不屈，最后，天主教会宣判了他的死刑，布鲁诺愤怒地高呼'火不能征服我，未来的世纪会知道我的价值！'"[①] 就这样，1600 年 2 月 17 日，这位不屈的战士被活活烧死在罗马城的鲜花广场上。布鲁诺为真理、为科学献出了宝贵的生命。

1633 年，另一位已经 70 高龄的意大利天文学家伽利略（1564—1642）也因传播哥白尼学说，指出上帝不能创造地球，而被反动教会骂为"骗子""大逆不道""亵渎神灵"，[②] 并被骗至罗马受审，遭到严刑逼讯。最后，残酷的宗教法庭竟然还以宣扬异端邪说的罪名判伽利略"终身监禁"。在教会势力的高压下，伽利略虽然被迫跪下宣誓签字放弃哥白尼学说，可当他刚一站起身来就愤怒地说道："签字有什么用，但是，地球仍然在转动！"[③] 后来，这位白发苍苍的老人竟然被反动监狱折磨得双目失明，耳朵也失聪，终于在 1642 年 1 月 8 日含冤死去。

更有甚者，在 1619 年，另一位杰出的意大利学者万尼尼因为主张世界万物都是变化的（因而地球、人类也是变化的），竟被宗教法庭割掉舌头，用火烧死。

那时，代表封建势力的宗教人士气焰十分嚣张。早在二、三世纪的时候，就有位名叫德尔图良（约 150—222）的主教，甚至竟然公开宣布："在基督之后，我们不需要任何求知欲，不需要任何研究。"[④] 15—17 世纪，宗教人士对进步思想的禁锢到了极点，他们不仅迫害先进学者从而窒息科学，甚至不允许人们对《圣经》提出任何异议。就这样，由于教会的残酷镇压，竟然弄得"中世纪的历史只知道一种形式的意识形态，即宗教和神学"。[⑤] 在反动教会和宗教法庭的统治下，整个科学，包括人类起源问题的研究在内，统统被窒息了。不过，在整个人类历史的征程中，黑暗的"神权时代"注定终将结束。在人类起源的这个问题上，到 18 世纪初，新兴的科学的人猿同祖论就已诞生，它最终定会战胜反对科学的上帝造人说。

① 刘明翰、李祖训、张志宏：《外国历史常识》中世纪部分，北京：中国青年出版社，1982 年，第 433—434 页。

② 刘明翰、李祖训、张志宏：《外国历史常识》中世纪部分，北京：中国青年出版社，1982 年，第 435 页。

③ 刘明翰、李祖训、张志宏：《外国历史常识》中世纪部分，北京：中国青年出版社，1982 年，第 435 页。

④ 转引自周国兴：《人怎样认识自己的起源》上册，北京：中国青年出版社，1977 年，第 71 页。

⑤ 《马克思恩格斯选集》第 4 卷，北京：人民出版社，1995 年，第 235 页。

五、人猿同祖论的胜利

早在18世纪之初，法国博物学家布丰（1707—1788）就已根据大量的生物学资料，提出生物有自己的发展史，在环境条件的影响下会发生变化；生物躯体的各部器官在不断的使用过程中，也会发生变化。不仅如此，布丰还大胆地破天荒第一次提出了人猿同祖论。他说："解剖猿体，我们能够把它的构造跟人的相比。……这种构造图案总是一样的。"[1] 这不仅是对神创论和物种不变论的直接否定，而且也是对"上帝造人说"的批判。但由于那时基督教仍占统治地位，再加布丰的软弱和妥协，不敢继续触犯神学坚持斗争，终于在宗教势力的逼迫下，放弃了自己的进化观点，宣称"我没有任何反对《圣经》的企图"。[2] 他还称自己"坚决地信仰《圣经》上所说的关于神创造世界的时间和真实"。[3] 不仅如此，布丰还在此后的著作中删去了那些与《圣经》相抵触的内容。从这里，我们可以更加清楚地看到宗教势力对于科学事业的压抑与摧残。

18世纪末，法国发生了资产阶级革命，这次革命是在资产阶级领导下，由人民大众来完成的。革命的目的是推翻封建农奴主的统治，反动的天主教会则是法国封建政权的支柱。那时的法国资产阶级思想家，都来支持自然学，进行反宗教、反教会、反封建的斗争。唯物主义的哲学家狄德罗、果尔巴赫、拉美德里等，也都起来坚决反对上帝创造世界与人类的宗教神话，并捍卫了生物进化论的观念，列宁曾称颂他们为勇敢的无神论者。

后来，这一进步思想的拥护者——法国杰出的生物学家拉马克（1744—1829）继承和发展了他的老师布丰的进化论观点，在法国大革命的影响之下，于1809年出版了《动物哲学》一书，勇敢地指出动物、植物和人类都不是神所创造的，一切现存的生物都是由古代的生物进化而来的，高等动物系由低等动

---

[1] 晋华：《达尔文》，北京：人民出版社，1977年，第7页。
[2] 晋华：《达尔文》，北京：人民出版社，1977年，第7页。
[3] 晋华：《达尔文》，北京：人民出版社，1977年，第7页。

物演化而来的。他最先用生物进化的观点说明人类的始祖是猿猴，同守旧的神创论、物种不变论进行了斗争。反动教会对于拉马克的学说恨得要死，怕得要命，进行了猛烈的攻击，一些保守的学者也跟着起哄，可惜拉马克的学说由于时代的局限，缺乏足够的科学资料来论证。再加上那时法国资产阶级已经取得政权，过去他们所竭力反对的那套世界万物（包括社会秩序）永恒不变的神话，现在变成了他们的珍宝。因此，法国资产阶级就向教会势力妥协，并和他们联合起来，恶毒地排斥和围攻拉马克的进步学说。"拿破仑在法国科学院一次隆重的招待会上，就对拉马克进行侮辱。"① 这样一来，拉马克的进步学说就在反动势力的联合围攻下，再次遭受扼杀而长期湮没无闻。拉马克本人也因此双目失明，穷困而死。然而，尽管拉马克的进步学说再次遭到镇压，但它毕竟动摇了神创论的基石，为进化论的胜利创造了条件。

如前所述，进化论思想从一开始就处于受压抑的境地。但是，进步的新生力量是不可战胜的。科学总是要战胜迷信，真理总要战胜谬论，这是一条不可抗拒的历史规律。尽管那些主张自然界和社会都在进化和变化的进步学说多次遭受镇压，但是，代表着先进思想的自然科学和社会科学成果，却不会因之而停滞。

19 世纪初，新兴的古生物学（化石学）积累了大量的资料，反对动物有变化性的结论日益难以立足。在此基础上，达尔文的"人类起源说"轰动了世界（《物种起源》问世时，达尔文尚慑于教会威胁而不敢提及人类起源问题），在英国引起了唯物主义的进化论与神创论的激烈斗争，引起了当政的资产阶级和封建势力，特别是天主教会——神甫、牧师等的不安和反扑。他们诬蔑达尔文的理论是"异端邪说"，恐吓、攻击的信件纷纷而来，对达尔文本人竭尽诽谤、谩骂之能事。他们甚至扬言要"粉碎达尔文"。在罗马，梵蒂冈教廷（以罗马教皇为首的国际天主教领导中心）对于"凡不承认上帝从空虚中创造世界者"② 一律加以迫害。在俄国，沙皇则把进化论的拥护者加以驱逐和流放。甚至，当 19 世纪 70 年代达尔文主义传到俄国贵族中时，一个贵族还这样愤怒地叫喊："怎么，

---

① 刘昌芝：《拉马克的献身精神及启示》，《化石》1983 年第 3 期，第 30 页。

② （苏）M. C. 普列雪茨基：《人类起源的科学解释与宗教传说》，黄澄中译，上海：作家书屋，1950 年，第 60 页。

我这个在天鹅绒面精装的高级贵族宗谱上有姓名的旧门阀贵族，怎么忽然会是猴子的后代，这是不可能的事；那个粗野的庄稼汉才确实是猴子的后代，而我是亚当的后人。"① 然而，不管这些贵族老爷如何自命不凡，说他们是上帝派来的天生的统治者，是亚当的后代，科学的结论却无情地揭露他们同样也是古猿的子孙，不过就全世界范围而言，19世纪前期"科学还深深地禁锢在神学中"②。冲破神学的牢笼，还需要付出巨大的代价。

正当保守势力猖狂围攻达尔文的时候，一批进步学者挺身而出，坚决捍卫达尔文的学说。例如英国生物学家、牛津大学教授赫胥黎（1825—1895）就是其中的一个。他看了《物种起源》之后，就写信给达尔文说："我认为这本书的格调是再好也没有了，它可以感动对于这个问题一点也不懂得的人们。至于你的理论，我准备接受火刑——如果这是必需的——也要支持。"③ 1863年他出版了《人在自然界中的位置》一书，热情地宣传了达尔文的进化论和人猿同祖论，同样也遭到了教会势力的猖狂进攻。正如赫胥黎本人在该书的"再版序言"中所说的那样："批评指责的北风神刮起他最大的曲解和嘲讽风暴。"然而，真理是骂不倒的，"批评嘲讽反而为本书做了义务的宣传"，"用几国语言翻译出来的本书，销路之广出乎我的意料"。就这样，达尔文在进步势力的支持下，毫无畏惧，坚决战斗。他在给植物学家霍克的信中说："他们可以都来尽情地攻击我，我的心肠已经变硬了……他们的攻击证明了我们的工作并没有辜负我们所费的精力。这使我决心穿好我的铠甲。我看得很清楚，这将是一个长期而艰苦的战斗……但是我们如果都坚持这一理论，我们一定能取得胜利！"从这里我们可以看到，达尔文等人为了科学事业，信心百倍，不怕火刑，不怕围攻，敢于斗争，敢于牺牲的精神多么值得学习和赞扬！

战斗首先从英国开始，因为那里是达尔文学说的故乡。各种报刊、杂志、辩论大会都在激烈的争论中。反动教会立即掀起了一个声势浩大的攻击达尔文学说的运动。当时的英国大主教亲自组织了一个研究会来领导反动势力进攻进化论，为此还专门办了一个刊物，名叫《雅典神堂》，牛津大主教威柏弗斯甚至

① （苏）阿·尼·格拉德舍夫斯基：《原始社会史》，东北师范大学历史系翻译室译，北京：高等教育出版社，1958年，第23页。
② 《马克思恩格斯选集》第4卷，北京：人民出版社，1995年，第265页。
③ 晋华：《达尔文》，北京：人民出版社，1977年，第57页。

亲率信徒分赴各地专门攻击达尔文学说。赫胥黎与霍克等进步学者则坚决站在进化论一边，利用他们掌握的科学知识进行战斗。

具有决定性的一次大论战发生在1860年6月30日。那时，英国科学促进会在牛津大学举行辩论会，辩论的题目是：人类是否起源于动物。这次会议本来是以威柏弗斯为首的保守势力事先密谋要打垮进化论、"粉碎达尔文"的。他们邀请了大批教会人士和落后学者，准备以势压人，一举成功。而进步学者出席这次会议的却寥寥无几，只有赫胥黎、霍克、亨斯罗等，还有一些青年学生。达尔文本人则因病而未出席。看热闹的人群挤满了会场，甚至连窗台上也坐满了听众。

大会开始，守旧的学者纷纷粉墨登场，攻击达尔文的进化论。接着，牛津大主教威柏弗斯大摇大摆地走上讲坛，滔滔不绝地演说起来。他首先指责达尔文的理论与《圣经》相对抗，触犯了"造物主"，他的演说以势压人，帽子满天飞，并无科学性。比如，在其中，他竟然说到什么"石炭纪的，花和果实"等等没有学术含量的言辞，暴露了他对生物科学的无知，因为谁都知道石炭纪时（距今2.8亿年至3.5亿年前）花和果实这类被子植物尚未出现。接着，他强词夺理，直接攻击和嘲笑说："按照达尔文的观点，一切生物都起源于某种原始菌类。这样说来，我们人类就跟蘑菇有着血缘关系！"[1] 逗得听众哄笑一场。后来，他又胡扯什么如果"按照达尔文的观点，所有蘑菇的品种都能变成人。这是可信的吗？"[2] 接着，他得意忘形，更进一步地对在场的进化论者进行了人身攻击。当他演说快要结束时，突然转向赫胥黎，用讽刺的语调问道："赫胥黎先生，你是相信猴子为人类祖先的……那么请问你，你自己是由你的祖父、还是由你祖母的猴群中变来的？"[3] 说完，便洋洋得意走下讲坛。恶毒的语言博得了教会势力的喝彩，而广大听众却坚决要求赫胥黎教授起来发言。

对于牛津大主教的挑衅，赫胥黎十分蔑视。他从容不迫地走上讲坛，用有力的事实驳诉了牛津天主教的谬论。首先，他简明扼要、生动活泼地宣传了达尔文的进化论，揭露了这位主教对于生物学与人类起源问题的茫然无知。接着，赫胥黎用幽默的语言回答了主教对于他个人的攻击。他说："至于谈到人类起源

---

① 周国兴：《人怎样认识自己的起源》上册，北京：中国青年出版社，1977年，第138页。
② 周国兴：《人怎样认识自己的起源》上册，北京：中国青年出版社，1977年，第138页。
③ 晋华：《达尔文》，北京：人民出版社，1977年，第59-59页。

于猴子的时候，当然不能这样简单来解释。这只是说人类是由猴子那样的祖先演化而来的。……但是对我提出的问题，并不是以平静的研究科学的态度提出的，所以我将这样回答：我过去说过，现在我再重复一次，一个人没有任何理由因为他的祖先是猴子而感到羞耻。我为之感到羞耻的倒是这样一种人：他惯于信口开河，全不满足于自己活动范围内的、还令人怀疑的成功。而且要粗暴地干涉他根本不理解的科学问题。他避开辩论的焦点，用花言巧语和诡辩的词令来转移听众的注意力，企图煽动一部分听众的宗教偏见以压倒别人。如果我有这样的祖先，才真正觉得羞耻啊！"① 话音未落，掌声雷动，欢呼声经久不息，而威柏弗斯则气得面无人色。尖锐的斗争，紧张的气氛，竟使一位贵妇当场昏倒，被抬出了会场。

接着，植物学家霍克也挺身而出，用事实说明威柏弗根本没有弄懂《物种起源》的原理，甚至连植物学的起码知识都没有，弄得这位主教先生张口结舌，不敢答复，偷偷地溜走了。广大听众，特别是那些追求真理热爱科学的大学生们再次向真理捍卫者们鼓起了热烈的掌声。大会就这样以进化论者的胜利而告终。但是，整个斗争并未结束。不过，在英国大规模地围攻进化论者的活动再也组织不起来了。从此之后，达尔文的进化思想就像长了翅膀一样，迅速地传遍了世界各国，特别是广大青年，纷纷站到了达尔文的进化论一面。

进化论与物种不变论的斗争，不仅在英国，而且在德国、法国、美国都激烈地进行着，这种斗争绝不是一般的学术争论，而是科学与宗教、无神论与神创论、唯物论与唯心论、辩证法与形而上学的激烈论战，是两种世界观的大搏斗。达尔文的进化学说，在斗争中不断成长，并获得了更加广泛的传播。《物种起源》一书在 12 年间出版了 6 次，而且几次再版都是在短时期内被抢购一空。1859 年 11 月 24 日，该书初版 1250 册，当日即被卖光。革命导师马克思曾经给达尔文的进化论以崇高的评价，说它为辩证唯物主义的观点"提供了自然史的基础。"② 而恩格斯则称颂《物种起源》一书是一部"划时代的著作"。③ 难怪当《物种起源》一书问世之后，马克思曾用了"好几个月"的时间，专门去"谈论

① 晋华：《达尔文》，北京：人民出版社，1977 年，第 59 页。
② 《马克思恩格斯全集》第 30 卷，北京：人民出版社，1974 年，第 131 页。
③ 恩格斯：《自然辩证法》，于光远等译，北京：人民出版社，1984 年，第 291 页。

达尔文和他的发现的革命力量"。① 他说："达尔文的著作非常有意义，这本书我可以用来当做历史上的阶级斗争的自然科学根据。"②

不要认为进化论者取得了一连串的胜利，斗争就会由此终止。事实上，就是在达尔文学说的故乡——英国，斗争也还在继续着，甚至直到 1871 年达尔文出版《人类起源和性的选择》一书时，英国的杂志上还可以看到攻击达尔文学说的讽刺画。

到了 1877 年，达尔文的进化论已经获得了学术界的普遍承认。这时，达尔文的母校剑桥大学决定召开会议隆重授予达尔文荣誉学位，表示承认达尔文对科学的伟大贡献。可是，就在举行仪式的大会上，保守势力仍然没有放过捣乱的机会。当达尔文致辞时，几个坐在楼上的反动学生在保守派的指使下牵出一只猴子，高高举起，使它乱嚷乱叫，企图污辱达尔文并扰乱会场。但达尔文却若无其事，义正词严地把话讲完。这时，全场听众向他齐声欢呼，掌声雷动。

根据达尔文的理论，既然人是由古猿进化而来的，而古猿又不可能直接突变成人，因此，从猿到人就一定会有一个中间的过渡形态。可是，当达尔文继拉马克之后再次告诉人们，人类是由古猿进化而来的时候，世界上尚未发现由古猿进化到人的半猿半人的过渡形态的化石。因此，保守的各种势力就利用这一点，企图扼杀达尔文的科学论断，攻击达尔文是撒谎，并采用各种手段嘲弄、讽刺、辱骂和打击达尔文学说的支持者。可是，达尔文却坚定地说："这种化石虽然目前尚未发现，但是将来总有一天会被发现出来的。"为时不久，达尔文的科学预言被考古发掘所证实，从猿到人的过渡形态的化石终于被发现了。那就是人猿同祖的铁证。

1882 年，达尔文不幸去世，可是，在英国攻击达尔文学说的言论并未因此而间断，就是在全世界范围内，进化论与神创论的斗争也并未因此而告终。

① （德）威廉·李卜克内西：《回忆马克思和恩格斯》，北京：人民出版社，1973 年，第 100 页。

② 《马克思恩格斯全集》第 30 卷，北京：人民出版社，1974 年，第 574 页。

六、人猿同祖的铁证

应当明白，当达尔文提出人类与其他灵长类的亲缘关系时，他的主要根据还只是比较解剖学方面的成就。他说："人体骨架中的全部骨头，都可以从一只猴子……的骨架中找到相应的骨头。"[①] 可是，自从达尔文的假说提出之后，化石学的大量资料就迅速地证明：第一，人类确实是由古猿进化而来的，而不是上帝创造的，也不是一成不变的。第二，人类与其他灵长类动物确有近亲关系，确有一个共同的老祖先。然而，尽管如此，人猿同祖先的铁证并未发现。

19 世纪末，德国有位著名的进化论者名叫海克尔（1834—1919），他努力宣传进化论，因其能言善辩，说理透彻，简明生动，深受群众欢迎，而教会势力却对其恨之入骨，扬言要杀掉他。后来，他大胆地提出一个假说，认为在亚洲南部的地层里肯定可以找到猿人的遗骨。他甚至还更加精确地指出，存有猿人遗骨的地方就是巽他群岛——苏门答腊和爪哇等地。当然，他的这个假说并非毫无根据，估计他很可能是依据那里的气候、生存环境与水源等完全符合猿人的生存条件而作出这一判断的。

许多人认为，海克尔的假说毫无根据。但是，这个大胆的假说却遇到一位虔诚的信徒。他就是尤金·杜伯阿（1858—1940）博士——荷兰亚摩斯德尔登大学解剖学教授。这位忠实的信奉者甚至宁愿放弃自己一生的事业而到巽他群岛去发掘那假定存在的猿人骨头。可是，这个学校的其他一些教授得知此事却摇起头来，认为一个神经正常的人是不会这样做的。

杜伯阿教授顶住了这伙上流人物的嘲弄，为了实现他那大胆的计划，他下决心离开了亚摩斯德尔登大学，投身到荷兰殖民军中去当了一名军医，并随军出发到遥远的苏门答腊去。在那里，他渡过了漫长的三年时光，为了发掘化石，

---

① （英）达尔文：《人类的由来及性选择》，北京：北京大学出版社，2009 年。

其挖掘的泥土堆成了一座小山。可是，他所要寻找的猿人骨骼却仍然毫无踪影。杜伯阿本人没有灰心绝望，也不愿放弃理想，在苏门答腊没有达到目的，他就下决心到巽他群岛的另一个角落——爪哇岛上去碰碰运气。事有凑巧，在1891年，在爪哇岛的突林附近，他发现了一个头盖骨，一片下颌骨，一支左腿骨，和两个臼齿化石（至今已有8个头盖骨，5个下颌骨和6个大腿骨等）。并且，根据这些化石又描绘出猿人的原始形象：既像猿，又像人，有突起的眉骨，脑容量比任何猿类的脑容量都要大得多。猿的最大脑容量为500立方厘米，而此种化石的脑容量竟达900立方厘米，更重要的是它已经能够直立行走了。根据这些特征，杜伯阿把它定名为"直立猿人"，而多数学者则按照依发掘地命名化石的习惯而称其为"爪哇猿人"。

猿人化石找到了，似乎任务已经完成。当然，挖开地层找到化石固然不容易，而打破迷信，消除阶级偏见则更要困难得多。杜伯阿所要面临的艰苦斗争，也正是由他找到猿人化石之后才正式展开的。他抱着很大希望把这些化石送到荷兰万国学会去，想听听那些"专家"们的意见。可是，那些身穿博士服的"权威"人士和考古"专家"们，却像贵族老爷反对达尔文一样，说什么这些化石的头盖骨是长臂猿的，牙齿是褐猿的，大腿骨是现代人的；或者说这些骨骼是一个畸形的猿骨，和人类毫无关系；他们甚至还声称这些骨骼和牙齿根本不是化石，也根本没有在地下埋藏几十万年，而是几年前埋入地下的。杜伯阿和他们进行了坚决的斗争。1895年，在荷兰莱顿召开的国际动物学会议上，人们对于杜伯阿的发现展开了激烈的辩论。在一次有12个人参加的辩论会上，有6个人（包括杜伯阿）断定这就是"直立猿人"的化石，其他半数则坚决否认，斗争十分激烈。由于经受不住他们的强烈反对，不敢坚持真理，杜伯阿甚至竟然倒向自己的反对者，把自己的发掘物说成是一只长臂猿的；并且还公开表示反对后来的发掘者孔尼华（1902—1982）；甚至他还把自己的化石标本锁藏了28年之久，直到公元1922年才重新拿出来让它和世人见面。直至此时，斗争仍然相当激烈。直到1925年，一向标榜为"民主自由"的美国，竟然发生了这样一件事：田纳西州达顿城有位年青的生物教师，名叫斯哥布，因为受到一位科学家的鼓动，在课堂上讲了"从猿到人"的真实历史，却触怒了那帮贵族老爷，他们大发脾气，声言不愿做禽兽的子孙，满腔怒火地到法院控告斯哥布"毒害"儿童、反对上帝。并且他们还在起诉书上质问说："如果人是由猿猴变成的，那么上帝又做什么呢？"① 审判那天，旁听群众挤得水泄不通。贵族老爷们戴着特制的臂章，上面写着："我们不是猴子！"尽管一些进步律师挺身而出，愿为斯哥布进行辩护，可是法官们却自始至终倒向贵族一边，不许斯哥布请科学家出庭作证。尽管这位青年教师对答如流，讲得头头是道，然而，判决结果仍然是：斯哥布因反上帝而判罪，罚款百元；并且今后不许他再讲什么进化论。这就是轰动一时的"猴子案件"。

那时，美国许多州，都由官方明文禁止讲授达尔文的"人类起源说"。至于恩格斯的"劳动创造了人本身"的伟大理论，当然更在被禁之列。田纳西州的法律中明确规定："凡州内各大学、正式学校、公立学校的教员，而讲授否认《圣经》所述上帝造人的理论，以及讲授人从低等动物蜕化而来的学说，都应认作不法之徒。"②

直到1972年9月，有人在上述美国的达顿城进行调查时，还发现那里的中学生竟然还有75%的人相信神创论，而不相信进化论。③ 可见，科学真理的传播是一件多么困难的事情！

自从"爪哇猿人"发现之后，在将近半个世纪的时间里，在全世界范围内人们都在对猿人究竟是人还是猿的问题进行着激烈的争论。一些"权威"人士根据传统的错误观念，认为既然出土的肢骨那么进步，而头骨却又那么原始，因此，爪哇猿就根本不是人类。（传统认为头脑的发展应先于四肢，而事实却相反。）这样一来，关于人类起源的问题也就再次陷入迷茫之中，然而历史的发展尽管是曲折的，却又是不可抗拒的。1929年12月3日，轰动世界的北京猿人遗址的大批材料（后陆续发现90多种动物化石：烧骨与吃过骨髓的碎骨等），特别是大批化石与用火遗址的出土，有力地证明了猿人属于人类这一结论。甚至连法国天主教的神甫、考古学者贝莱尔也不得不说："既然从来没有一个人看见

① 方胜：《从猿到人透视》，上海：祖国出版社，1953年，第5页。
② （苏）M.C.普列雪茨基：《人类起源的科学解释与宗教传说》，上海：作家书屋，1950年，第52页。
③ 周国兴：《人怎样认识自己的起源》下册，北京：中国青年出版社，1977年，第229页。

动物会取火并且用石头和骨头制造工具，那么就必须承认这个类人猿是人。"①
这样一来，爪哇猿人与北京猿人的化石就为人猿同祖提供了新证据。难怪当时
的英国著名人类学家施密斯在评价北京猿人发现的重大意义时曾经明确指出，
这是古人类学全部历史中最有意义、最动人的发现！当世界各地的进步学者听
到北京猿人发现的消息之后，无不欣喜若狂。然而，尽管如此，人类起源的论
战并未因此而告终。

---

① 转引自杭州大学历史系世界古代中世纪史编写组：《世界古代中世纪史》，上海：上海教育出版
社，1979 年，第 9 页。

七、人类起源之争并未告终

应当明白，直到 20 世纪 30 年代，在美国的许多州内，仍然不许人们宣扬达尔文的进化论。1982 年，美国著名人士史密特因为在阿肯色州宣传达尔文学说，不仅被罚款，而且被判刑，当法庭在判处另一位冒犯《圣经》的画家时，法官竟至当庭宣布：《圣经》乃是美国最宝贵的书，破坏《圣经》的尊严，就等于破坏资本主义的基础。在他们看来，保护《圣经》就是保护资本主义制度。然而，科学的发展是不可阻挡的，它必然要最终地否定各种非科学的偏见，当然，那还需要经过长期的斗争。

到了 20 世纪 50 年代，尽管神创论和物种不变论还在进行垂死的挣扎，可是关于人类起源于动物，起源于古猿的论断，已经被越来越多的事实所证明，并获得了越来越多的人的普遍承认和支持，正如恩格斯早已说过的那样："在科学的猛攻之下，一个又一个部队放下了武器，一个又一个城堡投降了，直到最后，自然界无限的领域都被科学所征服，而且没有给造物主留下一点立足之地。"①然而，尽管如此，斗争并未因此而告终，科学的首要成就就是对宗教迷信与神学权威的有力打击，但这些保守落后的旧势力又是决不甘心自动退出历史的舞台的。

即使是在美国这个科学技术已达到世界领先的国家，直到 20 世纪的 60 年代或 70 年代，反对进化论的力量也还是相当强大的。什么"福音传教会"、"美国科学会"以及"特创研究会"等等，它们无一例外地攻击或诬蔑进化论。所谓的"美国科学会"，打着"研究科学"的招牌，宣称它的宗旨是"要探索科学和宗教的关系"，实质上却是要使科学从属于宗教，屈服于宗教。"特创研究会"自 1963 年成立之日起，就严格要求会员把《圣经》上的逐字逐句都奉为真理；并且专门出版季刊，宣传"创世纪"，宣传特创论，攻击进化论。1972 年，美国通用的小学教科书里，在讲到人类起源时，插印了一张发现"东非人"的利基的

---

① 《马克思恩格斯全集》第 20 卷，北京：人民出版社，1971 年，第 540 页。

照片。加利福尼亚州的"特创研究会"就借此而煽动闹事，结果迫使州教育厅只好另印课本，用上帝创造人的壁画代替了利基的照片。同时，州教育厅还公开表示：特创论和进化论都有道理，可以同时讲授。这就不能不引起科学家和进步人士的激烈反对。事实上，这时，"特创论"早已成了骂人的名词，而加利福尼亚州教育厅却还明文规定：在中学生物教学中，讲进化论的同时，必须讲特创论；在他们看来，特创也是科学等等。

不仅如此，在美国还接二连三地出版图书，攻击进化论，宣扬特创论。众所周知，化石是研究生物进化和人类起源的最主要的实物证据。因此那些特创论的虔诚信徒也就不得不在化石方面大做文章。1972年他们出版了一本书，书名叫做《化石说，进化是不对的》。尽管该书的内容缺乏科学的依据，可还是被三次重印（1973、1974、1976），风行一时。奇怪的是，这本书的作者并不是一般的无名小卒，而是一位大名鼎鼎的生物化学博士！由此可见，在美国，直到此时，特创论还是相当吃香的。那么，在英国，在达尔文进化论的故乡，情况又是怎样的呢？1977年3月30日，英国《泰晤士报》发表了一篇伦敦大学物质科学系主任的讲话，这位教授认为："愈来愈多的人正在舍弃达尔文的进化论而赞成包括亚当和夏娃故事在内的特创论。"固然，他的这种说法我们不一定全部相信，可是至少可以这样说，在英国，这时的特创论并没有完全被击败；在人类起源问题上，亚当和夏娃还是很有市场的，科学与宗教的斗争是反复曲折的。就全世界范围而论，既然在先进的资本主义国家——英美，直到20世纪后期，人类起源之争尚且如此，那么在一些落后地区，各色各类的上帝造人说自然不会让位，这些活生生的斗争事实再次告诉我们：科学与宗教，进化论与特创论，唯物主义与唯心主义，辩证法与形而上学的斗争并没有结果。人类起源之争并未告终。

从大量的历史事实可以看出，历史上新的正确的东西，在开始的时候常常得不到多数人承认。只能在斗争中曲折地发展，正确的东西，好的东西，人们一开始常常不承认它们是香花，反而把它们看作毒草。哥白尼关于太阳系的学说，达尔文的进化论，都曾经经历艰苦斗争。我们从大量的历史事实中，还可以看出，宗教始终宣扬和维护着反科学的宇宙观，阻碍着社会的前进。落后守旧势力力图利用宗教，扼杀先进的科学成果，阻碍科学事业的发展，而科学事业却不会因之而停滞，新生的正确的东西是不可战胜的。而代表先进生产力和生产关系的社会力量的胜利，旧秩序的破坏，为科学事业的发展开辟了道路。也只有在这样的时代背景下，达尔文"古猿变人"与恩格斯"劳动创造了人本身"的大理论，才能取得最终的胜利。在过去，科学每前进一步，都必须要经过激烈的斗争，有时甚至要付出血的代价。

八、人类起源于动物的新见证

1978年9月中旬，全国到处都在谈论关于"辽宁毛孩"的新闻，后来，上海、南京、西安等地一些自然博物馆、医院以及大专院校，为了科学地解释"毛孩"，都曾专门举办毛孩或图片展览。关于毛孩或毛人的传闻，一时成为国内各地谈论最多的话题之一，这究竟是怎么回事呢？

原来辽宁省岫岩县发现了一个毛孩。据有关资料介绍，这是一个男孩，出生于1977年9月30日。科研人员听到这个消息后，还曾深入到这个毛孩家庭的所在地进行了认真的调查。因为毛孩在人类社会中是相当罕见的，加之过去又很少报导这类事，因此，"辽宁毛孩"一经见报，就引起了轰动，这是无足为怪的。

"辽宁毛孩"除手掌、脚掌、鼻与嘴唇无毛外，全身到处长满了黑毛。只是各个部位黑毛有长有短、有稠有稀罢了。据报道，这个毛孩出生后的142天，体重就有9公斤，身长站立时为66.2厘米，仰卧时为68.4厘米。虽然比同龄儿童的平均数稍高一点，但仍在正常范围之内，这说明毛孩的身体发育是良好的。至于毛孩的智力发育，和一般小孩相比，也没有什么特殊的地方。

"辽宁毛孩"的头发特别稠密，陡然看去，好像戴着一顶大皮帽。头发长达7—8厘米，由额部一直长到眉毛相连的地方，如不仔细观察，就很难从中把眉毛区分开来。至于毛孩的眉毛和睫毛，也比一般人长，身上的毛也相当长。肩上的毛甚至长达4—6厘米，以致像动物那样披在身上。科研人员还对"辽宁毛孩"的家庭进行了认真调查，结果表明：在毛孩的家庭成员中，并没有多毛人或其他异常现象。

总之，从现有资料看，"辽宁毛孩"除全身多毛外，和一般儿童并无异常之处。社会上所传说的这个毛孩"高大雄伟"、"特别聪明"、家庭成员如何"特殊"等等，是毫无根据的。1985年，"辽宁毛孩"——于震寰已经8岁了，他以主角演员的身份参加了《毛孩历险记》影片的拍摄。他生活得很幸福，在学习、工作与生活中的一切表现，与同龄儿童完全没有什么两样。

在人类历史上，毛孩或毛人的记载虽然相当罕见，但在有关人类学的科学文献中，还是可以找到一些事例的。尽管这些事例今天已经成为档案资料被淹没于纸堆书林之中，但在那时，这些毛孩或毛人的出生都曾成为轰动一时的要闻。

伟大的进化论者，英国著名的生物学家达尔文，在他的名著《人类起源和性的选择》中，就曾记载过四个刚生下来就全身是毛的毛孩，德国解剖学家维德斯海在他所著的《人体构造》中，也曾列举过1828年出生于俄国的，父子二人都是毛人的事例。这个毛人名叫特里安·叶夫基希耶夫，55岁时去世。

19世纪初，英国人克洛韦德在他的《阿瓦宫廷出使记》中，记载了缅甸毛人的家庭，其中提到这个毛人家庭祖孙三代全是毛面毛身。到了1855年左右，又有个英国人余尔大尉，在他的《出使阿瓦宫廷述记》一书中，记述了这个毛人家庭的第三代子孙。这件事曾引起达尔文的注意，并且还在他的另一名著《家养下的动植物》中加以论述。

墨西哥曾经有这样一个毛人，是一位著名的舞蹈家，名叫尤丽雅·帕斯特拉娜，她虽是个女性，但除全身是毛外，还生着比一般男性还浓密的长胡须；此外，在欧洲阿卑斯山区也有一个毛人家庭。在这个家庭里，父亲是毛人，母亲是正常人，他们所生的一儿一女也都是毛人。

新中国成立前，在中国也有位著名的毛人，名叫李宝树。那时，我国的人类学家刘威，在青岛的"鸿生照相馆"里见到了这位毛人的照片，接着就在1973年写了一篇关于"毛人"的文章，刊登在德国人种学杂志上。后来，经过调查才知道李宝树是河北省固安县吕家营村人。早在1921年，他的照片就已经被展览在北京动物园——"万牲园"里。以后他还曾到过上海的游艺市场去卖艺求生。到了1939年抗日战争期间，李宝树就随同一个马戏团流落到美国去。在纽约的世界博览会的里勃雷"信不信"厅里被展出。那时，他被诬称为"狗面童乔乔"。根据照片可知，李宝树的面部毛发不但十分稠密，长而不卷，而且两耳中的长毛长度竟达一尺。

河南省伊川县有个毛女，当她17岁时，两个乳房急剧增长，很像两个篮球挂在胸前，后来在洛阳涧西医院动手术切除，切下的巨乳，每个长达 40 厘米，重达 9 千克。婚后，妊娠期间，毛女的面毛、体毛变得纤细稀少，但却长出了"副乳"——每边三个。1980 年 12 月，她顺利地生了一个男毛孩。此后，她虽然又生过男孩和女孩，但却都是正常人，而不是毛孩。[1]

1961 年 6 月，在我国浙江省长兴县，出生了一个巨乳女毛人，名叫李小毛，出生时除手掌、脚掌、乳房外，其他部位都长有黑色绒毛，属先天性第一代全身多毛症。至 15 岁时，她的乳房开始隆起。到 21 岁一双巨乳大得惊人，仰卧时比篮球还大，直立时下垂至腹部，胸部左侧腋前方，还长有鸡蛋大小的副乳，属巨乳毛人。据以前资料记载，在世界上发现的毛人中，巨乳毛人异常罕见。1981 年 4 月，浙江医科大学第一附属医院免费为李小毛切除巨乳，切下的巨乳，左乳重 9.8 千克，右乳重 10 千克。对于李小毛的巨乳，限于无知，作者无从解释，但其多毛与副乳的产生当属返祖现象。[2]

1979 年夏季，记者们访问了甘肃省河西走廊东部的分居在景泰县古浪县农村的一个毛人家族。这个家族，由年已古稀的张氏太太和她的两个儿子、三个外孙组成。张氏老太太是一个不太显露的毛人。但是她的脊柱却有"一道很厚的毛发，约有二指多宽，从颈部的大椎穴一直延伸到尾骶部。背上和心口也有不少毛"。张氏老太太有两个儿子，哥哥 40 岁，弟弟 21 岁。两人身上布满的黑毛竟有一寸多长，而以脊柱、心口、腋下和臂部的毛发最多，并以这些部位为中心，形成一个个大旋涡，向四周放射出去。面部除了眼圈、嘴唇周围无毛外，其余部位的毛又黑又浓，与头发连成一片。

张老太太的外孙——阎氏兄弟 3 人，当时分别为 19、15、8 岁，比起他们的两个舅舅来，全身的毛都较稀、较黄、较软，而且随着年龄的递增而发展，弟弟的毛远比两个哥哥的少。他们的母亲李氏难过地对记者说："这些娃娃刚生下来时，还好着呢，不知道怎么，长到 4、5 岁时，身上、脸上就开始长毛，越大越多，简直不像样了！"[3] 确实如此，时隔 3 年，当记者第二次见到他们时，他们脸上的毛比过去又密得多了，也黑得多了。

---

① 《毛女生的毛孩智力正常》，《西安晚报》1985 年 12 月 25 日。
② 《罕见的毛人家族》，《瞭望》1983 年第 5 期，第 42 页。
③ 《罕见的毛人家族》，《瞭望》1983 年第 5 期，第 42 页。

记者们还报道说："这些毛人的体格发育和健康状况，都与常人没有差别，在饮食起居等方面，也未发现什么特殊情况和嗜好。"① 据张老太太回忆，不管是她的父母兄弟，还是他的公婆和已故的丈夫，都未得过这种"病"。

兰州市的一些曾经考察过这个毛人家族的医学专家指出，"生活在河西走廊东部的这个家族，有子孙三代，多达 6 人，这是迄今为止在我国发现的最大的毛人群，在全世界上也极为罕见。""毛人并不是'病'人，而是一种奇异的'返祖现象'。"② 因为在人类漫长的由低级向高级的进化过程中，确曾有过全身披毛的阶段。随着岁月的流逝，人类进化到了更高的阶段，这时，人类脱去周身的浓毛，变得眉清目秀，肌肤光滑。可是，有时在个别人身上还会再现人类祖先的这一多毛特征，这是一种罕见的生物演化现象。这种罕见的"毛人"，为研究人类的起源和发展提供了一个极为难得的生物学的依据。

毛孩或毛人是一种"返祖现象"，其实科学界对于这种现象很早就予以注意，而且有人还对这种现象进行了认真的研究和分类。有些毛人脸上的毛发卷曲得如同狮子一般，所以被称为"狮面人"；还有一些面部的长毛直而不变，外形就和一种爱尔兰的粗毛狗差不多，所以被称为"狗面人"。但是必须明确：任何一种"毛面人"、"毛人"或"毛孩"的多毛现象，都不是"病理状态"，也不是什么"内分泌失调"，而是生物进化上的一种合乎规律的现象，科学上称之为"返祖"。

所谓"返祖现象"，指的就是某些生物在某些方面返回到祖先状态的现象。人类的这种返祖现象，除了毛面、毛身等形式外，还有其他一些形式，比如，多乳头，正常人无论男女都只有一对乳头；可是极少数妇女，甚至个别男性除了有一对正常的乳头外，还有一对，或者更多的非正常的乳头，被称为"副乳"。不过这些"副乳"要比正常的乳头小得多 。

再比如长尾巴：1959 年 5 月，沈阳市某医院接收了一个刚刚出生半年的小女孩，奇怪的是这个小女孩竟然生着一条 12 厘米的长尾巴！外科医生们只好为她作了"尾巴"切除手术。类似这样的有尾童婴，在国外文献中也还是可以找

---

① 《罕见的毛人家族》，《瞭望》1983 年第 5 期，第 42 页。
② 《罕见的毛人家族》，《瞭望》1983 年第 5 期，第 42 页。

到的。1848 年，德国也有过这样的一个小男孩，他出生时长着一条 10 厘米长的尾巴，而且尾巴上还有长毛，如果用针刺它，尾巴还会左右摇摆。

再比如颈孔与双子宫。个别人在脖子上生有一对小孔，就像鱼类的"鳃裂"那样，也有个别妇女生有两个子宫，像有些哺乳类动物那样。安徽小长丰县有个妇女名叫杨中苓，1978 年 9 月 1 日她生了一个女毛孩。这个女毛孩，除手掌和脚掌外，全身到处都长满了黑色的细毛，特别是背上的毛发十分稠密，乌黑有光，长达 2—3 厘米。令人吃惊的是，她的母亲——杨中苓因为难产而接受剖腹手术时，医生竟意外地发现她有两个阴道、两个子宫。她以前所生的孩子是在那个大子宫里怀孕的，而这次所生的女毛孩却是被怀在那个偏小的子宫中，像这种双阴道、双子宫，以及母女二人的双返祖现象，从整个人类的进化史上来看也是罕见的！尽管如此，用生物进化的观点来看，它仍然和长尾巴、多乳头、颈孔、毛面、毛身等返祖现象一样，并不是什么神奇之谜，而是一种合乎生物进化的自然现象。

1982 年 11 月 1 日，有人曾向《化石》编辑部写信，说他在东北某地见到一位 89 岁的头上长角的老太太，并说，他不但摸了摸老人头上的角，而且还给她照了相。[1] 相片就刊登在《化石》杂志 1983 年第一期上。据介绍，这位老太太原籍在山东黄县，1893 年 10 月 24 日生。1980 年 4 月份发现头右阳穴位置上出现硬块，后长出角。据她女儿讲，"老太太除手劲较大外，没有什么特殊生理现象"。[2] 这种头上长角的事例，实在罕见。人的头上为什么会长角呢？它并不是遗传，这很有可能也是一种"返祖现象"。

在非洲南罗得西亚两侧生活着百余名"鸵鸟人"，有的是 2 趾，有的是 5 趾，而且还有手指间有蹼的。这很可能说明人类的远古祖先在其进化过程中，曾经有一段时间是水生动物或两栖类。此外，在普陀岛上出现了罕见的"多指（趾）畸形人"，他右手 6 指，左手 7 指，右足 8 趾，左足 7 趾，左右手大拇指变形接近食指，细长，活动严重受阻，不能对指、对掌和握拳，失去活动能力。左右足因多趾畸形，行走不便。事实上，人类最早为多指（趾），以后逐渐退化仅剩

---

① 任可：《一位头上长角的老太太》，《化石》1983 年第 1 期，第 25 页。

② 任可：《一位头上长角的老太太》，《化石》1983 年第 1 期，第 25 页。

5指（趾）。所以，这里出现的多指（趾）畸形人，实际上也是一种返祖现象。

那么，五花八门的返祖现象究竟说明了什么呢？首先必须明确，返祖现象不仅在人类，就是其他动物，甚至在浩繁众多的植物界里也是普遍存在的，这种生物的某些结构与性状返回到祖先状态的现象，在生物学上，在生物进化论中，是有机体从低级到高级，从简单到复杂的不断变化发展的有力证据。在科学与宗教，唯物论与唯心论，神创论与进化论的论战中，进化论者曾经运用这个证据，给上帝造人，造万物，而且永恒不变的唯心主义谬论以毁灭的打击。

生物科学告诉我们，返祖现象是在生物个体发育过程中重演系统发育而产生的。因此，它是一种合乎生物发展规律的自然现象。这种自然现象，也就是德国著名进化论者海克尔（1834—1919）所说的"重演律"（也称"生物发生律"），也就是生物的个体发育是它的体系发育的重演。现代的人类是动物长期发展和进化的产物，在人类尚未形成之前，人类的祖先经历了无脊椎动物、鱼类、两栖类、爬行类和哺乳类等发展阶段。然后，再由哺乳类动物中的灵长类，从低等的原始类开始，通过猴和猿，最后从高度发展的古猿中分化出人类的近祖，再通过劳动最终发展为现代的人类。虽然，这个漫长的系统发育过程虽然早已消失，早已成为遥远的历史，但它却从人体胚胎的个体发育中得到了再现或重演。

当人的胚胎在母体中大约发育到一个月左右的时候，样子很像鱼，四肢像鳍，颈部两侧有"鳃沟"，很像鱼和两栖类动物幼年时期的"鳃裂"。当人的胚胎发育到大约第二个月时，胚胎上就生出一条像两栖类的爬行类那样的长尾巴，而且相当发达，由10个左右的尾椎骨所组成。大体到第三个月时就开始退化，终至逐渐隐蔽在臀部折缝中。到了五六个月的时候，人的胚胎就和其他哺乳类动物一样，除了脚掌和手掌外，全身到处都长满了密密麻麻的、细而柔软的"胎毛"。这些胎毛的排列方式，很像现代的猿类。

由此可见，上述这些人身上的返祖构造，都只是人类的动物祖先原来曾经存在过的正常构造，不过它们在人类进化过程中早已退化掉了；毛孩或毛人等返祖现象的出现，并不是什么难解的"司芬克斯之谜"，而是那些人类在进化过程中曾经普遍存在过的正常状态的再现，人类胚胎的发展过程，事实上简略地反映了整个动物界的发展过程，这是人类起源于动物的有力的证据之一。这说明人类是动物界长期进化的产物。

现代人类的各种返祖现象，都是原先人类的动物祖先在人体上打下的烙印。这种烙印的再现，不能不唤起我们对于远古时代动物祖先的回忆，颈孔与尾巴的再现，很自然地会使人们联想到我们的远古祖先曾是低等的哺乳动物。因此，毛面、毛身以及某些毛孩毛发的排列方式等等，就会使我们想起我们的远古祖先曾是猿类。"辽宁毛孩"的出生，与河西走廊东部"毛人家族"的发现再一次地为我们提供了人类起源于动物新的见证。

那么，在现代人类的肉体上，除了返祖现象可以证明人类起源于动物之外，是否还可以找到其他一些证据呢？当然，证据是很多的。因为，人类在由动物向人的方向进化时，不可能不残留一些这样或那样的他们动物祖先退化器官的遗迹。

首先，现代人类眼角上残留的半月皱襞，就是动物祖先退化器官的遗迹，在现代人的眼内角里有一个淡红色隆起的肉团，医学上叫做"泪阜"。在靠近泪阜的外侧，还有一条半月状的黏膜皱襞，这就是动物第三眼睑的遗迹。眼睑就像窗帘那样，它垂覆在眼珠前部起着保护眼珠的作用。在动物进化史上，两栖类、爬行类和鸟类眼睛的辅助结构中就有第三眼睑（亦称瞬膜），从哺乳类动物起，第三眼睑开始退化，到了人类时代就只剩下藏在眼角内的半月皱襞了。

其次，人类"动耳肌"的存在也是人类动物祖先退化器官遗迹的证明。众所周知，羊、马、兔子等动物的耳朵（耳郭）是"随意肌"。它可以随着声音来源的变化灵活地自由转动，转向发音方向，收集声浪，以助听觉，而人的耳朵却已经不再转动了。可是，人类耳根周围的"动耳肌"却还明显地残存着，不过，现在它已经无力牵动耳廓使其随意转动了，有趣的是，直至今日，还有个别人的耳朵是可以随意摇动的。这清楚地表明，在进化过程中，动耳肌不甘消亡，不甘放弃自己古老的原有功能。

此外，不少动物的盲肠是相当发达的。比如，兔子的盲肠就不仅相当发达，而且在消化方面的作用是巨大的，甚至难于消化的纤维素也能够消化掉，其容纳量与兔子消化器官总容纳量相等。同样，人类动物祖先的盲肠也是相当发达的。这是因为它们同其他某些动物一样，需要用盲肠去消化大量的植物性食物，特别是消化那些难于消化的粗纤维。可是，后来人类的食物愈来愈精细，盲肠对于食物的消化作用已经没有必要，因此，根据"用进废退"的进化法则，到了今天，人类的盲肠已经退化得只剩下几厘米长了。目前，它除了能给人类带来阑尾（在盲肠的末端）发炎的痛苦之外，唯一的用处恐怕就只能用来证明人类起源于动物了。

最后，还有人类尾椎骨与骶骨肌的存在也是可以用来证明人类起源于动物的。因为，今日的人类既然已经没有尾巴，那么，为什么会有尾椎骨与骶尾骨肌存在呢？这恐怕除了说明那是人类动物祖先在人类身上打下的印记之外，是很难再有其他解释的。类似的例子还有很多。

总之，既然人类起源于动物这是千真万确的事实，那么我们可以坚信：人类起源于动物 的新见证，随着时代的前进与科学事业的发展必将愈来愈多，最终在科学与宗教，唯物论与唯心论，神创论与进化论的论战中，科学将获得最终的胜利。

九、我们的祖先——古猿

宇宙是个漫无边际的天空，在这无限的天空里，有无数的星体，人类居住的地球，只是其中的一个，它在 46 亿年前就诞生了。45 亿年前，地球还是气体，是光焰四射的一团烈火。那时，地球的温度比现在炼钢炉里的温度还高。因此，不可能有任何生物的存在，更不可能有人。后来，地球逐渐冷却，变成了液体——炽热的岩浆，围着太阳快速旋转。不知又过了多少万年，热力减退，旋转变慢，表面凝结成高低不平的硬壳，这大体上就是今天的地球。地球外围的空气，由于冷热变化，常下大雨。于是，地球表面就出现了海洋、湖泊与河流。但是，地壳内部却还是炽热的岩浆。地壳本身时常变动，有时大陆沉为海洋，有时海洋升为高山。那时，地球上仍是一片死寂，既没有植物，也没有动物，没有任何生命，当然也无人类。

长期以来，人们认为 34 亿年前地球上才有了生命。可是新的科学研究则表明，生命在地球上的出现已经是 38 亿年前的事了。自从地球上有水之后，生命的出现才算有了可能，经过一段时间，原始的单细胞生物就在水中出现了。接着，单细胞生物又发展为苔藓、海藻、菌类的低级生物。这些低级生物后来又发展出早期的鱼类和软体虫。陆地则出现了杂草和树木。水中的生物逐渐发展，一部分爬上陆地变成了两栖动物，从两栖类发展至爬行类，从爬行类再发展出哺乳类，

从哺乳动物中又分化出了灵长类。从灵长类中才分化出了高度发展的一支"古代类人猿"（简称"古猿"）。

100 多年前，达尔文在前人生物研究成果的基础上，进行了长期的科学考察，发现世界上所有的生物都慢慢地演变着。演变的规律是：由简单到复杂；由低级到高级。人类也不例外，是由一种高度发展的古代类人猿演变而来的。后来，达尔文的这一伟大发现，逐步获得了科学界的进一步证实。

一个世纪以来的考古发掘证明，古猿在地球上生存的岁月大致是在距今 500 万年到 3000 万年之间，尽管它们大小如猫，但却是那个时代体形最大的哺乳动

物，也是当时地球上最高级的动物，有 32 枚牙齿，是人类和类人猿的最古老的祖先。①

比埃及古猿较为进步的埃及猿，与埃及古猿属于同一类型，其化石发现于埃及法雍渐新世地层中。这种古猿，生活于距今约 2600 万年到 2800 万年之前。它们也有 32 枚牙齿，其排列次序与现代类人猿和人的牙齿相近。专家们认为，"埃及猿具有现代猿和现代人共同的特征，很可能是猿类和人类的共同祖先。"②

森林古猿大约生活于距今 500 万年到 2500 万年之前，是现代类人猿的祖先。③ 其化石最先发现于法国加龙的戈当附近的地层中，因与树叶化石并存，故称"森林古猿"。此后，这类化石在亚、非、欧三洲均有发现。从森林古猿的肢骨来看，它们没有直立行走的特点。

腊玛古猿是更为进步的人类祖先，它们大约生活于距今 800 万年到 1400 万年之前，其化石最先发现于印度北部西姆拉低山区的哈里塔良格尔的地层中。后来，在欧洲、东非的肯尼亚、我国云南开远县小龙潭、禄丰县石坝等地方均有发现。其中，体形较大的"云南西瓦古猿"可能是猿类的祖先；体形较小的（已发现三个完整头骨），与猿相比较，其前、吻部后缩、门齿犬齿均较小，学者们认为，这类腊玛古猿很可能已是人科的最早代表，是人类的始祖；腊玛古猿已开始直立行走，能使用天然木棒与石块，是人类的直系祖先，由它通过南猿而逐步过渡为人。

在印度与巴基斯坦交界的西瓦立克山地所发现的"印度古猿"（亦称西瓦古猿），属于腊玛古猿体系。它们和今天生活在印尼加里曼丹和苏门答腊的"褐猿"（又称"猩猩"）样子十分相像，不过它比褐猿要更像我们今天的人类。褐猿就是今天还存在的一种类人猿。高约四尺，身躯粗壮，前肢比后肢要长得多，两脚窄长，走路还须使用前肢。但有时也能挂上树枝，弯着腰走路，不能像人那样挺胸抬头。他们成群地住在树上，靠吃野果为生，相互之间十分友爱，有时彼此拥抱，显得非常亲热，外形极其像人，也能模仿人的许多动作，很富于表情。难怪马来西亚人都把褐猿叫做"森林人"。

现代学者根据褐猿的样子，推测"印度古猿"，说它全身是毛，"嘴向前伸

---

① 《三千万年前人类祖先化石》，《人民日报》1980 年 3 月 18 日。
② 林耀华主编：《原始社会史》，北京：中华书局，1984 年，第 20 页。
③ 宋兆麟、黎家芳、杜耀西：《中国原始社会史》，北京：文物出版社，1983 年，第 4 页。

着，嘴唇又长又厚，上眼眶子特别向前突出……最初居住在容易找到食物的森林中，专依靠大自然的供给，在树上过着幽闲自在的生活。"① 不过，根据褐猿的生活能力判断，它们的日子也不可能过得十分理想。

1982 年，在云南开元县小龙潭发现了 1400 万年前的腊玛古猿上颌骨化石。它不仅证明南盘江一带是世界上人类最早起源之一，而且也进一步证明一切中国人种外来说都是不符合历史实际的，中华民族就是在祖国大陆这块富裕肥美的土地之上生长和发展起来的。它们是这里的主人，而不是客人。

1961 年，考古学家在肯尼亚特南堡发现腊玛古猿化石的同一地层中（中新统地层），曾经发现了数百件被砸碎的兽骨和脑壳，同时还找到一件具有砸击使用痕迹的火山岩块，看来曾用它砸碎过兽骨。这说明腊玛古猿已经知道使用天然工具，知道用石块砸开野兽的大脑来汲食脑浆，已经知道用石块敲骨吸髓了。②

1975 年与 1976 年，在云南省禄丰县石灰南煤场发现的腊玛古猿化石（100 多个牙齿和两个下颌等；1980 年 12 月 1 日又发现了头骨化石），可以说是由古猿转变到人的过渡形态的典型。它有下颌骨，有齿弓呈现规则的拱形，很像能够制造工具的早期人类（如能人、直立人等）；它的下颌第三前臼齿所出现的双尖型形式，在牙的进化过程中代表着从猿到人过渡阶段的典型特征；它的嘴巴也已不像猿类那样突出，这一切都表明：禄丰腊玛古猿具有从猿到人的过渡性，是古猿到人的中间环节，它比亚、非、欧各地所发现的其他腊玛古猿都更接近人类，很可能就是人类的直系祖先。

禄丰腊玛古猿生活的时代，距今约 800 万—1000 万年，它们已经离开森林到地面生活。它们与肯尼亚、巴基斯坦、土耳其等地的腊玛古猿一样，长期活动于原始森林间少量的开阔地的草原上，生活于有丰富的季节雨的环境中。特别是禄丰腊玛古猿的居住地，向阳避风，有山有水，温暖潮湿，植物繁茂。长臂猿与猕猴活跃于附近一带山林中，而三址马、大象、犀牛与野羊等则奔跑于草原间。禄丰腊玛古猿虽系杂食，但以植物性食物为主，生活相当艰苦。它们

---

① 裴文中、贾兰坡：《劳动创造了人》，北京：中华书局，1953 年，第 4 页。
② L.S.B. 李基：《被晚中新世人科成员砸破的骨头》，英国《自然》杂志第 218 卷，1968 年，第 528—530 页。

所吃的野果、块根和小动物等，可能一部分来自山林，一部分来自草原。地面生活与获取食物，需要与虎、豹等野兽展开激烈地斗争，而进行这种斗争，在那时，它们除了利用本身的智慧之外，很可能已经直立起来，使用了天然的树枝和石块。否则，也就很难解释它们如何才能在地面上长期坚持下来。人类的祖先古猿是一种社会化的动物。原先，它们不分性别长幼，都"成群的生活在树上"①，生活在原始森林的最高处，单个活动是少有的。那时，它们吃的是树上的无花果、野葡萄、嫩树叶、嫩枝芽、鸟等等；住的是它们自己用树枝搭在树杈上的窝巢。它们在树上来来回回地寻找食物，就和我们平地走路一样，十分自如，并不觉得别扭。如果认为古猿男女老少不分昼夜地生活在树上，在那里吃、住、休息、睡眠和生儿育女，一定很不方便的话，那只是因为人们用观察现代人的眼光去理解那些古猿的结果。其实，古猿成群地生活在那极为茂密的原始森林的最高层（离开地面数十米），不仅十分安全，不会轻易受到猛兽的伤害，而且易求生，可以吃到各种鲜美的野果，至于在树上行走，也绝不像人们所想象的那样困难。那时，古猿经常将双或单臂挂在树枝上，吊荡攀援，臂行前进，"一晃就是几米，十几米，臂行之快，可以抓到飞鸟"②（可能偶有其事）。虽然有人说古猿在树上攀援行走"奔腾如飞"不免有些夸张，但是，说他们在树上来来往往"如履平地"倒是不算过分。因为古猿在垂直的树干上爬行比起它们在平地行走还是要容易得多。在那时，远离森林的地方是很难找到古猿的。特别是那些母猿，本领显得格外高强。它们常常背或抱着自己的儿女，在树上跳来跳去，到处寻食或游戏。在这方面，现代人是无法和它们相比的，只有自愧不如。

我国历史上曾经有过"有巢氏构木为巢"的神话传说或记载，这说明人类历史的初期，也曾有过在树上搭窝生活的树居时代。就是到了今天，据说，生活在热带的某些民族，如马来西亚人等，也保持着每年一度的树居生活的原始遗风。这很有可能是由我们的动物祖先——古猿那里一直继承下来的一种原始的生活习俗。

1973年，世界野生动物基金会等组织为了保护稀有而珍贵的红猩猩，曾经资助印尼政府建立了红猩猩自然保护区，位于苏门答腊岛西北部，占地8000平

---

① 《马克思恩格斯全集》第20卷，北京：人民出版社，1971年，第509页。
② 余继林：《原始社会简史》上册，成都：四川人民出版社，1981年，第81页。

方千米。这里是一望无际的郁郁葱葱的热带森林，自然保护区有8位动物学家负责，其一端还设有猩猩"孤儿院"，专门收容和饲养那些因人类狩猎而失去"双亲"的幼小的红猩猩。据观察，红猩猩"孤儿"能巧妙地用带树叶的小树枝在树杈之间搭寻"床铺"，这些"床铺"离地面的高度为5—30米。有趣的是，这些"孤儿"几乎每天都要搬一次"家"，调换一个"床铺"。① 由此可见，现代类人猿不但仍然居住在树上，而且，它们在树上搭窝或筑建"床铺"的本领仍然相当高明，这无疑也是从它们的古猿祖先那里继承下来的。

当古猿普遍过着树居生活的时候，下地活动只是一种偶然而短暂的冒险行动，稍一疏忽，就有可能被熊、剑齿虎等咬伤或吃掉。有时，它们可能和现代类人猿一样，一不小心，把将要吃的果子掉下树来，于是就小心翼翼地东张西望，只要发现附近没有猛兽，就立即跳下来，抓上落果火速返回树上，这才大模大样地吃起来。有时，它们吃饱了，就在树上追逐、游戏。甚至，还会用吃剩的果子投掷那些地上的野兽，和野兽开开玩笑，把野兽弄得仰面怒吼，大发脾气，但又无可奈何。

大约就在2000万年之前，古猿的一支离开森林开始了地面的生活，可是，那时地上几乎到处都有毒蛇猛兽，古猿为了不做猛兽的晚餐，一般都是白天下树求生，晚上重返树上，把它们的老家——原始森林，作为逃避猛兽袭击的避难所（现在的大猩猩仍如此）。后来，经过长期艰苦的斗争，古猿才依靠集体的力量和智慧，依靠手中的武器——天然的木棒和石块，在地上站稳了脚跟。

那么，古猿为什么会舍弃森林而转为地面生活呢？有人说那是因为古猿"体重渐渐增加，使它们渐渐难以在树上生活"的缘故。可是游猎家们却曾发现体重足有二百磅的猩猩，能在丛林的树梢之上，攀援腾跳"如履平地"，甚至比人们在平地上跑得还快。② 可见，"体重增加"的说法并不可靠。此外，化石证据告诉我们，古猿舍弃森林转为地面生活时的身材，并不比现在的黑猩猩大。那么，既然今天的黑猩猩能够很好地生活在树上，还有什么理由说体重较轻的古猿就一定非下树生活不可呢？如此说来，古猿变化为地面生活的原因究竟是什么呢？长期以来在人类学家中流传着两种说法，一种说法是：喜马拉雅山一带，本来是一片平原，是一片郁郁葱葱的原始森林。我们的祖先古猿就住在这

---

① 《红猩猩"孤儿院"》，《科学画报》1982年第6期，第31页。
② 方且：《从猿到人透视》，上海：祖国出版社，1953年，第18页。

片异常茂密的原始森林中。可是，后来喜马拉雅运动开始了，地面不停地向上隆起，平原终于变成高山。这样一来，由印度洋那面吹来的水汽和云层便被挡在山南。山北也就因此而雨水稀少、森林消失。古猿也就因此而被迫改为地面生活。另一种说法是，由于冰河来临，气候干寒，森林减少或消失；再加上随着猿群的繁殖以及它们对自然界现存食物的浪费和摧毁，造成食物缺乏，迫使古猿的一支不得不下树求生，远离森林。否则，它们就会冻死或饿死在已经枯萎的森林里。另一支古猿则在转移途中找到了新的森林，继续过着树居的生活。还有一支由于不适应新的环境而被自然所淘汰。

冰河的来临，以及地球上某些地区的森林枯萎，并不是在一两年之内发生的。人类的祖先古猿远离森林到广阔的草原上去也不是短时期内做到的。这些事情的发生都是在漫长的岁月中缓慢地进行着。也不知到底经过了多少万年，人类才完成了由森林到草原的变迁，在地面上逐步定居下来。恰好古猿又是一种具有杂食习性的动物，这就使它们能够在更大的范围内适应生活，得以幸存，向着人的方向发展。

十、人类的近亲

下树求生的古猿，由于具有较高的智慧和适应能力，逐步地习惯了地面生活，在与大自然的长期斗争中，慢慢地向着人的方向发展。而留在树上的那支古猿，由于从不劳动，继续过着消耗现成物的野兽生活，逐渐进化成为现代类人猿，如：猩猩（褐猿）、黑猩猩（黑猿）、大猩猩（猓猿或大猿）和长臂猿。长臂猿和猩猩生活在亚洲（我国云南与海南岛的丛林中都有长臂猿），黑猩猩和大猩猩生活在非洲。它们都世世代代地居住在温暖多雨的森林里，是今天热带和亚热带原始森林中的一些特殊"居民"，它们之中最接近人类的就是黑猩猩。

人类属于灵长目，按字面讲，灵是聪敏的，人有"万物之灵"的称号。灵长目的特点是具有特别灵敏的手脚和最发达头脑。在灵长目中，最接近人的动物是猿和猴，而猿类中的黑猩猩又是灵长目中除人之外的最聪明的动物，它最善于模仿人的动作。

根据达尔文的结论：现代类人猿是今天一切兽类中和人类血缘关系最近的一种。它们有高度的智慧，和人类一样过着群居生活，集体采集食物。从体质上看，猩猩和人类相同的地方达 50 处以上，大猩猩达 90 处，黑猩猩达 100 处。比如，它们的骨块数目、肌肉的条数都大体和人相同，而且排列顺序也大致一样，只是有些长短大小的区别罢了。同时，它们都没有尾巴；手脚都有指甲；都有和人类相同的手纹和指纹；都有门齿、犬齿和臼齿，而且牙齿总数都是 32 枚；血液的化学成分以及胎儿的发育过程与人类相近；寿命也接近人类（黑猩猩可以活到 50 岁以上）。从体形上看，特别是刚出生的小猿，它要比成年的人猿更为像人。如果从生活习性、兴趣爱好、喜怒哀乐，感情智慧等方面来看，更可使人相信现代人猿就是我们人类的近亲。它和我们人类有着一个共同的远古祖先。

在现代类人猿中，黑猩猩的智力似乎更发达些，它们比猴类更善于模仿，可以向人们学习许多本领，很逗人喜爱，因此，动物园里养的类人猿多半就是它们。它们的老家在非洲热带森林里。黑猩猩喜欢群居，每群由十几只到三四十只。它们喜欢住在树上，夜间就睡在它们自己用树枝搭在树杈上的窝巢里。据英国动物学家珍妮·古多尔观察，黑猩猩搭窝的速度是惊人的，只需几分钟的时间，一个窝巢就可大功告成。有时它们也到地面上来活动，不过那只是偶然事件罢了。由于黑猩猩的体力强大，又有集体同敌人血战和厮杀的习性，因此，在自然界里就很少有野兽敢去向它们挑衅。特别是现代类人猿中的大猩猩，有的站起身高竟达 1.8 米，重达 120 千克，力气之大，可与狮虎蟒蛇搏斗。

黑猩猩究竟有没有智慧？不久前美国动物学家对它们进行了一项有趣的智力测验。他们首先把从森林捕获的 4 只黑猩猩用铁网隔开，然后在屋角里放上两只相同的箱子，让黑猩猩看着他们把香蕉放入一只箱内盖好。参加测验的人扮演"朋友"与"敌对者"。测验开始，"敌对者"由箱中取香蕉自己吃，而"朋友"则由箱中取香蕉给黑猩猩吃。接着，要黑猩猩给测验者指出有香蕉的箱子。结果当人们依次由箱前走过时，黑猩猩指"敌对者"的全是空箱，指给"朋友"的则多是有香蕉的箱子。接着，又在不让黑猩猩知道哪个箱内有香蕉的情况下，另作测验。要"朋友"与"敌对者"分别给黑猩猩指出藏出有香蕉的箱子。结果有两只黑猩猩很快地就知道了应该相信谁和不应该相信谁。如果"敌对者"指给它们的是甲箱，那么它们就飞奔到乙箱去取香蕉吃。由此，科学家认为黑猩猩具有一定的智力水平，能辨别相互信任和不信任这种较复杂的关系。

不仅如此，新的科学研究还有更令人惊奇的发现，黑猩猩会向同伴们撒谎，欺骗同类，从中得利。有位研究动物行为的专家名叫米切尔，他曾发现："一只黑猩猩向其他同伴示意，附近有香蕉。但当其他黑猩猩走后，它却独自往真正有香蕉的地方摸去。"此外，还有"动物园的一只大猩猩假装被铁笼的铁支架压了，当管理员匆匆赶去救它时，它却突然放开手臂，把管理员抱住，原来，它只是为了希望有个伴，而做出了'苦肉计'。"[1]

西班牙的阿长布哥有家著名的餐馆，它之所以著名，并不是由于正宗的意大利饭菜，而是因为它的厨师是一头黑猩猩。这位名叫莎曼非的雌猩猩厨师，操作认真，由烹调开始，到肉菜上桌，都由它一手包办。"上桌时，它先亲自尝尝口味，满意后才分给顾客享用。"[2] 没有高度智慧的动物，无论如何是完不成

---

① 《动物是怎样撒谎》，《读者文摘》1987 年第 1 期，第 43 页。
② 《猩猩"厨师"》，《光明日报》1991 年 4 月 20 日。

这个任务的。

有些简单重复的工作枯燥乏味，令人厌烦。"为此，前苏联曾训练黑猩猩来代替人类工作，已证实非常成功。"① 同时，美国有些大公司也曾训练黑猩猩代替人类在工业生产上的工作。据说有相当数量的黑猩猩正在接受培训，让它们从事半技术性的工作。工业家厄尔·奥格森认为，"黑猩猩的效率远高于人类，它们不会告病假，对手里的活不会马虎。"② 美国商界高级管理人员认为，"这些黑猩猩'打工仔'效率不亚于人类，且不会告病假，也不会闹待遇。"③ 美国动物专家也表示，"训练一只黑猩猩只需花 6000 美元，而干同样工作的普通工人每年得支付 2 万美元。"④ 这样看来，人类对于黑猩猩具有高超的智慧是肯定的，对于黑猩猩具有使用工具进行劳动的技能也是肯定的。

但需要提醒的是，训练黑猩猩从事一些人工活动，却与现代的动物保护观念产生了尖锐的矛盾，这一矛盾随着人类的思想意识观念的提高表现得越来越尖锐，因此，上述做法确实值得人们仔细思考。

有人曾经做过这样的实验：把食物埋在坚硬的土地里，让黑猩猩把它拿出来。当黑猩猩感到用自己的手和脚不能直接解决问题时，它会利用手里的木棍来挖土。它会用双手和牙齿使劲地把木棍插入土里，直到挖出食物为止。还有一个类似的实验：把几只金黄的香蕉挂在一个房间的天花板上，然后把一只馋嘴的黑猩猩带进这个房间。黑猩猩见到香蕉，急着要吃，但是摸不着，于是就搬来了一些大小不同的木箱子。接着，它经过多次试验多次失败，最后，终于知道把大箱子放在下面，小箱在上，一个一个地重叠起来，然后登上塔尖吃掉了那串香蕉。

美国人类学家 D. 匹尔比姆在对黑猩猩进行了长期的观察与研究之后写道："黑猩猩也是灵长类中除人类以外能够最娴熟地使用工具者，因此，给我们提供了研究早期人类对工具使用的最理想的模特儿。黑猩猩能够站立着使用棍棒和投掷石块。黑猩猩能用小树枝在身上搔痒，也会用树叶把身上的泥污拭擦掉。"⑤

① 《黑猩猩打工》，《每周文摘》1992 年 8 月 5 日。

② 《美训练黑猩猩代人干活》，《信息日报》1992 年 8 月 2 日。

③ 《黑猩猩打工》，《每周文摘》1992 年 8 月 5 日。

④ 《黑猩猩打工》，《每周文摘》1992 年 8 月 5 日。

⑤ （美）D. 匹尔比姆：《人类的兴起——人类进化概论》，周明镇、周本雄译，北京：科学出版社，1983 年，第 49 页。

此外，还有人在马来西亚热带雨林中看到野生的猩猩折下树枝，用树枝和敌人搏斗。[①]

由此看来，黑猩猩是善于利用现成"工具"的。类似这些利用"工具"掘土取食、叠塔取物、两脚站立起来边跑边使用棍棒和投掷石块、用树枝搔痒、用树叶擦拭污泥，以及折断树枝同敌人战斗的本领，除现代类人猿外，其他野兽是很难办到的。

让我们到动物园认真观察一下，和那里的猿类相处熟了，如果你对它点点头，鼓鼓掌表示赞它，它就会及时地向你表示高兴和愉快；如果你骂它，吐它，向它发怒，或做一些其他不友好的表示，它也会马上向你表示回击——反感和不愉快；假如你教它如何刷牙、洗衣服、围着桌子吃饭，它也都能很快地学会；有的现代猿还会吃冰淇淋，抽纸烟；如果你扔给它一块水果糖，它会愉快地从地上拣起来把纸剥开，把糖放进嘴里，然后把糖纸扔掉。特别是猩猩和黑猩猩最善于模仿，在人的驯化下，能够学会很多人的动作，比如用缸子喝水，用汤匙吃东西，用碗喝汤，用茶壶、茶杯倒水，穿衣服，吹口琴，穿针引线，骑自行车，还会用杯子向人讨汽水喝，从桶中舀水，抱着小猫接吻。还会为人理发，拿木棒追打猎狗，等等。

20世纪70年代后期，美国灵长目动物学家和心理学家伦波，曾经训练过一只名叫莲娜的雌性黑猩猩，要她通过按电钮与人"交谈"（按动不同的电钮，显像板上就会出现不同的字迹）。这是一次首创的动物语言实验。这次实验的成功，使人类独有语言能力的传统观念发生动摇。当莲娜饥饿时，她能够按电钮要食物（如要糖果），渴时能够要饮料（如要水果汁），乏味无聊时能够要玩具，或者要人来陪她玩耍，甚至，竟然要求管理人员给她搔痒，当她被搔得十分舒服时，还会向人发笑表示满意。当她对人们反感时，竟会按电钮，下逐客令："请走出房间。"[②]

由此看来，黑猩猩的许多本领并不是生来就有的，并不都是"本能"，而是后天学的。或者是向它们的长辈学习（首先是向它们的母亲学习），或者是向人学习。总之，它们是非常善于模仿的，我们的古猿祖先也具有同样的特性，这对它们向人的方向迈进，当然是非常有利的。珍妮·古多尔曾经在非洲丛林中

① 《猩猩国奇遇》，《科学与文化》1985年第1期，第17-18页。

② 星灿编：《大自然的趣闻》，北京：新华出版社，1979年，第86-91页。

见到一只患了腹泻的黑猩猩，摘下一把树叶去擦拭自己的肛门。这时，它那只有两岁的幼仔，细心地瞅着妈妈，接着，就照着学起来。它同样摘下一把树叶，反复不停地擦拭自己的肛门，可是它并没有腹泻，完全没有这个必要，显然只是为了模仿。

1979 年，当作者访问北京时，发现在北京西郊动物园里，养着几只逗人喜爱的黑猩猩，其中有只黑猩猩相当高大，很受游人喜爱。正因如此，在它的住处前面，常是人山人海，旅客不断。人们特别喜欢拿它开心，尤其是那些青年游客，对我们人类的这位亲属很是感兴趣。他们经常利用优势地形居高临下地向黑猩猩投掷小石子，而黑猩猩则会藏在柱子后面巧妙地左右闪躲，使人无法击中。假如游客连续投掷，不让它休息，它就会仰面吼叫向人发怒，甚至边吼边跳表示抗议。如果人们不立即停战而是继续逗它，它会拣起石子向挑占者进行突袭。不仅如此，它在拣起石子对人回击的时候，尽管投掷不准，但却总是企图打击那些不断向它挑衅的"主犯"，相反地对于平和的游客，却总是彬彬有礼，从不侵犯。

1981 年第 3 期《青年科学》杂志刊登了一篇文章——《圆通动物园的趣观》，说的是一位游客游览昆明动物园时的见闻，其中谈道："黑猩猩是更接近人的灵长类。……竟能端杯子喝牛奶，喝完了，知道把杯子还给人，睡觉的时候，它怕受凉，会自己盖毯子。谁要是打搅它，一生气，就抓起石头子砸你。"可见，黑猩猩和智慧与感情，和人类是相当接近的。

杜罗夫是一位著名的训练动物的能手。他养着一只黑猩猩，名叫米奴斯。在杜罗夫的名著《我的野兽》里，他专门写了米奴斯的故事，其中一段说："早晨杜罗夫起床后，就向米奴斯说：你好，米奴斯！"同时把它放出来，米奴斯为了表示感谢，它迅速用长着绒毛的小手抱住杜罗夫的头颈狂吻他的嘴唇，简直和亲人相逢一样，当杜罗夫洗脸时，米奴斯也打开水龙头。放上水，把肥皂拿来，把两只肮脏的小手洗净，然后，再把肥皂送还原处，用毛巾把手擦干。当它需要什么东西时，也能明确表示出来。比如，当杜罗夫太太手里有梨时，米奴斯就用手指敲着盘底表示要吃。最有趣的是吃饭时，它能主动把椅子推到饭桌前，把折好的白餐巾戴在脖子上，并且还能毫不紊乱地使用刀子和叉子，从不把食物抛在桌上。① 不仅如此，有人还见到黑猩猩用竹竿吓母鸡，当母鸡被吓得咯咯惊叫时，它还会挤眉弄眼哈哈大笑。②

一只名叫苏丹的黑猩猩被关在笼子里，人们在笼外给它放了一只它最爱吃的柑子，它发现后，立刻用手去取，可是怎么也够不着。于是，它非常生气地乱跑乱嚷，拿起人们放在笼内的竹竿用力拨，但是竹竿太短也拨不着。于是它又气愤地乱跳乱嚷起来。最后，它想出一个好办法：把一根细竹竿插入一根粗竹竿内（这是人们向它演示过的，它只是模仿而已），终于把那只柑子拨到手中。③

若干年前，苏联心理学家巴夫洛夫的实验室里运来了两只来自非洲的黑猩猩，一只叫拉法哀尔，另一只叫罗莎。主人们对待这两位远道的客人——人类的亲属，非常客气，不是像别人那样把它们关进笼子，而是给它们布置了漂亮的卧室、饭厅、浴室、教室，应有尽有。可是，这两位奇怪的客人却不去很好地享受这些，有时，它们简直要闹到疯癫的地步。喝汤时故意把汤匙推开不用，还把枕头放在头上，尽管如此，还是可以从它们的行为中找到许多事例来说明它们确是人类的近亲。比如，罗莎能够从看门人的衣袋里偷走钥匙，进入饭厅，然后爬上椅子，慢慢地把钥匙插进锁眼里，轻轻一扭，打开锁子，拉开菜橱的玻璃窗，吃掉藏在里面的一串葡萄。又如，拉法哀尔能够经过反复试验，多次失败，最终成功地把大小不同的七块木板很有次序地，大的在下，小的在上，堆积起来，然后爬上去，取下挂在室中的杏子，把它吃掉。④ 显然，除了人与类人猿之外，世界任何其他动物都做不到这一点。

达尔文在他的著作里也曾提到：一只牙齿不够坚硬的现代类人猿，知道用石块敲破胡桃，吃掉桃仁，并且还会把它经常要用的石块偷偷地藏在草堆里，不让别人知道。"在发生敌对性冲突时，黑猩猩也会使用石块和木棍"进行战斗。⑤ 比如，当黑猩猩遇豹子时，它们就立即站立起来，举起树枝同豹子展开血战。⑥ 地球上现有黑猩猩约 3500 只，它们有较强的合群性，会像猎人那样齐心

① 承名世、方诗铭：《从猿到人通俗画史》，上海：人世间出版社，1951 年，第 52-54 页。
② 余继林：《原始社会简史》上册，成都：四川人民出版社，1981 年，第 76 页。
③ 承名世、方诗铭：《从猿到人通俗画史》，上海：人世间出版社，1951 年，第 52-54 页。
④ 伊林、谢加尔：《人怎样变成巨人》，什之译，大连：读书出版社，1949 年，第 93 页。
⑤ 《黑猩猩王国内幕》，《青年文摘》1981 年第 1 期，第 93 页。
⑥ 余继林：《原始社会简史》上册，成都：四川人民出版社，1981 年，第 84 页。

协力追逐和捕获猎物，共同分食。这些也都是其他野兽很难办到的。

1980 年 8 月，北京动物园里出生了一只小猩猩，它的"妈妈对它爱不释手……可就是不知道喂奶"，所以身体一直很弱。[①] 1981 年转到上海动物园后，正式为它取名"强强"，希望它早日强壮起来。可是，强强偏偏又生重病，"血色素已降至 2 克……生命危在旦夕，唯一的急救措施是输血……儿童医院在上海血液研究所的配合下，先后两次给强强输了 O 型血球，使强强血色素上升。病情日趋好转，于 10 月 20 日出院。"[②] 既然给猩猩输入血没有引起死亡，反而使其康复，那就证明人与猿是同祖的。

现代医学证明，不同种类的动物是不能相互输血的，否则，就会引起死亡。可是，现代类人猿却和人有着相似的血型，如果将人血输给相同血型的黑猩猩，那么，黑猩猩不仅不会死亡，不会出现血液凝结，反而会生活得更加健壮。这一科研成果充分证明：猿和人的血缘关系确实很近。难怪杰出的瑞典人类学家林耐在经过长期的调查研究之后，毅然决然地把猿和人归并在一个灵长目内，并且还说："充塞着全世界水陆两半球的万物中，再没有什么东西像猿类那样跟人相似了。"[③]

通过以上事实，应当坚信达尔文与林耐的结论是正确的，那就是说：人类起源于动物。现代类人猿确是目前世界上一切生物中和人类血缘关系最近的一种，它是人类的近亲，是人类的堂兄弟。现代科研成果还证明：在现生的猿类中，黑猩猩是与人类血缘关系最近的一种。

---

① 《猩猩就医记》，《博物》1983 年第 2 期，第 14 页。
② 《猩猩就医记》，《博物》1983 年第 2 期，第 15 页。
③ 周国兴：《人怎样认识自己的起源》上册，北京：中国青年出版社，1977 年，第 91 页。

十一、狒狒与猴子

关于人类的起源问题，是一个既古老又年轻的重大问题。随着科研工作的不断深入，新的问题和争议也必然随之产生。比如，学界不久前还展开着"人类起源的新争论"。新的争论并不是从"上帝造人说"的角度出发的，而是反映了二十世纪后期国外学者研究的一些新成果。比如，长期以来，人们一直认为在现生的猿类中，黑猩猩，特别是俾格米种黑猩猩与人类血缘关系最近。但自70年代以来，"有人提出非洲大猿和人的关系最相近，其次是猩猩，关系最远的是长臂猿。"还有人认为"腊玛古猿和西瓦古猿更可能是猩猩的早期祖先"，而不是人科的最早的代表，不是人类的始祖。更有人认为在现生的大猿中与人类最相近的不是非洲的黑猩猩，而是亚洲猩猩。① 如此等等。当然，上述种种说法都有一定的根据，不过目前均未获得公认罢了。总之，关于人类起源的争论，直至今日并未告终。不仅仍然存在着唯物主义学派与"上帝造人说"的激烈斗争，而且也还存在着唯物主义学派内部的新争论。关于这一争论，不宜就此收场，而应放宽视野，再加探讨。在这方面，狒狒和猴子似乎也有加以研究的必要，至少这对学者们对这一问题的进一步思考是有益的。

应当知道，在人类的亲属中，还有狒狒和猴子。它们是在除猩猩之外的一切野兽中和人类血缘关系最近的两种。不过人们常将猿猴二字并用，把二者等同起来，这是不对的。实际上，猿与猴差别是很大的，不过它们在进化过程中是有血缘关系的。

狒狒也属于高等灵长类，样子像狗，故又称"狗狒"。它机警敏捷，聪明灵活，前后肢都能抓握东西，喜欢群居，过着严格的集群生活，每群少则二三十只，多则百余只。狒群的首领多为雄性，享有崇高的威信，只要低吼一声，全群狒狒就得俯首听命。

狒狒与黑猩猩同属于灵长目，它们世世代代地共生于非洲的原始森林中

---

① 吴汝康：《人类起源的新争论》，《化石》1985年第1期，第1—2页。

（亚洲南部也有狒狒），在动物进化史上，血缘关系很近。可是，我们人类的这两支近亲，却往往六亲不认相互残杀。黑猩猩有时不但吃人，而且还经常与狒狒争闹和厮杀。甚至，它们有时活捉了小狒狒，高高举起，把狒狒活活地摔死在石头上，然后将尸体拖上大树，一块一块地撕着来吃。根据古多尔的观察，黑猩猩捕食小狒狒那是常有的事。当然，大狒狒对于黑猩猩的进犯也是不甘示弱的，因此，双方经常展开猛烈的碰撞和厮杀。这一点，在珍妮·古多尔《黑猩猩在召唤》一书的第 16 章——"黑猩猩和狒狒的角逐"中被详尽的记录下来。尽管狒狒和黑猩猩之间经常发生激战（多是为了争食），但有时狒狒也能和黑猩猩同进食，互不侵犯。甚至，还会一起玩耍，和平相处，毫无敌意。特别是它们的幼仔，从来都不顾及父辈的仇恨，常在一起追逐、游戏、喧闹、玩得十分融洽。①

狒狒长期活动于广阔的非洲草原或亚洲南部的森林中，白天就在草原上到处觅食、追逐和游戏；晚上则集体返回森林之中的大树上去睡觉，这里当然要比草原上安全得多，凶猛野兽很不容易伤害它们。狒狒有很高的警惕性，天亮后首先观察四周，如果附近没有猛兽，这才下树活动；当集体转移时，多半都是雄性壮年狒狒在前，青年随后，接着才是雌性狒狒拖儿带女地走在中间，四面都有保护者，最后则有雄性壮年狒狒殿后。

狒狒的某些行为曾使科学家们大为震惊，比如，它们能像黑猩猩那样用石块和树棒作为武器去同其他野兽血战，并且还能用"手"非常灵活地向敌人投掷石块。

当珍妮·古多尔在坦桑尼亚对黑猩猩进行考察时，曾亲眼见到一群黑猩猩为了争夺食物，而展开抛石大战和激烈碰撞的精彩场面。狒狒们张牙舞爪，怒吼着向黑猩猩猛冲过去，抓起地上的石子、土块向黑猩猩猛砸。黑猩猩也不示弱，立即反击，抓起石子拼命地投掷，并且还乱跳乱叫表示气愤，一只黑猩猩甚至气愤地把成串的香蕉都扔了过去。奇怪的是，狒狒从不使用石块去打同伴，就是双方战到发怒，最多也只把石块扔向天空。②

不久前，有人乘火车到印度南部去旅行，当夜幕降临时，他打开了车窗上

① （英）珍妮·古多尔：《黑猩猩在召唤》，刘后一、张锋译，北京：科学出版社，1980 年，第 224—243 页。

② 周立明：《会"说话"的动物》，北京：中国少年儿童出版社，1984 年，第 122—124 页。

的金属网罩。次日天亮，他吃惊地发现车厢的一些铺位上或铺位前，站着几只雄狒狒，有的在咬他的鞋带，有的已经把他的衬衣咬成了碎片。十几分钟之后，列车在站上缓缓地停了下来。这群狒狒发现火车已经到达了它们的目的地，于是就从容不迫，旁若无人地跳出了车窗，奔向附近山上的油棕果园，当这位旅客把这一情况告诉站长时，站长指着远去的狒狒们的背影说："它们照例每天早晨都要赶这火车去植物园吃油棕果，当它们吃饱、睡醒以后，还要赶下午六点的火车自己回窝呢！"①

在非洲纳米比亚的一个农场里，有只经过训练，会替主人放羊的狒狒，它每天早晨赶着80只山羊到山上去吃草，傍晚把它们重新带回农场。这只狒狒的记忆力和识别力都非常强，虽然别的羊群经常和它的羊群混在一起吃草，可是它绝对不会让自己的羊随着别的羊群真的走远，也不会把别人的羊带回农场里来。

1984年10月12日，在美国加州的巴斯塔尔医院，出生了一个小女孩，名叫费伊，她患有严重的先天性心脏病，危在旦夕。在她父母签字同意的情况下，医生为她移植了一颗东非狒狒的心脏（其心脏结构与人的心脏基本相同）。"当贝利医生为她成功地移植了这颗动物的心脏时，无线电电波把这个振奋人心的消息传到世界的各个角落，尽管这种手术还有争议……可这是人类第一例心脏移植手术后存活一个星期以上的人啊？"②（从10月26日至11月15日，实际上存活了19天）。

"19世纪初，人们在一个所谓'猴子墓地'（古埃及人将其所崇拜之动物制成的木乃伊加以殡埋——引者注）发现了一个无脑小孩的木乃伊。埃及人将这具畸胎视作为神圣的动物——狒狒。当时很多人怀疑这个产物是由于女人与猿猴发生奸情的结果。"如果狒狒或猿猴与人类发生"奸情"确能繁衍后代，那么，就可证明狒狒或猿猴与人类是有血缘的关系。

由上述种种情况看来，野生的狒狒是可以和人类和平相处的，这也可能会和"同祖相亲"有关；狒狒在很多方面是接近黑猩猩和人类的；如果再把狒狒的心脏可以移植给人的因素考虑在内，那么，就有理由相信；狒狒和人类并不是没有亲缘关系的。

---

① 《狒狒赶时乘车》《西安晚报》1985年11月17日。
② 《移植了"狒狒心脏"的孩子》，《大众医学》1985年第10期，第35—36页。

在动物园里，或者在公园的猴山旁，经常可以听到"猴子变人"的议论，其实这是一种误解，猴子和猿是两码事，它是不会变人的。

猴子在生物学分类中的地位要比猿类低得多，也就是说，猴子在接近人的程度上，在与人的亲缘关系上，比猿要远一些。人们之所以常说"猴子变人"，一方面是因为他们把猴和猿混同了起来；另一方面也是因为猴和其他野兽相比，确有许多与人类相似的地方。不但在生物学上猴、猿、人同属于灵长目，而且从体形上或生理特征上，甚至在某些兴趣爱好上，它们都与人类十分相近。

1983 年初，印度喀拉拉邦阿勒皮地方法院曾收到当地学生联合会的一张控告书，控告猴子大闹学堂。原来，这里有群无法无天的猴子，它们闯入教室与学生争座位，撕书籍；闯入食堂，吃食物，拿东西。几个月来，曾有 15 名学生被咬伤。当地医学院的一名女学生被咬伤后，学生们就举行罢课，要求政府严惩肇事的猴——把它们关起来或赶走。可是，地方政府对此不加理睬，学生们只好向法院起诉，而法官雅科布在查明此案后，竟然无可奈何地将原案驳回，理由是人间的法官管不了"神猴"。

印度的猴子为什么竟能如此得宠呢？因为那里，猴子被视为神圣的动物，是不可侵犯的。印度教徒认为，猴子是印度教男女神灵的坐骑，杀死猴子的人必将死在地狱里。因此，猴子在印度是深受保护的动物。

猴子闹事在印度并非一处，但印度政府都表示无可奈何。据报道，在新德里政府区就生活着 2000 只猴子，它们也经常闯入政府部门捣乱。印度前总理甘地夫人的办公室里曾丢失一份重要文件，国家保安立即将此案列为大案。几天后才发现是被猴子盗走。猴子躲在梁上不肯下来，并且还把文件卷成纸筒给自己搔痒。人们为了要回文件想了许多办法，猴子却统统不予理睬。最后有人用一卷旧报纸向猴子抛去，喜爱模仿的猴子这才把文件扔下来。[①]

猴子被视为"圣物"从而获得人类的宠爱，这绝不是印度一个国家才有的事。在尼泊尔猴子同样是备受保护的，它们在寺庙区，往往数十只一群，到处游荡，经常进入庙中，吃掉人们施舍的米饭、南瓜、花生等物，因此，被称为"庙猴"。在中国，猴子不是也同样获得人们的宠爱和保护吗？猴王——孙悟空不是曾经被誉为"齐天大圣"吗？在马达加斯加和斯里兰卡这两个著名的岛国，

①　《总理府的窃贼》，《奥秘》1985 年 11 月。

猴子同样是备受尊重的。这很可能是因为猴子在许多方面极其像人，可以逼真地模仿人的动作，可以直立行走、穿衣、戴帽、抽烟、喝酒、逗笑取乐……特别是在心理状态和兴趣爱好方面，尤其和人类相仿。一句话，可能是因为猴子与人类有血缘关系，因此，同祖相亲，人们不愿加害它们。

1974年，驻守在云南其马山的解放军曾经逮住一只小猴，经过训练，每天清晨主人一开猪圈门，它就拿起小竹竿，骑在母猪背上，赶着30多头猪上山去了。无独有偶，1985年，马来西亚农民阿布杜·拉曼养了一只猴子，它聪明、勇敢、几乎会模仿主人干的一切事情，每天除帮助鳏夫拉曼洗甘薯、喂鸡之外，还去把羊关进圈内拴好。

此外，在《圆通动物园的趣观》一文中作者还说，云南边疆驻军的一个哨所，驯化了一只猴子，它持长竹，骑猪放猪，有胆敢不遵猴子命令的，它跃下猪身追去，非把离群的猪追回不可，并且还会拿竹竿子教训几下，以儆效尤。

《人民日报》曾经有篇《驯猴助人》的报导，说的是美国一些医务人员训练猴子帮助残疾人干活的事。医务人员对4只南美卷尾猴进行了几个月的特殊训练，其中两只3岁的猴子"蒂什"和"克里斯特尔"学会了吃东西以及开门关门等。"蒂什"在跟随残疾人买东西时，会按照主人的吩咐，把要买的商品取下来放进购物袋里。"克里斯特尔"则不仅会帮助残疾人操纵升降机，开电冰箱取食品，而且还会给留声机换唱片，等等。[1]

1976年，在印度教训卡特警察署管辖下的库里吉村，有个15岁的男孩在河边洗澡时不幸落入深渊，恰好被岸边树上蹲着的一只猴看到，它火速跳入水中，把这位正在挣扎的少年拖上了岸。坎迪城有位居民养着一只猴子，一天他家遭到抢劫，猴子就从背后死死地掐住强盗的脖子，并且还咬伤了强盗的同伴，直到群众赶来，把强盗捉住。在伊特瓦县的奥莱雅，曾经有只猴闯入办公室，给在场的人看它头上的伤口，当人们把它到医院时，它又反复地要人看它的伤口，直到医生为它包好，这才了事。1981年印度独立节，有一只在墙头上观光的猴子，突然跳下来，跑上前去，抢先拉住绳子，把旗子缓缓升起，使与会人员惊叹不已。[2] 由此看来，猴子究竟有无智慧，猴子的智力水平如何，确是一个不可忽视的课题。

---

① 《驯猴助人》，《人民日报》1980年8月11日。
② 《猴子趣闻》，《中国报刊》1984年3月7日，第4版。

在气候温和，果木繁茂，一望无际的巴山林海中，居住着无数小巧灵活的巴山猴，它们聪明、能干、善于模仿、逗人喜爱。当然，有时那些顽皮的猴子也会给人们带来意外的烦恼。比如，巴山"妇女单独出门时都不穿花哨的衣服。若穿上鲜艳的衣服行路，往往引起猴群的捣乱；它们围着你龇牙咧嘴，叽喳怪叫；跑前跳后，撒泥土，抛石子；甚至扯衣服，抓发辫，戏逗取乐。路上若碰不到男人解围，它们会跟你几十里，闹得你哭笑不得。"①

　　巴山猴与其他猴一样，善于模仿。比如，在巴山一带，当玉米快要成熟时，你千万不敢先扳几个玉米棒子拿回去"尝解"，否则，如果被猴群发现，当你走后，它们照样学习，把大片土地上的玉米棒子全部扳光。当然，猴子毕竟不如人类聪明，有人就利用它们喜爱模仿的习性去剥削它们的"劳动"，比如，当核桃成熟时，人们就故意在树下放一些木棍，接着先拿木棍上树去打核桃，打一阵后，就下树躲起来，暗中窥测动静，这时，旁观的猴子就一拥而上，抢木棍，打核桃，代人劳动。等到猴子把树上的核桃全打落了，主人就来赶跑猴群，收集落果。此外，有人还利用猴子这种喜爱模仿的习性去捕捉小猴。他首先用绳子把自己的孩子在树上逗笑取乐，过一会儿就把小孩放下来抱走，走时，却故意把绳子留下。母猴见了，也就照样学习，用绳子把小猴绑在树上逗着玩耍，正在这时，人们一拥而出，母猴来不及解绳子就仓皇逃命，结果绑着的小猴便成了俘虏。

　　《科学画报》有篇报道，题目是《世界上究竟人多少猿猴》。其中，谈到在众多的猿类中"恒河猴是比较容易饲养和训练的，有人就训练它们表演各种节目，如立正、敬礼、开步走、翻跟头、推小车和走绳梯等。"它们的精彩表演往往能激起广大观众的热烈喝彩！②

　　不仅如此，奥地利驯兽师费尼丁还曾从动物园的一百多只猴子中挑选了五只，用一年的时间就把它们培养成一个出色的"体操队"。他们有的成了"平衡木上的冠军"，有的成了自由的体操能手，有的能做一套复杂的单杠动作，表演十分出色。

　　由上可见，猴子与现代猿类黑猩猩等一样，都具有善于模仿的习性，猴子的模仿能力与智力水平很接近远古人类，是除猿之外的其他动物望尘莫及的。

①　孟学范：《巴山猴趣事》，《西安晚报》1986年10月7日，第3版。
②　《世界上究竟有多少猿猴》，《科学画报》1982年第3期。

不久前，有人在非洲肯尼亚的一个原始森林中发现了一名与猴子一起生活30年的人，他全身一丝不挂，发音不准，动作、习惯极像猴子。……当报纸刊登了发现这个猴人的消息和照片时，一位名叫西文加马的人竟然认出这是30年前他突然失踪的七岁的儿子。① 既然这位"猴人"可以完全脱离人类而与原始森林中的猴子们一起生活30年之久，那么，最少可以说明，猴子生活习性方面是接近人类的。

在我国海南岛东南部的南湾半岛上，居住着近千只可爱的小猕猴。有一天，驻军某部的战士们正在整整齐齐席地而坐看电视，突然有只猴王领着一群猕猴闯入会场，毫不客气地坐到队伍前面看起电视来。为时不久，有只小猴可能因为看不懂，觉得乏味，就打闹了起来。这时，猴王大概是为了教育它们要遵守秩序，就跑过去给了小猴子一记"耳光"，它们这才安定下来。不敢再捣乱了。"就这样，部队一看电视，它们就来凑热闹。"② 由此看来，猴子在兴趣爱好方面与人类也很相像。

1980年4月，在印度曾经发生过恒河猴大闹课堂的事。事情的经过是这样的：在印度德里人口稠密的卡罗尔巴格区的一所女子中学里，学生们不知为何惹怒了蛮猴（恒河猴）。于是，30多只蛮猴突然闯入女生们正在上课的教室，扔粉笔、扔石板、拿走学生们从家里带来的早点，把课本和练习簿撕成碎片，甚至还砸破玻璃，把教室弄得混乱不堪，一塌糊涂！尽管校方力图要把这群不速之客赶出学校，可是却没有成功。于是，当地警察和消防队就前来增援。他们想用水龙带把这些猴子赶跑，结果也失败了。因为，猴子向他们扔墨水瓶和学校食堂的秤砣，打得他们狼狈逃窜！由此可见，猴子和猿类一样，善于用集体力量去战胜强敌。

抗日战争期间，黄山游击队里驯养了一只十分聪明的黄山猴。这只猴子熟悉那里山间的许多小路。游击队就训练猴子传送军事情报。猴子翻山越岭，来来往往，从未引起敌人的注意。因此，几乎每次都准确无误地完成任务，为抗日救亡做出了卓越的贡献。③

1981年6月的一天，解放军某部张教导员与战士小刘，驾车奔驰在通往西

---

① 《猴子》，《青年时代》1984年第3期，第63页。
② 《猴子看电视》，《奥秘》1985年第9期，第42页。
③ 周立明：《会"说话"的动物》，北京：中国少年儿童出版社，1984年，第121页。

双版纳的大道上，突然一只猴子跳入路心乱跳乱叫地拦车，车停后，它又跳上汽车，比手画脚。教导员见它满面泪痕，"手"又反复指向南方，心中狐疑，于是就和小刘尾随其后，来到一个土坑附近。这时，猴子拼命挖土，直到爪子出血也不停息。教导员感到事出离奇，就把猴子带到县公安局去。公安战士紧随猴子来到土坑前，从土坑中挖出了两具尸体。在此期间，猴子不断地用"手"指向一个山寨。当晚，公安人员就在寨内召开群众大会，人到齐后，又把猴子带进会场。这时，猴子立即冲出，抓住一人不放，这就是凶手。其他两名凶手也于此时落网。

原来，有两名耍猴人在西双版纳的一个街子上玩猴赚钱，玩猴一毕，就有三名青年约他们到另一个寨内去玩猴，于是他们就一同前往。谁知，当天晚上，青年人就把他们用酒灌醉，然后杀死，把钱抢光。猴子见了，急得哇哇乱叫。凶手们害怕猴子引出麻烦，又来扑杀猴子。乖巧的猴子火速上树躲藏，躲过一劫。午夜时分，三个凶手就把尸体背入深山密林挖坑埋藏，却被猴子暗随其后，躲于树上，看得一清二楚，这才演出了这段猴子拦车报案的古今奇闻。[1]

有人曾和一位驯兽师开玩笑，当着驯兽师驯养的猴子的面，假装发怒，要打驯兽师。猴子们见到这种情况，竟然怒目而视，一拥而上，帮助主人攻击对方。[2]

由此看来，猴子是有意识和感情的，它不仅聪明、能干，而且机警、敏锐。如果训练猴子巡逻、放哨、破案……很可能是有发展前途的。

1980 年 3 月 22 日，《中国青年报》有篇《捉猴》的报导，说猴子"把这一带（武夷山区某地—引者注）的竹林、庄稼糟蹋得够惨了，挖笋、拔苗，一捣就是一大片，前两天甚至溜进粮仓里，成群结队地搬黄豆吃，你赶也无用，没等人靠近，那只攀在树上放哨的高啼一声，全跑光了；即使举枪打倒一只，尸首也会被簇拥着，在几秒钟之内无影无踪。"

就是在这个深受猴害的生产队里，有个青年猎人——小王，他从森林里俘虏了一只小猴，并且把它训练得懂话，听话，唤声即到，听凭使唤，逗人喜爱。这天，小王家里来了客人，刚一落座，就有几只岩蜂飞了进来，客人吓慌了，而小王却从容不迫地偏过头去向门外喊道："阿孙，拿把蝇帚来！"话音刚落，

① 潘龙海：《人类文明纵横谈》，广州：广东人民出版社，1984 年，第 8—9 页。
② 周立明：《会"说话"的动物》，北京：中国少年儿童出版社，1984 年，第 120 页。

一个戴小毡帽的"孩子"就跳进屋来,手里拿着小蝇帚。客人一看,原来是只猴子!正在惊疑,小王又命令道:"老奶奶在厨房里撑蜜糖水,快去端来,快,到厨房去!"猴子放下蝇帚,跳了出去,一会儿工夫,就小心翼翼地捧着一碗蜜糖水进来,而且一点儿也没有洒掉。客人竖起大拇指说了声"真棒!"并且问小王,"你怎么教的它?"青年猎人微笑着说:"示范。人做人样子,猴就跟着学了。简单的把戏,只要教一两回就会啦。"

听了这些情况,人们就会感到那种说"猕猴会用石块敲破硬壳果,狒狒有时也用石块打死蝎子作食物"①的说法就根本无足为奇了。

在猴子看来是一些"简单的把戏",恐怕对其他野兽来说,未必就会十分简单;对猴子来说"只要教一两回就会"的事,使其听凭指使,要什么就拿什么,恐怕除猿和猴外,任何其他野兽都做不到;同时,猴子在身体结构和生理机能方面也有不少与人相似之处。因此,那种认为猿和猴都是人类亲属的说法是有道理的。如前所述,它们的心理状态、兴趣爱好也都极其像人。可见瑞典学者林耐把人、猿、猴归入同一类——灵长类,是有根据的。

---

① 余继林:《原始社会简史》上册,成都:四川人民出版社,1981年,第84页。

十二、黑猩猩访问记

1960 年，英国姑娘珍妮·古多尔只身来到坦桑尼亚的贡贝自然保护区这个天然动物园里，开始在丛林中追踪、观察和研究黑猩猩的生活状况，经过十多年的艰苦观察，取得了出色的成就，并著有《黑猩猩在召唤》与《人类的近亲》等书，内容相当生动。

最初，珍妮·古多尔和古生物考察队一起在奥杜韦峡谷进行考察，经常碰到的只是成群的羚羊、长颈鹿、斑马和角马。后来，珍妮·古多尔为了追踪黑猩猩来到坦葛尼喀湖畔的贡贝禁猎区。可是，黑猩猩见人就跑，因此，古多尔在相当长的时期里，只能从望远镜里欣赏它们。

一天早晨，珍妮·古多尔远爬上了住地后面的高山，在望远镜里，发现山坡上有三个黑点在移动，原来这就是 3 只黑猩猩。当走到距离珍妮·古多尔约70 多米的时候，黑猩猩看了珍妮·古多尔，这才不慌不忙地钻进了灌木丛。

珍妮·古多尔留在原地，耐心地等待着黑猩猩的再次到来。果然，一会儿工夫，一群黑猩猩就叫着、嚷着、厮打着，从山坡上跑下来，爬上无花果树，吃起果子来。接着，古多尔还看到两只小猩猩骑在雌猩猩的背上，走向河边喝水。这是古多尔到达这里的最幸运的一天，直到天黑，她才拖着疲累的步子回到营地。在当前的世界上，只有非洲可以看到野生的黑猩猩，而在现存的一切野兽中，黑猩猩和人类是最相似的。因此，研究黑猩猩的行为，对于科学地探究人类的起源问题具有重大的意义。

从珍妮·古多尔见到黑猩猩的那一天起，在大约两个月的日子里，她天天上山观察，而黑猩猩们也天天出来吃无花果。它们渐渐地摸透了古多尔的脾气，知道她是不会伤害它们的。于是，也就不再躲避她了。这是古多尔取得的第一大胜利。

后来，珍妮·古多尔发现，在密林中遇到黑猩猩时，如果你不走近，它们就若无其事地继续干它们的事。过几天它们对你熟悉了，你就可以再接近一步。古多尔就这样一步一步地接近它们，对它们进行着更加仔细的观察，而黑猩猩却总是桀骜不驯地对这位热情的姑娘不加理睬。

一天珍妮·古多尔震惊地发现黑猩猩在吃肉！而且一边吃着一边还不停地揪下树叶，配着来吃。突然，一块肉从雄猩猩手里掉了下去，母猩猩身旁的小家伙"嗖"的一声跳下去抢，可惜它一点也没有抢到，因为这时正好由灌木丛中跳出几只小野猪来，弄得小家伙十分失望，只好哼哼地爬回了树上。古多尔走过去，看到地上丢弃的骨头，才知道黑猩猩吃的是小野猪肉。这是一个重要的发现，因为在此以前，专家们一致认为黑猩猩是不吃肉、不动荤的素食动物，只有在它们饿急了的时候，才吃一些小虫和鼠类。可是，古多尔的发现却打破了这个不符实际的定论。古多尔不但发现黑猩猩吃肉，而且还听说黑猩猩敢吃人。她这样写道："在贡贝工作的十年里，我们常常观察到黑猩猩吃肉类的情况。年轻的林羚，小猪，小狒狒，年轻的、有时则是成年的疣猴、红尾的和青色的长尾猴，时常是黑猩猩的盘中餐。在禁猎区内，我们甚至两次听到袭击非洲儿童的事件——其中有个孩子，费了很多周折才从成年公黑猩猩那里夺了回来。可是四肢已被咬掉一半了。"①

一天早晨，珍妮·古多尔发现一只被她称作"白胡子大卫"的黑猩猩蹲在草丛里。于是，就小心翼翼地接近了它，只见它蹲在小丘旁，细心地把一根草棍插进白蚁洞里，过一会儿就拨出来放在嘴里嗍一嗍。这样反复了大约一个小时，它才离开，珍妮·古多尔走过去观察，从地上拣起一根大卫扔掉的草棍插入蚁洞，过一会儿拨出来一看，只见上面吊着一串白蚁。

过了一个星期，珍妮·古多尔又看到了黑猩猩钓吃白蚁的有趣情景。只见黑猩猩用手拨去蚁洞外围的浮土，用食指把洞口捕开，把草棍插进去，草棍如果弯了，就把弯曲的部分咬掉再用。而且它们还常一次就准备三四根草棍，随用随取。更有趣的是，它们拨起一棵草来，先把叶子将掉，剩下光光的茎部，然后再用。

过去有的专家曾说黑猩猩能够用石块敲碎油棕果壳，取吃果仁，或者用树棍插进土蜂窝里蘸吃蜂蜜。现在古多尔不但亲眼见到了这种场面，而且还发现黑猩猩不仅只是简单地使用自然物作为工具，同时还会对自然物进行修整和改造，把它变为更加符合自己需要的工具。因此，发现黑猩猩能够吃肉和修整工

---

① （英）珍妮·古多尔：《黑猩猩在召唤》，刘后一、张锋译，北京：科学出版社，1980年，第225—226页。

具就是珍妮·古多尔取得的第二个大胜利。

雨季到来的时候，珍妮·古多尔经常冒雨观察黑猩猩的活动。她发现它们在刚下雨时，就躲在密林下避雨，当大雨真正来临时，反而干脆就坐在空地上任雨浇淋。这时，小猩猩倒是十分幸运，古多尔曾经多次看到，年老的母猩猩"芙洛"，总是用自己的温暖的身体为小儿子"菲菲"遮风挡雨，使它避免受凉，而菲菲的哥哥却常同伙伴们一起，在暴雨中做剧烈活动。比如，不停地翻滚；从这枝跳上那枝；用单手扒住树枝荡秋千等等。

珍妮·古多尔还曾看到过一群雄猩猩在暴雨中跳集体舞的场面：它们冷得受不住了，就大家一起拿上树枝在头顶挥舞，一边嚎叫，一边摇晃着身体狂跑起来。这种集体舞蹈的目的，显然是为了取暖。

一个雨后的早晨，珍妮·古多尔在丛林中穿行，发现前面有只驼背的黑猩猩，于是她就弯下腰去隐蔽观察，突然听到"呼呼"的响声，但却找不到什么野兽，抬头一看，只见一只高大的雄猩猩（后来珍妮·古多尔给它取名叫"戈利亚"）坐在树上，紧闭双唇，注视着她，并且不停地摇晃树枝。

接着，珍妮·古多尔发现左边草丛中也有一只黑猩猩，用阴郁的眼神盯着她。突然，一只强有力的黑手抓住了悬在空中的藤条，在她身后发出了"呼呼"的响声。这时，古多尔才明白她已经被一群陌生的黑猩猩包围了。

后来，戈利亚突然发出一声长长的吼叫。其他猩猩也都跟着吼叫起来。随着叫声，它们拼命地摇晃着树枝，一会儿功夫，泥土、树叶就雨点般地打在珍妮·古多尔的身上。古多尔紧张极了，但却努力地克制自己，原地不动。突然，不知哪只黑猩猩用树枝抽了她一下，接着，草丛中跳出一只黑猩猩向她直扑过来，快到面前时，突然改变了方向，逃入林中。古多尔贴身地面，不知又过了多久，抬头一看，才知道周围早已平静下来，她长嘘了一口气，紧张的心情才慢慢地安定了。从此，她知道黑猩猩已经不怎么怕她了，这是一场可惊可喜的遭遇。

有一次，有只黑猩猩来到营地，并且还爬上油棕去啃吃果子。当珍妮·古多尔知道了这件事后，就把香蕉放在帐篷里的桌子上，然后敞开门窗，自己守候在一旁，准备看个究竟。一天，有只雄猩猩从油棕山上跳下来，径直地向她走来，珍妮·古多尔立刻认出那就是白胡子大卫。这时，它全身的黑毛耸立起来，珍妮·古多尔尚还没有猜透它的来意，它一个箭步，抓起香蕉，退回一旁就津津有味地吃起来。从这以后，大卫大模大样地来了好几次，而且还把它的好友戈利亚也带来取吃香蕉。珍妮·古多尔决心要试验一下，如果她亲手把香蕉递给黑猩猩，它们将是如何反应，结果大卫开始犹豫了一下，后来就小心翼翼地从她手中接过了香蕉。

珍妮·古多尔庆祝自己生日的那一天，她在营地周围摆了许多香蕉，准备接待自己的朋友。时间不长，大卫、戈利亚等果然来了，它们高兴地跳跃着，毫不客气地大吃起来。古多尔乘机坐到大卫身边，大卫很平静。她用手抚摸它的肩膀，大卫立刻把她的手推掉，可是，当她再次抚摸它时，它没有反抗，就算默许了。

珍妮·古多尔兴奋到了极点，这是人和野生的黑猩猩之间的第一朵友谊之花，是许多生物学家梦寐以求的事！从此以后，珍妮·古多尔和黑猩猩之间的距离越来越小了。她经常大摆香蕉宴席热情地招待她的这批贵客，招待这批人类的近亲。

黑猩猩是一种社会化的群居动物。每群中的首领虽然不可能通过选举产生，但却一定是大家慑服和公认的。首领必须具有超群的体力和特殊的"才能"，否则就不能保持自己的地位。有一次，那只被称为"马伊克"的黑猩猩拾到了三只空铁桶（煤油桶），到处乱甩，发出震耳的响声，把伙伴们全吓呆了。靠了这手"本领"，它推翻了老首领戈利亚，而自己当了首领。

可是，新首领的地位并不巩固。那些和他能力相当的雄猩猩们并不服气，总想和它争个高低，因此争战不息。有一次，马伊克为了给那些挑战的伙伴一点颜色，就闯进营地向黑猩猩们猛扔石头，无意中打中了白胡子大卫，大卫平时很乖，很少惹事，可是一旦被惹怒了倒是很凶的。它痛得"哇哇"直叫，转身向马伊克尖叫着，猛冲过去，原先的首领戈利亚也冲了过去。马伊克火速奔向另外一群黑猩猩，打算征服它们，谁知戈利亚和大卫冲过去和它们汇合起来了。马伊克只好大叫着爬上了树。接着戈利亚就率领伙伴也追了去，企图夺回自己的宝座。

马伊克居高临下，拼命吼叫，疯狂地摇晃树枝，最后，俯冲下去，把黑猩猩们全吓慌了，个个下树逃跑，马伊克紧追不放。等它们一个一个地在草地上坐好后，马伊克毛发耸立，二目圆睁，吓得对手们提心吊胆，不知首领要要什么绝招。就这样，通过这场斗争，马伊克靠 勇敢才算巩固了自己的首领地位。

贡贝密林里的黑猩猩显然是杂食的，它们除了树叶、水果之外，还经常捕捉野兽来吃。它们猎捕的对象，除了野猪之外，还有林羚、疣猴、狒狒和长尾猴等。

有一次，四只雄猩猩正在营地旁吃香蕉，山坡上突然下来了一只小狒狒。黑猩猩鲁道尔夫立即追了上去，其他三只跟在后面。它们首先把狒狒包围起来，不一会儿就听见狒狒发出了可怕的惨叫。鲁道尔夫紧紧地抓住了小狒狒，将它的头狠狠地向石头上砸去，然后，拎着它跑上了山坡，两个助手也就紧跟着追了过去。

还有一次，戈利亚把刚刚弄死的一只小狒狒拖上了大树，一只雄猩猩就向它要肉吃。戈利亚开始不给，可是这只猩猩死缠不放。最后，戈利亚只好将狒狒撕开，把一半分给了它。接着，又一只黑猩猩也向它要肉，戈利亚只好又把另一半撕开，再把撕下的一半给了它。

通过长期观察，珍妮·古多尔发现黑猩猩在捕食时，已经出现了集体协作的行动。它们联合捕食，首先包围猎物，把猎物弄死，然后把肉分开来吃。这种习性和人类的早期祖先极为相似。

通过珍妮·古多尔的长期观察，我们发现黑猩猩的一些活动是耐人寻味的。它们知道在吃肉时，不停在揪下树叶配着来吃；知道用草棍钓吃白蚁；知道用石块投掷敌人；同时不仅知道使用工具，而且还会对使用不便的工具进行整合加工；不仅知道依靠集体围捕野兽，而且还知道平分食物。类似这些情况，在今天的世界上，除了黑猩猩之外，其他任何野兽都很难做到。因此，人们有理由说黑猩猩是与人类最接近的一种动物，是人类的近亲。

本节的最后，需要强调的是，当时高中毕业，却热爱动保护的珍妮·古多尔远离家乡，举目无亲，在热带密林中，跟踪调研黑猩猩，长达10年，在这一期间，她经受了炎热、寒冷、狂风、暴雨、毒蛇、猛兽（她多次碰到狮、豹、野牛的场面都很危险）、疾病和死亡的种种考验，最终却为科学事业做出了卓越的贡献。她那不怕艰险，热爱科学，献身科学的牺牲精神是永远值得人们学习的。

十三、古猿变人

对于信奉神创论的保守势力来说，如果说人类的祖先就是古猿，那实在太不光彩了，那简直就是对他们的不可容忍的污辱。他们一口咬定，他们那些出身高贵的名门望族绝不可能会是野兽的后代，而是"亚当的子孙"。

然而，不管那些名门望族如何六亲不认否认自己的祖先，科学的结论却使他们张口结舌无法狡辩。迄今为止，"整个人类都是古猿的后代"这一科学结论，已经成为一条无可争辩的真理。那么，古猿又是如何转变成人的呢？下面我们就来谈谈这个问题。

从距今1400万年的腊玛古猿到300万年前能制造工具的人出现，其间约有千万年的历史，这就是人类发展史上的从猿到人的过渡阶段。过渡阶段的化石在非洲的肯尼亚，亚洲的印度、巴基斯坦、土耳其和我国南部以及欧洲的希腊和匈牙利都有发现。

如前所说，古猿最初本来成群结伙地住在一望无际的原始森林中。它们是一种群居的社会化的动物。那时，它们在茂密的林海深处，过着自由自在的安闲生活。可是，后来由于地壳的运动和气候的变化，森林逐渐减少，食物日益缺乏，古猿的一支为了求生，就不得不远离家乡向外转移，开始了陌生的地面生活。

地面生活和树上的生活当然差别很大，首先是地面上食物异常缺乏，单靠自然的供给——采集现成，就很难长期满足古猿的需要。必须创造一种新的生活方式，否则它们就无法生活，就会饿死。这种新的生活方式就是用劳动去争取食物。

当古猿在树上生活的时候，可以伤害它们的敌人非常稀少，可是，下树之后，情况就不同了。那些张牙舞爪的猛兽，随时都有可能吃掉它们。况且，根据现有的化石证据，我们知道，那时的古猿，既没有锐利的牙齿，也没有强大的体力，因此，它们要想战胜野兽，求得生存，除依靠群体力量之外，还必须设法解放自己的双手，用前肢去同野兽展开厮杀。

原来古猿在树上生活时，它们就经常用前肢来攀登树枝、嫩芽、折鸟窝、取鸟卵、编造窝巢、抱携子女……而仅仅用后肢紧握树干支撑身体。在那时，它们的前肢后肢已经有了初步的分工，前肢的任务更加繁重，除摘野果、挖块根、捉小虫……除此之外，还要拿木棒、握石块、向飞禽猛兽年打或投掷，经常不断地和各种毒蛇猛兽进行搏斗，展开你死我活的厮杀。时间长了，前肢也就在世世代代的使用中日益灵活起来。慢慢地摆脱了走路的任务。同时，古猿在寻食时，为了眼观四方，及时地发觉和防止其他野兽的突袭，"渐渐直立行走。这就完成了从猿转变到人的具有决定意义的一步。"[1]因为只有直立行走才能使前肢获得解放，从而才能更多更好地使用天然工具从事活动，向着人的方向转变，才能制造工具，使用工具进行劳动，战天斗地，征服自然与改造自然。显然，没有直立行走古猿是不可能转化成人的。恩格斯曾说："经过多少万年之久的努力，手和脚的分化，直立行走，最后确定下来了，于是人就和猿区别开来……这就使得人和猿之间的鸿沟从此成为不可逾越的了。"[2] 不过，那时古猿还是处于半直立状态，总是弯着腰，屈着膝，用手指的背面来起辅助作用，而用后肢走路。走起路来速度既慢，而摇摇摆摆。尽管如此，地球上总算由此出现了一种新的，前所未有的，能够直立行走，使用棍棒、石块，开始变人的高等动物。

　　那么，在人类进化史上，人究竟从什么时候开始直立行走的呢？不久前，玛丽·利基博士在坦桑尼亚的拉伊托利地区发现了 360 万年以前的两行人类足迹化石。其中，留下 22 个脚印的是个女人，个子低；留下 12 个脚印的是个男人，个子高。这个发现表明：远在 360 万年之前人类已经能够直立行走了。这是 20 世纪罕见的研究人类起源和直立行走的最新资料，对研究人类进化史具有特殊的意义。不过，人类实际开始直立行走的时间肯定为时还早，否则就很难解释，人类如何利用木棒、石块去战胜野兽，活跃于广大的原野之间。实际上，人类由爬行转变为直立行走的时间，很可能就发生在人类由森林生活转变为草原生活的那一段漫长的时期里。因为直立是最富于进攻性的姿势，古猿那时也和现代猿类一样，需要直立起来手执木棒与其他野兽血战。不久前，土耳其考古学家"在安卡拉附近发现了 1400 万年以前直立行走的人类化石。考古学家确

① 《马克思恩格斯全集》第 20 卷，北京：人民出版社，1971 年，第 509 页。
② 《马克思恩格斯全集》第 20 卷，北京：人民出版社，1971 年，第 373 页。

定生活在千百万年以前。相比之下，过去的发现认为，最早的直立行走的人生活在350万年以前。"① 显然，后来的发现就接近实际得多，但还有可能不是最后的定论。

根据科学研究，我们知道北京猿人身体各部分的发展是不平衡的。它们的双手和上肢与现代人已极为相似，下肢却还带有一些原始性，头部则具有更多的原始性。总之，躯体像人，头脑像猿。一个和现代人基本相同的身体，却配上了一个和猿极相似的脑袋。对于这种现象，当时的西方学者根本无法作出正确的解释。他们胡说什么在周口店一带同时存在着两种不同的人类，头骨代表一种原始的人，而上肢骨则代表另一种进步的人。北京猿人的头骨是进步的人所猎获来的。它们把猎获来的北京猿人的肉吃光了，留下了头骨。这种毫无科学根据的种族主义谬论，是西方侵略殖民东方的"弱肉强食"理论的反映，因而带有明显的近代殖民掠夺的烙印。如果那样解释北京猿人躯体发展的不平衡性，那么，对于南方古猿中的进步型以及爪哇猿人的躯体像人头脑像猿人又该作何解释？又为什么在如此众多的北京猿人化石中，猿人一律没有留下肢骨，而那种进步的人却又恰好一律没有留下头骨呢？

马克思主义认为，在人类体质的进化过程中，劳动器官比思维器官进化得快。手是劳动的主要器官，由于北京猿人用手制造、改进和使用工具进行艰苦的劳动，所以它们的上肢，特别是双手最先发达起来，而且越来越灵敏。手不仅是劳动的器官，还是劳动的产物，在人类体质上，手的最先形成和发展完全是由于劳动的结果。这完全符合拉马克与达尔文"用进废退"的进化原则。由于手的使用，引起了四肢的分化，开始了直立行走，下肢就必然承担起支持体重和走路的任务，因而也就接着发展起来。当然，下肢的发展速度要落后于双手。至于头脑，那是随着手的劳动和四肢的分化，随着语言的发明和使用，在劳动实践中最后发达起来的，因而其发展也就落在四肢的后面。正如恩格斯所说："随着手的发展，人的头脑也一步一步地发展起来，产生了意识。"② "首先是劳动，然后是语言和劳动一起，成了两个最主要的推动力，在它们的影响下，猿的脑髓就逐渐地变成人的脑髓。"③

---

① 《土耳其发现一千四百万年以前人类化石》，《西安晚报》1987年4月14日，第1版。
② 《自然辩证法一书导言》，《马克思恩格斯文选》第2卷，北京：人民出版社，1961年，第74页。
③ 《马克思恩格斯全集》第20卷，北京：人民出版社，1971年，第513页。

从猿脑发展到人脑，决定的因素是劳动。没有劳动，离开实践，人脑就不可能形成，当然也就谈不上什么人类的智慧和才能。总之，人类体质各部分的变化是由劳动决定的，是在劳动过程中逐步完成的。因为前肢和双手是劳动的主要器官，所以，古猿的双手和前肢比全身任何其他部位都最先向着人的方向发展。在考古发掘中，直立人的双手要比身体其他部分更接近于现代人，这一事实有力地驳斥了那种认为在人类形成过程中头脑、心灵起了决定作用的唯心主义谬论，证明了劳动是由古猿变人的决定力量。

古猿地面生活的另一重大变化，便是肉食数量的增加。长期吃肉的结果，增加了古猿髓的营养，为古猿大脑的发展提供了物质前提。古猿还处于树居生活的时候，它们的食物比较丰富，毒蛇猛兽也很难伤害它们。因此，古猿总是吃吃、玩玩、睡睡，逍遥自在，无需多用脑子。可是地面生活不仅食物缺乏，迫使它们千方百计地到处寻找，并且还得随时警惕毒蛇猛兽的突然袭击，经常不断地想方设法对抗猛兽，向着它们需要猎食的野兽展开进攻，动脑筋想办法的需要日益增加。于是，脑子也就越用越灵。再加上古猿直立之后，视野自然扩大，脑核中从外界获取的实物印象日益丰富，用脑的机会也就自然增多。这样一来，古猿的大脑也就在不断使用的过程中逐步地发展和增大起来，终于由一般动物的本能活动，产生出人的自觉的思想活动。

大约就在 300 万年之前，南方古猿中的一支在与其他野兽——剑齿虎、恐猫和鼠鸽的搏斗，或挖掘块根时，经常感到利用自然的木棒和石块很不合手，很不适用，于是就在经验积累的基础上，创造和发明了木制和石制工具。当南方古猿把树枝折断、折短、去掉多余的枝叶，然后用天然石片砍制成第一条木棒，或用石块打制成第一件石制工具时，它的躯体便在长期实践活动的量变基础上发生了飞跃或质变，跨出了关键的一步，摆脱了古猿的身份而转化成人，用它们劳动的双手揭示了人类历史的第一页！而且，也只有在这时，古猿的双手和大脑才算通过漫长岁月的集体活动与进化，乃至最后通过劳动而发展为人手和人脑。制造工具是这个发展过程的质变，是由古猿转变成人的根本标志，其他动物最多只能使用工具，却不能制造工具。同时，也就在这些发展变化的过程中，古猿由于集体活动的日益增强，彼此之间就迫切需要交换思想，统一意志和交流经验，于是，原始的语言也就由于集体劳动的需要，而在劳动的过程中，并和劳动一起产生出来。

这样一来，古猿就由于通过无数世代的进化或变化或演变，在与大自然搏斗的过程中，逐步地改造着自身，乃至最后发生质变——通过劳动转变成人；由爬行变为直立行走，双手获得解放；由不会制造工具变为能够制造和使用工具进行生产；由不会说话变为能够说话；脑容量也不断增加，大脑日益发达起来。不过，必须明确，人类这一系列区别于古猿的特征，是在漫长的岁月中逐步获得的，绝不是在发明工具时一次完成的，这一点由南方古猿化石的研究可资证明。

由于劳动使人类躯体上形成了种种区别于动物的特征，这进一步证明了恩格斯"劳动创造了人本身"的伟大理论，标志着古猿进化的结束和人类历史的开端。自此之后，原始人类在和大自然的斗争中就有了划时代的意义，他们已不再仅仅只是消极地适应自然和利用自然。一切动物都是自然的奴隶，而集体劳动使人类成为自然的主人。不过这时人类还处于幼年时代，只是刚刚具有了人的基本特点，在体质形态上还保留着许多古猿的特征。"他们还是半动物性的、野蛮的，在自然面前还无能为力……在生产上也未必比动物高明。"① 然而，尽管如此，人与古猿还是有着本质区别的，人起源于动物，但超出了动物。人与动物既有联系又有区别，这种区别，我们在后面"最古的人类"那一章里将会详细讲到。

人类与现代类人猿究竟是何时分离的呢？也就是说它们究竟是何时分道扬镳沿着各自的道路向前发展的呢？长期以来，人们一直认为人类与猿类分离的时间大约在2000多万年前，但是现代考古又从未发现过2000万年前人类与猿类共同祖先的化石。因此，人们对上述结论持怀疑态度是有道理的。

关于人、猿分离的时间，近年来有一种新理论。1967年，美国加利福尼亚大学伯克利分校的科学家，利用免疫测定法测定白蛋白的方法对人猿分离的时间进行了测算，其结果表明：人类与猿类分离的年代，大约比古生物学家的上述结论要推迟三分之一的时间。这项新的科研成果曾引起学术界的轰动，不久前，美国国立研究所的科学家们又从遗传基因角度研究了这一问题，结论是：人类与猿类的分离的时间应在450万—480万年之前，这与通过白蛋白的方法得出的研究结果正好相互印证。② 不过，这项科研成果至今仍未获得公认。

---

① 《马克思恩格斯全集》第20卷，北京：人民出版社，1971年，第194页。

② 《人类是什么时候产生的?》，《百科知识》1983年第7期，第23页。

关于人类起源问题，近年来被视为现代科学问题中的重大哑谜之一。如前所述，随着考古学、人类学以及古生物学等科学资料的不断增多，有些问题解决了，有些问题依然存在，甚至还产生了一些新问题。关于人类与猿类在进化史上的分界问题，目前，人类学家所普遍接受的观点是把两足直立行走与制造工具作为人、猿区别的标志，把用石头制造工具的高等灵长类归入人属。当然，就全世界范围而言，对此标志还有争议，但无论如何，"人类是由古猿演变而来的"这一结论，确已获得了多数学者的承认。

十四、人类的年龄与故乡

人类的年龄究竟有多长呢？在过去中国史上，根据北京猿人的考古资料，一直认为仅有 50 万年左右。后来，学者们又根据坦桑尼亚的"东非人"与"能人"等资料，以及肯尼亚等地石器的发现，认为人类的年龄已有二三百万年的历史。那么，人类的年龄究竟有多长？今后的说法还会有变化吗？根据已有资料判断，为时不会很久，关于人类年龄的说法可能还会变化。1965 年，布·帕特森在肯尼亚的图尔卡纳湖（原名卢多尔夫湖）西南的卡纳坡发现一块肱骨化石，年代测定为 400 万年之前。该化石与现代人之肱骨颇为相似。通过"功能鉴别分析法"，断定这一肱骨的功能特点与黑猿相差甚远，而与人类接近。[1]1932—1967 年，国际科学考察队在埃塞俄比亚的奥黄盆地先后发现 70 个有人类化石的地点，年代最早的也在 400 万年之前。[2] 1973—1977 年，在埃塞俄比亚的哈达地区的 290 万年到 330 万年的地层里发现了大量人骨化石，它们"没有问题可以作为'能人'的祖先。"[3] 同时同地所发现的"露西"少女，其生存年代距今约 350 万年；"1974—1975 年，在离奥杜韦 40 多千米的莱托里尔，发现了十三块在分类上属于人的系统或人科的化石。其中一块下颌骨，分类上被定为人属，用钾氩法测定年代为距今 335 万年至 375 万年，平均 350 万年。"[4] 1982 年，美国加利福尼亚大学的科学家们，在埃塞俄比亚的阿瓦河谷发现保存相当完整的"原始人类化石"（被称为"露西人"）定年也约为 300 万年之前。[5] 1984 年，美国和肯尼亚的科学家们，在肯尼亚发现了 500 万年前的一块古人颚骨化石。参加发掘工作的美国哈佛大学类学家 D. 匹尔比姆说，以往的发掘表明东非一带三四百万年前就有人类，这次出土的颚骨，把人类在地球上出现的时间又向前

① 周国兴：《人怎样认识自己的起源》下册，北京：中国青年出版社，1977 年，第 183 页。
② 周国兴：《人怎样认识自己的起源》下册，北京：中国青年出版社，1977 年，第 185 页。
③ 周国兴：《人怎样认识自己的起源》下册，北京：中国青年出版社，1977 年，第 186 页。
④ 宋兆麟、黎家芳、杜耀西：《中国原始社会史》，北京：文物出版社，1983 年，第 7 页。
⑤ 《约四百万年前的原始人骨骼》，《人民日报》1982 年 8 月 11 日。

推了 100 万年。① 尽管这些发现有的还有争论，但从总的情况来看，关于人类的生存年代，将来很有可能还会延长，至少不是 300 万年，而是 300 万年之前。因为，除此之外，生物化学的科学成果也已告诉我们，人类早在 750 万年之前就已经开始与猿类分化了。②

应当指出，在人类起源问题上，曾经存在过"多祖论"（或"多元论"）与"一祖论"（或"一元论"）的争论。所谓多祖论，即认为人类不仅起源于多种的猿类，而且起源于许多不同的地区，这种说法，从其发生之日起，就带有种族主义的偏见；所谓一祖论，就是认为人类不仅起源于一个共同的祖先，而且起源于世界上某个单独的地区。到目前为止，看来多祖论者是要在地下发掘物（人类化石）面前宣告破产的。

"一祖论"认为：整个人类不仅起源于一个共同的祖先——古猿，而且发生于地球上某个单独的区域。那么，最早的人类究竟出现在什么地方，人类的故乡究竟在哪里呢？19 世纪末期，达尔文根据现生猿类中与人类最接近的黑猩猩和大猩猩都生活于非洲的事实，提出人类起源于非洲。可是，继爪哇猿人与北京猿人及其石器文化的发现之后，近年来又在云南禄丰发现了比较完整的西瓦古猿头骨与腊玛古猿头骨，于是，越来越多的学者又认为人类的故乡是亚洲（贾兰坡先生即持此论；其实，亚洲起源说早在 1857 年美国古生物学家顿第即已提出。）不过，近年来坦桑尼亚与肯尼亚地区人类化石的发现，又为人类起源于非洲增添了新根据。不久前，美国科学家在缅甸发现 4000 万年前的灵长目化石，又对人类最早祖先是非洲进化而来的假说提出了质疑。古生物学家唐纳德·萨维奇博士认为，类人猿灵长目很可能不仅起源于非洲，也起源于亚洲。因为，在非洲有记录的所有发现都比我们在缅甸发现的年轻。

总之，20 世纪以来，由于中新世纪以后的人科化石——腊玛古猿与南方古猿的化石，大都发现于亚洲和非洲，因此，人类究竟起源于亚洲还是非洲，一直还在争论之中。

再从五大洲生物进化的情况来看，人类既然是由古猿演化而来的，南极洲又只有鸟类，大洋洲没有高等哺乳动物，美洲仅有猴类而无猿类。既然这三大洲从来没有猿类生存，那么，人类自然也就不可能起源于此了。反之，亚、非、

---

① 《五百万年前的原始人骨骼》，《光明日报》1984 年 8 月 11 日，第 7 版。
② 周国兴：《人怎样认识自己的起源》下册，北京：中国青年出版社，1977 年，第 224 页。

欧三洲却都有人和猿的化石发现。但就理论上讲，人类总是在热带的丛林中发展起来，因此，人类起源于欧洲的可能性也不大。从腊玛古猿化石的发现主要集中在亚洲南部、非洲的东部这一事实来看，人类的故乡很可能就在这一广大地区。不过，根据目前所知，南猿或早期猿人的遗物与遗迹多在东非的可能性最大。

十五、南猿——"砾石人"

　　考古发掘证明，在以往人们所发现的大量的化石猿类中，南猿是最进步的，最最接近人类的一种。它们生存的年代大约距今 100 万—500 万年。南猿已经能够直立行走，成群地生活在森林稀少、水草繁茂的草原上，已经可以使用天然的木棒、石块和骨片作为武器，用它们挖掘块根、打击野兽和敲骨吸髓了。学者们认为：不久前发现的年代较早的南猿阿法种是人类的直系祖先，其他类型的南猿都先后灭绝了。[①]

　　由古猿转变成人，不可能是一朝一夕的事，其间必然会有一个过渡的形态。在过去，人们认为南方古猿（1924 年首次发现于南非联邦，此后，亚、非二洲曾多次发现）就是由猿转变成人的中间环节，理由是：南方古猿的大脑虽比当时任何其他动物都发达，虽已直立行走，已会使用天然的木棒和石块与其他野兽搏斗，但它们尚不会制造工具。可是，"20 世纪 50 年代中期在 3 个南方古猿洞穴中先后宣布发现了石器，1959 年又在坦桑尼亚奥杜韦谷中 175 万年前的地层内发现了'东非人'头骨和石器。"[②] 这样一来，我们也就可以说，至少南方古猿的一支，可能已经脱离了兽群而跨入了人类的门槛。

　　南猿究竟是人还是猿？能否制造工具？多少年来人们一直在争论着。可是，自从 1959 年 5 月 17 日英国学者李基的妻子玛丽在坦桑尼亚的奥杜韦峡谷发现了"东非人"（后更名南方古猿鲍氏种，属粗壮型）和一些石器之后，情况就改变了。这次发现轰动了世界，不少学者已经承认，至少南猿中一支——进步类型，已经于 175 万年前转化成人了。可是，脑量仅有 530 毫升的"东非人"究竟是不是奥杜韦石的主人，学者们对此产生了怀疑。为时不久，人们又在发现东非人化石的下层，找到了另一种"能人"化石，其顶骨骨壁既薄且轻，脑量也已达到 652 毫升，显然比东非人进步，更加接近于现代人了。因此，人们大都认为

---

　　① 林耀华主编：《原始社会史》，北京：中华书局，1984 年，第 24 页。

　　② 吴新智：《古猿变人类，何处是摇篮》，《化石》1978 年第 2 期，第 30 页。

"能人"就是奥杜韦石器的制造者和使用者。它们之所以被称为"能人",就是因为它们已具有了相当熟练的制造工具的技能。它们生存的年代,大约在190万年之前。后来,人们又在肯尼亚等地,发现了世界上最早的砾石石器,测定为261万年前(在埃塞俄比亚哈达地区发现的"最早的石器"①,我国河北小长梁发现的石器,距今为250万年前)。不过,可以肯定地讲,制造和使用这些石器的人,并不是由古猿变来的世界上最古的人类,因为,后来东非地区发现的人类化石,其测定年代要比这些石器的年代古老得多。

到了20世纪60年代,考古学家"在东非大裂谷发现50多个个体的南方古猿类和人属材料及化石,其中有块下颌骨标本,年代测定为350万年。这些发现使我们相信,东非在300万年前就有人的存在。"② 学者们认为:"南猿的成分相当复杂。它们当中一部分已经会制造工具,但另一部分似乎还不会。"③ 南方古猿阿法种的一支,早在300万年之前,就已经脱离猿群转化成人了。通常人们所说的能够制造砾石石器的"能人",实际上就是南猿的一支通过劳动转变而来的。

这样看来,尽管"南猿"的脑容量很小,额骨低平、眉骨粗壮,但是因为它们之中的一支已经转化为人,已经有了砾石石器,所以我们再也不能仅仅限于体质差异而六亲不认,把"南猿"排除在人类祖先之外,把它们驱赶到猿群中去,而应当实事求是称"南猿"为"南人"(1950年西德哥廷根大学黑贝雷尔教授首次提议即被否定),或者像有些学者所定名的那样,根据其特征称"南猿"为"砾石人"。④ 况且大部分南猿早已能够使用天然的木棒和天然的砾石块(鹅卵石)来作为它们的工具或武器了。从这个意义上讲,把南猿称为"砾石人"也是名副其实的。

总之,人和现代类人猿的共同祖先是由埃及古猿进化而来的埃及猿,此后分为两支,一支经过森林古猿演化为现代类人猿;另一支则是经过腊玛古猿于距今500万—600万年前发展为南方古猿,而南方猿中的阿法型又分为两支,一支为粗壮型,约于100万年前灭绝;另一支为纤细型,于300万年前通过劳动逐

① 《史前研究》1984年第3期,第48页。
② 余继林:《原始社会简史》上册,成都:四川人民出版社,1981年,第92页。
③ 黄慰文:《中国历史的童年》,北京:中华书局,1982年,第17页。
④ 《博物》1983年第2期,第5页。

步地转变为早期直立人。

那么，现代类人猿是否还能转变成人呢？可以肯定地说：不能！因为，到目前为止，猿类转变为人的内部因素与外部条件都不存在了。目前的自然环境已与当初猿类演变过程中的自然环境大不相同；而且，这个环境还处在不断地变化之中，使得人与现代类人猿之间的差距将会越来越大。也就是说，猿类转变为人的生活环境或自然条件不复存在，而且也永远不可能再现。今天，人类已经成为地球的主人，除了狭小的热带森林，地球上已经没有现代类人猿可以插足之地。如果现代类人猿敢异想天开尝试远离森林，它们的近亲——人类，也会设法把它们捉住，装进笼子，送入公园供人欣赏。即使它们躲在狭小的森林之内，如果没有人类的保护，它们也难以生存、壮大。所以，现代类人猿的继续存在，很大程度上可以说是人类有意保护的成果，而不是它们自然发展的结果。同时，现代类人猿本身已与从猿到人转变时的古猿大不相同了。它们已经沿着自己的道路"特化"得相当遥远，已经日益变得头重脚轻，臂长腿短（世世代代吊荡臂行的结果）。因此，根据生物学上的"不可逆定律"，现代类人猿本身的"特化"已经使它不可能再演变成为人类。人与现代类人猿从古猿分家之后，已经各自沿着不同的道路走得很远了。整个世界也已经走得很远了，历史车轮不会倒转，要想让它们返回原处重新出发，根本没有可能，正如一棵树上的两个分枝，永远不可能重新合拢一样。

十六、最早的人群

　　远古时代，地球表面的陆地上，几乎到处都覆盖着极为茂密的原始森林。我们的祖先——古猿，和其他各种各样的飞禽走兽，共同杂居在热带和亚热带的原始森林中。不过，它们和其他野兽不同，是"架木为巢"成群地生活在树上，到地面上来只是偶然的事件。因为那时古猿下地之后，往往会遭到猛兽的突然袭击而被咬死或吃掉。后来，由于冰河来临，地质气候发生变化，森林减少，古猿的一支，因为条件许可，继续过着树居的生活，它们从不进行劳动，遂演变为现代类人猿。另一支古猿则被迫下地求生，开始改变单纯依赖自然的习性，通过漫长岁月的劳动，于 300 万年之前逐步转变成人。

　　我们的祖先古猿，本来就是一种群居的"社会化"的动物。它们转变成人也不是单个跃进，而是通过集体劳动，由整群的猿转变成整群的人。它们之所以必须如此，那是因为这些正在形成中的人必须"以群的联合力量和集体行动来弥补个体自卫能力的不足①。这种刚刚由古猿变成人的最古的人群，就是人类社会最早的社会组织——血缘家族公社，或前氏族公社。

　　新中国成立以来，学者们一直认为原始群包括猿人、尼人两大时期，到了智人时代，即直接转变为氏族公社。这完全是从苏联学者那里沿袭而来的一种错误观点。近年来学者们对于经典作家关于"原始群"的有关论述进行了深入的探索和研究，终于弄清了经典作家所说的"原始群"②、"群"、"群团"的真正涵义。"原始群"并不是指人类社会，而是指从猿到人过渡时期的人类组织；"使用棍棒的猿猴群"指的是"过渡期间的生物"的社会组织，这种组织后来并没有直接发展为氏族公社，而是直接发展为人类社会的第一种社会组织形态——血缘家族公社。本专题"最早的人群"所讲的内容正是血缘家族公社，而不是"原始群"。

---

　　① 《马克思恩格斯选集》第 4 卷，北京：人民出版社，1995 年，第 30—31 页。
　　② 《列宁全集》第 35 卷，北京：人民出版社，1959 年。

最早的人经历的时代相当漫长，它包括猿人和尼人两大时期，也就是旧石器时代早期和中期。如果把以往人类历史假设为 300 万年的话，那么"群"就占有了 290 多万年的时间。这一漫长时期的开始，就是人类历史的开端。

由于那时人类使用大棒、石块作为武器，工具十分简陋，劳动技能异常拙劣，生产力水平低，人类认识和支配自然的能力有限，收获往往很少。所以，一般的群，根据民族学与人类学资料的估计，大多维持在四五十人左右（林耀华先生估计北京猿人的群体为 50—60 人）。[①] 人数多了，就从母群中分出女儿群来。而且，母群与女群也不可能保持联系。这是因为，由于生产力的限制，人类尚不可能定居，为了寻找食物，只得不停地各自朝着易于生存的方向流荡。群与群之间除偶尔告借"火种"之外，很少发生联系。那时的人群实际上就是一个孤立的、闭塞的、内婚的人类集团。

显然，这样的集团，其中必然是有男有女，有老有少。而且，其成员也不是固定不变的。有时，由于某种原因，就会原群散伙，而和另一些重新组合起来。每群之中多以长者为首，而且，"首领多半是妇女，而不是男子。"[②] 首领的职责就是带领成员战天斗地，分配食物，等等。一般认为首领本身并没有什么特殊权力，在生活待遇上也和其他成员完全平等。[③] 不过，这是值得怀疑的。因为，人类学的资料告诉我们，黑猩猩与猴类的首领在生活待遇上是特殊的，古多尔甚至发现黑猩猩是有等级的。

最古的人群虽然没有固定的住址，但也不是漫无边际的信天游，他们沿着原始森林的边缘、湖边和河边，在一定地区之内到处流荡。生产的门类就是采集和狩猎，所谓采集，在那时，就是采集自然界现成的各种水果、坚果、块根、鸟卵、幼虫和爬虫等；所谓狩猎，最初多是用木棒和石块等武器，猎取自然界现有的各种小动物。后来，才开始了对大型动物的猎取。总之，那时生产的主要特征就是索取自然界的现成物。至于生产方式，则是简单的集体协作，共同采集，共同狩猎，平均分配产品。简单的协作，对于那时的人类是具有重大意义的。在近代澳大利亚土著中，简单协作的狩猎方式仍然可以见到。他们围猎野兽时，先分散开，把范围广大的地区包围起来，然后逐渐缩小包围圈，最后

① 林耀华主编：《原始社会史》，北京：中华书局，1984 年，第 96 页。
② （苏）柯斯文：《原始文化史纲》，张锡彤译，北京：人民出版社，1955 年，第 28 页。
③ 任凤阁、阎瑞生：《世界上古史新编》，西安：陕西人民教育出版社，1990 年，第 11 页。

把被包围起来的野兽全部打死或捉住。如果他们不用这种方式而靠单人去追，恐怕最多一次也就只能捕杀一只野兽。古多尔在观察黑猩猩时曾说："看来捕猎是有目的的行动；这时猿群全体成员的行动，表现惊人的协同一致。""猿猴捕猎行为最令人感兴趣的，乃是这些动物表现出了协同行动特有的合作的萌芽；这正是我们的远古祖先必不可少的习性。"① 既然猿类在"狩猎"时能够知道依靠群体战胜其他野兽，那么，作为"万物之灵"的人类，在狩猎大型动物时自然不会单个行动。1969 年，美国科学家该萨·特莱基发现，"黑猩猩会有组织地围捕狒狒、猴子和羚羊等大动物。"② 因此，他认为，"在灵长类中，有组织的狩猎行为……决不限于人类。"③ 既然现代类人猿能够有组织地围捕野兽，那么，最初的人类合成群体，进行有组织有计划的集体狩猎自然没有什么问题。

列宁曾经把正在转变成人的"使用棍棒的猿猴群"称为"本能的人类"。④因为那时的人类头脑还十分简单，一切活动几乎还和其他野兽一样，本能起着决定作用。即使到了转变成人之后的相当长的年月里，人类甚至仍是"饥即求食，饱而弃余"，⑤ 尚还不知保存剩余食物，本能仍占支配地位。那时的人类，吃的是野兽肉，喝的是山涧流水，住的是山洞窝棚，穿的是树叶兽皮，生活十分简陋。我国古书上所说的"古者，丈夫不耕，草木之实足食也；妇人不织，禽兽之皮中衣地"⑥，大致谈的就是这个情况。

我们伟大的祖国是一个历史悠久的文明古国，是人类文化的一个重要发祥地。云南省元谋县上那蚌地区，以及北京周口店龙骨山和陕西省蓝田县公王岭的考古发掘证明，早在 170 万年之前，我们的祖先就已经劳动、生息和繁衍在祖国这块幅员辽阔而又肥美的土地之上。从那时起，他们不但已经制造生产工具，而且也已开始利用天然火种，过着共同采集，共同狩猎的群体生活，为世界文化宝库增添珍品，我们的祖先勤劳勇敢、艰苦奋斗、战天斗地，为中华民族创造了著称于世的古代文化。

---

① （英）珍妮·古多尔：《黑猩猩在召唤》，刘后一、张锋译，北京：科学出版社，1980 年，第 226、223 页。

② 《同猩猩在一起的第二个十年》，《科学画报》1982 年第 11 期，第 35 页。

③ 《同猩猩在一起的第二个十年》，《科学画报》1982 年第 11 期，第 35 页。

④ 《列宁全集》第 38 卷，北京：人民出版社，1959 年，第 90 页。

⑤ （清）陈立：《白虎通疏证·三纲六纪》，北京，中华书局，1994 年。

⑥ （清）王先慎：《韩非子集解·五蠹》北京：中华书局，1998 年。

在过去，许多西方学者在说明原始社会的历史时，总是试图从西方现代社会的视角去解读原始人的生活。他们认为原始人并不是依靠集体力量，而是靠单个人或单个家庭去战胜自然的。在他们看来，原始社会也和他们理解的资本主义时代一样，人们彼此如同野兽，经常处于"敌对的状态中"（博厄斯即如此认为）。甚至，他们竟把达尔文一般生物"生存竞争"、"弱肉强食"等原则，也强加于原始社会，完全抹杀了原始人类的和谐与合作。事实上，就是到了今天，生活在世界上的某些石器时代遗民部落中仍然没有"战争"这类词汇，甚至根本不知"战争"为何物。他们多是一些温和、善良和热情的部族。

英国有本小说名叫《鲁滨孙漂流记》，该书作者笛福曾经煞费苦心地捏造了这样一个故事：一艘大船在海上沉没，其他乘员全部淹死，仅有一个名叫鲁滨逊的乘客，飘流到无人的荒岛上，与社会完全隔绝，单独创造生活条件，度过了漫长的28个年头。作者竭力鼓吹个人奋斗，力图证明个人可以脱离社会单独生存，从而否定生产的社会性。马克思指出，鲁滨逊的故事是"缺乏想象力的虚构"，"孤立的个人在社会之外进行生产——这是罕见的事"[①]，原始人当然更无可能。既然现代人脱离社会无法单独生存，那么，愚昧无知的原始人当然更无可能。既然现代类人猿尚且知道依靠集体，手执棍棒去同虎豹狮子搏斗，何况作为"万物之灵"的人类。应当知道，依靠集体战胜野兽并不是猿人的创造发明，他们是从他们的祖先古猿那里继承下来的，最多只能说他们对此有所发展罢了。

众所周知，最初人类的生产工具十分简陋，劳动技能异常拙劣，生活水平极端低下，认识和征服自然的能力相当薄弱。那时，人类的生产工具仅是木棒和石块，就是后来出现了所谓的"万能工具"——手斧，也几乎和自然界的石块没有多大差别，就是再往后出现的尖状器和刮削器，也只是一般的打制品，质量十分粗糙。拿着这样原始粗笨的工具，如果不靠集体力量，人类根本无法生存。如果单人打猎，且莫说去追赶那些奔腾如飞的斑鹿、马和羚羊，就是去追一只野兔，也简直可以说是异想天开。万一不幸，碰上一只剑齿虎或其他猛兽，就是这位猿人力气再大，也难免成为这些猛兽的美餐。因此，猿人只有依靠集体力量，才能获得必要的生活资料和抵抗凶猛野兽的进攻。为了求生和防

---

① 《马克思恩格斯选集》第2卷，北京：人民出版社，1995年，第1、2页。

御猛兽，猿人必须过群居生活。"聚生群处"①的记载，完全符合那时人类生活的实际。

生产力水平的低下，决定了原始时代的人类只能共同劳动——采集和狩猎。在劳动中，必然是互相协作，平均分配产品。那时，没有什么私有财产，没有阶级，没有剥削，没有压迫，也没有你死我活的阶级斗争。因此，人类彼此的"敌对状态"只能是阶级社会的产物。毛泽东同志指出："在没有阶级的社会中，每个人以社会一员的资格，同其他社会成员协力，结成一定的生产关系，从事生产活动，以解决人类物质生活问题。"②互助与协作实是那时人类生存的必要。否则，人们便无法得到足以维持生命的食物，便会饿死，或被猛兽吃掉。人类之所以高于其他动物，成为世界的统治者，其根本原因就在于劳动，在于合群，在于通过劳动锻炼出了一双灵巧的手和大脑。

我国古书上说："人力不如牛，走不如马，而牛马为用，何也？曰：人能群，彼不能群也。"③大意是说：人的力量不如牛大，跑得没有马快，可是牛马要听人的使唤，为什么呢？这是因为人能合群，牛马不能合群的缘故。另外，"……凡人之性，爪牙不足以自守卫，肌肤不足以抗寒暑，筋骨不足以从利辟害，勇敢不足以却猛禁悍，然且犹裁万物制禽兽服狡虫，寒暑燥湿弗能害，不唯先有其备而以群聚邪？群之可聚也，相与利之也。"④大意是说：人的手和牙齿不足以保卫自己（不足以对抗猛兽），肌肉皮肤不足以抵御寒冷和暑热（不如野兽的皮毛），筋骨不足以利用有利的条件和避除灾害，勇敢不足以打退凶猛强悍的敌人，然而却可以左右万物，制服禽兽和狡虫，寒冷炎热干燥潮湿不能侵害，不只是因为人类事先有了准备，而是因为聚群的缘故，聚了群是相互有利的。两千多年前的唯物主久思想家荀卿也说："人之贵于禽兽也，以其以群也。"⑤也就是说，人类之所以高出于禽兽，是因为人能够合群的缘故，可见古人早已觉察到人类合群的重大意义。那时的人类如果不靠集体力量，且莫说遇到什么虎、豹、狮子无法对付，就是碰上一只猛犸象，也会惨遭伤害。因为这种庞然巨兽一条腿就有两三千斤，就是猛犸象不会吃人，轻轻地踩一脚，也会

① 许维遹撰、梁运华整理：《吕氏春秋集解·恃君览》，北京：中华书局，2009年。
② 毛泽东：《实践论》，《毛泽东选集》，北京：人民出版社，1991年，第260页。
③ （清）王先谦：《荀子集解·王制》，北京：中华书局，1988年。
④ 许维遹撰、梁运华整理：《吕氏春秋集解·恃君览》，北京：中华书局，2009年。
⑤ （清）王先谦：《荀子集解·王制》，北京：中华书局，1988年。

把人踩成肉泥。可是恰恰相反，原始人却往往靠集体的力量和智慧，去战胜和打死这种凶恶的猛犸象，去战胜自然，克服前进道路上的种种困难。当然，在他们同猛兽和大自然搏斗的过程中，难免也要付出血的代价。不知有多少原始人因此献出了宝贵的生命！

由此可见，那种把原始人描绘成单独生存，彼此敌对，以及用"生存竞争"等规律来解释人类社会的理论，完全是将资本主义的个人主义观念投射到原始社会的结果，其目的是要说明人与之间的残酷剥削与压榨，乃是自古已然，天经地义，乃是"生存竞争"的无可避免的后果。而事实上，正是以集体力量为基础的最古人群保留了人类的生命和种属，保证了生产活动的进行，推动了社会的前进，为人类文化的进一步发展创造了基础，从而保证了人类社会的延续，没有那时的人群，便没有人类的今天。

十七、最古的人类

由古猿发展到现代人，人类在体质结构的变化上，经历了三个发展阶段，那就是猿人（又分早期猿人与晚期猿人，或称直立人）、尼人（早期智人）和智人（晚期智人）。

猿人是刚刚由古猿转变而来的原始人，他既留有许多古猿的特征，也具有人的基本特征，是世界上最先用双手制造工具的最古的人类。猿人时代是人类体质结构发展的第一阶段，是人类历史的最古时期。它相当于考古学上的旧石器时代早期，距今已有 300 万年的历史，直到 30 万年前为止。1972 年，在肯尼亚特卡纳湖以东库彼福勒出土了 290 万年前的"1470"号人和 244 万年前的砾石石片，哈达尔地区 250 万年地层里也出土了 48 件石片工具（迄今仍为最古之石器），在坦桑尼亚来托里尔出土的一片下颌骨，距今已达 350 万年。还有不久前国际考察队在埃塞俄比亚的阿瓦什河岸发现的距今约 400 万年的古尸，经鉴定是一具猿人的尸体，其身长 120 厘米，能直立行走。这是目前世界上所发掘的最古老的人类化石。当然，在非洲发现的更古老的人类化石还有许多（肯尼亚的发掘甚至还有 550 万年以上的），不过那多半都还未获公认。

猿人化石是十分罕见和珍贵的。迄今为止，全世界所发现的猿人化石依然为数不多，比较著名的有：我国云南省元谋县上那蚌地区的元谋猿人；陕西省蓝田县公王岭的蓝田猿人；北京周口店龙骨山（因长期大量发现脊椎动物化石，故名）的北京猿人，或称为中国猿人；印度尼西亚的爪哇猿人，或称直立猿人；阿尔及利亚和摩洛哥的阿特拉猿人；肯尼亚的卢多尔夫猿人；德国的海德堡猿人等。这些发现表明，早在猿人时代，人类就已经生活于亚、非、欧三洲了。

我国是世界上古人类化石相当丰富的地区。迄今为止，在全世界仅有四处出土过古人类化石，中国就有两处。而且蓝田猿人的头盖骨比爪哇猿人厚，身躯比爪哇猿人低，因此，蓝田猿人和元谋猿人实是目前已经发现的亚洲最早的人类。同时，北京猿人化石、遗物的丰富，又超过全世界猿人发掘的总和，居于首位。其发掘物有六个相当完整的猿人头盖骨，150 多个牙齿以及许多四肢骨的残片（男、女、老、少40多个猿人），10万多件石器，一百多种兽骨和两丈多厚的用火痕迹——灰烬，是目前世界上同时代遗址中代表性最全面，发掘物最丰富，最能说明问题的一处遗址。在这里，考古发掘的每一成就，都是对"中华民族西来说"的有力批判。

根据考古资料，可以知道猿人的体质特征介于古猿和尼人之间：它前额低平，头盖骨很厚（约比现代人厚一倍）；大脑还没有尼人发达，脑容量虽然已经比古猿要大得多（北京猿人的平均脑容量为1075毫升，比现代猿大一倍多），但却仅仅只有现代人脑量的70％；眉骨很高，嘴部突出，牙齿粗大，没有下颏。现代人的头骨上大下小，而猿人则恰恰相反，下部膨大，上部窄小，呈馒头形。虽然已能直立行走，但双膝弯曲，前胸尚未挺起，这一切都表明，猿人虽然已经脱离古猿身份，却还保留着许多古猿的特征。

达尔文认为，人与古猿之间并没有本质区别，如果说有区别的话，区别也是很小的，就像猴子和其他低等哺乳类动物的区别一样。总之，在达尔文看来，人也不过只是动物的一种，这种见解难以让人认同。人类起源于动物，但又和其他动物有本质的区别。这种区别就在于，其他动物都不会制造工具，更不会使用工具有目的、有意识地生产劳动，而只是本能地利用自然，消耗现成，单纯地靠改变自己的躯体消极地适应自然；而人类不仅会制造工具，并使用工具进行有目的、有计划的生产劳动，创造财富，而且还会更进一步积极地征服自然、支配自然和改造自然。能否制造工具和使用工具并进行有计划的生产劳动，是人和其他动物最本质的区别。恩格斯说："人类社会区别于猿群的特征又是什么呢？是劳动。"[1] "人类社会和动物社会的本质区别在于，动物最多是搜集，而人则能从事生产。"[2] 马克思和恩格斯还曾指出：当人们自己开始生产他们所必需的生活资料的时候（这一步是由他们的肉体组织所决定的），他们就开始把自己和动物区别开来。由此可见，经典作家把能否生产劳动视为人与动物之间最本质的区别。不过，这里所说的生产劳动，应当视为制造工具与使用工具的有目的、有意识的生产劳动，决不能与其他动物的本能活动混为一谈。恩格斯还曾指出，人类的"劳动是从制造工具开始的"。[3] 恩格斯关于人类是"制造工具

① 《马克思恩格斯全集》第20卷，北京：人民出版社，1971年，第514页。
② 《马克思恩格斯全集》第34卷，北京：人民出版社，1972年，第163页。
③ 《马克思恩格斯选集》第4卷，北京：人民出版社，1995年，第379页。

的动物"的定义也得到了马克思的肯定。

曾有一个时期，人们一直认为使用工具达到某种目的，比如取食、与敌人血战等等，那是只有人类才能做到的事，可是现在这个结论早被突破。1985年台湾《拾穗》杂志414期有关于动物会用工具的报导，其中谈到海獭能用前肢捧贝，后肢抱石块仰卧在水面上，以贝击石，将贝击破，吃掉贝肉，然后，再将石块挟于腋下，潜入水中继续找贝。大象会用鼻子抓树枝给自己搔痒；埃及秃鹰会用石块敲吃鸵鸟蛋；狒狒会用树枝把蝎子打死；西非的黑猩猩会用石块作锤子去砸开壳果，然后取吃果仁等。①

《科学画报》1982年第5期刊登了一篇文章——"会使用工具的动物"，文中附有照片5幅。其一，"达尔文莺用细树枝获取食物"。其二，"黑猩猩搭起了'人梯'"。其三，黑猩猩搭起了人梯。其四，"水獭抓住蚌向石块敲去"。其五，"兀鹰以石击卵"。这些鸟类与动物"使用工具"的图片都是科学家们费尽心机从飞禽走兽的实际活动中拍摄的，是具有科学性的，具有很高的价值。

根据该文叙述，达尔文莺会把细树枝当做一把钻子插入树皮的孔隙中，不停地搅动，把潜伏在里面的蜘蛛和昆虫驱赶出来统统吃掉。不仅如此，它们还会挑选比较理想的树枝，倘若树枝太短或者弯曲，它们就会另找新的。"有一次，一只达尔文莺看到了一根12厘米长的仙人球刺。它觉得这根刺太长了，于是就用双爪夹住仙人球刺，用嘴咬去多余的部分，做成一根合适的钻子。"苍鹰会把面包渣不断地丢入水中，引诱鱼儿浮上水面吃食，而它就利用鱼儿浮上水面吃食的时机把鱼儿抓住吃掉；当埃及兀鹰在草丛中发现了又大又硬的鸵鸟蛋时，它会巧妙地衔上一块石头把蛋壳砸破，把其中的汁液喝掉；白鹦会用人们丢弃的半个胡桃壳在水盆中盛水喝；生活在美国加利福尼亚海滨的水獭能够把捉到的海蚌在石块上击破，然后把蚌肉吃光；北冰洋的白熊甚至能够用冰把肥胖的海象活活砸死，然后饱餐一顿。

文章还谈到德国奥斯那堡一位名叫尤根·莱特曼特的动物学家，曾经报道了猩猩"制造"和使用工具的情景。"一头年轻的猩猩发现笼子外放着食物，可是'鞭长莫及'，它的'手'拿不到食物，它用两根短木棒试了一下，也无济于事，于是，它用牙齿把两根木棒的一头咬得尖光，中间套上一个空心管子，就

---

① 《会使用工具的动物》，《读者文摘》1985年第4期。

这样，两根短木棒变也一根长木棒；借助这一工具，猩猩终于拿到了放在远处的食物。"还有两只企图翻越一座高墙，也许因为高墙那边有食物吧！可是，墙又高又光，无法翻越，于是，它们就找来一根树枝当梯子，爬到了接近墙头的地方，还差一段距离无法攀登！最后，一只猩猩踩在另一只猩猩的肩上，搭起了"人梯"，终于越过了墙。为了证明野生的猩猩确有使用工具的才能，研究动物习性的荷兰博士亚得里安·考特兰在非洲圭亚那考察时曾经做过一个有趣的试验，他把一只豹子的标本挂在汽车前的挡风玻璃上，让豹子的头和尾随着刮雨器不停摆动；"一群黑猩猩见了大吃一惊，纷纷逃走；过了一会儿，这群黑猩猩又回来了，它们拿起树枝棍棒开始殴打这具标本，一直打到豹头掉了下来方才罢休。"考特兰认为，黑猩猩的这次行动是有组织、有计划的，显示出了它们的潜在能力；同时也表明了黑猩猩知道如何使用工具和发挥工具的作用。

以上事实表明：天上的飞鸟，地上的走兽以及水中的游泳的动物都可能具有某种使用工具的本领，但它们却都不会制造工具。它们使用的工具，事实上多是对天然物的利用，只是一种求生或自卫的本能，这与人类制造工具以及有目的、有计划地使用工具进行生产劳动从而支配与改造自然有着本质的区别。

猿人最初的生活状况如何呢？我国古书上曾有这样一段记载，"昔先王尚无宫室，冬则营窟而居，夏则居桧巢，尚无火食之法，食草木之实，鸟兽之肉，饮其血，茹其毛，尚无丝麻，衣羽皮。"[①] 这段话的大意就是从前的人类尚没有房屋，冬天就住在洞窟里，夏天就住在树上的窝巢里；没有熟食的方法，就吃草木的果实，鸟兽的肉，喝它们的血；没有丝和麻，就穿兽皮。这段情景描绘的很像是猿人时代人类的生活状况，但是人类开始穿着兽皮，抵御寒冷，并不是猿人时代所发生的事。

上述记载，和我们所知道的猿人的早期生活大致相符，时间约在人类用火之前，因为他们还不知道"火食之法"。但不是树居时期，因为树居时代，人类仅仅采食野果，全身无毛，又不打猎，根本不可能"衣羽皮"，同时也还没有开始"营窟而居"。大概这段时间人类开始地面生活，刚刚学会制造工具。因为地面生活的初期，人类总是在白天下树求生，晚上重新返回老家，在他们自己用树枝搭建在树杈上的窝巢里过夜。否则，他们就会成为猛兽的晚餐。至于"衣

---

① （清）孙希旦：《礼记集解·礼运》，北京：中华书局，1989 年。

羽皮"，那应当是很晚之后的事了。东非一带（肯尼亚、坦桑尼亚诸地）的早期
猿人很可能还是这样生活的。因为他们还不知用火，所以他们不大可能敢在洞
中过夜。我国古书上所说的："古者禽兽多而人民少，民皆巢民以避之；昼拾橡
栗，暮柸树上。"① 大意是说，古代的时候野兽多而人民少，于是老百姓就都在
树上搭窝居住躲避野兽的侵扰；白天拾橡树的果实来吃，晚上就住在树上。另
一本古书上也说："上古之世，人民少而禽兽众；人民不胜禽兽虫蛇……构木为
巢，以避群害。"② 大意是说，上古的时候人少而鸟兽多，人们战胜不了鸟兽虫
蛇……就用树枝搭窝来躲避鸟兽虫蛇的侵害。显然这些说的都是人类早期树居
生活的情况。只有再过一个时期，人类才因为冬天树上冷而无食，开始"营窟
而居"，夏天因为洞内潮湿闷热，重新居于"桧巢"。至于长期的穴居生活，那
是更后的事。

根据文献记载，独龙族与唐代所谓的东谢蛮都曾居住过树屋。③ 为了上下方
便，他们还在树干上砍上一些阶梯，或另竖独木梯，或者挂上绳梯，毫无疑问，
这都是远古树居生活的遗风。

迄今为止，有人还把印度尼西亚尼拉望岛南部山区的克诺伊族人称为"今
日的有巢氏"④。就是因为目前他们有时还居住在树上的窝巢里，每家都有自己
的树屋，尽管这些树屋出入不如地面房舍方便，但它也有许多优点，比如可以
防潮湿、防毒虫螯咬，而且干燥、明亮、空气新鲜。

不久前，印度尼西亚和新几内亚的若干落后部落，还保留着一年一度树居
生活的原始遗风。他们往往把居住的窝棚搭在大树的枝权上以避暑热。甚至，
直到目前，在巴布亚新几内亚一带，还可以看到当地土著居民息于"树屋"之
中。他们在几棵大树的主权上，横插一些圆木搭成天桥，不仅空气新鲜，十分
凉爽，而且还很安全。大概猿人的树居生活，除防备猛兽袭击、毒虫作害之外，
也具有避风雨和暑热的作用。

看来猿人巢居树上主要是为了安全，为了躲避猛兽；而后代树居生活的盛
行，则多与地理因素有关。它所流行的地区，多半是在气候潮湿、炎热、多雨

---

① （清）王先谦：《庄子集解·盗跖》，北京，中华书局，1987年。
② （清）王先慎：《韩非子集解·五蠹》，北京：中华书局，1998年。
③ （宋）李昉等：《太平御览》卷七八八，北京：中华书局，1960年。
④ 俞松年、张汝荣、曹宠编译：《异国风情录》，北京：科学技术文献出版社，1984年，第64页。

以及虫蛇又多的热带地区。与此相对，穴居的流行，却多在北方寒冷之区。这在不少文献中都是有反映的。比如在《太平御览》一书中就有"南方人巢居，北方人穴处"的记载。①《博物志》一书中所记"南越巢居，北朔穴居"，说的也是这个情况。

一般说来，猿人总是把他们的住所选择在那些靠山近水，既有森林又有草原的地区。这是因为他们既需要燧石、木材来做工具，也需要采食野果、狩猎禽兽和汲取饮水。在我国，无论元谋猿人，还是蓝田猿人或者北京猿人都是如此。

人是杂食的动物。最初，猿人还是以素食为主、肉食为辅的，是以各种植物果实和根茎等为食物的，主要的生产门类就是不分男女老幼集体出动采集自然界的现成物，根本没有什么劳动分工。食物多了就痛痛快快地饱餐一顿，有剩余的食物就弃之不顾。找不到食物时就只好一起挨饿。"饥即求食，饱而弃余"的记载完全符合那时人类生活的实际情况。事实上，这并没有什么奇怪之处，塔斯马尼亚人甚至直到灭种之前，仍然"不知储藏食物，所以到了困难季节就得挨饿，甚至有时不得不啃皮革充饥。"②

猿人时代，冰河逐渐退去，气候变得比现在还要暖和。那时，人类还是没有衣服可穿的，他们赤身用那层松松的细毛去抵挡蚊蝇的骚扰，羞耻的观念在那时是不存在的。有人认为猿人生活于严寒的气候之中，"元谋猿人就是在经受冰川活动的严峻考验，在同自然界的严寒作艰苦斗争的环境里诞生和发展起来的。"③ 其实，这种说法并不完全符合实际，因为，与元谋人同时同地生活的动物（鬣狗、豪猪、猎豹、竹鼠、小灵猫、水鹿和犀牛等等）和植物（孢粉据分析为亚热带常绿阔叶林），统统是属于热带或亚热带生物群的。

1979年，在菲律宾吕宋岛根基加仁谷，发现了一个石器时代的民族，被称为"真高斯"部族。"真高斯"就是"野蛮"的意思，他们被视为最凶恶、最野蛮和最原始的人，靠打猎、捕鱼和采蜂蜜度日。他们吃生肉，盛行杂交，不穿衣服，男子只挂一条布带，而女子仅于私处挂一块小布遮掩。④ 同样，在厄瓜多

① （宋）《太平御览》卷七八引项峻《始学篇》，北京：中华书局，1960年。
② 林耀华主编：《原始社会史》，北京：中华书局，1984年，第165页。
③ 计宏祥：《元谋人究竟在什么环境中生活？》，《化石》1979年第4期，第28页。
④ 香港《快报》1979年10月。

尔的亚马逊地区，与世隔绝的、靠弓箭猎取禽兽的阿乌卡人，直到今天也仍然不穿衣服，赤身裸体，下身只用一点东西遮盖。由此可见，和猿人相比，就是今天世界上"最原始的人"也已经或多或少地知道一些羞耻了。

考古资料告诉我们，尽管猿人时代气候并不寒冷，但是，猿人有时仍然需要借助山洞来躲风、避雨、休息过夜和保存火种。那么，人类究竟是什么时候开始住山洞的呢？没有十分可靠的资料可供说明。从现在的猿类猩猩、黑猩猩和长臂猿来看，它们没有一种是居住在山洞里的；根据现有的化石证据，腊玛古猿，南方古猿或早期猿人（能人），也都不是居住在山洞里的。因此，我们只能说，到了晚期猿人时期，人类才可能较长时期地住进了山洞。北京猿人和匈牙利猿人就是目前所知的最早居住在山洞里的原始人。这样看来，那种认为原始人可能是开始用火之后才长期居住山洞的说法是有根据的。尽管猿人需要居住在山洞里，但是那些天然的洞穴早都成了各种猛兽的老窝。在猿人最初进占山洞时，必定曾经和野兽展开过多次的较量。最后，猿人依靠集体与火把的力量，才算赶跑野兽，占据了山洞。根据北京猿人洞中高达 20 丈的堆积物判断，北京猿人就曾和野兽轮流多次地成为那个山洞的主人。可见，他们那时确曾和野兽，特别是和那些连牛骨都能咬碎的鬣狗，展开过反复多次的、激烈的"山洞争夺战"。然而，尽管猿人经常和野兽进行厮杀，但是由于武器的落后，他们的生活来源仍然只是首先依靠采集，其次才是打猎。而且猎获物也往往多是一些弱小的动物，猎获猛兽的机会甚少，当然，也并不是不可能的。北京猿人已经处于猿人时代的晚期。可是，他们所猎取的主要对象仍然是鹿。在他们所住的山洞中，鹿骨占兽骨数量的 70% 以上。

一般说来，猿人生活的地方，总是杂居着各种各样的飞禽和野兽。我国古书上所说的"同与禽兽居，族与万物并"[①] 谈的就是这个情况。比如，北京猿人居住的周口店龙骨山的丛林中，那时就生活着虎、豹、狼、熊等猛兽。山下的草丛或沙漠中就生活着牛、马、犀牛、斑鹿、鸵鸟和骆驼等野兽。在北京猿人那里发现的野兽骨骼就有一百多种。猿人依靠集体的力量，世世代代地和这些野兽进行着生死的搏斗，对它们战而胜之，剥皮食肉，敲骨吸髓。尽管如此，打猎毕竟有很大的偶然性，因此，在猿人时代采集经济始终处于重要地位。植

---

① （清）王先谦：《庄子集解·马蹄》，北京：中华书局，1987 年。

物性食物从来就是人类食物的主要成分。

在北京猿人居住的洞穴里，人们曾经发现过大批被打碎、被烧过的斑鹿和肿骨鹿的骨头，这表明斑鹿和肿骨鹿曾是北京猿人猎食的主要对象。可是，猿人执木棒、石块又如何能够猎获这些奔跑如飞的野鹿呢？这是一个有趣且长期未能获得解决的问题。

民族史的资料告诉我们：墨西哥西北部的塔拉休马拉印第安人狩猎鹿或野马时，用的是持续追击的方法。他们先由一个或几个男人到处搜索鹿群或马群的踪迹，一旦发现了，就开始聚众跟踪，穷追不放，使兽群不停地跑，没有喘息的机会，一般追赶到第二天时，鹿群之中便会有些野鹿精疲力竭倒伏在地，成为猎人们的战利品。这种持续追击的狩猎方法，不仅在美洲的很多部落中存在，而且非洲和大洋洲的某些落后部落，也都相当普遍地使用这种持续追击的方法去狩猎某些大动物。

长期以来，人们一直认为在人类初期，由于工具简陋厮杀能力很弱，因此，只能靠采集度日，或者可以捕获一些小虫或小动物充饥，狩猎野兽还谈不到。其实，这是不符合实际的。古多尔在非洲贡贝密林里，曾经发现黑猩猩是可以捕食野猪、林羚、疣猴、狒狒和长尾猴的。该萨·特莱基也发现，黑猩猩能够有组织地围捕狒狒、猴子和羚羊等大动物。既然如此，还有什么理由怀疑我们的猿人祖先做不到这一点呢？难道猿人住地的动物骨骸都是自然死亡留下的吗？

从古猿转变成人，到现在已有 300 多万年的历史。在这 300 多万年的历史中，猿人就占有了 2/3 以上的时间。那么，在这漫长悠久的岁月中，猿人到底为人类文化做出了哪些贡献呢？如前所述，猿人通过世世代代的辛勤劳动，在战天斗地的同时，也改造着他们自身，推动着人类社会不断地向前发展，为人类文化做出了重大的贡献。第一，猿人早已能够制造工具、改进工具、使用工具（木器与石器），对大自然展开有效的斗争，用他们劳动的双手，揭开了人类历史的第一页！第二，猿人发明了人类的最重要的交际工具——语言。第三，猿人开始了天然火的使用。

猿人时代，人类普遍使用木质工具那是毫无疑问的。人类最先制造的工具很有可能就是木棒和木矛，因为早在树居时代，人类就开始了树枝的利用。同时，用木棒或木矛打猎、打野果、挖块根都要比石斧有力得多，方便得多。但是人们很少提到那时的木制工具的情况，这是因为大量的石质工具被保存下来，而木质工具却因年久腐烂没有留下证据。不过幸运的是，古人的记载却给我们留下了不少的线索。比如中国古书上所说的"伐木杀兽"①（砍伐树木用以击杀野兽）和"剥林木以战"②（剥刮树木用以战斗），说的就是人类制造和使用木质工具或武器同野兽战斗的情况。在北京猿人那里发现的 10 万多件石器中，我们没有发现任何可以和猛兽作斗争的竿力武器。如果拿上那样粗劣的石器去和猛兽搏斗，简直可以说是白白送死。那么，那些被他们所吃掉的野兽又是如何被打死的呢？很有可能北京猿人已经普遍地使用了木棒和木矛。

我们的祖先北京猿人是很聪明的。他们不仅在自己居住的洞内、洞外和洞口都点上了火堆，用以烧烤食物、取暖、照明和驱赶野兽，而且还知道把沿内的火堆摆在"天窗"下，让那些呛人的浓烟迅速跑掉。不仅如此，他们还知道在不需用火的时候，就在火上盖些干柴和树叶，然后，再薄薄地铺一层碎土，使火慢慢阴燃；只有当他们用火的时候，才把它扒开，吹起火苗。此外，猿人可能还知道长年累月地分派专人（一般是老人）看管火种，就像保护自己的眼珠一样。因为他们知道，如果火灭了，不仅无法取暖、照明和烧烤食物，而且很快就要大祸临头——凶猛的野兽就会趁着漆黑的夜晚，突然返回山洞，而把正在睡梦中的人们咬死或吃掉。

由于资料不足，猿人用火战胜野兽的事例是相当罕见的。自 1961 年起，美国考古队在西班牙的安布罗纳山谷进行了长期的发掘，在这里，更新世纪中期阿休利文化的人类遗物是相当丰富的，不仅有大量的手斧和石砍刀，而且还有骨器，甚至还有一些一端是尖的，好像是刮刀之类的木片，它们和许多敲碎、砸烂的兽骨混在一起。特别引人注目的是，有许多烧过的木头和灰烬，稀稀落落地散布在很大的一个范围内，其中有许多野象骨头集中在一起。原来那时这里是一个大泥沼，周围散布的火堆，并不是天然火，而是那时猎人们有意安排的。经过科学家们的认真研究和分析，一幅晚期猿人用火狩猎的壮丽场面栩栩如生地重现在我们面前。原来在那里从事采集和狩猎的晚期猿人，他们首先集体出动把这一地区包围起来，然后在周围点燃野草和矮树丛，利用火光把野象整群地赶进泥沼，趁着野象被弄得污泥满身的大好时机，猎人们就一拥而上，把野象活活地打死。

---

① 蒋礼鸿：《商君书锥指·画策》，北京：中华书局，1986 年。
② 许维遹撰、梁运华整理：《吕氏春秋·孟秋纪·荡兵》，北京：中华书局，2009 年。

火是一种伟大的力量。中国的元谋猿人很可能是世界上有确凿证据的天然火的最早使用者。猿人初步知道了火的用处和害处，从而避开有害的一面，对天然火加以利用，使火开始为人类服务。"炮生为熟，以化腥臊"，宣告了"茹毛饮血"时代的结束，火的使用是人类史上的一个里程碑，它具有解放人类的意义。我们说元谋猿人之所以是人，就是因为他们不仅学会了制造和使用工具，而且学会了用火，这是其他所有动物都办不到的事。

最初，猿人制造的石器——手斧，是用燧石①敲砸或碰击而成的。因为既用于砍削木棒，也用于打击野兽、自卫和切劈东西，既是生产工具，也是打猎武器，因此而被称为"万能工具"。手斧是用石块碰石块的打击法制成的，一端尖锐，一端厚钝的，是一种异常笨重的扁桃形手斧，由于并没有细致的第二步的琢磨或加工，有的手斧甚至重达两公斤，因此这些手斧实际上是很粗糙的。这样笨重简陋的工具，只能击杀和捕获一些弱小的动物，依靠木棒猎获大动物的机会毕竟是有限的。猿人主要依靠集体的力量和智慧去战胜野兽和自然。当然，在时代较晚的北京猿人那里，发现的石器是极为丰富的，是目前世界上猿类遗址中所罕见的。其中已有尖状器、刮削器和砍砸器，不过那也都十分原始。尽管如此，工具的制造和使用却仍然具有重大的意义。如果没有人类制造的工具，人类要想战胜自然，战胜野兽，获得生存与推动社会前进的能力，是不可能的，从这个意义上说，没有原始的"万能工具"便没有人类的今天。

目前，世界上所知道的，历史上最先制造工具的人类，就是远古时代生活于东非的"能人"，在亚洲，就是生活于我们伟大祖国的"元谋猿人"。"北京猿人"石器遗物的丰富是举世罕见的，相当惊人的。北京，不仅今天是我们伟大祖国的心脏，是我国政治、经济和文化中心，而且在远古时代就已经是我们祖先活动的重要舞台。我们伟大的祖国是世界上发现古人类化石最丰富的国家之一。这有力地驳斥了"中国人种西来说"、"中国无史前文化"（即无石器时代文化）、中国人没有自己的祖先等谬论，② 考古发掘以铁的事实证明，"从很早的古代起，我们中华民族的祖先就劳动、生息、繁殖在这块广大的土地之上。"③ 从

---

① 燧石通常又称"火石"（古代多用以取火），多分布于石灰岩中，有黑、白、黄等色，为原始人打制石器的最好原料。

② 如德国地质学家李希霍芬；法国考古学家爱莫尔根；美国汉学家洛发儿等都是这类谬论的散布者。

③ 《毛泽东选集》第2卷，北京：人民出版社，1951年，第615页。

很早的古代起，我们的祖先就在我们伟大祖国的这块肥美的土地上，用自己的双手和智慧，顽强地改造着自然，同时也改造着他们自身。他们是开辟我们伟大祖国这片富裕肥美的神圣疆土的真正主人。以匈牙利人托马为代表的"中国人种西来说"是毫无科学依据的。

同时，还须指出，苏联学者一贯鼓吹的中国西北古代文化外来说，也随着青海省乐都县高公社柳湾大队氏族公共墓地文化的发掘（千座墓葬，石器、骨器与陶器3万多件）而彻底破产。因为，在那里，大批的发掘文物清楚地表明：柳湾文化乃我国中原文化的继续。柳湾遗址虽比半坡与姜寨遗址晚了2000年左右，但两地使用的记事符号却极相似，这说明两地的原始文化存在着某些渊源关系。

十八、男女杂游，不媒不聘

　　人类婚姻与家庭的发生、发展与变化是一个相当重要、相当复杂而有趣的问题。可是，直到 19 世纪前期，历史学家对于这一问题还没有进行过科学的调查和研究。那时，西方的历史学家武断地认为家庭是社会的原始细胞，父权制家庭是最古老的家庭，资本主义时代所存在的一夫一妻制家庭是自古就有的。甚至直到 1920 年，美国民族学家罗维在其《原始社会》一书中还公开反对摩尔根（1818—1881），他仍然主张母权制不一定先于父权制，人类社会的婚姻自古就是一夫一妻制的（麦克林南亦如此认为）。

　　和摩尔根同一时代的瑞士法学家巴霍芬以及英国法学家、原始社会史权威麦克林南，虽然对家庭形态的发展提出过一些可取的见解，但却都没有从根本上解决问题。原始社会史学的奠基人、伟大的美国民族学家摩尔根，通过大量调查，根据原始社会亲属制和社会组织的研究，推导出家庭形态的几个发展阶段，破天荒第一次提出了人类家庭形态的进化理论，即使在今天看来它仍然是可取的。

　　摩尔根在他的不朽著作《古代社会》中，曾经公开指出："某些学者惯于把单偶制度……然而在事实上却不是如此……单偶制家庭，不过是一系列家族制中的最终的形态。"[①] 在人类历史上，单偶制家族之前，确曾存在过许多婚姻形态。人类社会的婚姻形态，一开始并不是一夫一妻制的。西方学者之所以热衷这种观念，无非是要说明，资本主义时代的一切制度都是"自始即有的"，永恒不变的。

　　摩尔根的《古代社会》（1877 年版）、马克思的《摩尔根〈古代社会〉一书摘要》（1881 年版）都先后出版了，可是，考茨基于 1882 年出版了《婚姻和家庭的起源》，公开反对摩尔根关于家庭起源的理论，认为人类最早的家庭就是一夫一妻制的。接着，与恩格斯《家庭、私有制和国家的起源》一书同年（1884

---

① （美）摩尔根：《古代社会》，杨东莼等译，北京：商务印书馆，1972 年，第 654 页。

年）出版了勒士尔的《婚姻和家庭的演化》一书，稍后，于 1891 年又出版了芬兰学者韦斯特马克（1862—1959）的《人类婚姻史》，这两部书宣扬的观点都与摩尔根和恩格斯相敌对，公开声称人类的婚姻一开始就是一夫一妻制，矢口否认原始杂交与群婚的存在。

根据摩尔根与恩格斯的说法，蒙昧时代低级阶段，没有任何婚姻规则，没有家庭，人类在一定群体内集体同居，共夫共妻，人类（或猿类）的两性关系是无限制的。群内的男女（或雌雄）关系必然是"从动物状态向人类状态的过渡相适应的杂乱的性关系"①。这就是马克思所说的"杂乱的性交"②。不过，最先发现人类曾有杂交时期的是巴霍芬。在人类历史上，这种"杂乱的性交"很可能由古猿一直延续到猿人时代的初期。那时，人类刚刚由古猿转变成人，不可能有什么严格的纪律、禁例或道德规范，因为这些都是在人类形成之后才逐步出现的。因此，那时的婚姻形态也就只能是由动物界直接继承和延续而来的原始杂交。这种与动物没有多大差别的混乱的杂交状态，有人称之为"血亲杂交"③，也就是人们通常所说的"乱婚"。在这种情况下，群内的全部男子，都是本群内全部女子的共同丈夫（可能母子除外）；而全部女子当然也就都是全部男人的共同妻子。不仅男性可与许多女性发生关系，可以与姐妹和女儿发生关系，而且一个女性也同样可以与许多男性发生关系，可以与父亲和兄弟发生关系。这在那时，都被视为理所应当。后来的任何婚姻形态下所通行的婚姻禁例，在那时都是不存在的。既没有年龄和班辈的限制，亲属、子女之间也没有任何禁忌，兄弟和姐妹都互为夫妻。一般人对于性爱的对方都没有独占的权力。在这种男子过着多妻生活，女子过着多夫生活的婚姻形态下，他们的子女当然都被看做是共有的后代。人人都只能认出谁是自己的母亲，而却丝毫不知道谁是自己的父亲。甚至，那时的人类尚不知道男性是生育子女的必然因素，而认为生儿育女只是妇女的事。

人类究竟是什么时代才知道生儿育女不仅是妇女的事也与男性密切相关的，这是一个十分有趣却不易弄清的问题。因为，迄今为止，生活在澳大利亚的阿纳扎里人，甚至仍然不知道妇女生孩子是怎么回事。他们认为妇女怀孕生子乃

---

① 《马克思恩格斯选集》第 4 卷，北京：人民出版社，1995 年，第 31 页。
② 马克思：《摩尔根（古代社会）一书摘要》，北京：人民出版社，1965 年，第 10 页。
③ 邓伟志、刘达临：《家庭的起源》，《社会》1983 年第 1 期，第 50—55 页。

是因为她们接近了旋风或圣地的结果，而不是男女的共同产物。① 事实上，在世界上许多落后的民族中，甚至在许多文明人那里，直到 20 世纪前期，也还认为妇女怀孕生子并不是相爱的结晶，而是"送子娘娘"之类的神灵的恩赐。陕西省宝鸡县有个"钓鱼台"，相传这是"姜太公钓鱼"的处所（姜太公即姜尚，姜子牙）。这里有块竖立的巨石，上刻"孕璜遗亚"四个斗大的汉字，相传，这是"姜原踩石生稷神"的遗物。

在这里，我们有理由对那种长期认为班辈婚，甚至乱婚时代人类即已认识到"近亲通婚"会给女子体质带来危害的说法提出质疑。应当知道，在乱婚的情况下，既没有夫妇，也没有家庭。所谓"乱婚"，实际上就是群内的毫无限制的男女杂交。不过，所谓杂交，实质上只是说后来由习俗所规定的那些限制，在那时是没有的。"但是由此绝不能说，在日常实践中也必然是一片混乱。短时期的成对配偶绝不是不可能的……"②。

过去人们一直认为在乱婚的情况下，不但父女曾是夫妻，而且母子也是夫妻。可是，根据英国人类学家珍妮•古多尔的长期观察，黑猩猩母子从不相交，人们因此也就对乱婚时期的母子杂交产生了怀疑。根据人类学或猿猛猴学的研究，尽管那时父女配比比皆是，可是，母子婚配却很可能是要被否定的。黑猩猩猩尚且母子不婚，何况是人呢。③

当人类还处于"兽处群居，以力相争"的粗野无文时代，人类在婚配方面却很有可能是和现代的猿类那样，从不为争夺异性而激战，特别是雄黑猩猩，当它们发生多角求爱时，总是"耐心地挨次等待"④。即使其他雄黑猩猩当面和自己中意的异性进行"婚配"，它们也从来不加干涉。⑤ 性爱中的嫉妒心与排他性受到极大的克制，这可能也是黑猩猩与其他禽兽的一个重大差异。

不要因曾经人类的祖先在父母子女之间有过杂交而感到羞耻，不要认为那是人类历史上很不光彩的一页，那只是历史发展的必然。在生产工具极为原始

① 《石器时代人——澳大利亚的阿纳扎里人》《旅行家》1985 年第 1 期第 43 页。

② 《马克思恩格斯选集》第 4 卷，北京：人民出版社，1995 年，第 30—31 页。

③ （美）D. 匹尔比姆：《人类的兴起——人类进化概论》，周明镇、周本雄译，北京：科学出版社，1983 年，第 48 页。

④ （英）珍妮•古多尔：《黑猩猩在召唤》，刘后一、张锋译，北京：科学出版社，1980 年，第 25 页。

⑤ （英）珍妮•古多尔：《黑猩猩在召唤》，刘后一、张锋译，北京：科学出版社，1980 年，第 25 页。

与粗劣的情况下，社会生产力异常低下，人类必须"聚生群处"一起对抗自然，否则就会饿死，就会成为猛兽的牺牲品。而男男女女混居杂处的结果必然存在杂交，这是很自然的，这是与那时的社会与生产发展水平相适应的。在人类历史上，道德不仅是有阶级性的，而且是有时代性的，我们不能用今天的道德标准去苛求古人。

在中国的古老文献中曾有记载，"长幼侪居，不君不臣，男妇杂游，不媒不聘。"① 这是什么意思呢？那就是说：当初的人类，长辈与晚辈杂居混处一起，不分什么尊卑与贵贱，男男女女一块儿杂游野处，用不着说媒和聘娶，就可以发生性关系。这显然说的就是远古的"乱婚"。在《吕氏春秋·恃君览篇》也说："昔太古尝无君矣。其民聚生群处，知母不知父，无亲戚、兄弟、夫妻、男女之别，无上下长幼之道，无时退揖让之礼。"② 大意是说，在远古时代没有君王，那时的老百姓杂居群处一起，人人只知有母而不知有父，没有什么亲戚、兄弟、夫妻和男女的区别，没有什么上下长幼的道德规范和礼义。显然正是因为那时实行的是"长幼侪居"、"男女杂游"的乱婚，所以，人类也就必然是"知母不知父"，没有"亲戚、兄弟、夫妻、男女"的分别，也没有"上下长幼"的道德规范和礼义。《五代史》中曾说到契丹的北方有个"北狗国"（或北胸国），生男生女"自相婚配"，可能谈的也是远古乱婚的遗风。

在古希腊神话里，地神盖娅和她的儿子天神乌伦母子相爱，生出十二名坦巨神——六男六女，以此相继，繁衍后代。事实上，这一神话的产生，绝不可能都是那时人类的凭空臆造，而很可能是古希腊人对于远古乱婚的记忆的反映。

直到 20 世纪初期，鄂伦春人仍然处于原始状态，只有采集、狩猎，而无农业，"为了谋生，到处游迁。"根据他们的传说，他们的远古祖先个个"全身是毛"，在"那些全身是毛的人中，一个老太婆和一个青年男子同居后生下一男一女"。③ 这些说法骤然看来似乎十分荒唐，然而，青年男子与老年妇女的结合，在那时则正符合人群内部两性间不分长幼的原始杂交的历史实际。那时，群内存在着毫无限制的婚姻关系，每个男性属于每个女性，同样每个女性也属于每个男性。从情理上讲，这完全符合人类刚刚由动物转化过来的实际状况。

---

① 杨向峻：《列子集解·汤问》，北京：中华书局，1979 年。
② 许维通撰、梁运华整理：《吕氏春秋·恃君览》，北京：中华书局，2009 年。
③ 秋浦：《鄂伦春社会的发展》，上海：上海人民出版社，1978 年，第 7 页。

古希腊历史学家希罗多德在他的名著《历史》中，谈到利比亚的欧赛埃司人时说："那里的男女之间是乱婚的。他们并不是夫妻同居，而是像牲畜那样地交媾。"①

古希腊唯物论哲学家对婚姻起源的观点，在卢克莱修的叙事诗《物性论》中得到了确切的表述，诗中写道：

……

那时候，维娜丝（爱情之神——引者注）会在树林间

把情人们的身体结合起来；

因为一个女人或者由于共同的欲焰，

或者由男人的暴力和不顾一切的欲求，

或者因为一点利诱——像橡实、好梨子、

或杨梅的野生莓子——而听任摆布。

……②

在这里，可以看到，人类初期的婚配，是在树林之间，毫无规范，毫无限制地进行着。应当指出，卢克莱修的这种说法绝不是凭空臆想，他的依据就是关于人类婚姻的神话和传说。

由于人类实行乱婚的时代距离今天已经相当遥远，因此，目前就是在落后的蒙昧人中也很难找到一个关于乱婚无可争辩地存在的例子。但是关于乱婚的残迹或遗风，不久前，在纳西族里还可以找到。③ 在云南永宁地区的开基木瓦村、忠克村、拖支村以及温泉及等地，就可以见到许多舅舅与姐姐的女儿建立阿注关系的事例；在云南怒江一带的傈僳族里，"男女青年之间，每到晚间可以互相找伴睡觉，特别是在'守谷子'的秋收季节，就不分'长辈小辈'，只要互相喜欢，就可以睡在一起。"④ 这也可能是一种原始乱婚的遗风。正如恩格斯所说："不仅兄弟和姊妹起初曾经是夫妇，而且父母和子女之间的性交关系今日在

---

① （古希腊）希罗多德：《历史》，徐岩松译，上海：生活·读书·新知三联书店，2008年，第180页。

② （古罗马）卢克莱修：《物性论》，方书春译，北京：商务印书馆，1981年，第322页。

③ 詹承绪等：《永宁纳西族的阿注婚姻和母系家庭》，上海：上海人民出版社，1980年，第22—24页。

④ 全国人民代表大会民族委员会办公室编：《怒江傈僳自治州社会概况》上册，内部资料，1958年，第146页。

许多民族中也还是允许的。"① 当然这只能被视为原始乱婚的遗风，而不应被视为原始乱婚的本身。

1979 年，在菲律宾北部山区，发现一个被称为"真高斯"（野蛮的意思）的石器时代的原始部族，直至今天还"吃生肉"、"盛行杂交"。虽然这不是猿人时代初期的乱婚，但他们盛行的"杂交"则和原始的乱婚并没有明显的区别，在性交关系上都没有任何限制或禁例。

在某些特定的节日里，男男女女不论年龄、班辈，无论亲疏远近，肆意寻欢作乐，甚至"节日野合"，发生性关系，这些行为都被视为合法行为，而不受法律的制裁或者道德和舆论的谴责。这就是学者们所说的"乱婚节日"。这类节日并不是个别民族所发生的偶然事件，而在许多民族中都曾广泛而普遍地流行过。

在中国广东省的同胞中，从农历除夕开始，到正月初二的节日期间，只要是成年人，无论结婚与否，男男女女都可以在树林里、高山上或山洞中，从早到晚地对唱民歌。当唱到情投意合时，就互相偎依、拥抱，不分年龄与班辈进行"罢合"，发生性关系。此类习俗，当地人称之为"放牛出栏"。

陕西省临潼县行者乡娘娘庙一带，每年的三月三日有个"单子会"。每到此时，附近的居民中，凡是不怀孕不生育的妇女都可以去赶会，赶会时每个妇女都要带上一个布娃娃，可以在外厮混，夜不归宿，不分年龄、班辈与别的男人"野合"，但是这并不会受到社会舆论的非议或谴责。有的少妇羞于干这种事，不愿公开前往，做婆婆的往往会主动怂恿并催促儿媳早早动身，去与别的男人"风流"一天。这种情况，直到新中国成立前夕仍然存在。②

古代罗马每年冬至时期都有一个为纪念沙特恩神而设立的"沙特恩节"。节日期间，男男女女可以冲破种种"清规戒律"，盛宴狂欢。甚至奴隶亦可参加，没有等级地位的限制，自由交往，纵情欢乐，"盛行性关系自由"。此外，韦斯特马克在他的《人类婚姻史》一书的第 28 页到 29 页中指出，在印度的霍人、桑塔尔人、潘札人和科塔尔人的部落中，以及某些非洲民族或其他民族中，都有这种定期的"沙特恩节"。在中国，《史记·滑稽列传》与《周礼》中记述的"州间之会"、"仲春之会"，说的也是在仲春节日男女杂游，奔者不禁，为所欲

---

① 《马克思恩格斯选集》第 4 卷，北京：人民出版社，1995 年，第 31 页。
② 吴存浩：《中国婚俗》，济南：山东人民出版社，1986 年，第 472 页。

为的"沙特恩节"。

关于"乱婚节日"，苏联学者谢苗诺夫经过长期调查研究，在他的《婚姻与家庭的起源》一书中作了结论性叙述："如果把关于放荡的乱婚节日的证据归结在一起，却不说这些节日的大量遗迹，那就会令人信服地证明，这些节日如同生产方面的性禁忌一样是一种广泛的现象。在北美洲、中美洲、南美洲、大洋洲和澳大利亚、非洲、亚洲以及欧洲的民族中，这种放荡的节日都曾广泛地流行过。"[①] 谢氏在这里为我们列举的有"乱婚节日"的民族不下数十个。

以节庆之名行乱婚之实的现象在奴隶制社会的早期是比较普遍的，不少地区甚至残留到近现代。欧洲诸国的"狂欢节"，日本的"盂兰盆节"（即7月15日的中元节），英国的"万林泰节"以及法国古代的"安贴那儿那节"等，都属于这一类。特别是法国的"安贴那儿那节"，竟至公开当众进行亲热。[②]

为什么会有那么多的民族都有性质相同的"乱婚节日"呢？是不谋而合的发明创造吗？是偶然的巧合吗？这是不可能的。它不是后代人类随心所欲的发明创造，而是原始社会乱婚的残迹或遗风。"乱婚节日"广泛而普遍的存在，以铁一般的事实向学术界表明：乱婚在人类历史上确实是存在过的。好心的人们总想否定乱婚，替人类洗雪父女、母子婚配乱伦的奇耻大辱。可是，这与人类是猿的后代一样，是无可否认的事实。

乱婚在婚姻史上是一种为时最古，历时最久，十分渺茫，而资料却极端贫乏的婚姻形态。就连人类婚姻史的开山鼻祖摩尔根与恩格斯，也未曾为我们提供任何一条关于乱婚的可靠资料。本书肯定乱婚的观点固然还需要探讨，但只要能为学者们提供几条有用的资料，笔者也就满意了。

---

① （苏）Ю·И·谢苗诺夫：《婚姻和家庭的起源》，蔡俊生译，北京：中国社会科学出版社，1984年，第89页。

② 黎明志：《简明婚姻史》，北京：群众出版社，1989年，第112页。

十九、语言的发明与演化

我们的祖先古猿，原来都是不会说话的哑巴。当他们在茂密的原始森林中生活的时候，它们也和现代某些类人猿一样，总是通过各种各样的叫声进行联系。比如，通过叫声互相寻找，互相通报敌情，或用各种不同的叫声表达惊恐、恼怒、绝望等等不同的感情。不过，那时它们尚不会劳动，彼此之间需要传达的问题毕竟很少，再加上其本身发音器官的限制，因此，不可能产生像后来猿人那样的清晰复杂的语言。和现代类人猿、黑猩猩相似，虽然它们也会哭、会笑、会用二三十种声音表达不同的感情，但那并不是音节分明的语言。尽管不久前人类学家已经发现黑猩猩是一种"非常喜欢喧叫的小动物"，它们在觅食时往往分大群、小群或亚群，"小群与小群之间，时时用各种各样的喊叫声保持相互之间的联络，它们用这些叫声表示空间距离、食物和敌人等联络信号。"① 但那同样也不是语言，而只是一种"联络信号"而已。

当古猿跨出关键的一步，即学会制造工具以及进行生产劳动时情况就发生了变化。在制造工具、采集和狩猎等生产劳动中，人类相互间的联系和结合必然更加紧密。因为，日益发展起来的集体劳动，需要互相帮助，共同协作，需要及时表达意见，交换思想，统一意志，彼此呼应，协调动作，需要总结、交流和传授经验，于是，"这些正在生成的人，已经达到彼此间不得不说些什么的地步了。"② 语言就是在生产劳动的需要下，在劳动过程中，并和劳动一起产生出来的。语言是猿人集体劳动生活的产物。比如，当猿人在一起制造石器的时候，究竟用什么样的石料，用怎样的打击方法，才能制造出符合需求的石器呢？这需要它们交换意见，也需要把制作石器的宝贵经验教给别人，或者传授给下一代；当猿人在抬一只打死的野兽时，每个人都需要知道向什么方向抬，走哪

---

① （美）D. 匹尔比姆：《人类的兴起：人类进化概论》，周明镇、周本雄译，北京：科学出版社，1983年，第48页。

② 《马克思恩格斯选集》第4卷，北京：人民出版社，1995年，第376页。

一条路，大家需要统一步调，比如，什么时间抬起来走，什么时间放下来休息，等等。当猿人发现猛兽时，他们究竟如何应对？是大家同心合力与猛兽搏斗呢？还是上树躲避呢？当猿人摘回大批野果之后，究竟该怎样分配才算合理？怎样分配才能使大家满意？这些都需要用语言来解决，都需要猿人讲话，于是，语言就由于猿人相互交往的迫切需要而产生了。

有人认为，人类的语言是在尼人时代产生的，这是值得进一步研究的。猿人经历了二百多万年的漫长岁月，他们在一起生活、劳动、制造工具、采集、狩猎和对抗野兽，没有语言是不可思议的，无法理解的。

最初，猿人还只是用简单的叫声、动作或手势，一面比划，一面尖叫着配合起来传达意见，语言十分简单、单纯。严格说来，动作或手势是不能称为语言的。语言从一开始就是有声的，动作或手势只能起一些辅助的作用而已。比如，摇摇头表示"不要"、"不好"或"不同意"；点点头表示"要"、"好"或"同意"；招招手表示"请你过来"；伸出手表示向对方"要东西"（像黑猩猩那样），等等。

可是，后来随着集体劳动的加强，人类更加需要互助与协作，彼此之间传达和交流思想的需要日益增多，所要表述的内容也日益复杂和多样。简单的叫声、"手语"当然不能满足需求。如果他们的想法不一致，彼此又丝毫也不知道对方的意图和打算，那就根本无法进行有效的集体劳动。再加上这时的劳动，如制造石器等，已经占用了人的双手和眼睛，再想比划手势当然很不方便，就是比划了手势，别人也会因为忙于劳动而无从察觉。而且这种所谓的"手语"，在夜间、在丛林中，以及远距离的交流中也都根本无法应用。于是，人们就非得想方设法创造出比较完善的真正的语言不可。

鲁迅先生曾经写道："我们的祖先原始人，原是连话也不会说的，为了共同劳作，必需发表意见，才渐渐地练出复杂的声音来，假如那时大家抬木头，都觉得吃力了……其中有一个叫道'杭育杭育'，那么，这就是创作；大家也要佩服，应用的，这就等于出版；倘若用什么记号留存下来，这就是文学；他当然就是作家，也是文学家，是'杭育杭育'。"[1] 这段生动的描述，非常形象地说明了人类最初本来没有语言，后来出现的语言乃是人类祖先劳动生活的产物。集

---

[1] 鲁迅：《门外文谈》，《鲁迅全集》第6卷，北京：人民文学出版社，1981年，第75页。

体的劳动生活乃是人类语言产生的先决条件。所以，恩格斯曾经明确指出："语言是从劳动中并和劳动一起产生出来的，这个解释是唯一正确的。"① 当然，恩格斯的话包含着两种意思，一方面是说劳动促使了人类的发音器官逐步完善；另一方面则是说，正是由于劳动的需要，人类才在劳动中发明了语言。

最初，古猿的头脑和发音器官既不健全，也不灵活。后来，由于生产劳动的需要，才使猿人的头脑和发音器官在不断地使用中获得了锻炼与改造。当然，食物范围的扩大，特别是熟肉食的出现，则为人类头脑的发育提供了物质的前提。与此同时，因为音调的抑扬顿挫不断增多，就使猿人的发音器官获得了经常的锻炼与改造，变得日益完善和灵活起来，终于演化成为比较健全的人的发音器官，从而发出清晰的声音来。在这里，劳动对于人类头脑和发音器官的完善和形成起了决定的作用。而人类头脑和发音器官的日益完善，则又为人类语言的发展提供了物质条件。

因为原始社会初期，生产很不发达，生活内容十分单纯，人类接触和认识的事物毕竟有限，所以那时语言的词汇极其贫乏，句子也简单。后来，随着生产领域的扩大、集体劳动的加强、生活内容的丰富、人类认识和征服自然的能力日益增强、财富的创造日益加多，旧的词汇逐渐死亡，新词汇也就一天天地被创造出来。人类语言的内容也就日益复杂、完善和丰富。

应当指出，原始语言的显著特征，就是这种语言的具体性。它极端缺乏综合的、概括的或抽象的概念。比如，在那时的语言中有关于当地的各种树木的具体名称，如，橡树、无花果树、苹果树等，但却没有"树木"这样一个概括的名词；有各种动物的具体名称，如：狮、象、虎、豹等，但却没有"动物"这样一个综合的名词。这种原始语言的特征，相当普遍地保留在现代世界的许多落后的部落中。

从历史唯物主义的观念来看，"语言是随着社会的产生而产生，随着社会的发展而发展。"② 语言的产生与发展是有规律的。最初，因为人类日常劳动、生活的范围仅仅局限于原始的人群之内，甲群与乙群极少发生交往，因此，那时人类只有群内的语言，而没有群外的语言。对于同一事物，各个原始人群都有自己独特的语言来表示。有多少原始人群，就有多少种不同的语言。可是，后

---

① 《马克思恩格斯选集》第 4 卷，北京：人民出版社，1995 年，第 376—377 页。
② 斯大林：《马克思主义与语言学问题》，北京：人民出版社，1950 年，第 20 页。

来随着生产力的提高，人类出现了定居，氏族逐渐形成，甲氏族与乙氏族遂构成一个互相通婚的原始部落。于是，原始人群的语言就扩大为部落的语言。到了奴隶社会，部落又发展为部族，于是，部落的语言也就随之而发展为部族的语言。显然，人类语言的发展规律就是从群的语言到氏族语言，从氏族语言到部落语言，从部落语言到部族语言，从部族语言到民族语言，最后再到人类语言的统一。

当然，如何理解人类语言最后的统一问题，也是一个疑难问题，但从现在人类语言和文化的发展状态而言，人类的共同语言必然是一种一与多的关系，即既存在着一种共通的人类语言，同时还存在着许多具有民族特色的地域或种族性语言，正是在两者的不断地相互作用下，才有可能使人类的共有语言不断得到深化和发展，假设没有地区性语言的这一"多"的话，也就自然不能存在普遍的共同的语言"一"。换言之，人类语言的发展或演化的趋向，必然一方面伴随着人类语言内容的不断充实、语言的多样化、复杂、丰富和多彩；另一方面则又必然表现为越来越具有更多的统一性。

1958 年 1 月 10 日，周恩来总理在政协全国委员会上所作的《当前文字改革的任务》的报告中明确指出："世界各民族的文字形式将来总有一天会逐渐统一。人类语言文字发展的最后趋势是逐渐接近，到最后也许就没有多大区别。这种理想不是坏的，而是好的。"斯大林也曾预言，将来各个民族的语言必不可免地要融合为一共同的语言。自 1887 年以来，波兰人柴门霍夫创造世界语已经有一百余年的历史了，在此期间，世界语爱好者每年都要开国际大会一次，在会上，既不用翻译人员，也不用翻译机，大家都讲世界语，毫无隔阂，亲如一家。这种语言自清末传入我国，1928 年就在上海成立了世界语协会。延安鲁迅艺术学院和抗日军政大学都办过世界语学习班，成立了世界语协会，出版过《延安世界语者》刊物，并向国外发行。新中国成立后，不仅翻译出版了世界语书籍，而且每日都有世界语广播。1951 年全国世界语协会成立。1963 年 7 月，第一次全国世界语工作会议在北京召开，根据会议精神，教育部指定在 11 所高等院校开设了世界语选修课。1980 年 8 月第 65 届国际世界语大会在瑞典举行，我国派代表团（以巴金为首）参加盛会，同时，中国被接纳为正式会员国。

语言的产生对人类社会的发展究竟起了什么作用呢？恩格斯说："首先是劳动，然后是语言和劳动一起，成了两个最主要的推动力，在它们的影响下，猿脑就逐渐地过渡到人脑；后者和前者虽然十分相似，但是要大得多和完善得多。"① 这就是说，劳动和语言乃是古猿脑髓扩大、完善，以至于形成人脑的"最主要的推动力"。语言是工具、武器，人们利用它来互相交际、交流思想，达到互相了解。它对从猿到人的转变起了促进的作用。

原始人在集体的社会生活中发明了语言，语言反过来又为社会生活服务。在原始社会的集体劳动中，每个成员都必须很好地进行协作，否则便无法战胜自然，无法抵挡猛兽的袭击。如果那时人人各自为战，独立生活，人类就有灭绝的可能。那么，怎样才能进行很好地协作呢？语言是个重要的条件。猿人有了语言，在劳动前，就可以通过语言交换思想、统一认识、制订计划；在劳动中，就可以通过语言统一步调、集中智慧、协调动作、互相帮助、互相配合，更好地完成任务；在劳动后，还可以通过语言交流和传授经验。

原始人也和我们今天的人类一样，总是要死的。那么，他们世代所取得的各种宝贵的劳动经验又靠什么传授和积累下来呢？在当时没有文字的情况下，那就只有依靠语言。人们通过语言而获得大量的间接知识，并且一代一代地相传下去，积累起来，成为人类战胜自然的宝贵财富。由此可见，语言从其发明之日起，就是人类集中智慧，总结、交流、传授和积累知识，积累劳动经验，增强人类认识和征服自然的能力，从而改造世界，促进社会发展的积极因素。

语言对人类历史发展的作用是多方面的，它不仅对从猿到人的转变起着相当的作用，而且对此后人类社会的发展也起着重大的作用，就是在已经发明文字的阶级社会里，语言也始终都是"人类交际最主要的工具"②，斯大林曾经指出："有声语言在人类历史上是帮助人们脱出动物界，结成社会，发展自己的思维、组织社会生产、同自然力量作斗争并取得我们今天的进步的力量之一。"③

① 《马克思恩格斯选集》第 4 卷，北京：人民出版社，1995 年，第 377 页。
② 列宁：《论民族自决权》，《列宁全集》第 20 卷，北京：人民出版社，1963 年，第 368 页。
③ 斯大林：《马克思列宁主义与语言学问题》，北京：人民出版社，1950 年，第 46 页。

二十、用火的开始

在古猿进化到猿人之后的相当长的时间里，猿人还和其他野兽一样，一直过着"茹毛饮血"（吃带毛的生肉，喝生血）的粗野生活，根本不知道火的用途，更不知道熟食。我国古书上关于"古者未有火化，食草木之实，鸟兽之肉，饮其血，茹其毛"[①] 的记载，说的就是人类这种不知用火的情况。可是，在那时的自然界里，早都已经有过火的存在。且莫说地球原来就是一团烈火，单说地球形成之后，野火又是如何产生的呢？

首先，打雷闪电可以引起森林大火；火山爆发，岩浆四射，可以引燃柴草和树木；树枝柴草易燃物堆积过厚，时间过久，在炎热的夏季也会蓄热自燃。其次，山上的巨石滚滚而下，互相哑击，火花四溅，也能引燃枯草，酿成大火；陨石落地也能引燃森林树木。不过，最初的人类，不但丝毫不知利用这些天然野火，反而总是把那些正在蔓延的森林大火看成可怕的灾难。只是在很久之后，人类才逐步地熟悉了火的本质，开始了天然火的利用，但那也不是一件容易的事。学者们认为，最初当猿人看到一片火海滚滚而来，光芒四射，浓烟冲天，鸟飞兽散，争相逃命时，他们也和其他野兽一样，被吓得仓皇奔逃，不敢四顾，跑得慢的就会被火烧死。许多人的窝巢也都被火烧掉，弄得惶惶无家可归。因此，这样凶恶的大火在那时总是被猿人视如大敌，看做无法抗拒的灾难，只有遇到暴雨，才能把它浇灭。可是，最新的科学研究却向人们表明，黑猩猩并不怕火。它们喜欢玩火，甚至可以从火圈里取出它们所需要的东西。既然如此，说猿人怕火就值得怀疑了。

后来，猿人在野火烧过的山林里，发现了某些烧死的野兽——野猪或野羊等等，而且还嗅到了熟肉的香气。于是，有人抱着疑惧的心情，鼓起勇气，大胆地尝了一些熟肉，觉得不但比生肉更加美味可口，而且也容易咬嚼和消化，真是喜出望外。大概就在这时，猿人怀着好奇和恐惧的心情，逐步试探着接近

---

① （清）孙希旦：《礼记集解·礼运》，北京：中华书局，1989 年。

了某些将熄的野火，发现火不仅可以熊熊燃烧，而且也可以在一定时间之内阴燃不熄（不发焰的暗燃）。于是，猿人就想方设法保存天然火种，开始熟食。这样一来，人类就由怕火变为爱火，火也由人类的大敌，一变而为人类的"朋友"了。

在某些民族的古老传说中，反映了人类最初对野火的认识与利用过程。比如，以前在兴安岭一带过游猎生活的鄂伦春人的传说就是这样说的：鄂伦春人的祖先最初不知用火，打死野兽后就生吞活剥，茹毛饮血。后来，不知什么原因发生了山林大火，接着，他们就发现越接近火就越感到温暖，而且也发现烧过的兽肉特别好吃，此后，鄂伦春人才开始了天然火的利用。[①] 鄂伦春人的这一古老传说所反映的他们祖先对天然火的认识与利用过程，很可能具有普遍的意义。在这里，值得引以为豪的是，北京猿人迄今仍是世界上有可靠证据的最早的天然火的使用者（更早的用火遗迹多有争议）。他们不但已经学会了用火，而且还学会了管理火、控制火与保存天然火种。还有比较可靠的用火遗迹就是不久前人们在非洲维多利亚湖地区所发现的 140 万年前的用火遗迹，"这是在同时期的地层里发现的。在火堆附近，还发现了各种动物的骨骼和劳动用的石器。"[②] 有人称这一遗迹为"最古老的用火遗迹"。[③] 但还有人认为世界上最早使用火的人，是大约 170 万年前的中国元谋猿人。这些说法，当然都有一定的根据。在元谋猿人那里，不但发现了炭屑，而且还发现了两块动物的烧骨。不过，它们究竟是不是世界上最早用火的人，还需要进一步研究。

民族学的资料告诉我们，不少落后部落长期使用天然火，设法保存天然火种，而未发明人工取火。比如，当安达曼人最初被发现的时候，他们已知用火，但不会人工取火，没有祖传的取火法。最初，他们的火种是从大自然的宝库中找到的，因为得之不易，所以长期认真地保存火种，选择那些能够长期阴燃不易熄灭，而又不会成焰的木柴作为火种。直到 19 世纪中期，安达曼人才学会用两块竹片摩擦取火。[④]

从前，人们认为，在人类历史上，用火熟食是从"钻木取火"开始的。我

---

① 内蒙古少数民族社会历史调查组编：《黑龙江省呼玛县十八站鄂伦春氏族乡情况》，内部资料，1959 年，第 6 页。

② 王俊任：《最古老的用火遗迹》，《化石》1983 年第 3 期，第 31 页。

③ 王俊任：《最古老的用火遗迹》，《化石》1983 年第 3 期，第 31 页。

④ 刘达成、蔡家骐、李光照编译：《当代原始部落漫游》，1982 年，第 41—42 页。

国古书上关于"燧人氏钻木取火，以化腥臊"①与"太古之初……未有火化，腥臊多害肠胃，于是钻燧出火，教人熟食……号曰燧人"②以及"钻木取火，教民熟食……谓之燧人也"③等记载，就是这种认识的反映，这些都说明了在燧人氏之前"茹毛饮血民未知烹"。到了燧人氏出世才钻木取火"教民熟食"。④其实，人类实际开始用火熟食的时间，要比钻木取火早得多。如前所述，四五十万年以前的北京猿人，或者更早的170万年前的"元谋人"都可能是世界上利用保存天然火种首先熟食的人。此外，山西匼河村西侯度旧石器时代的人类遗址中，也曾发现过用火烧过的鹿角和马牙等物，其年代与元谋猿人大体相近；陕西蓝田公王岭蓝田猿人的用火遗址，据最新科学鉴定为100万年之前；法国马赛附近埃斯卡尔山洞的用火遗址也达100万年。不过，这些地区的用火遗址都还尚有争议。尽管如此，它至少可以证明，火在猿人时代前期，或者最迟在北京猿人时期，早已成为人类熟食和征服自然的重要武器；那种认为人类熟食开始于"钻木取火"的说法是错误的，因为"钻"的发明或利用那是很久之后的事。

既然科学研究已经表明黑猩猩并不怕火，那么，就不能完全否定早在1947年非洲南部德兰士瓦地区马卡潘斯加特山洞的南猿化石旁发现的那些好像被火烧过的黑角骨头是用火的证明，也不能完全排除"普罗米修种南猿"（因被一些学者认为最先用火而得名）有用火的可能性。总之，新的科学研究终有一天会证明，人类历史上开始用火的年代要比北京猿人生活的年代古老得多，至少要在100万年之前。否则，人们将无法解释，为什么会有那么多的事例表明那些烧过的鹿角、马牙、大型哺乳类动物的肋骨、碳屑、黑色骨头等，正好都和百多万年之前的古老人类化石同时同地存在于同一地层中。

无论是在人类利用天然火的时期，甚或在人工取火发明之后的相当长的时间里，取火都是很困难的，正因为如此，保存火种就具有极为重要的意义。那么，人类那时究竟是如何保存火种的呢？仅仅依据考古资料回答这类问题是很困难的，民族学的有关资料可以给我们提供一些回答这一问题的线索。不久前尚处于原始状态的落后部族在保存火种时，一般都是采用篝火，由老年人专门

① （清）王先慎《韩非子集解·五蠹》，北京：中华书局，1998年。
② 吴锐等编：《古史考》，海口：海南出版社，2003年。
③ （清）陈立：《白虎通疏证》卷二，北京：中华书局，1994年。
④ （清）高冲霄撰：《帝王世纪纂要》卷一，清嘉庆17年（1812）刻本。

负责看火，不断地向火堆上放树枝。不用火时，就用灰烬将火封住，使火阴燃；用火时，就将火上的灰烬扒开，继续放些干草或干树枝，使火熊熊燃烧。

不久前，西藏自治区的珞巴族保存火种还是通过在住屋中间设一火塘，由一位老年人管火。老人面向火堆，彻夜不眠，不断地向火塘内加柴，使火长燃不熄。用火时，就把柴加多，使火大燃起来；不用火时，就少加些柴，以维持火种不灭为宜。

还有就是利用菌类或朽木保存火种。比如，桦树上寄生的蘑菇，晒干之后，阴燃性能就非常理想。点燃蘑菇，插在小木棒之上，别在腰间，即可随处携带。此类方法特别适用于游牧部族，兴安岭一带的鄂伦春人，新中国成立前后，尚用此法保存火种。甚至直到今天，贾拉瓦人仍然不会人工取火，长年累月地在他们的住地燃着一个大火堆，迁移营地时就随身带上一个火把。①

天然火的利用，对早期人类社会的发展是具有重大意义的。它是猿人围猎野兽、战胜野兽、夺占山洞、烧熟食物、防御寒冷、照亮洞穴、扩大食物与活动范围的重要武器。以居住条件而论，为什么"早期猿人多半住在湖滨河边地区"，"晚上就在水边泥地上过夜"，而晚期猿人却可以"开始住进山洞里"呢？②大概，这也应该主要归功于天然火的利用。早期猿人为什么要在水边的泥地上过夜呢？无非就是那里比较安全，夜里野兽很少愿意离开森林到那里去的，万一有了猛兽袭击，他们只需跳入水中就可以安然无事。因此，他们就宁肯住在水边的泥地上，任凭风吹雨打，也决不甘心去到洞中让猛兽吃掉，而晚期猿人却不但可以凭着火把夺取山洞，并且还可以靠着洞口的火堆吓跑野兽，大胆地进入梦乡。甚至，晚期猿人还会利用大火把野象赶入泥塘，弄得野象泥污满身无法逃脱，然后设法消灭它们。

用火，在人类与自然的斗争史上是一件具有划时代意义的大事。它使人类支配了一种自然力，是人类文化史上的巨大进步。它开创了人类进一步征服自然、战胜野兽的新纪元。因此，恩格斯说，在人类社会的发展进程中，火的使用是一次"新的有决定意义的进步"。③

---

① 刘达成、蔡家骐、李光照编译：《当代原始部落漫游》，1982 年，第 27 页。

② 方少青：《古猿怎样变成人》，北京：中国青年出版社，1977 年，第 50、78、87 页。

③ 恩格斯：《自然辩证法》，于光远等译编，北京：人民出版社，1971 年，第 155 页。

二十一、食人之风

西方学者曾经认为人类生来就有互相敌视的本能，因而片面强调原始人始终处于敌对状态，夸大原始人的血亲复仇、食人之风与猎取人头等等。甚至，竟把那种弱肉强食的人吃人的资本主义原则也强加给原始社会，完全否定了原始人类的互助与协作（博厄斯即持此论）。新中国成立以来，对这种错误观念进行批判是合理的。然而，随着批判的深入却又陷入另一极端，片面地强调原始人类的和谐与合作，甚至已具有某些把原始社会理想化的倾向。对原始人常把本集团外的人类视为仇敌，对不少民族确曾存在过的食人肉与猎人头的现象一概回避，这恐怕也不是唯物主义的态度。至于如何解释这些现象那是值得探讨的，但至少我们应当承认这种历史现象。

通过近年来的深入研究，我们发现原始人在征服自然、从事生产、战胜猛兽等方面是积极协作的，并不处于敌对状态。至于血亲复仇，在原始人看来，那只是一种报复侵犯、伸张正义的手段，世代不懈地长期杀戮是少有的。食人肉、猎人头的事件当然是发生过的，不过那只是生产力低下、食物贫乏、宗教迷信与愚昧无知的反映。

直到20世纪70年代，在太平洋广大地区、大洋洲与印度尼西亚的某些海岛上，以及亚洲大陆的南部、非洲和南美洲的某些地区还存在着数十种食人部落与猎头部落，人口竟达数百万以上。[①] 作为历史科学，对于这种历史现象应当进行研究并逐步加以说明，或者至少应当提供资料，提供情况以资探讨，而不应当回避。

不要以为没有私有制度、没有阶级、没有剥削、没有压迫、人人自由平等的原始社会，就是一个非常理想的时代。事实上，在以往的历史上，从来也没有出现过黄金时代。西方学者佩里认为早期人类和平相处，生活在"黄金时代"，这是不符合历史实际的。因为，在原始共产社会里，人类的生产力水平是

---

① 吴汝康：《也谈"食人之风"》，《化石》1979年第3期，第9—11页。

最低下的，人类受到大自然的奴役，遭受疾病与自然灾害的困扰，生活于困苦、愚昧、落后与野蛮的状态之中。穿的是树叶、兽皮，住的是山洞、窝棚，吃的是野果、兽肉，喝的是山涧流水，经常处于饥寒交迫之中，甚至处于冻饿而死的边缘。处于采集与渔猎阶段的塔斯马尼亚人在获食困难的季节，就不得不啃吃皮革充饥；处于原始时代的鄂温克人，在他们狩猎生产最困难的时候，"一根兽骨要煮十几次，人们常常饿得抱着肚子哭"①，以至于时常不得不采集鼠类所储藏的草根充饥。据说，有一种黑色野鼠从夏季开始就储藏草根准备冬天来吃，"鄂温克妇女在秋季结冻前，掘开鼠洞把草根馍米作为冬季食物的基础。"②正是由于生活的艰辛与困苦，原始人的生命普遍是短促的。考古发掘表明，北京猿人的平均寿命不超过30岁。有人估计人类处于原始社会时，平均寿命不到20岁，这种估计与史实情况相去不会太远。由于生产力水平的低下，食物的贫乏，"人相食"的悲剧是演出过的。恩格斯就曾指出："由于食物来源经常没有保证，在这个阶段上大概发生了食人之风，这种风气，后来保持颇久。"③

关于"食人之风"发生的时代，恩格斯早已指出，在蒙昧时代中级阶段，"大概发生了食人之风，这种风气，此后保持颇久。即在今日，澳大利亚人和许多波利尼西亚人还是处在蒙昧时代的这个中级阶段上。"④ 而且，恩格斯还说："近代科学已经肯定证明：吃人，包括吞吃自己的父母，看来是所有民族在发展中都经历过的一个阶段。"⑤ 在这里，尽管恩格斯并没有给我们提供什么具体资料，但事实上确有大量资料可以证明"食人之风"确实存在。

先由考古资料来看，人类学家在北京猿人化石产地发现的头骨特别多，而躯干与四肢骨很少，以及根据人类头骨上遗留的一些伤痕，分析认为这些伤痕不是自然性的压伤，而是人为的，是用某种器物或棍棒打伤的。根据以上这些特点，人类学家认为北京猿人曾有"食人之风"（魏敦瑞首先提出）。

20世纪30年代，考古学家孔尼华在印尼爪哇梭罗河上游的昂标附近，发现

① 内蒙古少数民族社会历史调查组编：《额尔古纳旗使用驯鹿鄂温克人的调查报告》，内部资料，1958年，第42页。

② 内蒙古少数民族社会历史调查组编：《陈巴尔虎旗莫尔格勒河鄂温克族社会历史调查报告》，内部资料，1959年，第70页。

③ 《马克思恩格斯选集》第4卷，北京：人民出版社，1995年，第19页。

④ 《马克思恩格斯选集》第4卷，北京：人民出版社，1995年，第19页。

⑤ 《马克思恩格斯全集》第16卷，北京：人民出版社，1964年，第558页。

的 12 个人类头骨化石，全部头骨面部缺损，仅有两个头骨枕骨完好。孔尼华认为，这 12 个人都是由于吃人脑的目的而被杀害的。联系到西伊里安一带与中加里曼丹的达吉克人在 12 世纪时尚有猎人头与吸食脑浆之事，孔尼华的分析可能是正确的——爪哇地区曾有食人之风。

基诺人最先定居的基诺册的杰卓地区，前前后后曾出土过不少石器。基诺人直到今天还把这些石器称为"特缺"，意思就是"食人者的工具"；同时，在基诺人中还十分广泛地流传着"食人者"的故事。看来，基诺人在远古时代曾有一个时期也有食人之风的。那时，他们已开始定居，从事原始农业，土地共有，共同耕作，共同消费。[①]

1980 年，英国考古学家曾在克里特岛上的克诺索斯宫殿附近（即传说中的迷宫与米诺牛食人之区），发现了 8—11 个人的骨头。这些人骨既不成套，也不完整，是一堆支离破碎的乱骨。专家们由此认为，克里特岛在铜器时代尚有食人之风。

再从记载来看：古希腊哲学家亚里士多德曾经记载了黑海沿岸部落中人吃人的情况；1688 年，荷兰曾经出版了一本名叫《吃人的本性和习俗》的书，其中报道了不少吃人的部落；1863 年出版了赫胥黎的《人类在自然界中的位置》一书，其中专门附有"十六世纪非洲的吃人风气"一章，说在刚果北部，过去生活着一个民族安济奎人，他们非常残酷，"不论朋友、亲属，都互相要吃的"，又说"他们的肉店里面充满着人肉，以代替牛肉和羊肉。他们把在战争时捉到的敌人拿来充饥，又把卖不出好价钱的奴隶养肥了，宰杀果腹"，书上还非常形象地附印了一张安济奎人的人肉店的图片。19 世纪中期，当达尔文和他的朋友洛乌登上南美火地岛时，那里的人还继续杀吃活人。达尔文在他的《一个自然科学家在贝格尔舰上的环球旅行记》中，非常形象地记述了火地岛人杀吃老年妇女的悲惨情景。应当指出，这一情景的真实性是无可置疑的，因为它是在两种场合下，由两名当地男孩分别叙述的，而且所说情景完全一致。根据他们的叙述，达尔文写道："在冬天，火地岛人由于饥饿的驱使，就把自己的老年妇女杀死和吃食，反而留下狗到以后再杀。当洛乌先生询问这个男孩，为什么他们要这样做的时候，他就回答道：'狗会捕捉海獭，可是老太婆就不会'。这个男

---

① 杜玉亭：《从"特缺"传说谈食人之风》，《社会科学战线》1982 年第 4 期，第 210—216 页。

孩就讲述怎样把她们杀死的情形：先把她们放在浓烟里去薰，直到把她们闷死为止。他还取笑地模仿她们哀叫的声音，并且指出她们身上那一部分的肉最有滋味。"因为火地岛人在饥饿时要杀吃老年妇女，因此，每到饥馑岁月，老年妇女就惊恐万状，东藏西躲。据两位男孩所说，那时候她们就常常逃到山里去，但是男人们去追赶她们，把她们捉回来，就在他们自己的土灶旁杀死她们，接着吃她们的肉。

美国记者约翰·根室1955年在其《非洲内幕》一书中，也说到"卢拉巴河下游附近是撒拉母帕苏人，其中有些到现在还吃人肉"，还说北罗得西亚人虽已不吃活人，但"直到最近，吃死尸的情形还是非常普遍"。此外，恩格斯在其《自然辩证法》一书中也说：在我们所知道的一切民族中，有一个时期曾因吃肉而吃起人来。柏林人的祖先，韦累塔比人或维耳茨人，在10世纪还吃他们的父母。①

食人之风在中国古代文献中也有记载。据《太平寰宇记》167卷"岭南钦州风俗"记载，"僚子专欲吃人，得一人头，即得多妇。"大意是说，中国古代南方的"僚人"也有食人之风，他们专吃人肉，得到一个人头，就可以获得许多妻子（妇女以男子敢猎人头为荣）。另据陆次之《峒溪纤志》记载，僚人"报仇相杀，必食其肉，披其面而笼之竹，鼓噪而祭，谓可迎福。"大意是说，僚人杀死仇敌之后，一定要吃死者的肉，把死者的脸盖住，吵吵嚷嚷地进行祭祀，据说这样就可以获得幸福。此外，在著名古典小说《水浒》中，也曾多次提到过吃人肉的情景，母夜叉孙二娘与菜园子张青在大树十字坡开酒店，险些儿把打虎英雄武松杀掉来包人肉包子。

根据上述文献记载来看，至少在远古时代，亚、非、欧、美诸洲都曾存在过食人之风。

再从民族学资料来看，在巴西边境亚马逊河西北部的威土土人（系印第安人的一支），是目前残存的原始民族中受文明社会影响最小的一支。直到今天，他们不仅没有文字，甚至连帮助记忆的符号和图画文字也没有。除狗之外，他们别无家畜，农业相当原始（刀耕火种），不知保存食物，食物多了就大吃大喝挥霍浪费，找不到食物时也就只好挨饿。虽然已经有了交换，但仍系以物易物，

---

① 恩格斯：《自然辩证法》，于光远等译编，北京：人民出版社，1971年，第155页。

没有货币。在威土土人那里，偷窃本氏族的财物被认为是最大的犯罪，但偷窃其他氏族的财物则不仅不为犯罪，甚至还会受到嘉奖。每次侵犯疆土都可能引起战争，威土土人最喜欢在夜间敌人宴饮之后进行偷袭。他们首先绕过陷阱，悄悄接近敌寨，猛冲进去，然后就用毒矛和双刃木剑杀死或俘虏正在酣睡的敌人。

威土土人如何处置战俘呢？7岁以下的儿童可以免死，但却成为酋长的财产；其余的战俘不给饮食，一两天后，就在欢庆胜利的宴会上，用木剑把他们的头砍下来，把他们的尸体加以肢解，然后，就把腿、臂、头分给战士。接着，战士们就把自己分到的人肉插在木棍上，放进一个装有水、胡椒和各种调味品的罐子里，再由一位老年妇女负责去煮。当罐子里的水被煮沸后，全部氏族成员就打扮起来，随着鼓声跳舞，一面唱着粗野的战歌，一面就把血淋淋的人头插上高竿。随后就要举行人肉宴席，不能吃的内脏、脑髓等物，或者扔进河里，或者喂狗。男子的生殖器是留给酋长妻子的，她是宴会中唯一能分到人肉的妇女。每一个捉到俘虏的战士都能用牺牲者上臂骨做笛子，把牺牲者牙齿制成项圈（戴男牙项圈表明其为勇猛的战士——引者注）。牺牲者头骨被蚂蚁啃光以后，就插在竿顶上作为战利品，或者吊在房屋里的椽上。①

由上可见，在威土土人那里，食人之风是确曾存在过的。

位于太平洋西南部的斐济群岛有800个大小岛屿组成，据1970年统计，那里的土著居民有20万，他们是典型的美拉尼西亚人。90多年之前，那里还是一个盛行食人之风的恐怖世界，自1890年英国殖民当局强行宣布废除食人之风以来，斐济群岛的食人部落已经逐步发展为今日的斐济共和国，那里的土著居民也早已不吃人肉了。

1958年，美国旅行家路易斯·马尔登到大斐济岛去旅行，在那里他会见了当地最后一个吃人的部落酋长桑纳拉（旧日本保部落的酋长），从桑纳拉那里路易斯为我们记录下了有关斐济人食人之风的珍贵资料。

90年前斐济人所用的石器还是石棒、石锤和石刮削器，因此可以推知斐济人的食人之风早在新石器时代之前就已广泛流行。那时他们就把打死的敌人称为"长猪"。两个敌对部落的成员如果中途遭遇，出路只有两条：其一，冲上前

---

① （美）乔治·彼得·穆达克：《我们当代的原始民族》，童恩正译，内部资料，1980年，第295页。

去制服敌人，打死敌人，吃掉敌人。其二，立即逃跑，或者变成敌人的"长猪"，被人吃掉。直至今日，在斐济群岛，被认为最恶毒的骂人的语言还是"下贱的长猪！"。

食人时代的斐济人有时为了猎取"长猪"而偷袭敌方，潜入对方的村寨埋伏起来。只要一有机会就跳出来用石棒打死敌人，或用竹刀杀死敌人，然后拖回本村，煮熟之后分食。有时，杀死了敌人，就把"长猪"拖回，将尸体分为数块，直接用火烤来吃；有时，就在地上挖一土坑，在"长猪"身上涂抹椰子油，然后支锅、加水、加香料，开始烹煮，煮熟之后用特制的木杈把肉捞出来，切成碎块，每户一份，分开来吃。这时，参加猎"长猪"的战斗人员便围着人肉锅又唱又跳，欢庆胜利，这就是斐济人所谓的"食人节"。不仅如此，在这样的人肉宴席上，斐济人还要狂饮自己酿制的具有麻醉作用的"果纳"酒，弄得人人昏昏欲睡。因此，常有这样的事情发生，当胜利者酒醉饭饱，踉踉跄跄地刚一离开宴席，在回途之中就被打死，自己竟又变成了敌人的"长猪"。因此，村寨之中，人骨成堆，但这竟然不被视为野蛮残忍的标志，而被当做勇敢的象征。

了解了斐济人的食人历史，自然就会想到古希腊神话中的那位阿卡地亚国王（实即原始社会末期的部落酋长），他杀死活人之后，把人肉的一半煮着吃，另一半则直接用火烧着吃。[1] 这与斐济人的吃人方法完全相同。由此看来，希腊神话中所说的奥德赛漂流途中所遇到的独眼巨人，吞吃了奥德赛的几名伙伴绝非凭空虚构。食人之风在个别地区很可能一直延续到原始社会的末尾。

生活于马勒库拉岛北部阿莫克的大南巴人一度也吃人肉。他们有时直接用火烤人肉吃，有时用人肉包馅饼。吃人肉的目的，有时是为了果腹，有时是为了替死者复仇或解决纠纷。[2] 大约到了 20 世纪 40 年代后期，"这里由英法共管之后，吃人肉的现象才被制止。"[3]甚至，直到晚近时代，当白人考察者到达他们那里时，还经常担心被他们吃掉，直到南巴人说明"白人的肉太臭，不喜欢

---

① 任凤阁：《古希腊的神话和传说》，石家庄：河北人民出版社，1984 年，第 12 页。

② 刘达成、蔡家骐、李光照编译：《当代原始部落漫游》，天津：天津人民出版社，1982 年，第 123页。

③ 刘达成、蔡家骐、李光照编译：《当代原始部落漫游》，天津：天津人民出版社，1982 年，第 119页。

吃白人"时，考察者才如释重负地放下心来。① 此外，在达尼人那里，"只要是战败者遗留在战场的尸体，就会被胜利者吃掉，以表示对战败者的蔑视。"② 除了上述食人部落，在太平洋的一些岛屿上，20世纪之前，比较著名的食人部落还有毛利人。16世纪前，台湾岛的土著部落也有猎取人头和食人之风。甚至，直到今天，生活于太平洋地区的某些仍处于石器时代的土著居民，还残留着"宰食战败者尸体的原始习俗"。③ 据有关资料来看，长期以来，在整个太平洋与大洋洲的许多岛屿上，食人之风和猎取人头的陋习一直盛行不衰。

由上可知，古代食人之风的普遍流行，已逐步得到证实。食人之风发生于人类社会之初，到了野蛮中级阶段，原始农业发明之后，食人之风即在逐步消失。但在个别落后地区却一直延续到今天。食人的目的，最初可能是由于食物来源没有保证，因此主要是为了果腹。④ 后来则有时是为了果腹，有时是为了报复，有时是为了解除纠纷，这是所有民族，或者至少是许多民族在其发展过程中都曾经历过的一个历史阶段。

看食人之风的有关资料，不免使人感到惊心动魄，现代人对此颇有羞愧之意。人类的祖先曾是那样粗野、残酷地杀食同类、同宗和亲人，令人难以置信。然而，在远古时代确有其事。那主要是生产力水平的极端低下、食物贫乏、人类愚昧无知的结果。它反映了在人类的发展过程中曾经经历了极端艰苦的历程，这和阶级社会那种由于剥削压迫而演出的"人相食"的悲剧有着本质的区别，不应混为一谈。

---

① 颜思久编：《世界民族风情录》，成都：四川民族出版社，1983年，第70页。

② 刘达成、蔡家骐、李光照编译：《当代原始部落漫游》，天津：天津人民出版社，1982年，第168页。

③ 刘达成、蔡家骐、李光照编译：《当代原始部落漫游》，天津：天津人民出版社，1982年，第2页。

④ 《马克思恩格斯选集》第4卷，北京：人民出版社，1995年，第19页。

二十二、远古的猎人

自然界总是不断发展的，人类也是不断发展的，人类永远不会停止在一个水平上。猿人经过世世代代的辛勤劳动、生息和繁衍，在距今约二三十万年时，体质结构得到发展，由猿人转变为尼人。尼人又称原人、古人或早期智人，它们大约生活于距今 30 万年到 50 万年之间。之所以称之作尼人，是因为这种人类化石于 1856 年首先发现于德国西南的尼安德特河谷。尼人时代是人类体质结构发展的第二阶段，它相当于考古学上的旧石器时代中期。根据考古资料可以知道，尼人阶段的人类，已经遍布于亚、非、欧三大洲。在我国，尼人化石有广东省曲江县马坝乡狮子山的"马坝人"，山西省襄汾县丁村的"丁村人"，以及湖北省长阳县赵家堰山洞的"长阳人"等。

通过世世代代的辛勤劳动，尼人的体质比猿人有了很大的进步。它已不像猿人那样保留着很多古猿的特征。虽然尼人的眉骨仍旧有些突出，但已没有猿人那样显著。嘴也向后收缩回来，不再像猿人那样的向前伸出，骨壁也变薄了，前额显著增高，脑容量平均已达 1350 毫升，这虽然已比猿人大了许多，但还没有赶上智人的水平。四肢也不如智人发达，膝部还有些弯曲，整个躯干还没有挺直起来。总之，尼人的体质结构介于猿人和智人之间，它已经比猿人更接近于现代人了。

尽管尼人在许多方面还远远没有赶上现代人的水平，可是从体质的发展上来看，它们确实比猿人进步多了。尤其是它们的嘴部，已经很明显的收缩回来了，牙齿也变小了，特别是犬齿的变化最为明显。为什么会发生这样突出的变化呢？这主要是因为在猿人时代，人类尚还需要使用自己的嘴巴和牙齿去撕咬或啃嚼兽皮、生肉和各种生的果实等等。后来人类有了天然火种，并且开始了熟食，因而嘴巴和牙齿的某些艰巨任务被替代了下来，所以它们也就用进废退一天天地收缩和退化下来，最终变成了后来的那个样子。

那么，人类在尼人时代的生活状况如何呢？总的说来，尼人的生活状况和猿人相比，有了不少的改善。一方面，随着狩猎业的发展，尼人除了继续采食植物性的食物之外，肉食的数量大大地增加了；另一方面，随着气候变得越来越严寒，后期的尼人已经不像猿人那样赤身裸体，开始用树叶或兽皮缝制衣服了（可能像爱基摩人那样，用兽牙、兽骨做针，兽筋做线）。① 不过，尼人所穿的兽皮衣服不分男女，十分简单，没有裤腰、裤腿，上衣就披在肩上，下衣就围缠在腰间，屁股往往露在外面。尼人就是穿着这样的兽皮衣服，披着满头散乱的长发，白天奔跑于山林原野之间，集体地采集野果和追捕野兽，晚上则共同杂居在点着火堆的山洞里。我国古书上关于"太古之时，未有布帛，人食禽兽肉，而衣其皮，知蔽前未知蔽后"②，以及"古之民，未知为宫室时，就陵阜而居，穴而处"③ 的记载，可能说的就是尼人大致生活的状况。

尼人时代，人类制作生产工具的技术和征服自然的能力都有显著的提高。石器的制作，不但已经使用摔砸法，即如丁村人那样，用双手举起一块大石料，用力向地上的石块连续摔砸而成，而且已经有了第二步的加工。石器类型不但渐趋固定，而且种类也逐渐增多。除手斧外，还出现了新的砍砸器、尖状器、刮削器和石球（旧石器时代早期的蓝田、匼河、三门峡等处已有发现）。石球是狩猎时的投掷武器（尼人时代石球被广泛应用，许家窑出土的石球数以千计）；尖状器被视为男子的工具，人类用它制造木头工具和打猎；刮削器被视为妇女的工具，用它剥刮和裁割兽皮，制作衣服。多数学者认为，在这一时期，人类已经开始了性别年龄的分工，在很大程度上就像近代的澳大利亚土人那样，妇女们携带掘土棍子及囊袋等物，拖儿带女地外出采集根茎、种子和果实，并且还要捕捉野禽与小兽；男子则是携带矛枪与棍棒，集体外出狩猎禽兽；老人留守住所，制造工具，照料病残，看管"火种"。

过去，有人认为，在猿人时期，人类主要依靠采集维持生活，至于狩猎，还谈不上，最多只是捕捉一些小的动物，或者趁着野兽外出觅食的时机，去掏它们的老窝，在洞内捕捉它们的崽子。其实，这是一种误解。在古猿离开森林开始地面生活之初，它们迫于形势就不得不执天然树棒去同野兽厮杀，当然，这种厮杀的性质尚属"自卫"，还谈不上什么"狩猎"。可是，当它们在自卫中多次打死野兽，从而吃到鲜美可口的兽肉之后，很自然地就会从中受到启示，

① 俞松年、张汝荣、曹宠编译：《异国风情录》，北京：科学技术文献出版社，1984年，第335页。
② （清）陈寿祺：《五经异义疏证》，上海：上海古籍出版社，2012年。
③ （清）孙诒让：《墨子间诂·辞过》，北京：中华书局，2009年。

从而变自卫为进攻。一旦古猿转变成人，并且开始手执木棒主动进攻野兽，争取肉食，这就可以称为狩猎业的开始。固然这一重大事件不可能是在人类初步形成时期发生，但至少在猿人时代的后期是有发生的。考古发掘证明，猿人时代的后期，人类已经开始狩猎大动物了。尤其是在我国，这时石球已被用于狩猎。猿人不仅可以猎取小动物，而且像披毛犀、野驴、野马等这类的大动物也已成为他们猎取的对象。

英国人类学家珍妮·古多尔在东非禁猎区进行黑猩猩考察时，布班戈村的居民勃利绍曾经向她谈到他的亲祖在当地原始森林里，"看到过四只黑猩猩用棍棒驱赶狮子"。① 英国生物学家赫胥黎在他的《人类在自然界中的位置》一书中，也曾说到两只大小不同的黑猩猩"用棍棒状的拳头或木棒去痛打大象"。②

如前面已叙述过的研究动物习性的荷兰博士亚得里安·考特兰，在非洲圭亚那考察时，曾经做过一个有趣的试验，发现一群黑猩猩一起出动，举起树枝棍棒拼命殴打挂在汽车前挡风玻璃上的一只豹子的标本。既然现代类人猿黑猩猩尚且敢于依靠集体，手执树棒去同猛兽展开血战，那么，有什么理由怀疑人类的祖先古猿做不到这一点呢？有什么理由说已经转变成为猿人的人类不敢进攻猛兽了呢？若果真如此，那么考古学家在猿人住地发掘的那些大动物与猛兽骨骼又作何解释呢？北京猿人住地不是就曾大量发现鹿骨、犀牛骨、大象骨与鬣狗骨么？因此，事实上，早在猿人时代的后期，人类就已经对大动物展开了猛烈地进攻，只不过到了尼人时代，这种狩猎业就发展得更为广泛、普遍和多样化了。

关于原始人的狩猎方法，依据考古资料很难获得详细的说明，但有不少民族的资料可供借鉴。比如，生活于墨西哥北部仍处于采集狩猎阶段的印第安人，他们就经常用持续追击的方法去猎鹿。先由有经验的猎人去寻找鹿群的踪迹，一旦发现鹿群，猎人们就紧紧赶上，穷追不放，一般追到第二天时，就会有鹿精疲力竭，倒卧地上，成为猎人们的战利品。又如，北美平原印第安人也常靠集体围攻狩猎野牛。他们手执长矛，先把野牛团团围住，再由妇女儿童打上火

---

① （英）珍妮·古多尔：《黑猩猩在召唤》，刘后一、张锋译，北京：科学出版社，1980年，第46—49页。

② （英）赫胥黎：《人类在自然界中的位置》，蔡重阳、王鑫、傅强译，北京：北京大学出版社，2010年，第5页。

把助威呐喊，恫吓野牛，弄得野牛东奔西闯、疲惫不堪，最终成为猎人们的牺牲品，或者跌入陷阱。类似这样的追赶法和围攻法，很可能在猿人后期即已广泛使用，到了尼人时代自然也经常使用这类方法。

考古资料证明，许多地区的尼人主要依靠狩猎维持生活。[①] 因此，他们的活动规律完全是以野生动物的多少而定的，人们把他们称为"远古的猎人"是有道理的。同时，他们在狩猎方面的成就也是巨大的，仅以我国的丁村和法国西南等地所发掘的大批野牛、象、斑鹿和转角羊的骨骼来看，那时狩猎业就有很大的发展。而且狩猎的经验也丰富了，尼人已经掌握了某些动物的活动规律，并且已经学会利用地形捕捉野兽。狩猎的方法也有了很多的改进，像野马、野驴、洞熊和被毛犀等这些大动物早都成为了他们狩猎的主要对象。

通过长期的狩猎实践，原始人逐渐对他们经常捕猎的某些野兽的习性了如指掌。比如，鄂伦春猎人就十分了解鹿的性格，知道它们机敏多疑，听觉、嗅觉和视觉都灵敏得惊人，平时要想接近它们是很困难的。但是，如果利用夏天的夜晚它们出来舐食盐碱的机会，就可以经常等到它们。这便是鄂伦春猎人利用野鹿习性捕捉野鹿的一个好时机。再如，鄂伦春猎人还根据熊凶猛、狡猾，常深藏于柞树丛中的习性，知道不能轻易接近它们，接近了就会遭到疯狂地袭击。但是，每当严冬到来，狗熊就会在洞穴深处冬眠，不吃不动，几乎完全处于任人宰割的境地。这时猎熊倒是轻而易举，不必大动干戈。类似这种熟悉并利用某些动物特性及其活动规律去狩猎野兽行为，尼人与猿人相比是有很大进步的，因此在许多尼人的遗址里常有许多野兽的骨骼。

看了电影《捕象记》，人们一定会为那些惊险的捕象场面所吸引，尽管野象暴跳如雷，但最终还是无可奈何地落入罗网。然而，今天人类这些先进的狩猎手段，并不是从来就有的，而是通过世代的狩猎经验积累下来的。那么，在尼人时代人类又是如何进行狩猎的呢？

尼人狩猎也和猿人狩猎一样，主要依靠集体智慧、集体力量与勇敢的精神，没有这些条件他们是很难战胜猛兽的。民族学资料告诉我们，珞巴族人在打老虎时，就是由七、八个人结合起来深入虎穴，一旦发现老虎，就四面埋伏起来。等老虎逼近时，先由一个机敏勇敢的人手执木棒带头猛冲过去，趁着老虎张口

---

① 苏联科学院编：《世界通史》第一卷，北京：生活·读书·新知三联书店，1959年，第39页。

咬人时，把木棒死死地插入虎口之中。也就在这一刹那间，余众蜂拥而上，按头的按头，揪耳朵的揪耳朵，拉腿的拉腿，扯尾巴的扯尾巴，把老虎死死压住，趁老虎挣扎时，另一个人就把一条尖木棒直直地插入猛虎的肛门，任凭猛虎如何吼叫也毫无用处，最终成为猎人们的牺牲品。看来，集体的智慧与力量确实是原始人战胜猛兽的重要手段。非洲有些地区的土著居民，在野兽经常出没的地方深挖陷阱，并在阱底埋上尖木桩，上面覆盖柴草，待野兽跌入陷阱后，人们就集体合力把大石头扔下去，把野兽活活地砸死。

种种迹象表明，在尼人时代，人类已经能够有组织、有计划地集体围捕大野兽了，单纯追逐的方法已经很少使用。有时，他们打着火把，拿上武器，集体出动，向着野兽的老窝展开进攻。[1] 有时，他们就在野兽（如猛犸象等）经常通过的地方，事先挖好陷阱，上面盖些树枝柴草，然后集体出动追赶野兽，使它跌入陷阱。最后，再用大石头，把野兽活活砸死在陷阱里（旧石器时代晚期已用此法捕捉猛犸；今日之苔克人则用此法捕捉大象）。有时，尼人凭着集体的力量，把大野兽赶入狭窄的山谷，堵住谷口，然后爬上山顶，再把大石头扔下来，把野兽砸死；有时，他们设法爬上野兽（如洞熊）居住或休息地的悬崖顶上，然后，居高临下地突然扔下许多大石块来砸死野兽；有时，尼人利用集体围捕的力量，打上火把，喊声如雷地向野兽发动突然进攻，投掷长矛、木棒和石块，把大群的野兽赶上悬崖绝壁，使那些惊奔如飞的野兽因收不住脚而跌下悬崖摔得血肉四溅，然后，再用石头和木棒把摔伤的野兽打死。对于大动物，尼人就在它们摔死的现场，用火烧熟，分开来吃。

根据鄂伦春人的远古传说，他们的祖先在狩猎时，也是依靠集体力量战胜野兽的。他们经常集体出动把一个个的山头或草甸子包围起来，周围再烧起一堆堆的熊熊大火用以恐吓野兽，接着就大喊大叫地逐步缩小包围圈，使野兽惊恐万状，越来越集中在对它们极为不利的狭小地区，左冲右突，拼命挣扎，却始终逃不出鄂伦春猎人的弓箭和扎枪，最后，一个个的死在猎人的手下。

鄂伦春人在新中国成立前夕尚未脱离原始社会，直到那时，他们在狩猎时仍然采用集体的简单协作，"在狩猎时，先用栅栏把山林围住，在出口处，设下陷阱，有些人备好弓箭，在陷阱旁等待，其他男女老少则上山一齐哄撵野兽，

---

① 上海自然博物馆编：《从猿到人》，上海：上海人民出版社，1973年，第80页。

等受惊的野兽落阱，人们就一起来捕杀。"① 可见，直到原始社会末期，人们狩猎还都依靠集体力量。

在狩猎方面，尼人的主要武器是火把、木棒和长矛。他们的重要发明是"捕兽索"，捕兽索又叫流星索、飞石索或飞球索。它是一根长皮条，两端各系一个大石球。在狩猎时，一些猎人事先躲在野兽可能投奔的暗处，另一些猎人就去哄赶野兽，等野兽从躲在暗处的猎人面前飞奔而过时，猎人们就把捕兽索在空中抡起来，向野兽抛去。这样一来，捕兽索就会把惊奔如飞的野兽的腿紧紧缠住，将它们绊倒在地，然后，猎人们一跃而起，猛打一阵，把野兽活活打死。应当明白，捕兽索的形式是多样的，使用方法也不尽同；这不仅是尼人时代的重要武器，甚至直到今天，在我国某些少数民族中也还有人会用这种武器捕捉野兽。不久前，印第安人骑马狩猎时还可以连续投出四、五副捕兽索，"能将 70 米外的野马的腿缠住，或者击断马腿，给野兽以致命的打击。"②

然而，尽管尼人时代狩猎业已经有了很大的发展，对猛犸象、犀牛、野马和北方鹿等大动物的猎取也时常取得成功，甚至在某些地区人类已经开始主要依靠打猎维持生活，采集经济逐渐退居次要地位了。但是狩猎毕竟是偶然性的，猎人们有时还是会忙碌终日却空手而返，因此，采集经济仍然相当重要，甚至，在有些地区，狩猎始终只是采集以及后代家业的一种副业。比如，活跃于老挝某些偏僻山区的卡族人，虽然主要以狩猎为生，但是由于狩猎的偶然性很大，以致这些卡族部落始终以采集经济作为补充。他们的食物往往包括竹笋、块根、鼠、蛇、虫、蛆、野蜂蜜和棕榈树的淀粉（烤制粑粑）等。

尼人时代，人类还有一项重大发明，那就是人工取火。因为火的发明对人类历史的发展具有特别重大的意义，因此另列专题叙述。

旧石器时代中期，气候变得异常寒冷，再加上生产力的提高，集体狩猎大动物时常获得成功，于是，人类也就逐步减少游荡，较长时期地住在比较温暖舒适的山洞里。可是，那时的山洞，多半还是洞熊、狮子和剑齿虎猛兽的住所。它们是不肯向人类让步的。人类要想进占更多的山洞，必须经过反复地斗争。最后，人类靠着光芒四射的火把赶跑了野兽，可是，那些失掉住所的野兽，并

---

① 中等学校政治课教材编辑组：《社会发展简史》上册，北京：人民教育出版社，1982 年，第 18—19 页。

② 《达尔文日记》上册，黄素封译，上海：商务印书馆，1955 年，第 65—66 页。

不甘心它们的失败，常常在漆黑的夜晚，突然返回山洞，咬死或吃掉那些正在熟睡中的人们。于是，尼人也就学着猿人的样子，长期在洞口点上一堆火，这才迫使那些凶猛的野兽望风而逃，再也不敢返回山洞。这样一来，人类才算借着火的力量，普遍地占有了山洞，并在那里躲避风雨，抵抗寒冷，生活、劳作、休息和睡眠。据说，后代古庙中所点的"长明灯"，就是原始人在洞中长期点燃"不灭之火"的原始遗风。

二十三、火的发明

由天然火的利用到人工取火的发明，中间不知经过了多少万年的时光，这是一个很难弄清的问题。那么，人工取火是怎样发明的呢？根据《太平御览》记载，"有鸟啄树，粲然火出，圣人感然，因用木枝钻火，号燧人氏。"[①] 显然是说，火的发明最初是因为鸟在啄树时与树木摩擦产生了火星，燧人氏受到启发就用树枝钻出火来；在希腊神话里，人们甚至认为，火是由神人普罗米修从万神之王天父宙斯那里偷来送给人类的。

其实，火的发明，既不能归功于鸟，也不能归功于圣人或神人，而是社会生产力发展到一定阶段的产物，是原始人长期生产斗争和生活实践的成果。火的发明应当归功于原始时代的劳动者。那么，原始人究竟何时以及如何发明取火的呢？又有哪些取火的方法呢？火的发明对人类社会发展具有怎样重大的意义呢？

根据当前考古发掘的成就，在整个猿人时代，人类还只是利用和保存自然界已有的天然火。那么，人工取火何时发明？这是一个悬案。可是，长期以来，多数学者认为人工取火发明于尼人时代，发明于旧石器时代中期。近年来有人提出：人类早在50万年之前就已经掌握了生火技艺。[②] 这种看法，终有一天会被科学研究所证实。因为我们无法设想猿人在二百多万年的制造木器与打制石器的过程中，会始终发现不了"木与木相摩则然"（燃）以及石石相击常会碰出火花。事实的真相很可能是早在猿人时代的后期人类就已经发明了人工取火。不过，到了尼人时代，用火的遗迹不但已经相当普遍，而且留下的灰堆也都小得多了。这一方面说明尼人经历的时代毕竟较短；另一方面也说明了旧石器时代中期，人类固然仍须保存火种，但已不像猿人那样重视了，万一火种熄灭，人类已经可以自己取火了。

---

① （晋）王嘉撰：《拾遗记》，北京：中华书局，1981年。
② K. W. 布塞尔：《史前人类》第15卷，《世界图书百科全书》，1973年，第667页。

在人类历史上，所出现的最古老的取火法就是"击石取火"，那是原始人在打制石质工具时，发现石头相碰能够出火，因而受到启发。于是，经过无数次地尝试与摸索，终于使人类在制造石器时碰出的火花引燃了某种易燃的物质（旧石器时代中期的遗物表明，那时的引火物就是今天已成化石的蘑菇）。① 这样一来，"击石取火法"便被发明出来。当然，并不是所有的石块都可以碰出火来的，也不是所有石块碰出的火花都可以达到点燃引火物的目的。因为达到引火目的的火花不仅需要具有足够的热量，而且需要持续一定的时间。有些石块碰出的火花就无法达到引火的目的。在长期的实践中，原始人已经十分清楚用哪一种石头可以生火，哪一种不能生火。比如，制造工具最常用的燧石，就是一种非常理想的击火石。根据旧石器时代中期的人类遗物和民族学的有关资料可以证明：用黄铁矿石打击燧石，是原始人常用的一种行之有效的取火方法。在德国莫斯特文化的遗址堆里，就曾发现过黄铁矿石以及可以作为引火物的干菌。旧中国流行使用火链（打火刀）、火石与火纸（或火绒）来取火，这显然就是由古老的"击石取火法"发展而来的；印尼加里曼丹的落后部族达雅人直到今天仍然使用"两块小石中央夹点棉花，擦敲生火"②；鄂温克人传说他们的祖先也是"用两块石头击打出火星，用桦皮纤维引火"③的；在云南的苦聪人中是"用一种'黄石头'击石取火，以芭蕉根晒干作引火物"④的；其他像鄂伦春族、蒙古族、苗族、瑶族，等等，都有类似的用铁矿石与燧石相击取火的历史和故事。不久前，佛伊哥人也还是用黑铁敲击燧石进行生火的。⑤

"摩擦取火法"一般认为发明于旧石器时代的晚期，它是用两块干木头，互相挤紧，飞速地进行摩擦，到一定程度的时候，掉下来的木屑就会生烟着火，把事先准备好的易燃物——毛绒、植物纤维（干蘑菇之类）或干树叶等烧着。《庄子·外物》篇里，关于"木与木相摩则然"（燃）的记载，谈的很可能就是古老的"摩擦取火法"。甚至直到新中国成立初期，我国连山一带的景颇同胞还

① 周国兴：《狼孩·雪人·火的化石》，天津：天津人民出版社，1979年，第181页。
② 周国兴：《狼孩·雪人·火的化石》，天津：天津人民出版社，1979年，第181页。
③ 中国科学院民族研究所：《民族研究工作的跃进》北京：科学出版社，1958年。
④ 汪宁生：《我国古代取火方法研究》，《考古与文物》1980年第2期。
⑤ （美）罗伯特·路威：《文明与野蛮》，吕叔湘译，北京：生活·读书·新知三联书店，1984年，第46页。

沿用着这种古老的取火法，不久前，也还普遍地使用干竹或竹皮摩擦取火；云南省苦聪人摩擦取火的方法是用两块干竹片，由两个人紧握着飞速地进行摩擦，到一定程度时，落下的火星就会引燃晒得异常干燥的野草。一般说来，摩擦取火是用一根尖木棒紧紧地压在一块干木头上快速地进行摩擦的，时间一长，摩擦之处就会形成一条木槽。取火时，就把木棒放入木槽之内，来回不停地快速摩擦，为时不久，木屑堆里便会发出火花。①

　　还有一种古老的取火法，就是所谓"刮磨取火法"。至于这种取火法在人类历史的链条上究竟应当摆在什么位置，还是一个有待解决的问题。刮磨取火法是用一根细火棒紧紧地压在另一根粗木棒上，长时间地快速地进行摩擦，结果就会落下许多发热、冒烟、阴燃的细木屑来。接着再把极细的毛绒纤维或植物纤维放在出火的木屑上，使它阴燃之后，轻轻一吹，就会燃烧起来。不久前，布西曼人就仍然是用这种方法取火的；澳大利亚的塔斯马尼亚人，在未被英国殖民者灭绝之前，也还是使用"取火棒"取火的；解放初，我国云南莲山的景颇族中，也还保留着用竹片和木棒刮磨取火的方法。

---

① （美）罗伯特·路威：《文明与野蛮》，吕叔湘译，北京：生活·读书·新知三联书店，1984年，第46页。

二十四、钻木取火

　　除了上述那些取火方法之外，还有一种原始人最常用的人工取火法，那就是"钻木取火"。钻木取火法的问世是与木器或石器的钻孔技术相联系的。我国古书上就有关于"燧人氏，钻木取火"的记载。那时，人们在"错木作穴"①（在木头上钻洞）的工具制造中，发现钻出的木屑可以生出火来。于是，后来在生火时，就用燧石钻子或木棒快速地去钻一块干木头，在一定时间内就会生热、冒烟、生出火来，引着易燃物。考古工作者曾经在尼人遗址中，发现过一个榉木棍化石，它的一端被烧焦，另一端则因摩擦而变得十分光滑，这就是原始人用过的钻火棍。由此可见，钻木取火的产生，应当记入尼人时代。我国古书上关于"用木枝钻火"② 以及"钻燧取火"③ 的记载，也是原始人钻木取火的证明。解放初，我国海南岛五指山区的黎族同胞仍然使用钻木的方法取火。他们非常清楚哪一种木头可以钻出火来，哪些木头根本钻不出火来。黎族同胞在钻火时，首先把可以钻出火的山麻木弄成厚片，并在木片上挖出许多小坑，坑底向下挖一竖槽让火星通过。接着把木片放在许多干草、树枝、艾绒和植物纤维上，用脚踩住。然后，就用尖木棒在小坑中猛钻一阵，只需几分钟，纤维和干草就会阴燃起来，最后，再用扇子把它煽出大火。此外，直到 20 世纪 50 年代中期，居住在我国云南山区的苦聪族同胞，在生火时，也还是用一根竹签在香蕉根上钻磨取火的。

　　中国云南省西盟佤族的钻木取火法是这样的，先在一种名叫"阿由"的乾树干上挖一小孔，在小孔一侧挖出空隙，内塞木草。然后，再用较硬的木棒或竹棒置于小孔中，双手搓转，要既快且稳，直至摩出火花，点燃藏于小孔内侧之火草。接着，顺口一吹，即可得火。

---

　　① （清）王先谦：《庄子集解·外物》，北京：中华书局，1987 年。
　　② （清）王嘉：《拾遗记》，北京：中华书局，1981 年。
　　③ 吴锐等编：《古史考》，海口：海南出版社，2003 年。

据报道，菲律宾棉兰老岛南部原始密林中的塔萨代人仅以树叶遮体，茹毛饮血，不知农耕，"集体穴居在岩洞中，靠钻木取火以取暖、照明"。① 其取火方法是用石斧砍倒树木，折下细树枝，然后用石刀削尖，制成木火钻，插在一个木质的底座上。在生火时，先取一束干燥的植物纤维，放在一个木匣内，然后，将火钻插入，由两个人轮流用双手掌心快速地搓转木火钻，大约 10 分钟左右，火星即可引燃纤维，达到生火的目的。② 这一报导虽曾轰动一时，但现已查明，它完全是由前菲律宾政府要员埃利查尔德为了赚钱而导演的一幕丑剧。他强迫一些人伪装成原始人进行各种表演，欺骗世人，给学术界造成了极大的混乱，但它却十分意外的向那些认为"钻木不能取火"③的学者们表明：钻木是可以取火的。

巴费磋人的钻木取火过程是这样的：他们先把一块木头放在地上，再把一根秃头木棒直立在木头上，然后用双手去飞速地搓转木棒，很快就在木头上磨出许多木屑，继续摩擦的结果就使木屑达到发火点。这时火花落到某种易燃物上，轻轻一吹，就会发焰燃烧。这样的取火法需要有经验技巧。用双手搓木钻，越搓越向下移动，待双手将到底时，要突然滑回上部继续搓钻，不但不能停顿，而且位置也不能变化，否则木屑冷却，就前功尽弃了。对于没有经验的人，想用此法生火确实不易，但罗伯特·路威却见过一个名叫伊希的美国加州印第安人，他在 22 秒钟内就能钻出火来，在适宜的环境里，甚至 10 秒钟内便能钻出火来。④

居住在北极地区的一些落后民族，大大地改进了钻木取火的方法，他们开始用弓来旋转木钻。首先把弓弦缠绕在木钻上，然后去钻木块，为了使木钻的位置不变，就用牙齿紧紧地咬住一块套在木钻头上的木片（只有爱斯基摩人的牙床才能胜任此项工作），如果不想用牙去咬，那就需要一名助手扶住木钻。使用弓钻比起双手手掌相对而搓，不仅节省气力，而且节省时间，容易钻出

① 世界知识出版社编：《外国奇风异俗》，北京：世界知识出版社，1981 年，第 62 页。
② 刘达成、蔡家骐、李光照编译：《当代原始部落漫游》，天津：天津人民出版社，1982 年，第 12 页。
③ 阎崇年：《"钻木取火"辨》，《社会科学战线》1980 年第 3 期，第 124—125 页。
④ （美）罗伯特·路威：《文明与野蛮》，吕叔湘译，北京：生活·读书·新知三联书店，1984 年，第 45 页。

火来。①

由上可见，那种认为"钻木不能取火"的观点，是不符合历史实际的。作者青年时代做木器时，曾经反复多次钻木出火，因而对钻木可以取火坚信不疑。

大约到了新石器时代，原始人还发明了一种用一块火石、一块黄铁矿石和一团干蘑菇之类揉成的火绒取火的新方法。在取火时，原始人把火绒紧贴在黄铁矿石上，用左手指捏紧，然后再用右手举起火石，不停地敲击黄铁矿石，使得火花四溅，引燃火绒，之后再用嘴轻轻一吹，便会生出火苗。

尽管上述这些古老的取火方法不如今天的火柴方便，但是比起以往那种到处寻找天然火种的方法就要省事得多。当然，除了上述这些取火方法之外，原始人还有其他一些取火法，这里不再一一赘述。

① （美）罗伯特·路威：《文明与野蛮》，吕叔湘译，北京：生活·读书·新知三联书店，1984年，第45页。

二十五、保存火种与借火

  尽管原始人已经发明了各种不同的取火方法，可是人工取火并不是一件容易的事，不是人人都可以很快学会的。对于上面所说的各种取火法，现代学者几乎都曾做过尝试，确实很难成功。取火的不便迫使那时的人类长期地保存火种不使熄灭。最初，保存火种是为了在森林中搭起窝棚以防风雨，后来就开始把火种保存在人们居住的山洞里，使用时就把它吹旺，不用时就让它慢慢地阴燃，转移时就设法把它带走。比如，云南省金平县的苦聪人，甚至直到解放初期，尽管他们早已学会用两根竹竿在晒干的芭蕉根上来回摩擦进行取火，可是由于取火不易，所以每逢搬家的时候，必定将火种带走，外出时也要留人在家里看守火塘，以防熄灭。[①] 再如，塔斯马尼亚人被英国殖民者灭种之前，虽然已经知道用小木棒摩擦生火，但由于生火困难，他们不得不照旧长期点燃火堆，不使之熄灭，在转移时，也要带上火种。[②]

  处于原始状态的鄂伦春人，在长期的用火实践中，学会了一种保存火种的新方法。他们把深山老林中桦树干上生长的那些状似蘑菇而纤维结构又十分严密的菌类"包毫库特"，大量地采集回来，晒干之后长期保存。需要保存火种时，就把这些蘑菇菌类的瓢瓢点着，让它慢慢地阴燃，需要用火时，就设法把它弄旺。根据鄂伦春人的古代传说，老年妇女不仅为集体看守洞穴，而且"保管火种的重任，也完全是由妇女担负的"。[③]

  一般说来，原始人都很重视保管火种，经常分配专人（多为老人）不分昼夜地进行看管。一旦火种熄灭，就要立刻去向"邻居"借，或人工取火。否则，不但无法熟食，而且在夜晚会有遭到野兽袭击的危险。取火不易，保存火种又需消耗大量木柴，还需专人看管，于是原始时代"借火"之风就在不少地区流

① 禾子：《"苦聪人"过去的生活简况》，《文物》1960 年第 6 期，第 71—73 页。

② 林耀华主编：《原始社会史》，北京：中华书局，1984 年，第 165 页。

③ 秋浦：《鄂伦春社会发展》，上海：上海人民出版社，1978 年，第 12 页。

行起来。直到 16 世纪，北欧一带的"借火"之风依然十分盛行，斯堪的那维亚人的借火习俗就很普遍。

这种普遍流行的借火之风，并不是后代人类的发明创造，远在天然火的利用时期，就已相当流行。甚至在 1844 年瑞典的颜拆平建立了举世闻名的火柴厂之后，一些落后民族的借火之风仍很盛行。直到 20 世纪前期，借火习俗还在世界各地的不少民族中继续沿袭着。

二十六、人类取火的重大意义

人工取火的发明，在今天看来似乎无足轻重。可是，在人类文化的发展史上，在人和自然的斗争史上，这确是一件极不平凡的大事。有了火，人类同大自然斗争的面貌就改观了。

众所周知，天然火得之不易，保存亦很不便，尤其是依靠游猎与采集为生的原始人在转移时携带火种更加麻烦。摩擦取火的发明使人类广泛地用火成为可能。火的发明对人类体质的增强与社会的发展都具有深远意义。

自人类使用人工取火以来，地球上依靠生食度日的民族就越来越少了。迄今为止，世界上依靠吃生肉度日的民族恐怕就只有活跃于北极附近靠渔猎为生的爱斯基摩人①了。

有了火，过去许多根本无法生吃的植物和营养丰富的鱼类，现在可以烧熟之后再吃。因此，对于原始人来说，火不仅可以"炮生为熟"，"化腥臊"，"除恶臭"，减少疾病，缩短消化过程，而且还可以扩大食物范围，增强人类体质，促进大脑发育。因而也就大大地加强了人类战胜自然的力量。

有了火，过去人类居住的那些阴暗、潮湿、寒气逼人、阴森可怕的山洞，现在居然变得明亮、干燥、热气腾腾。特别是在那些异常寒冷的季节和地区，原始人对于这些舒适安全又温暖的山洞更加依恋，在那里安心地进行劳动和休息。同时，有了火这种战胜寒冷的武器，人类也就有条件扩大自己的活动范围，由温带到寒带，逐步散居到世界各地去。

自从原始人发明用火之后，火便成为原始人战胜猛兽的一种威力最大的武器，成为一种强有力的生产手段。人工取火发明之后，人类用火征服野兽的做法就更加普遍起来。一个原始人只要点上一堆火，或者打上一个火把，不但任何凶猛的野兽都不敢前来进犯，而且还可以把整群猛兽赶得四散奔逃，不敢回顾。甚至，原始人还常用火把围攻野兽，把整群的野兽赶下陷阱，使其乖乖地

---

① "爱斯基摩"一词的原意就是"食生肉者"。

成为他们的俘虏；或者利用火把，把整群野兽逼下悬崖摔死。有证据表明，早在猿人时期原始人就已经学会点燃野火围捕巨兽了。[1] 不久前，澳大利亚土人仍借助于火的力量来打猎。他们先在很大的地区内分别烧起火堆，留下几处黑暗的地方，结果野兽由于怕火，就都跑到这些无火的地方。然后，猎人们就把这里包围起来，进行捕杀。

早在猿人时期，人类就已经借助火的力量从野兽那里夺占山洞，并在洞口点上一堆大火来防范野兽的侵略，如此还可以将过去专门留守山洞的那些劳力解放出来投入生产。如果这时原始人由于某种需要而必须露宿野外时，晚上他们也只需在营地周围点上几堆火，然后派人看守，而其余的人就可以太平无事，放心大胆地睡个痛快。

除此之外，原始人还能设法用火烧制工具。比如，他们用尖木棍充当长矛，并且这种木矛的尖头还要用火烧法加以硬化，使其便于狩猎。这种烧尖的长矛在旧石器时代就已成为最得力的狩猎武器。在英国克拉克当的旧石器文化遗址中，就曾发现过一种长矛是用紫杉木经火烧法加工而成的。到了原始社会的后期，原始人还曾进一步设法烧断枯干的树干，然后再将树干的中心烧空制成独木舟，开始了远洋捕鱼和航行。在我国，云南的佤族同胞过去也曾用类似的方法烧制木臼。不久前，云南省独龙族同胞在制作石器时，还是用火去烧大石块，等到石块加热到一定温度时，就突然向上泼冷水，这样一来，由于热胀冷缩的原因，大石块就会裂成许多小石片，然后，独龙族同胞就选用这些小石片去制造工具或武器。

火的发明不仅对那时的人类社会具有重大意义，就是后来出现的"焚林而狩"——用烧毁森林的办法进行狩猎（如鄂伦春人的"烧山引兽，放火烧角"）和"刀耕火种"——用焚毁森林的办法进行农业生产，以及烧制陶器、冶铜、炼铁等等，也都应当归功于火的发明，这当然对于生产力的发展是具有重大意义的。

总之，就整个人类历史的发展来说，火的发明确是一个巨大的飞跃。因为，它不仅使人可以熟食、御寒、照明、战胜野兽和扩大活动范围，逐步散居到世界各地去；而且对于打猎、农业和捕鱼业也有重大影响；同时，火的使用也是

---

① 周国兴：《狼孩·雪人·火的化石》，天津：天津人民出版社，1979年，第180页。

烧制工具、烧制陶器和冶炼金属的先决条件。火的发明，不仅使人类最终从一般动物中分离出来，而且也大大地增强了人类征服自然、改造自然的能力。它是人类控制自然的起点。恩格斯曾经明确指出："毫无疑问，就世界性的解放作用而言，摩擦生火还是超过了蒸汽机，因为摩擦生火第一次使人支配了一种自然力，从而最终把人同动物界分开。蒸汽机永远不能在人类的发展中引起如此巨大的飞跃。"[1] "人们只是在学会了摩擦取火以后，才第一次迫使某种无生命的自然力替自己服务。"[2] 这是"人类对自然界的第一个伟大胜利"。[3]

---

[1]　恩格斯：《反杜林论》，北京：人民出版社，1999年，第118—119页。
[2]　恩格斯：《自然辩证法》，于光远等译编，北京：人民出版社，1971年，第91页。
[3]　恩格斯：《自然辩证法》，于光远等译编，北京：人民出版社，1971年，第92页。

二十七、班辈婚

猿人时代随着生产力的发展，人们认识自然的能力日益加强，劳动强度不断提高，于是就出现了不同年龄的社会分工。由于年龄分工的缘故，以及不同辈分之间男女生理条件的差距，一种新的婚姻形态便出现了。这种新的婚姻形态，摩尔根与恩格斯把它叫做"血缘家庭"（或译"血缘家族"），我国学者则称之为"血族群婚"或"血缘群婚"。它所流行的时代，可能相当于猿人时期与尼人时期。在我国，有人根据元谋猿人的考古资料推断，血缘家庭流行的时代"约处于170万年以前"。[①] 不过，这还需要进一步的研究。

在血族群婚的情况下，群内的婚姻集团是按辈数划分的，因此人们把这种婚姻形态称为"班辈婚"是完全合理的。也就是群内所有的祖父祖母这一辈构成一个婚姻集团，在他们之间，所有的祖父都是所有祖母的共同丈夫，而所有的祖母也都是所有祖父的共同妻子，他们互为共夫共妻；同样，所有的父亲母亲构成另一个婚姻集团，在他们之间，所有的父亲都是所有母亲的共同丈夫，而所有的母亲也都是所有父亲的共同妻子，他们互为共夫共妻；所有的子女构成第三个婚姻集团，他们也互为共夫共妻。总之，所有的兄弟姐妹，包括亲兄弟姊妹、从（表）兄弟姊妹，以及血缘更远的兄弟姊妹，都一概互为夫妻，他们之间仍行杂交，谁对谁都没有绝对的独占权。

这样看来，班辈婚与乱婚的区别就在于在班辈婚的情况下，先辈与子孙、双亲与子女之间的性关系已经遭到排除。也就是说，长辈与晚辈之间不得再有婚姻关系。这样的婚姻，既排除了母子的婚姻关系，也排除了父女的婚姻关系，比之乱婚当然是一个进步。

那么，班辈婚究竟是怎样产生的呢？马克思说："一俟原始群体为了生计必须分成小集团，它们就不得不分成血缘家族，仍实行杂交。"[②] 马克思的这段论

---

① 邓伟志、刘达临：《家庭的起源（上）》，《社会》1983年第1期，第50页。

② 马克思：《摩尔根〈古代社会〉一书摘要》，北京：人民出版社，1965年，第20页。

述究竟如何理解还需要进一步的研究。由于生产工具的简陋，生产力水平的低下，人类在小范围内所能获取的生活资料，特别是食物，随着本集团人口的增加必然日益困难，终至"原始群体"为了生计不得不分成"小集团"，让那些老年男女仍然在小范围内进行觅食，而中年男女则到较远处去，采集的采集，狩猎的狩猎，那些身强力壮的青年男女到更远处去从事采集和狩猎。这样一来，"为了生计"群体就被分成班辈，而各个班辈之中仍然实行杂交，班辈与班辈之间则逐步禁婚终致形成了班辈婚。这样的推想是否符合那时人类历史的实际状况固然尚无法证实，但有一点是可以肯定的，那就是班辈婚的产生，是与人类"为了生计"而把"原始群体"分成老年、中年和青年等"小集团"有关的。在这方面，黑猩猩的觅食活动似乎可以为我们提供一些线索，或者说可以使我们受到某种启发。根据匹尔比姆的报导，"黑猩猩结成四十到五十只左右个体群集生活，为了便于觅食成熟的果子，所以集群常常广泛地分散开来。一个大群分成几个亚群，这些亚群，或称小群，分成为包括带他的母黑猩猩和幼小黑猩猩所组成的小群（其中可以包括老弱雄性与雌性——引者注）；成年雄性和成年雌性组成的小群；以及纯粹由雄性组成的小群。"① 既然人类的近亲黑猩猩为了觅食不得不基本上按照年龄分成小群，那么人类就很可能也是这样的，而且小群成员（男女）长期地一起活动，一同觅食，自然也就容易产生感情从而形成班辈婚。

根据民族学的资料，生活在小安达曼岛上的翁格人，至今仍然过群体生活，不事农耕，靠采集、渔猎为生。老年男子、妇女和孩子们常住一起，青壮人男女则到很远的地方去寻食，一去就是许多天。"他们在野外也是共住一间屋。晚上睡觉时，则是几对夫妇合睡一张床。"② 这样看来，虽然翁格人今日的婚姻制度属于哪种类型尚不清楚，但是，同辈男女长期一起生产、生活、居住和睡眠，班辈婚自然是容易形成的。

关于班辈婚姻，美国民族学家摩尔根并没有找到实际例子，他只是根据马来式的亲属制度（即恩格斯所说的夏威夷的亲族制度）进行了研究，从而得出了班辈婚姻确曾存在的结论。长期以来，人们对这一结论不断提出质疑，西方

---

① （美）D. 匹尔比姆：《人类的兴起——人类进化概论》，周明镇、周本雄译，北京：科学出版社，1983年，第47页。

② 颜思久编：《世界民族风情录》，成都：四川民族出版社，1983年，第105页。

许多民族学家根本不予承认。"从五十年代中期开始，苏联有些学者，和西方一些学者一样，开始否定恩格斯和摩尔根提出的血缘家族和普那路亚家族的存在，并且提出，从杂交状态发展出来的第一种婚姻形式是族外婚，也就是群婚的第一阶段，这种婚姻是与氏族组织同时从杂交状态直接产生出来的。"① 近年来我国也有一些学者对班辈婚的存在提出质疑，说它并无实例，是一种虚构的婚姻形态。总之，"科学界尚有争议"。② 事实上，根据文献记载、神话传说以及某些落后部族的亲属称谓，与目前残存的兄妹为婚的大量事例，都可说明班辈婚在人类历史上的存在并非虚构。

首先从经典作家的论述来看。恩格斯早已指出，尽管"血缘家庭已经绝迹了。甚至在历史所记载的最粗野的民族中间，也找不出一个可以证实的例子来"。但是，"夏威夷的亲属制度使我们不能不承认这一点。"③ 马克思也曾指出，"在原始时代，姊妹曾是妻子，而这是合乎道德的。"④

其次，再由古代的文献记载来看。在国外，新罗"兄弟女、姑姨，从姊妹皆聘为妻"⑤，安息"风俗同于康国，唯妻其姊妹"⑥，"波斯……多以姊妹为妻妾"⑦。在国内，关于"昔高阳氏有同产而为夫妇"；高辛氏"令少女从盘瓠。……产六男六女。盘瓠死，后自相配偶，因为夫妇"。⑧ 在傣族叙事诗《召书瓦》里也有兄弟姊妹成婚的记载。以上这些记载都可证明班辈婚姻确曾存在。

如果再由神话传说来看，那么，班辈婚姻的存在，更应加以肯定。

在古希腊神话中，天父宙斯和他的妻子天后赫拉就是姐弟（或兄妹），他们的父母克罗诺斯和瑞拉也是兄妹；地神盖娅和她的儿子神乌伦母子相爱，生了十二名泰坦巨神——六男六女，这十二位巨神，兄弟姊妹，相互爱慕，相互结合，便生出了日、月、星辰等许多天神，以此相继，繁育后代。此外，在古埃及神话中，那位曾经教民稼穑的农业神，或植物与水之神的奥西里斯和他的妻

① 林耀华主编：《原始社会史》，北京：中华书局，1984年，第97页。
② 辞海编辑委员会编：《辞海》历史分册，上海：上海辞书出版社，1982年，第3页。
③ 《马克思恩格斯选集》第4卷，北京：人民出版社，1995年，第34页。
④ 《马克思恩格斯选集》第4卷，北京：人民出版社，1995年，第33页注。
⑤ 《新唐书·东夷列传》，北京：中华书局，1975年标点本。
⑥ 《新唐书·东夷列传》，北京：中华书局，1975年标点本。
⑦ 《北史·西域传》，北京：中华书局，1974年标点本。
⑧ （晋）干宝：《搜神记》卷十四，北京：中华书局，1979年。

子爱西斯也是兄妹；同样，奥西里斯的弟弟塞特和他的妻子涅弗提德也是兄妹。这类神话的产生，不可能都是凭空的臆造，这很可能就是那时人类对远古乱婚与班辈婚的记忆的反映。

在犹太神话里，犹太人的始祖亚伯拉罕也是以妹为妻的。流传很广的西双版纳傣族神话《布桑该·耶桑该》，实际上讲的就是一男一女，男的叫布桑该，女的叫耶桑该，二人结为夫妻，生一男一女，兄妹成婚，又生数对男女，兄弟姊妹又成婚，依此相继，最后繁衍到八万四千人。①此外，在壮族神话《盘古》②里，在布族神话《姊妹成亲》③里也都反映了班辈婚的存在。在云南泸沽湖畔纳西族的神话《创世纪》里，也曾有过"利恩兄弟姊妹成夫妇"的传说，说是那时"除了利恩六姊妹，世上再没有女的。兄弟找不到妻子，爱上了自己的姊妹，兄弟姊妹相匹配"。④

根据台湾高山族的传说，很久之前，大陆上有兄妹二人长途跋涉来到台湾，就在深山之中打猎为生，因为这里再无别人，他们感到十分寂寞。有一天，妹妹告诉哥哥，要哥哥晚上去与一个对象会面。谁知哥哥到了那里，果然有位姑娘在等待着。姑娘满脸画着花纹，与哥哥发生了爱情，而哥哥却没有认出这位姑娘就是自己的妹妹。但既然木已成舟，兄妹二人就结了婚。⑤这个传说，既说明了高山族来自于祖国大陆，那里曾有过黥面习俗，也说明了那里曾有过班辈婚。

湖南武冈、邵阳一带流传着这样一个神话，说是远古时代洪水暴发，人类全被淹死，仅仅留下东山老人和南山小妹兄妹二人。为了繁衍后代，只好兄妹结婚，今天的人类都是他们的后代。直到目前，邵阳、武冈一带，人们的祖先祠堂内所供寿的第一对祖先，仍是南山小妹和东山老人。根据云南怒族的传说，远古时代发生了洪水，房屋田地全被淹没，人民都被淹死，只有兄妹二人躲进

① 云南大学中文系少数民族语言文学研究室：《云南民族文学资料》第十一集，昆明：中国科学院云南分会，1963年。

② 广西壮族自治区科学工作者委员会壮族文学史编辑室：《壮族民间故事资料》第1集，南宁：广西人民出版社，1984年，第1—9页。

③ 中国作家协会贵阳分会筹委会、贵州省民族语文指导委员会、贵州大学苗族文学编写组：《民间文学资料》第20集，内部资料，1959年，第80—81页。

④ 云南省民族民间文学丽江调查队搜集整理：《创世纪》，北京：人民文学出版社，1962年，第16页。

⑤ 《高山族的古老风俗》，《奥秘》1983年第2期。

一个大葫芦里，随水漂流，幸得逃生。洪水退后，兄妹二人看到乌鸦在各地啄吃人尸。乌鸦劝告他们说："所有世人都已经死完了，只有你们兄妹二人成婚才能繁殖后代。"但是他们二人都不愿意亲兄妹进行婚配，于是就拒绝了乌鸦的劝告，一个向南，一个向北，各自去找配偶，可是都没有找到。在万般无奈的情况下，哥哥就表示愿意和妹妹成婚，而妹妹却说："你如果能够用箭射入贝壳的孔中，我才愿意和你成婚。"结果哥哥引弓搭箭，连射多次都射中了。于是，兄妹二人就结为夫妻繁衍子孙，生了九男九女。因为那时世上再无别人，于是这九男九女又只好兄弟姊妹成婚繁衍后代。

在中国，海南岛黎族中流传着这样一个神话，说是很久之前，山洪暴发把所有的人都淹死了，仅仅留下一男一女。他们婚后生下兄妹二人，父母要他们各自去找配偶，结果都未找到。于是，"父母叫他们再去找文面女子，结鬃男子，即可成亲，实则父母叫子女改容，教子结鬃，教女文面，使自为婚。"兄妹婚后，生八男八女，再按照他们父母的教诲，相互成婚，繁衍后代。[①]

基诺族同胞的《创世纪》中记载，远古时代，白昼天上有七个太阳，夜里天上有七个月亮，过了七天七夜，植物被烧光了，火焰上升变成了乌云，大雨倾盆而降，整个大地和人类全被淹没。仅仅只有玛黑和玛纽兄妹二人，因事先得到造物主的指点，抱着一只公鸡一只母鸡躲进了一个牛皮鼓里，因而未被淹死。兄妹二人在牛皮鼓里随波逐流地飘荡了七天七夜，天亮时洪水退去，牛皮鼓滞留在基诺山的苏毛兽它山峰上。后来，为了繁衍子孙，哥哥要求与妹妹结婚，而妹妹玛纽却以亲兄妹不能婚配为理由拒绝了哥哥的要求。但哥哥玛黑最终还是设法和妹妹结了婚，开始繁衍后代，成为基诺人的祖先。此外，基诺人大部都知道，他们的祖先最早定居的地方就是西双版纳基诺山的杰卓（近年这里出土不少石器，肯定曾是个居民点）。根据传说，最初居住在这里的是一位女祖先，她生了七男七女，兄妹婚配，逐步地繁衍了后代。

上述这些神话传说都向人们表明，基诺人的祖先曾经实行过班辈婚。如果再加上基诺人某些村寨现行婚俗中存留的大量的族内婚实例，更可使人相信基诺人那里确曾存在过班辈婚。

在贵州省东南部的苗族中，有一个极为隆重的祭祖仪式，即吃牯藏。一般

---

① 曾照璇：《我国海南岛黎族文身初探》，《中国民俗学会论文集》，1985年。

都是十二年举行一次，供奉的是两尊裸体男女偶像，男的称为"央公"，女的称为"央婆"，苗族人认为央公与央婆既是兄妹，又是夫妻，是苗族人的祖先。在祭祀最隆重的时刻，由两人抬起偶像跳交媾舞；每交媾一次，另一个人就用竹筒喷射一次甜酒。这时，妇女们就争先恐后地去接这象征爱情的甜酒，借此祈求生育。为什么苗族社会早已进入单偶时期，而在他们的祭祖仪式中却还残存着兄妹通婚的历史陈迹呢？这一方面说明了在人类历史上思想意识总是落后于客观历史的发展进程，宗教也总带有极大的保守性；另一方面这也是人类历史上确曾经历过班辈婚阶段的重要依据。

类似上面所说的这类神话或传说，在傈僳族、侗族、畲族、瑶族、哈尼族等等民族中，都曾广泛地流传过，这绝不是偶然，也绝不可能都是后代人类的臆造，而是人类史上班辈婚姻确曾存在的反映。

如果再对现存的某些落后民族的亲属称谓进行分析，结论也是相同的。在班辈婚的情况下，凡是兄弟姊妹的儿女，不分远近都是他们（她们）共同的儿女。而这些共同的儿女，不分远近也一律都是兄弟姊妹。他们把自己父母同辈的男男女女一律称为父亲和母亲，把自己儿女同辈的男男女女一律称为自己的儿子和女儿。根据这种亲属称谓的残存情况，人们可以推断出某些现代民族确曾经历过班辈婚的历史阶段。

在夏威夷群岛和大洋洲的其他一些岛屿上的部落中，曾经存在过这样的情况，同辈人都互称兄弟姊妹，对上一辈人，无论是否是自己的真正父母则都称父母，对再上一辈人都称祖父母，下一辈的都称子女，再下一辈的都称孙子孙女。这样的亲属称谓，甚至直到19世纪末期，还在波利尼西亚人中通行。显然，这种亲属称谓的本身就表明过去在这里曾经有过同辈男女互相共婚的事实。也就是说，在共同生活的一个集团之内，祖父祖母这一辈人集体互相通婚，他们的子女，也就是父亲和母亲这一辈也如此，第三辈男女同样互为夫妻，再下一辈就构成第四个男女互婚的集团。总之，凡是同辈男女就都称兄弟姊妹，就互相共婚。但父母与子女、长辈与晚辈之间则严禁婚配。

在永宁纳西族的现行亲属制度里，母亲和舅母一律称为"爱梅"，舅父和父亲一律称为"阿乌"。这证明母亲曾是舅父的妻子，舅父曾是母亲的丈夫，兄弟姊妹曾为夫妻，因此在纳西族人那里存在过班辈婚。"在纳西族的亲属称谓中，也发现了女方把自己的兄弟姊妹的子女，统统称为自己的子女；无论是男子或女子，对兄弟姊妹、姨表兄弟姊妹、舅表兄弟姊妹，都一律称为兄弟姊妹。这种亲属称呼表明，从前云南纳西族的婚姻关系是按辈划分的。"①

在台湾山区的某些高山族人那里，青年男子被称为"麻达"，青年子女被称为"昵新"。麻达与昵新婚姻自主，不受父母干预。婚后，丈夫长住妻方，随妻而居。人人以婿为子，以外甥为嗣。孙子不认识祖父（因祖孙不同氏族），而祖父却称外甥为"孙子"。显然，这属于对偶婚阶段，但却仍然保留许多群婚残余。比如，无论男女，婚前的性生活仍然完全自由；在亲属称谓上，子女仍然把父亲、伯父、叔父、舅父，统统称为"阿妈"，把母亲、伯母、婶母、舅母，统统称为"唯那"。② 显然，这样的亲属称谓，证明在高山族里曾经有过同辈男女互相共婚，曾经存在过班辈婚。

除此之外，由今日鄂伦春人的亲属称谓里，也完全可以推演出班辈婚姻确曾存在的结论。③

最后，再由某些落后民族的现行婚姻制度来看。班辈婚的残迹或遗风——兄弟姊妹为婚的事例也还是可以找到的。

在美国，"北中部加州的男子娶妻时，他的兄弟和从表兄弟都来帮助一点聘礼。倘若他死了，他的亲属里头就有一人把他的遗孀继承下去……倘若那个女子死了，她的家族也会送一个妹妹或从表妹妹来补缺。往往还有两三个姊妹同时做一个男人的老婆的。"在平原印第安人那里，只有年龄最大的姐姐是用聘礼购买的，妻子的妹妹一到成年就被丈夫"一个个白白地娶了去，视为事理之当然"。④ 为什么男子娶妻时他的兄弟和从表兄弟都要帮助聘礼呢？显然，曾有一个时期娶妻曾是他们共同的事。为什么妻子死了，妻子的妹妹或从表妹妹，甚至两三个姊妹都会被送来补缺呢？显然，在人类历史上，曾有一个时期，男子是以一群姊妹为妻的。

在我国云南省宁蒗县永宁地区的纳西族里，直到民主改革前后，兄弟姊妹结为夫妻的现象仍然还相当普遍。比如，拖支村的布乌达都就与他同母所生的

① 刘达临：《家庭社会学漫谈》，济南：山东人民出版社，1983年，第29—30页。
② 张崇根：《"麻达""昵新"情意深——高山族婚姻习俗漫笔》，《化石》1979年第4期，第19—21页。
③ 秋浦：《鄂伦春社会的发展》，上海：上海人民出版社，1978年，第8—9页。
④ （美）罗伯特·路威：《文明与野蛮》，吕叔湘译，北京：生活·读书·新知三联书店，1984年，第125页。

同胞妹妹布乌梭纳得马结为终身阿注，也就是结为终身的互婚的朋友，而且生了六个儿子；开基木瓦的不洒益史也与他同母所生的同胞妹妹不洒高若结为阿注，而且生了一个女儿名叫哈错；忠克村的阿沛拉差也与其同母所生的同胞妹妹阿扣纳主结为阿注，生了两女一男；开基木瓦的守福哈尔巴与其同母所生的同胞姐姐守福高若结为阿注，生了一个女儿名叫车直马；温泉乡的阿如厄车马也与他同母所生的同胞姐姐阿如哈尔巴结为阿注。每当他们同床共枕时，就把大门紧闭，不再接纳别的男人。

再如，在云南怒江一带的傈僳族里，男女青年之间，每到晚间，特别是在'守谷子'的秋收季节，就不分'长辈小辈'，只要互相喜欢，就可以睡在一起。这不但仍然具有班辈婚的残迹，而且也仍然存有原始乱婚的遗风。

最后，当马克思撰写《摩尔根〈古代社会〉一书摘要》时，就曾指出，"五十年前（指1820年——引者注）当美国宣教会设立于散得维齿群岛时，该地区兄弟姊妹之间的结婚尚未完全绝迹。"[①] 可见，早在100年前，马克思就已经发现了班辈婚姻的残迹。

由上可知，尽管摩尔根本人并没有找到班辈婚确曾存在的实际事例，但班辈婚在人类历史上并不是一种虚构的婚姻形态。如前所述，这可由古老文献的记载，以及许多落后部族里广为流传的兄妹婚配的神话传说，与他们现实生活中兄妹为婚的事例，以及某些民族的亲属称谓获得证明；同时，班辈婚也不是一种个别的或偶然的历史现象，而是人类社会发展到某一阶段之时，普遍存在与流行的一种婚配制度。

由乱婚过渡到班辈婚，中间经过了一个漫长的过程，这是一种有益的过渡，至少这种过渡对于人类体质结构的发展与种属的繁衍是具有积极意义的。它是人类婚姻史上的一大进步。

---

① 马克思：《摩尔根〈古代社会〉一书摘要》，北京：人民出版社，1965年，第10页。

二十八、简陋的服装

原始人究竟是什么时候发明衣服的呢？最初发明和穿着衣服的目的是什么？他们怎样发明衣服？那时衣服的质料和式样如何呢？

当我们的祖先古猿还在树上生活时它们是没有衣服的。好在那时它们生活在亚、非两洲的热带或亚热带的原始森林里，那里的气候并不寒冷。万一遇上寒冷，时间也不会很长，情况也不会十分严重，靠着它们那搭在树上的窝巢以及松软的毛发，抵挡一阵也就可以混过去了。

后来，由于地质气候的变化，森林枯萎，古猿被迫下树求生，拿起天然的木棒同野兽进行斯杀，在更加辽阔的地区展开活动。尽管如此，它们仍然没有衣服，个个赤身露体。这时，古猿如果遇到寒冷或大雨，它们就向温暖的地方转移；另一种办法则很有可能是和珍妮·古多尔在非洲丛林中所见到的黑猩猩那样，在大雨中奔跑或舞蹈，借以取暖，对抗寒冷。

到了我们的祖先已经能够直立行走，开始制造工具的猿人时代，人类仍旧没有衣服可穿。那时，无论男、女、老、少，仍然袒胸露臂，一丝不挂。不要以为在这样粗野无文的群体之内生活，人类会感到羞耻难堪。其实，猿人不穿衣服不知羞耻，也和其他野兽不穿衣服不知羞耻一样，并不是一件十分难解的事。因为，羞耻观念的产生是很晚的事情。那时，猿人不穿衣服并不是他们不需要，而是生产力低下的缘故。直到新中国成立初期，云南省金平县牛塘寨一带的苦聪人，由于生产力水平的低下，仍然是一些"穿不上衣服，用芭蕉叶子遮体和赤身裸体的人"。[①] 就是直到今天，居住在巴西热带丛林中的查万特印第安人也是无论男女一律"赤身裸体"。南美洲极南的气候是可以冻死人的，六月里常下大雪，"然而住在那儿的佛伊哥人到现在还没有能发明相当的衣服。男男

---

① 禾子：《"苦聪人"过去的生活简况》，《文物》1960年第6期，第71页。

女女都赤身露体，至多也只披上一件齐腰长得挺硬的海豹皮或獭皮。"① 此外，据《西洋番国志》一书记载，15 世纪初，锡兰国的按笃蛮山一带也仍然是"人皆巢居穴处，男女赤体如禽兽然，无寸衣着肤"②。此外，在澳大利亚中部的大沙漠里，至今还生活着一支与世隔绝的石器时代的遗民——阿纳扎里人，他们没有见过牛、马、汽车与火车，甚至，听见飞机响也认为是恶魔作祟，就飞速逃入丛林，或者用沙土把自己埋起来，直到今天，他们仍然赤身裸体，一丝不挂，只在腰间系一根草绳，但这不是衣服，只是为了系挂猎物而已。③ 居住在云南境内的独龙族同胞，直到新中国成立前夕，衣着仍很简陋，妇女们只在腰间缠一条绳子，上面挂上几块竹片或木板，仅仅只把阴部遮挡起来，这就是所谓的"挂木板"④，别无其他服饰。

在 300 多万年的人类历史中，人类最少有 250 万年以上的时间是赤身露体无衣可穿的。多数学者认为，人类开始发明和穿着衣服是在旧石器时代中期。这种说法的主要根据是在这一历史时期的人类遗址中发现了骨针。骨针在那时，除了用于缝制衣服之外，是很难再有其他解释的。不过，从民族学的资料来看，最早的针是用硬木或竹子制成的。鄂温克人就曾长期地使用落叶松木的心材磨制成针；独龙族人则曾经长期地劈竹为针；黎族同胞曾用野藤条（硬度颇大）做针。显然，用骨头做针难度很大，因此，骨针的出现为时较晚。再加上不少民族缝制衣服都用骨锥而不用针（四川木里县的一些少数民族即如此），可见，骨针之前还有骨锥、木针和竹针。而最原始的衣服又多是不加缝纫直接披围兽皮的，因此，衣服的发明很可能还在骨针出现之前。

长期以来，学者们一致认为，人类开始穿着衣服是由尼人时代（旧石器时代中期）开始的，而猿人是不穿衣服，赤身裸体的。现在看来，这一结论还需再加探讨。过去，人们认为"在苏联找到的古人化石，一般不超过 11 万年，最早的也只是尼安德特人"，可是有资料说，"苏联学者在乌兹别克的费尔干纳地区发现了生活在六七十万年前的十颗人类牙齿化石。"⑤ 这一发现表明，猿人时

---

① （美）罗伯特·路威：《文明与野蛮》，吕叔湘译，北京：生活·读书·新知三联书店，1984 年，第 17-18 页。

② （明）巩珍撰、向达校注：《西洋番国志》，北京：中华书局，1961 年，第 22 页。

③ 《石器时代人——澳大利亚的阿纳扎里人》，《旅行家》1985 年第 1 期，第 43 页。

④ 《早期人类怎样穿》，《百科知识》1958 年第 9 期，第 38 页。

⑤ 《苏发现最古人类化石》，《西安晚报》1986 年 2 月 15 日。

代，人类不仅生活于热带、亚热带地区以及温带地区，而且也生活于气候寒冷的寒带地区了。既然如此，关于猿人时代人类一丝不挂的说法就难以成立了，因为单靠天然火是无法在那样严寒的气候里长期生活下去的。历史的实际情况很可能是他们已经找到了御寒的办法。

关于猿人是否已经穿上衣服，不能一概而论。那些长期生活于热带、亚热带，甚至温带地区的猿人可能还没有发明和穿着衣服；可是那些长期生活于严寒地区的猿人，可能由于生存的需要，早都已经发明和穿着了兽皮衣服。否则就很难解释它们如何能够在那样严寒的地区长期生存。

考古学上的旧石器时代中期，就是人类学上的尼人时代或早期智人时代。一般说来，这一时代的气候，要比猿人时代寒冷得多。因此，尼人发明和穿着衣服的首要目的，就是对抗寒冷，热带地区可能是为了防御昆虫野兽侵害与保护生殖器官；当然，羞耻的观念可能也产生了，所以，尼人穿着衣服的另一目的，有可能也是为了遮羞。不然的话，人类又为什么在穿着衣服时，总是要设法遮掩自己的前挡和臀部呢？在它们穿着衣服的早期又多是"知蔽前而未知蔽后"呢？至于借助衣服美化或装扮自己，那是后来才发生的。保护身体在前，美化自己在后，使用价值先于审美价值。[1]

原始人最初发明衣服，过程很可能是这样的：在他们打死野兽之后，把兽皮剥掉，把肉吃光，晚上在山洞里，倒卧在兽皮上睡觉，发现睡在兽皮上，要比睡在地板上或石板上暖和得多，从而发觉兽皮可以保温取暖。于是在天冷时，原始人就进一步设法把兽皮裹在身上，从而发明了衣服。

根据氏族学资料推断，原始人所发明和穿着的衣服，其质料一般都是兽皮或树叶（台湾高山族人与云南苦聪人直到很晚的时代仍用椰树皮或芭蕉叶做衣服），样式还很难看，而且不分男女。上衣没有袄领袄袖，穿时就披在身上；下衣没有裤腿裤腰，穿时就围缠在腰间，或者就弄些枝条之类的东西把它捆绑在身上。

尽管早在尼人时代就已经发明了衣服，可是，原始人并不像现代人那样，总是彬彬有礼、衣着整齐的。尽管他们已经有了衣服，但是大多场合下他们都是光着身子的，衣服只有在十分必要的情况下才肯去穿。这也没有什么奇怪，

---

① （苏）普列汉诺夫：《论艺术》，曹葆华译，北京：生活·读书·新知三联书店，1973年，第125页。

古希腊人直到阶级社会，在举行竞技赛会时，妇女一律不许参加，而男性却大都赤身裸体、一丝不挂。甚至直到今天，世界上也还有不少民族，在有些时候仍然是"祖胸赤腿"、"不穿衫衣"的，即使有时穿着衣服，他们的衣服也简陋到简直和没穿衣服差不多，或"仅用麻草裹身"①，或者只在私处"遮着两块方布，一块在前面，一块在后面，用绳子系在腰间"②。实际上那简直不能称为衣服，顶多只能算是两块遮羞布罢了。居住在马勒库拉岛北部的"大南巴人"仅仅只穿一种露兜树叶的编织物；居住在新赫布里底斯群岛的"小南巴人"穿着更为简单，仅仅只裹一种用芭蕉叶细长条做的遮羞布。实际上，在当地通行的洋浜英语中，"南巴"的意思就是"包裹阴茎的东西"。③

直到 20 世纪 70 年代初，巴布亚人中的达尼部落也还仍然处于十分原始的状态。在他们那里，即使是满脸皱纹的男人，也是除了戴着一阴茎套外，一丝不挂，只在胸前和脸上涂上一些猪油和烟黑。达尼部落的男性就是这样赤身裸体也照样和朋友、妻子一道同行，谈笑风生，毫无羞色。④ 至于戴阴茎套的目的，那主要是为了避免苍蝇的叮咬。⑤

生活在亚马逊河流域森林中的瓦耶纳人，几乎长期与世隔绝，近年来才与外界有了较多的交往。他们的生活方式相当独特，白天就在挂于树干上的吊床里休息、乘凉，晚上才肯回到房间去安歇。瓦耶纳人依靠渔猎和相当原始的刀耕火种为生，无论男女一律不穿衣服，披头散发，赤身裸体。男子仅在下身前部围上一块鲜红色的围裙（瓦耶纳人称为"威尤"），女子则在臀部扎上一条鲜红色的遮羞布。六岁以下的孩子们更是一丝不挂，整日赤条条地到处乱跑。⑥

除此之外，民族学资料还告诉我们，在巴布亚新几内亚的某些偏僻乡村里，至今仍然几乎不事农耕，主要以采集和狩猎为生。一个村里有一百五十名居民，

① 《巴布亚新几内亚散记》，《科学与文件》1981 年第 2 期，第 14 页。

② （南）帖波尔·塞凯里：《印第安小猎人》，朱桦译，北京：中国少年儿童出版社，1958 年，第 12 页。

③ 刘达成、蔡家骐、李光照编译：《当代原始部落漫游》，天津：天津人民出版社，1982 年，第 107 页。

④ 刘达成、蔡家骐、李光照编译：《当代原始部落漫游》，天津：天津人民出版社，1982 年，第 163 页。

⑤ 刘达成、蔡家骐、李光照编译：《当代原始部落漫游》，天津：天津人民出版社，1982 年，第 160 页。

⑥ 《独特的瓦耶纳人负采》，《知识与生活》1984 年第 6 期，第 35 页。

百分之四十以上的人不穿布衣,不少人仅用野草裹身,特别是十岁以下的儿童,基本上都是赤身裸体。① 类似这样的情况,在美拉尼西亚土人与印第安人的克瑞介旗中(位于南美洲亚马逊河的支流亚拉瓜雅河流域),直至目前,也仍然可以见到。

安达曼人赤身裸体,不穿衣裤是众所周知的。"他们用树皮带束腰,喜挂用木骨贝壳或布条制成的项圈、腿条和臂条。男人下身多用树皮缨带或布条兜护,女人则用棕榈丝做成的球状大缨苏系在腰部以护往阴部。"②

1973 年,人们在印度尼西亚的伊里安岛上,发现了一个人口稀少的阿斯玛特原始部落,这里的男子一律不穿衣服,个个赤身露体,而且毫无羞色。居住在安达曼群岛的贾拉瓦人同样也是不穿衣服的,男子仅以树皮遮身,"女人只在腰间系一根有穗的树皮带子"③,或者只在头上扎上外人送给她们的红布条,个个挺着裸露的乳房,即使站在来客的对面也毫无羞耻的模样。不久前,翁格族的男子们一般也只系一块腰布或穿一条短裤,而女人们则只在腰间系一条带子,带子里面再吊一个大穗球,这就是她们的全部服装!④ 可见原始人的服装是十分简陋的,和现代人相比,他们可以说几乎是不着衣衫的。

① 《巴布亚新几内亚散记》,《科学与文化》1981 年第 2 期,第 14 页。
② 《最后的安达曼人》,《博物》1985 年第 5 期,第 26 页。
③ 刘达成、蔡家骐、李光照编译:《当代原始部落漫游》,天津:天津人民出版社,1982 年,第 26 页。
④ 刘达成、蔡家骐、李光照编译:《当代原始部落漫游》,天津:天津人民出版社,1982 年,第 29 页。

二十九、奇特的打扮

　　一般说来，人类开始装饰和打扮自己是在旧石器时代中期。因为，在欧洲的一些莫斯特文化遗址中，除发现有红色和黑色的矿物颜料碎块外，还发现了钻孔的牙齿和果核，这就是那时人类的装饰品。不过，在我国，长期以来，人们一直是把旧石器时代野外期视为装饰品开始产生的时代。根据我国现有的考古资料证明，只有处于旧石器时代晚期的山顶洞人、峙峪人（用石墨制装饰品）和河套人（水洞沟遗址曾发现用鸵鸟蛋皮制装饰品）才开始有装饰品。但是，山顶洞人所处的时代距今仅有 3 万年左右（有说 1.8 万年者）。直到如此晚近的时代人类才开始知道打扮自己，这是令人怀疑的。总有一天，考古成果会向人们表明：在中国，装饰品的出现要比山顶洞人的时代早得多。

　　不久前，人们在云南省元谋县的大墩子新石器遗址中，不仅发现了磨制精细的石斧、石凿、箭镞、纺轮和蚌刀，还发现了许多精致的穿孔的兽牙和一些大小不等的骨环，以及一个残缺的大理石石环，这些都是那时人类的装饰品。它们有的是穿成一串挂在脖子上的，有的是挂在胸前的，有的是套在手背上的。一般认为，到了新石器时代，种植业跃居生产第一位，打猎和采集的地位降低了，人类使用的工具种类大大增加，生产领域逐步扩大，生活内容更加丰富多彩。"随着物质生活的逐步改善，人们开始产生爱美的观念。"[1] 其实，根据大墩子出土的装饰品的质料与精细程度来看，那并不像是人类才刚刚开始制作装饰品，因此大墩子人"爱美观念"的产生很可能更早。既然欧洲人的祖先早在旧石器时代中期已经产生"爱美观念"，发明了装饰品，那么，亚洲人的此项发明在历史顺序上也不可能相去太远。

　　在人类历史上，装饰品的出现，需要具备一定的条件。首先，生产力的发展需要提高到生产劳动足以维持生命，已经具有一定的时间和精力去考虑如何装饰自己以及制造某些装饰品。猿人时代，由于生产工具简陋，原始人奔跑终

---

① 《猿人故乡旅行记》，《科学之窗》1982 年第 1 期，第 39—40 页。

日所获的食品，有时仅足以维持生命，有时仍不免有饿死的危险，经常处于饥饿之中还有什么心思去考虑打扮自己呢？爱美的观念只能是生产力发展到一定阶段的产物，那时，人类已经开始愿意把自己打扮得漂亮一些，而这些条件远在旧石器时代中期的尼人时代都已经具备了。尼人固然有时不免还要挨饿，但毕竟他们在某些狩猎和采集顺利的季节，已经可以剩余一些时间和精力去考虑如何打扮自己以及制造装饰品了。

不过，原始人的装饰品，自始至终都是十分简陋的。他们有时把一些兽骨、兽牙、兽角和小石珠串成项链挂在项上；有时用树枝编成帽子，上面插上五光十色的鸟兽羽毛戴在头上；有时竟然把鼻子凿个大洞，横插一根骨棒或木棒；甚至还有在耳垂上穿孔挂上一些什物的。就是到了山顶洞人（智人）时期，他们的装饰品也不过只有穿孔的小石珠、挖孔的兽牙、磨孔的海蚶壳和刻纹的鸟骨管而已。不要以为这样的装饰并不美观，事实上那只是用今天的物质水平与审美观点去苛求古人罢了。谁都知道，原始人是不可能会有什么金项链与宝石戒指的。他们那个时代，决定了他们只要能够挂上几个兽牙、插上几支华丽漂亮的羽毛就心满意足了。在云南地区的纳西族中，不久前猎手们还往往是把几颗野猪牙或獐子牙送给自己的女对象去做装饰品的。

在印第安人的克瑞介族中，直到今天，装饰品依然十分简陋。他们经常在鼻子上穿一根小棒，两颊嵌有黑环（黑环是克瑞介族的标志），头上缠着一条绿布，后面插上一支鹰羽。

在巴布亚新几内亚，每当婚嫁、祝寿或其他欢庆节日，人们就用野草编成草圈戴在头上，然后再在草圈上密密麻麻地插上各色各样的羽毛，组成歌舞队。这些队员袒胸赤腿，头插天堂鸟羽毛，鼻子中穿一根兽骨，脸上用胭脂树的红色液汁涂着花纹，全身系着椰棕编织的裹身条，上面插着红、黄、白五彩缤纷的鸟羽，不穿衣服。外人看去疑为鬼怪，而他们自己却边歌边舞洋洋自得。

1973年人们在西伊里安岛上发现了阿斯玛特原始部落，这里的男子不穿衣服，而头上却插着翎毛，颈上圈着一个用绳子将野猪牙或狗牙串成的项圈，脸上涂着泥土或贝壳粉（还有把眼眶涂白，用赭石粉把脸涂红的），鼻梁上穿洞挂着贝壳。这样的束装打扮，如果我们偶然相遇，定会吓得毛骨悚然，而他们同族人对此却是欣赏备至。

美国《全国地理杂志》1972年3月版有篇报道——"当今猎头者"，其中谈到阿斯玛特人有的头上插着鸽子的羽毛，鼻子上插一根猪骨针，鼻孔中插上巨大的鼻骨——用细砂琢磨得十分光滑的骨头，耳朵上戴上用藤叶编成的大耳环，猎过人头的勇士们则戴上项圈，上面挂着竹片、人的下颌骨和脊椎骨，以显示他们的光荣与勇敢。有的妇女脸上涂上赭石粉、木炭和石灰，再把眼眶涂白，头上戴着用玛瑙贝和豹皮做的帽子，上面还插着美丽的鹦鹉羽毛，有时还把自己丈夫的人骨项圈借来戴上，用以炫耀自己。① 想想这样的装扮也会使人缩颈咋舌，哪里还有什么美的感受。可是，原始人却不这样想，他们自有自己的审美标准 。

巴布亚新几内亚的高地人，居住在"几乎与民隔绝的深山密林里"，"几千年来……长期不为世人所知"。② 因此，直至今日，仍然十分落后。现在，让我们看看高地人在祈祷战争胜利或庆祝胜利凯旋的奇特打扮吧。

每逢这些场面，常常是由男孩子们主办歌舞盛典。早晨一起床，他们就开始认真细致地装扮自己。首先是到河内洗澡，洗净之后就穿上新草裙，把用猪油、黏土、炭粒、石灰石，以及树脂和野草的汁液等做成的化妆品涂在脸上，弄得五光十色。然后再在头上戴上鹦鹉或白鹤羽毛，甚至戴上极为鲜艳美观、价值比黄金还要昂贵的极乐鸟羽毛（极乐鸟又称"上帝鸟"或"天堂之鸟"），胸前挂一块各有特色的袋类动物的毛皮。接着再把贝壳或玻璃珠串成项链挂在脖子上。最后，再戴上罕见而又奇特的鼻环，这样就算装束完毕。男子们拿上武器（弓箭和矛枪）整队出发，大声欢呼、奔跑。妇女和孩子们兴高采烈地随在后面边歌边舞，欢唱不息。想想这样的装饰和场面就会使人忐忑不安，而高地人却对此十分欣赏，赞不绝口。

居住在南太平洋新赫布里底群岛一带的南巴人，他们的装束打扮也是很奇特的。鼻子上戴着木质的鼻塞，耳朵上挂着用乌龟壳做成的耳环，臂上套着用串珠穿成的臂箍，脖子上围着各式各样的弯弯曲曲的猪獠牙，令人不寒而栗，而南巴人自己却自我欣赏不已。

在非洲东部肯尼业居住的马赛族人，装束打扮也很奇特。男子们头上留着数十根发辫，而妇女们却把头发剃得精光，有时甚至还把头发连根拔除。妇女们不但头上没有头发，而且也没有任何装饰品，耳朵上和脖子上却挂满了金属

① 转引自颜思久编：《世界民族风情录》，成都：四川民族出版社，1983 年，第 62 页。
② 世界知识出版社编：《外国奇风异俗》，北京：世界知识出版社，1981 年，第 25 页。

圆圈和铁罐等笨重饰物。在这里，女孩子们从青少年时代开始就在耳朵上穿凿洞穴，悬挂饰物。按照习俗，丈夫不死，妻子的饰物永远不能离身，因此，妇女无法洗澡，饰物下面充满了污垢。①

在安达曼人那里，"任何女人，不论年龄大小，都不愿当着外人——即使是女人的面，脱掉或更换围裙。"② 从严格意义来讲，安达曼人的这些装束还很难称作"衣服"，不过，近年来他们已经开始从布莱尔港交换棉衣了。

安达曼人居住在孟加拉湾东南部的安达曼群岛上，那里的气候并不寒冷，他们长年累月赤身裸体不着衣衫。但无论男女却都喜欢用树皮带束腰，喜欢束扎或披挂用布条、贝骨、竹片、木条、树叶和藤蔓制成的腰带、臂箍、项链、手镯、腿条和臂条。有的妇女所系的腰带竟然多达八条，她们在最下面一条腰带上挂着一串串用贝壳、树叶和藤蔓制成的穗子，看起来很像一条围裙，紧紧地护着阴部。③ 已婚妇女每天还要用黏土和海龟油调和的赭色油膏在丈夫脸上涂绘纹饰。据说涂绘这种油膏不仅是为了美观，还有防御蚊蝇叮咬的重要作用。④

看来安达曼人的这些装束、披挂或打扮，丝毫没有御寒的意义，很可能是为了遮羞（如上页所叙述的安达曼女人都不愿在别人面前脱换围裙），也是为了把自己打扮得更漂亮一些。当然，他们身上所披挂的各种带带、条条，不停地摇来晃去自然也具有驱赶蚊蝇的作用。

有些落后部族的审美观点是令人费解的。比如，大南巴妇女把露兜树叶撕成细条做裙子和假发。在各种仪式上，有的南巴男性则穿戴着奇异的女子服饰跳舞，手中敲打着椰子，胳膊上则莫名其妙地挂着一条摇来摇去的猎棒。有的小南巴男孩则在头上戴上一个大蜂窝，并且还插上各种鲜艳的花朵。⑤ 此外，台湾高山族的某些部落盛行"大耳"习俗，无论男女，耳朵以大为美。在那里，人们从小就用竹篾张大耳轮，使耳轮初如钱，后如碗，"复如盘"，"立则垂肩，行则撞胸"，以此模仿大象一类的动物，并引以为豪。

① 吴胜明：《万国风情》，石家庄：河北人民出版，1981年，第13页。
② 刘达成、蔡家骐、李光照编译：《当代原始部落漫游》，天津：天津人民出版社，1982年，第43页。
③ 刘达成、蔡家骐、李光照编译：《当代原始部落漫游》，天津：天津人民出版社，1982年，第43页。
④ 《最后的安达曼人》，《博物》1985年第5期，第26页。
⑤ 颜思久编：《世界民族风情录》，成都：四川民族出版社，1983年，第70页。

再如，努巴人的姑娘或媳妇们，每逢节日就要选用自己最长的唇塞，这些唇塞有的是木棒，有的是石条，有的是象牙，用时就斜插进早已在嘴唇上凿好的小洞中，突出下唇的一英寸。然后，再在身上抹上牛油或芝麻油，弄得周身闪闪发光。就这样，男女青年就赤条条地裸着躯体，随着鼓声、琴声（五弦琴），扭着、摆着、旋转着，有节奏地一起跳起舞来。①

还有缅甸东部巴洞地区的巴洞部族妇女以长脖为美（缅甸中部的勃叨族亦如此），因此，每当女孩长到五岁时，就由村医把一根黄铜棍绕在她的脖子上。此后，用鸡占卜，黄道吉日就再绕上几圈，接着就是每三年加上一个新铜环，最后可能增加到三十个，以此为装饰品。总之，谁在脖子上套的铜围最多谁就最美，甚至，男子选择对象也以脖子为重要条件。不仅如此，除脖子外，妇女的手臂和小腿上也要带上黄铜环。有人估计，在这里，成年妇女全身铜环总重约达五十斤！② 以致走路、吃饭都很困难，甚至喝水都只能用一根麦管去吸。"由于黄铜环不断地加高，也就使脖颈逐渐伸长，最长的达一英尺。同时还常常在铜环上面挂几条银链、装饰上些硬币，以显示自己的财富和地位。"③ 这样的长脖美人，如此的装束打扮，让具有现代审美观念的人们肯定会瞠目结舌，而在缅甸，最少在巴洞人中，却被视为"美女"，令人难解。

最后，还需指出，不要以为原始人所佩挂或插戴的许多装饰品实际上并不美观，是一些可有可无的东西。事实上，那时的人类对于自己的装饰品不仅欣赏备至，而且还认为是必不可少的。他们为了把自己打扮得更漂亮一些，为了在自己身上插上或挂上一些装饰品，不惜在耳垂上穿孔、鼻子或嘴唇上凿洞、面门上刻痕刺花，甚至还有澳洲的一些土著妇女，为了美观和晋升社会等级竟然强忍剧痛敲掉自己的门牙。④ 更有为了美观竟设法伸长脖子与压扁头颅的。哥伦比亚一带的印第安人就是这样的，《新唐书》上也曾谈到有的民族"产子以木压首"⑤。我国东北有的民族直到晚近的时代，还把小孩固定在木板上，把豆子

① 刘达成、蔡家骐、李光照编译：《当代原始部落漫游》，天津：天津人民出版社，1982年，第208-209页。

② 吴胜明：《万国风情》，石家庄：河北人民出版，1981年，第17页。

③ 世界知识出版社编：《外国奇风异俗》，北京：世界知识出版，1981年，第107页。

④ （美）罗伯特·路威：《文明与野蛮》，吕叔湘译，北京：生活·读书·新知三联书店，1984年，第84页。

⑤ 《新唐书·西域上·龟兹传》，北京：中华书局，1975年标点本。

装在布袋里给小孩作枕头，故意把头压扁，认为如此才算美观。可见，原始人的爱美观念如何的强烈。

那么，原始人为什么要如此煞费苦心地去装饰或打扮自己呢？种种迹象表明，原始人打扮或装饰自己的目的是多种多样的。在巴布亚新几内亚的吉米人那里，男子们在某些特殊的场合，为了使自己显出丈夫气，就常常将一支长达二英尺的极乐鸟羽毛插在鼻子上的小孔内作为装饰品。"每当男子们想吸引异性时，他就骄傲地插上极乐鸟的羽毛。在杀猪时，求爱时以及举行礼仪歌舞时，都是如此。"① 如前所述，为了美观，为了把自己打扮得更好看，更有吸引力，原始人甚至不惜改变与损伤自己的躯体。这大概与后代人们的束胸、缠足（如旧中国妇女）、裹细腰（如法国女性）等等，具有相似的意义。

至于阿斯玛特人，在身上佩戴死人脑壳，用死人脑壳作枕头，或者把死人脑壳点缀在卧室内，主要是为了驱除鬼魂或幽魂。② 应当知道，阿斯玛特人所佩戴的这些人的脑壳，其中相当一部分是他们在与敌对部落的作战中杀死敌人而取得的。在砍回人头之后，用火烧烤，撕去头皮，抖出脑浆，然后就扯掉下颚，挂在顶圈上，剩下的脑壳，或佩戴，或作枕头，或作为饰品，这些由于长期抚摸而变得闪闪发光的死人脑壳与下颚骨挂在身上当然也有炫耀与装扮自己的意义。

---

① 刘达成、蔡家骐、李光照编译：《当代原始部落漫游》，天津：天津人民出版社，1982年，第137页。

② 刘达成、蔡家骐、李光照编译：《当代原始部落漫游》，天津：天津人民出版社，1982年，第150-151页。

三十、宗教的起源

某些哲学家和神学家认为"宗教是没有起源的，宗教可以说是和天地同时发生，同时进化的"，"宗教是动物和人类所固有的，只需要从生物遗传上把它继承下来"，"无论怎样原始的民族，都有宗教与巫术。"① 在他们看来，宗教观念既是天赋的又是永恒的，只要人类社会存在一天，它就不会被消灭。事实上，人类社会之初是没有宗教的，宗教观念既是生产力低下的产物，又是人类社会生产力发展到一定阶段的产物。那么，原始宗教究竟何时产生？宗教产生的原因是什么？原始宗教又是如何产生的呢？

某些西方学者认为，鬼魂观念的发生是原始宗教产生的原因，而最初的宗教就是祖先崇拜。② 另一些人则认为，对大自然的恐惧观念是宗教发生的根本原因。在他们看来，原始宗教就是原始人把他们所恐惧的自然力加以人格化的结果。③ 这些说法虽有其合理之处，但在宗教起源的主因方面他们是错误的，是违反历史唯物主义的。这种脱离社会经济基础的分析和说法，最多只能从人们的思想意识和心理状态方面反映某些表象，它对于许多社会现象根本无法解释。比如，"鬼魂观念说"就根本无法说明为什么有些原始部落只有自然崇拜而没有祖先崇拜；"恐惧观念说"也无法说明为什么原始人对某些恒常不变（相对而言）的自然物（如高山、巨石等）也都加以崇拜，而这些恒常不变的自然物又不会引起人们的恐惧。那么，原始宗教究竟是如何发生的呢？

猿人时代，人类刚由古猿转化而来，尚处于半野兽状态，生产力水平十分低下，生产斗争的门路极端单纯，头脑极为简单，思维还很贫乏。他们所能想象的内容，只是他们在日常生产和生活实践中所能听到、看到和接触到的东西，除此之外，很难抽象出什么复杂的概念来。甚至，抽象的思维在那时是不存在

---

① （英）马林诺夫斯基：《巫术科学宗教与神话》，李安宅译，北京：中国民间文艺出版社，1986 年。

② 斯宾塞就是这种说法的主要代表。

③ 马斯·缪勒就是这一学派的典型代表。

的，更不可能产生幻想。因此，宗教观念在那时并没有发生，而且也不可能发生。那时，猿人没有鬼神观念，也没有宗教观念，正如今天一切其他动物不可能相信鬼神、信仰宗教一样，只是因为猿人的思维十分单纯（其他动物则无思维）。再加上那时的人类时时为生活所迫，根本不可能想到如何去解释世界。

到了尼人时代，随着生产力的提高和社会实践的日益丰富，人类的想象和思维能力也就日益复杂起来。这时，人类已经产生了最原始的宗教观念——自然崇拜。那么，为什么人类最早的宗教观念会是自然崇拜呢？这是因为那时的人类所赖以生存的是自然，对他们生活有直接威胁的、有着直接的利害关系的也是自然。必须明确，原始人并不是崇拜一切自然现象，而是只崇拜某些对人类有较大影响的自然力。例如，太阳、月亮、土地、山岭、河流、风雨、雷电以及某些动植物等等。当然，由于各地的自然环境、动植物种类差异甚大，因此，人类崇拜的对象自然也就五花八门。比如，从事捕鱼的民族多崇拜海龙王和各种鱼类；从事狩猎的氏族则多崇拜山神和各种飞禽走兽；从事农业的民族则多崇拜土地神或地母神与各类植物。

猿人时代，人类对于祖先尸体，也和其他野兽一样，或者弃之不顾，或者把它吃掉。可是，到了尼人时代，考古学家却破天荒第一次发现人类开始挖掘土坑殡埋祖先的尸体，而且在埋葬尸体时还有一定的摆法。迄今为止，在全世界已经发现的尼人墓葬中，许多尸体的安放都有一定的姿势，一般都是弯着腿，卷缩着身子，有的双手或一手屈起，掌心附于面部，很像睡觉的样子；意大利罗马城南一百公里的一处山洞里，曾经发现过一具尼人的头骨，被有意地安放在一圈石头中央；法国莫斯特地方的一个洞穴里，也曾发现过一具尼人死骨，头枕在一块燧石上，死骨四周安放着七十四件打制的石器，左侧还有一把石斧，头部和肩部都用石板保护着。可见人类在那时就已经开始相信人死之后还有灵魂，还要在另一个世界里生活、劳动和睡眠。

后来，随着社会的发展，人类生产和生活实践日益丰富多彩，人类的这种迷信和想象能力也就日益丰富和复杂起来。到了智人时期，随葬品的数量和范围就更加丰富与复杂了。比如，山顶洞人和西安半坡村人，他们的随葬品就不仅有生产工具、狩猎武器，而且还有生活用品：食物和装饰品等。甚至，还有制造工具和武器的原料。这显然是想要死者在另一个世界里生活得更加舒服一些。特别值得注意的是，在智人时期的许多墓葬里，还发现原始人在死者身上或死者的周围撒上了许多红色的赭石粉，甚至连一些随葬的装饰品也被涂上了红色（山顶洞人即如此）。这显然也是一种具有特殊意义的宗教迷信活动。

当原始人的思维具有一定的抽象能力和想象能力，而且随着社会生产力的提高和物质生活的改善，使得他们在劳动之余已经有时间来考虑如何解释自然的时候，他们就对自己日常生活中所经常接触到的，而且对他们的生活有直接影响的各种自然现象进行假想和解释。比如，为什么会刮风、会下雨？为什么会响雷和闪电？为什么会有日出和日落？等等。原始人对于这类自然现象根本无法进行科学的解释，对于它们所带来的灾害也无法抗拒，因此，就认为有一种超自然的力量在操纵着这些。这种被人格化和神化的超自然力量就成为他们相信的神灵。这样一来，"由于自然力的人格化，产生了最初的神。"① 显然，"一切宗教都不过是支配着人们日常生活的外部力量在人们头脑中的幻想的反映……在历史的初期，首先是自然的力量获得了这样的反映。"② 再比如，原始人对于为什么妇女会生育，为什么青年会苍老，为什么人类会生病、会死亡等生理现象，也都根本无法进行科学的解释，因此，也就认为是有一种超自然的力量——神在操纵着一切。后来，随着时代的进展，这种原始的宗教信仰，也就日益丰富和复杂起来，最终形成了整套的宗教观念。

由此可见，宗教并不是从来就有的，而是人类社会发展到一定阶段的产物，是生产力低下或"原始人对自然斗争软弱无力"③ 的表现，是人类科学知识贫乏，对大自然愚昧无知的结果；是人类社会发展到一定阶段的社会存在的反映。恩格斯指出："宗教是在最原始的时代从人们关于他们本身和周围的外部自然界的错误的、最原始的观念中产生的。"④ 原始宗教在人类历史这一阶段的发生，是必然的，不可避免的，也是完全可以理解的，是一种超乎人类社会发展规律的社会现象。

原始人在长期和自然斗争的过程中，发现那些与他们日常生活密切关联的自然现象，有些经常给他们带来享受和幸福，比如，盛夏的清风、严冬的阳光，等等；有些却总是给他们带来灾难或伤亡，比如，风雪、冰雹、火山爆发，等

---

① 《马克思恩格斯选集》第 4 卷，北京：人民出版社，1995 年，第 224 页。

② 恩格斯：《反杜林论》，中共中央马克思恩格斯列宁斯大林著作编译局译，北京：人民出版社，1999 年，第 334 页。

③ 列宁：《社会主义与宗教》，《列宁全集》第 10 卷，北京：人民出版社，1984 年，第 64 页。

④ 《马克思恩格斯选集》第 4 卷，北京：人民出版社，1995 年，第 254 页。

等。对于后者，原始人虽然想尽办法企图战胜它们，但是在那时的生产条件下，原始人所能办到的事情却是极其有限的。于是，他们就对自然现象产生了两种不同的认识：一种是在生产斗争中逐步获得驾驭自然的能力，从而征服自然，比如，对于寒冷，原始人就设法缝制衣服，夺占山洞，利用天然火或人工取火去战胜它；另一种，则是对大自然产生幻想和依赖，原始人对于他们无法抗拒和不能解释的自然现象进行幻想，往往把这些自然现象加以神化和人格化，把这些自然过程看做是有意识的活动，把人与人之间的社会关系、心理状态强加到人与自然的关系中去，从而使自然物也具有了人的思想动机、爱好、愿望和情欲。比如，古埃及人对于冬季过后春季能否再来十分怀疑。他们每到秋季，看着太阳一天天地衰落下去，就十分担心太阳能否再强大起来。因此，就举行一个隆重的"太阳拐杖节"，献给太阳一根拐杖，好让太阳拄上拐杖，支撑下去，坚持前进，如此幸福美满的春天一定还会到来。可见，古埃及人根本不懂天文，不知道太阳不拄拐杖，照样还会循环回来。

这样一来，经过原始人对自然现象和自然物幻想和人格化的结果，那些能够给原始人带来好处的自然现象和自然物，就成了善神的善意恩赐；而那些能够给原始人带来灾难（冷、热、病、死等）或伤亡的自然现象或自然物，就成了恶神或恶魔的恶意作祟。于是，原始人就用各种各样的祷告、献祭或巫术仪式去讨好祈求善神多赐幸福，祈求恶神不要降灾。对于赐福的善神大唱颂歌、舞蹈和供献祭品；对于恶魔则用象征性的灾难使它满意，以代替可能产生的大祸。为此，原始人甚至常常采取自我惩罚、或者供献牺牲的方式表达对神的敬仰。这样完整的自然崇拜的宗教观念逐渐形成。由此可见，原始人最早产生的宗教观念就是与他们的现实生活有直接联系的自然崇拜，而不是什么鬼魂崇拜或祖先崇拜。

在原始时代，许多自然物和自然现象，如，日、月、星辰，风、雨、雷、电，山川、河流等等，都成了原始人崇拜的对象。而随着农业的发生与发展，原始人对于与农业有关的土地、太阳和水等的崇拜就日益虔诚起来。而且原始人在崇拜这些自然物或自然现象时，往往把它们加以神化或人格化。由此可见，并不是神灵创造了人类，恰恰相反，是人类按照自己的形象创造了神灵，并根据人类现实生活的需要来规定了神灵的属性和地位。

三十一、智人

通过无数世代的辛勤劳动，距今约 5 万年左右，人类体质结构由尼人发展到智人。"智人"这一名词是由 19 世纪著名的瑞典生物学家林耐提出的，意思就是"智慧的人"。智人又称"新人"或"真人"，它在体质结构和外貌上，已经和现代人类没有任何重大差别了。智人下巴突出，嘴部后缩，眉脊低平，脑袋增大，前额升高，其面貌已经完全失掉了古猿的特征，脑容量也已经和现代人完全一样了。这是人类体质结构发展的第三个阶段，这一阶段，相当于考古学上的旧石器时代晚期。

众所周知，人类体质结构的变化和劳动有着密切的联系。智人的下巴突出、嘴部后缩等等，也是无数世代劳动的结果。因为，猿人前期，人类尚未能熟食，撕咬生肉、兽皮等都十分费力，因而嘴部突出，没有下颚。可是，通过世世代代的辛勤劳动，双手获得了彻底的解放，开始了天然火的利用，并且最终发明了人工取火。人类长期熟食，这就大大地减轻了用嘴撕咬生肉时的压力，久而久之，到了智人时代，人类的嘴部也就收缩回来，下巴也就自然突出了，这一变化是符合拉马克"用进废退"的进化规律的。

就全世界范围而言，智人化石的发现比尼人还多，分布也极广。发现最早和最有代表性的智人化石是法国西南克鲁马农山洞的克鲁马农人，所以智人又称"克人"。在我国，有代表性的智人化石，是周口店龙青山的山顶洞人。其次，还有广西柳江县通天岩洞穴的"柳江人"，以及四川资阳县黄鳝溪的"资阳人"等等。

智人时期，人类不但已经定居于欧、亚、非三洲，而且，由中国北部进入西伯利的一支，可能为了追寻捕鱼区，或捕获猎物，通过白令海峡，也进入了美洲，这就是今日美洲土著居民——印第安人的祖先。

人类究竟是什么年代进入美洲大陆的呢？由于考古资料不断增多，说法也在不断变化，过去曾有 11000 年前、12000 年前、13000 年前、3 万年前与 5 万年前之说，但是，直到今天仍无定论。至于说人类究竟是通过何种方式进入美洲去的，同样也无结论。尽管"漂洋过海"之说早被否定，但被否定的结论倒可能是正确的。因为，最新的考古发现已经表明：人类进入美洲大陆的时间最少是在48000年前。[①] 地质资料又表明：35000千年前白令海峡的水深还有36.6米。[②] 既然人类越过白令海之时那里根本没有"陆桥"存在（陆桥出现为时甚晚），那么他们如何能够"通过陆桥进入美洲"呢？因此，根据现有资料判断，结论只能是：人类约于智人时期（48000年前），通过白令海峡渡海进入美洲。至于如何渡海，那当然还需进一步研究。

根据最新报道，加利福尼亚南部圣大罗萨岛的一处猛犸象和一件砍砸器被认为是美洲大陆最古的人类遗迹，年代可能在6到8万年前。看来，人类进入美洲大陆的时间，将来还可能会有变化。不过直到1984年，还有人认为"美洲最古老的人骨是1936年在洛杉矶国际飞机场上发现的一片人类枕骨，年代约26000千年前"[③]。这种说法，显然已不准确。因为，早在70年代，考古发掘即已表明，加拿大阿尔勃他的塔勃尔出土的小孩颅骨定年已为4万年前，而美国南加利福尼亚州出土的相当完整的人类颅骨定年已为48000千年前。[④] 除此之外，就在距今3万年左右，人类也通过马来群岛和巽他群岛，进入了大洋洲（据大洋洲北部阿纳姆遗址测定）。从此，美洲和大洋洲才算有了人类（智人）活动的足迹。与此同时，人类也由我国东北进入了日本。

应当指出，美洲大陆直到旧石器晚期才有人类，在那里，直至今日仍然没有旧石器时代早期和中期的人类化石及其文化遗址的出土，没有猿人和尼人化石的发现，甚至连现代类人猿、狭鼻猴及其祖先的化石也从来没有发现过。1912年，有位美国地质学家名叫顾克，他在怀俄明州的一个新统地层里发现了一颗牙齿化石，经过一批古生物学"权威人士"的鉴定，认为它是古代类人猿遗物，并定名为"西方古猿"，这就是美洲大陆上破天荒第一次发现的古猿遗物！并因此而轰动了世界。

接着，美国的报纸、杂志连篇累牍地发表文章，评述美洲大陆这个"伟大的发现"。英国著名的人类学家施密斯也不吝笔墨对此大加渲染，说什么"西方

---

① 任凤阁：《人类何时进入美洲？》《中学历史教学参考》1982年第2期，第31页。
② 林耀华主编：《原始社会史》，北京：中华书局，1984年，第119页。
③ 林耀华主编：《原始社会史》，北京：中华书局，1984年，第120页。
④ 任凤阁：《人类何时进入美洲？》《中学历史教学参考》1982年第2期，第31页。

古猿"乃是"人科中的原始猿",等等。① 可笑的是,德国有个"学者"名叫柯赫,他在一定专刊上发表文章,把"西方古猿"视为现代人类祖先的一个分支,并且还特地画了一张人类"谱系树"。那时正是20世纪30年代,德国的种族主义分子正在纳粹党的扶植下死灰复燃。柯赫为了拍法西斯纳粹党的马屁,竟宣称希特勒为高贵氏族的北欧诺狄克族,并将其放在这个谱系树中央最高的位置上,而且还把"西方古猿"作为他们的祖先。可是非常遗憾,为时不久(1927年),格雷戈里就向世人宣布他的一项确凿无疑的研究成果:所谓"西方古猿的牙齿",其实是一枚野猪牙!这可吓坏了柯赫,他生怕法西斯党徒兴师问罪,赶快设法收回全部专刊,将其付之一炬。由此可见,种族主义的伪学者是多么的不学无术,愚蠢无知,最终贻笑千古!

为了生存,人类总得不断地总结经验,有所发现,有所创造,有所前进。智人时代,生产力有了进一步的发展,生产技术有了新的提高,石制工具更加完善、精巧和美观。智人时代的石器,除了新的节削器(石刀)、尖状器和刮削器之外,还出现了复合工具和复合武器——在木棒上绑上石质的投枪(短矛)和棱标(用古象牙或燧石作尖头)等,这当然对于提高生产效率和狩猎都是十分有利的。此外,这一时期,用兽骨、兽角和蚌壳制成的工具显著增多了(骨制工具尼人时期即已出现)。骨质工具的广泛制造和使用,一方面说明工具制造技术的提高,另一方面也说明狩猎业的扩大和发展。在众多的骨制工具中,除了带有针眼的骨针、骨锥之外,还有骨镞、骨刀、鱼钩以及带有倒钩的鱼叉和投矛器。所谓"投矛器",就是在一根木杆的一头装上骨制的矛尖,另一头拴上一条绳,同时将绳缠在手上,向野兽投出,如果没有刺中要害,还可以拉回来连续投掷。这样,即可以远距离刺杀野兽减少猎人伤亡,又可以连续投掷增强杀伤力。处于智人时期的澳大利亚人,不知畜牧,不知农耕,尚无弓箭,仅仅依靠采集与狩猎度日。他们的投矛器则是一块带有顶挡的木板,把矛放在板上,可以投出100—150米。这是智人在狩猎武器上的重要发明。

狩猎和捕鱼是智人时代相当重要的生产部门,是那时人类肉食的主要来源。在狩猎方面,智人已经知道依靠集体的力量,把整群的野兽赶进事先设好的栅栏、围网或陷阱之内。除此之外,对于喜欢群居的大野兽,如猛犸象、野马和

---

① 周国兴:《人怎样认识自己的起源》上册,北京:中国青年出版社,1977年,第55页。

北方鹿等，也常常进行集体围捕。在法国索留斯特的一个悬崖下，考古学家就发掘了大量的野兽遗骨，仅仅野马遗骨就有十多万匹，有的骨骼已被砸碎，有的已被烧坏。专家们认为，这是大约 10000 年前原始人用投枪围杀野兽的遗迹。那时，猎人们发现了野马群，就集体出动三面围捕，逐步缩小包围圈，向野马掷投枪。受伤、受惊的野马就像决堤的洪水滚滚向前，到了悬崖边缘，野马前后冲撞因收不住脚而前仆后继就如瀑布一般不停地冲下悬崖摔得血肉横飞。然后，猎人们就到悬崖之下用火烤肉吃，甚至还要敲骨吸髓。

这一切都证明，智人时代狩猎业的发展和狩猎技术的提高是相当突出的。猎捕巨兽是那时男子的主要职业。当然，采集和捕鱼也居于相当重要的地位。

远古人类的狩猎技术，在长期的狩猎实践中，不断地获得发展和提高，由低级到高级，由简单到复杂。从最初的赤手空拳，或者用木棒和石块去与野兽厮杀，进而到使用手斧、木矛和用火围攻。后来，又发明了投矛、飞石索和飞去来器。到了旧石器时代晚期，智人除了发明弓箭之外，在狩猎方法上又发明了伪装法和引诱法，向野兽展开了更加有效的进攻，弄得野兽防不胜防，惶惶不可终日。

飞石索、投矛和弓箭可以远距离杀伤野兽，使野兽对人更加惊恐，对人也更加警惕，给狩猎带来了巨大的困难。如何才能接近野兽？如何才能使野兽主动地向人靠拢？这就成为那时猎人们所要考虑的一个重大课题。在这样的情况下，伪装法与引诱法便被发明出来。

所谓"伪装法"，就是猎人们把自己伪装成某种野兽的模样，借以欺骗野兽，接近野兽，乘机捕杀他们，获得猎物。比如，披野兽皮、戴鹿角帽等等。法国的一处旧石器时代晚期洞穴的壁画中，为我们留下了一幅那时猎人们用伪装法诱惑与捕杀野兽的真实情景：有位猎人身披鹿皮，用笛子吹出像牡鹿那样的叫声，引得鹿群举目观望，寻找发出叫声的"牡鹿"；另一位猎人身披赤鹿皮或野牛皮，把自己伪装成赤鹿或野牛，企图混入鹿群或牛群，伺机发起突袭，猎捕野兽。这类伪装诱敌与攻其不备的狩猎方法，直到近现代还为猎人们所用。比如，鄂伦春猎人除依靠集体围捕野兽外，还经常使用伪装法麻痹野兽，迷惑野兽，使野兽上当受骗，自投罗网。每当野兽交尾季节，鄂伦春猎人就全部穿上用各种兽皮制作的衣服，而且尽可能地保持原来野兽的特点。比如，狍头皮帽"灭塔卡"就和原来的狍子头十分相像。猎人们穿上这类服装，就能使野兽发生错觉，误认为那是自己的异性同类。每当野兽上当受骗前来亲近他们时，鄂伦春猎人也就趁机一跃而起，凶相毕露，把野兽活活打死。

所谓"引诱法"，就是猎人们模仿禽兽鸣叫的方法，引诱禽兽靠近自己，然后把它们捉住或打死。此类狩猎方法，在民族志中屡见不鲜。新西兰的毛利人在捕鸟时，自己先隐藏在密林深处，然后用一只手拿着家养的鹦鹉，让它在树枝上鸣叫，当其他鸟类闻声降落时，就用另一只手将它捉住。居住在西双版纳一带的傣族同胞，过去进山狩猎，往往带上一只公鸡，到了山里，就让公鸡鸣叫，野鸡听见公鸡鸣叫，纷纷飞来会合，猎人就乘机将它们捉住或打死。火地岛人则自己模仿野鸡鸣叫，借以捕捉野鸡。根据我国史书记载，古代的契丹人也曾用"吹角效鹿鸣"的方法狩猎野鹿；[1] 善于射猎禽兽的东女真人在猎鹿时，也"常作鹿鸣，呼鹿而射之，食其生肉"[2]，"女真以桦皮为角，吹作呦呦之声，呼鹿射之"。氏族学的有关资料告诉我们，鄂伦春人在狩猎时也曾仿效狼嚎、发明鹿哨和狍哨。鹿哨鄂伦春人叫"乌力安"，是长约三尺的桦木哨筒，形似牛角，口部较细，吸吮成声，和公鹿的叫声一样。[3] 在野鹿交尾期间，不但母鹿闻声而至，而且公鹿一听到"乌力安"的叫声，也以为是其他公鹿来抢占母鹿，立刻向那个方向飞奔而去，早已守候在那里的鄂伦春猎人很容易地把鹿打死了。其他像鄂温克人的犴笛、傣族的鸡哨和水鹿笛等，也都是属于引诱法狩猎的拟声工具。

考古发掘证明，旧石器时代晚期，智人还学会在洞穴深处绘画生动形象的野牛和野马等动物（西欧、北非和南非均有此类绘画发现）。更值得一提的是，这一时期，智人已经把狐、鹿的牙齿、鱼骨、小砾石、小石珠和海蚶壳等穿凿成洞，制成精巧美观的装饰品，开始把自己打扮得更加漂亮。我国周口店龙骨山的山顶洞人就是这样。另外，考古学家在意大利门顿那近郊，还曾发现智人将他们死去的亲属埋入洞内，并且给死者穿上用大量贝壳穿制而成的衣服，戴上用贝壳、兽牙、鱼脊骨做成的项圈和手镯。这一切都证明：随着生产力的提高和物质生活的改善，智人已经有时间、有精力去从事文化艺术活动；他们已经有可能想方法设法把自己打扮漂亮一些，穿上各色各类的兽皮衣服，这不仅

① 《辽史·营卫志·冬奈钵下》，北京：中华书局，1974 年标点本。
② 《新五代史》卷七十三《四夷附录第二》北京：中华书局，1974 年标点本。
③ 宋兆麟：《远古狩猎的一项重要发明》，《化石》1978 年第 3 期，第 15—17 页。

大大地增强了抵御寒冷的能力，而且身上的毛发也更迅速地退化下来。

智人时期，冰河渐渐消退（智人后期冰河曾再度来临），气候变得十分温暖。人类不仅仍然居住在山洞里，而且也已开始逐步地迁居到广大的平原地区，活动的范围也随之扩大起来。在没有直接受到冰河影响的地区，如，北非、伊朗、中亚和高加索等地，人类已经能够架设帐幕，过着流动的狩猎和采集生活。在那些早已出现定居的地区，人类已经开始建造大型的氏族住屋了。

尼人时代的人群虽然已经有了氏族关系的萌芽，但是那时的人群毕竟还是彼此孤立、闭塞的集团。后来，随着生产力水平的继续提高，这样的群体已经不能适应那时生产发展的需要。生产的发展既要求人们能够比较长期地结合起来，也要求各集团之间能够发生经常的联系，因为只有这样才能保证生产活动的不断进行和劳动经验的继承。这样一来，通过婚姻形式来联系各集团之间的关系便成为必要。于是，随着定居生活的出现，族群内部的通婚便被禁止，而出现了族外婚。这时的族外婚，就是不同群的男女之间的群婚。族外婚的出现，直接导致氏族的形成。从禁止一切兄弟姊妹间发生性关系的时候起，原始集团便转化为氏族。两个互相通婚的氏族便组成了早期的部落。就这样，氏族和部落便于智人时代同时宣告形成。

氏族于智人时代，也就是旧石器时代晚期已经出现那是毫无问题的。但苏联学者与我国不少学者长期以来一直认为氏族产生于尼人时期，也就是旧石器时代中期——距今约二三十万年到五万年，其证据显然不足（仅据欧洲莫斯特文化遗址中发现了许多炉灶的平均面积为 80 平方米的住所而定），还需再加探讨。不过，如果说尼人时代后期氏族公社已经处于萌芽状态倒可能是符合历史实际的。

智人时代，母系氏族公社是社会的基本经济细胞。氏族成员共同居住，共同劳动，共同消费。男子经常外出狩猎，他们经历的风险多，而且流动性很大，不可能成为氏族的中心；而妇女则在住所周围从事采集，管理家务，她们的生产收获成为氏族生活的主要来源，再加上群婚的缘故，人人只知有母而不知有父，这自然就形成了妇女在氏族中的重要地位。仅仅从欧洲这一时期文化遗址中所发现的大量的妇女雕像，就可以证明智人时代人们对于女性的崇拜。

三十二、种族起源与种族主义

随着科学的不断发展，西方的教会人士及学者早已无法否认人类起源于古猿这一事实。可是，他们却节外生枝，在种族问题上大做文章，声称种族的区别是一直存在的。说什么白种人有白种人的祖先，黑种人有黑种人的祖先，黄种人有黄种人的祖先，各个不同的种族起源于不同的猿类。"优等"人种（白种人）起源于猩猩，而"劣等"人种（黑种人）则起源于大猩猩，前者是天生的主人，而后者则是天生的奴隶。而且，它们又是在许多不同的地区分别演化而来的，其中，有的进步极快，结果成了"优等"种族，成了世界的主人；有的进步极慢，结果成了"劣等"种族，成了主人的奴隶（常以大洋洲人为例）。比如，18世纪的英国学者盖姆斯勋爵，在他的《人类历史简观》一书中，回应林耐和布丰的"一祖论"观点时也曾指出："上帝创造了许多对的人类祖先，每一对适宜于生存不同的环境里，他们滋生繁殖，一直传到现在。"这种不仅主张不同的种族起源于不同的猿类，而且主张人类的演变又是在许多不同区域分别进行的理论，就叫人类起源"多祖论"或"多元论"，这是一种反科学的种族主义谬论。

根据《圣经》上的说法，上帝发了怒，放出洪水要把他创造的一切生物全部淹死。而上帝的三个儿子，闪、含、雅弗和他的妻子，却因坐上了上帝命令特制的"方舟"而保留了生命，这就是现代人类的祖先。一些种族主义者就利用这段神话，编造说上帝最宠爱的儿子、神圣的雅弗是白种人的祖先，闪是黄种人的祖先，而为上帝所痛恨和诅咒的含，乃是黑种人的祖先。因为含得罪了上帝，所以黑种人就应当遭受白种人的压迫和奴役。这样一来，种族的产生、种族的歧视与压迫既然都是上帝的意志，那么自然也就是天经地义、合情合理和永恒不变的事了。其实，即使人类是多祖的，也不能作为剥削和压迫的理由，更不能用来解释剥削和压迫。因为，剥削和压迫乃是私有制的产物，它的出现为时甚晚，它与种族的起源并没有任何必然的联系，种族的起源要早得多。因此，用这种理论来为种族压迫和种族歧视寻找依据显然是大错特错的。科学的人类发生"一祖论"认为，整个人类不仅起源于一个共同的祖先——古猿，而且发生于地球上某一单独的区域，既不是起源于不同的猿类，也不是在许多不同地区分别演化而来的。那么，后来的种族又是怎样形成的呢？

种族的形成，是一个十分复杂的问题，根据现代遗传学的研究，种族的形成主要由四种因素，即突变、基因重组合、迁徙和选择综合影响的产物，这里只准备谈一点迁徙与选择的因素。

众所周知，猿人时代由于生产力水平的限制，人类过着游动的群居生活。到了尼人时代，虽然已经出现了定居，但那时的定居，还是暂时的、短期的，实际上只是人类的游动性有所减少而已。只有到了智人时代，人类为了求生，分别进驻亚、非、欧各地，并且其中两支先后进驻美洲和大洋洲之后，[①] 才算在热带、温带和寒带各个不同的地区长期定居下来。

在那漫长悠久的岁月里，由于人类定居于不同的地区，长期互相隔绝，受着各种不同的自然条件，如，气候（寒、暑、燥、湿）、阳光、水土、食物等的影响，躯体的某些部分就对自然产生一定的适应性，外貌上就形成了一些不同的体质特征。如，黑种人（又称尼格罗——澳大利亚人种，或赤道人种）居于非洲和大洋洲的赤道附近，皮肤漆黑，嘴唇极厚，头发黑而弯典；黄种人（又称蒙古人种或亚美人种）居于中国、中亚、北亚、东南亚和美洲（印第安人），皮肤色黄，头发漆黑，身材低矮；白种人（又称高加索人种、欧罗巴人种，或欧亚人种）居于欧洲、北非、西亚和北印度，皮肤色白、高鼻子、蓝眼睛、黄头发，等等。这就是三大种族起源的大致情况。

关于自然环境对种族形成的影响，这里不能十分详尽地去叙述，只准备简单地举一些例子。在赤道地区炎热的沙漠里生活的黑色人种肢体细长是为了散发热量，而在严寒的北极地带生活的爱斯基摩人的肢体短粗则是为了保存体温；各个种族肤色的深浅显然也是为了适应各自不同的自然环境。皮肤颜色的深浅完全是由皮内黑色素（黑蛋白）的多少所决定的，黑色素多则皮肤黑，少者则黄，最少者则白。黑色素有吸收阳光紫外线的能力，因此，它具有保护皮肤内的重要结构，使之免受过量的紫外线损害的作用。所以，生活在赤道地区的黑

---

① 据 20 世纪 70 年代报导：在美国南加利福尼亚发现的人类颅骨，定年为四万八千年前；在澳大利亚的季隆和维兰特拉湖发现的石器，定年为四万五千年前到三万五千年。这些发现表明，五万年前后人类即已进入美澳二洲。

人都具有深黑的皮肤。同时，黑人那种卷曲的黑发也是很好的抵抗阳光的不导热的绝热体，它对头部的皮肤和血管都具有良好的保护作用。此外，黑色人种那种大鼻孔式的宽短的鼻子，也完全是为了适应在炎热环境中散发热量的急促呼吸的需要。而白色人种那种长鼻道、小鼻孔、鹰钩鼻尖等等，则完全是为了适应寒冷环境的需要。因为，冷空气通过狭长弯曲的鼻道时可以增高温度，不致直冲内腔损伤内脏。这里应当说明，上述事例只是表明自然环境对种族形成的一定影响，决不意味着它就是唯一的或决定的因素，因为种族形成的原因是相当复杂的。

由上可知，现代的种族并不是从来就有的，而是人类历史发展到一定阶段的产物，是历史上形成的人类的不同的变种。这些不同种的特征，只是表现在人类体质的外表上，比如，眼睛、嘴唇、头发和皮肤的颜色、鼻子的高低以及身材等等。而这些体质外表的差异，丝毫也不能说明什么优等与劣等、文明与野蛮、聪明与愚蠢、高贵与卑贱，丝毫也不能否认全世界人类起源于共同的祖先。种族本身与人类的智慧、才能和天赋并没有必然的联系，一切种族的脑容量和智力都完全相同。同一种族的人民由于环境和各种条件的不同，可以达到高低不等的发展水平，许多不同的种族处在完全相同的条件下，又可以达到相同的发展水平。历史证明，世界上从来也没有天生的先进种族，也从来没有天生落后的种族。许多种族在人类历史上的发展速度是大不相同的，有的极快，有的极慢，但发展速度与种族差异并没有必然的联系。同时，生物科学证明，不同物种之间的杂交一般是不育的，即使有了杂交的后代，也是缺乏生育能力的。比如，马与驴杂交所生的后代——骡子就不能再生育。可是，不同种族的人之间可以结婚和生儿育女，而且混血儿的体质往往还是相当健壮的，生育能力也是正常的。这一切都说明了不同种族的人起源于共同的祖先。就是到了今天，在生物学上，现代人类的各个种族并没有达到种一级的水平，最多只是亚种或地方变种而已。总之，科学证明，世界上所有的人种同属一个物种，具有共同的祖先，高低贵贱之说毫无根据，全世界人类是一家。此外，考古发掘表明：距离今天年代愈远，人类化石的分布范围就愈小。可见，人类起源一祖论的观点是完全正确的。

19 世纪中期，美国杰出的民族学家摩尔根，在他那部曾经荣获马克思和恩格斯崇高评价的名著——《古代社会》中，结论性地指出："到现在我们可以以确实的证据说：恰如文明时代以前我们知道存在有开化时代一样，在人类一切部落中，于开化时代以前也都存在有野蛮时代。人类的历史都是同一源泉。""由于所有人类种族的脑髓的机能是相同的，所以人类精神的活动原则也都是相同的。"① 显然，这位"以他自己的方式，重新发现了40年前马克思所发现的唯物主义历史观"② 的学者，对于种族起源的结论，是符合马克思主义的。一切民族都曾经历过"野蛮时代，人类的历史都是同一源泉"，"所有人类种族的脑髓的机能是相同的……人类精神的活动原则也都是相同的"，根本不存在什么优劣与贵贱。

在种族起源问题上，长期以来存在着一祖论和多祖论的争论，一祖论者认为现代世界上的各个种族都属于同一物种——智人，都是由同一种古猿进化而来的；而多祖论者则认为各个种族属于不同的物种，起源于不同的猿类，而且都是彼此独立发展的。两者的争论，最初本来只是学术问题，可是，自20世纪以来，种族主义分子却利用多祖论的理论进行歪曲宣传，为其族主义观念服务。

那么，种族主义分子宣传人类起源"多祖论"到底为了什么呢？他们的目的是要通过歪曲种族起源的历史，说明世界上现有的种族在起源问题上，彼此毫无联系，在血缘问题上，彼此各不相干，各个种族都是彼此独立发展的，各个种族都有自己独特的祖先，从而说明各个种族生来就具有不同的"天赋的才能"和智慧。因此，人类本身生来就有优、劣和贵、贱之分，就有天然的不平等；既有"上等"人种，也有"下等"人种；既有天生的主人，也有天生的奴隶。这样一来，资本主义世界的种族歧视和种族压迫自然也就成为天然合理的现象了。

此外，这些人类起源"多祖论"的创造者和拥护者，还竭力散布人类一开始就处于"敌对状态"的说辞，硬说什么人类本来就具有互相敌视的本能。这样一来，一种人压迫另一种人也就成为理所当然的事。显然，种族主义者的最终目的，是要为西方列强的殖民压迫制造根据。他们的种族主义理论，深深地打上了帝国主义和殖民时代的烙印。

不仅如此，种族主义分子为了达到其政治目的，甚至把达尔文的"自然选

---

① （美）摩尔根：《古代社会》序言，杨东莼、马雍、马巨译，北京：商务印书馆，1972年，第2、10页。

② 《马克思恩格斯选集》第4卷，北京：人民出版社，1995年，第1页。

择"和一般生物"生存竞争"等原则也强加于人类社会，用以解释社会的发展和人与人之间的关系。说什么人类社会的发展也是按照"适者生存"、"不适者败亡"的规律进行的。这样一来，那种对劳苦大众的残酷压榨、侵略战争、种族歧视等"弱肉强食"的资本主义原则，也都成了"生存竞争"，成了天经地义的合理现象。根据这种理论，资产阶级就是所谓的"适者"和"强者"，应当永远生存下去，而劳苦大众就是所谓的"不适者"和"弱者"，应当被淘汰。显然，这种社会达尔文主义的反动实质，就是替资本主义制度进行辩护，替帝国主义侵略战争和种族压迫进行辩护。德国法西斯头子希特勒不是就曾利用社会达尔文主义作为发动侵略战争的理论根据，宣扬什么日耳曼民族是"优等"民族，要用战争来消灭全世界的"劣等"民族吗？当这些白人种族主义分子断言北欧种族是人类最有才能的种族时，不知他们可曾想到当北欧人还极端落后和愚昧之时，东方的埃及、巴比伦、印度和中国等地，就已经开遍了人类文明的鲜花。

迄今为止，世界上还有千百万的黑人受着白人统治者的压迫，过着牛马不如的生活（南非为甚）。美国的种族主义分子还出版过许多宣传种族主义谬论的书籍，其中一本叫做《黑人即野兽》。书中指出，"黑人是野兽，但他们会说话和有两只手，以供白人驱使。"显然，出版这样的书籍，其目的是要为彻底剥夺黑人的政治权力制造舆论。1947 年，美国参议员毕尔波出版了一本书，书名叫做《在隔离与变成杂种之间选择吧》。在这本书内，他不仅竭力证明种族系上帝创造，而且还认为既有"优等种族"，也有"劣等种族"。优等种族生来就是统治阶级的种族，劣等种族生来就是无能。不仅如此，毕尔波还竭力宣扬最下等的种族就是黑人。显然，他的用心也是要彻底剥夺美国国内黑种人民的人权。另一个美国的御用学者胡顿教授，也出版了一本《什么人的举止像猴子》的书，力图说明人类的意识是和肤色、头发以及鼻子的形式相联系的，他甚至主张"清洗人种"，企图把所谓"劣等"的种族彻底灭绝。更令人吃惊的是，直至 20 世纪 80 年代，一向自誉为"文明世界"的美国，还有人著书立说，说什么"美国的黑人有好几百万；可没有什么出类拔萃的文化成就可以归功于他们。倘若不是天生低能，他们为什么赶不上白人？"[1] 这真是天大的谬论，如果愿意尊重

---

① （美）罗伯特·路威：《文明与野蛮》，吕叔湘译，北京：生活·读书·新知三联书店，1984 年，第 20 页。

历史事实的话，他们就该知道，在白人侵吞美洲大陆之前，仅就农业而论，欧洲白人成就的总和恐怕也比不上印第安人。① 如此看来"出类拔萃"的桂冠还是奉献给那些为人类文化做出巨大贡献的印第安人为好。事实上，根本就不存在什么"天生低能"的种族，这只不过是种族主义分子的别有用心和愚昧无知罢了。

在种族主义理论的影响下，在美国，长期以来，人们大都认为，黑种人的青少年缺乏道德与法律观念，因此，犯罪比例比白人青年要大得多。国家监狱的有关记录似乎也证实了这一点，然而，事实并非如此。

社会学家迪伯特·埃里奥特用了长达 10 年的时间，在美国追踪调查了一万七千个十一岁到十七岁的青少年（黑人白人都有）。这些青少年对埃里奥特十分信任，定期坦诚地向他讲述自己的犯罪与违法行为。最后，埃里奥特发现，白人青年的犯罪数量与黑人青年的犯罪数量几乎相等，可是，在被逮捕的人中，白人青年却占少数。为什么会如此呢？经过认真查究，埃里奥特的结论是："法庭在处置这些犯罪的年轻人时，其中一个重要因素，就是要看这些年轻人是白人还是黑人，要看他们的经济地位如何。富有家庭的子弟犯罪后，多数都能得到警察局的宽大处理，法院也愿意赦免他们不进监狱，只是将他们交给他们的父母去监护和教育，或者把他们送入特殊学校，而当贫穷的黑人孩子犯罪后，却没有这种'照顾'，法庭除了命令把他们送进监狱之外，几乎再没有什么别的选择了。"② 由此可见，种族主义理论在美国造成的影响是相当恶劣的，不过应当指出的是，近年来在美国，这种种族歧视的状况正逐步得到改善。

众所周知，20 世纪 30 年代，当日本帝国主义侵略我国的时候，也曾大力叫嚷大和民族是世界上最优秀的民族，似乎理应统治世界。接着，就在这样的种族主义旗帜下，日军烧、杀、淫、掠无恶不作，抢占了我国大量的领土和财产，屠杀了我们无数的同胞。与此同时，希特勒德寇也在种族主义的旗帜下，与日本帝国主义者狼狈为奸，东西呼应，屠杀了无数的欧洲人民。

某些欧美国家的种族主义分子，为了说明白色人种是世界的主人，是最高贵的种族，就拼命吹嘘和宣扬白色人种的"优点"和物质文明，企图培养和造成有色人种的自卑感，从而心甘情愿做白种人的奴隶，当然，也只能是做白色

---

① 刘达成：《民族学与原始公社制的文明》，《社会科学战线》1983 年第 1 期，第 332—337 页。
② 《青少年犯罪黑人多于白人吗？》《文摘报》1988 年 11 月 27 日。

人种中统治阶级的奴隶。而我国的种族主义分子、洋奴、买办阶级的代言人却也跟着他们群犬吠声，遥相呼应，吹捧白色人种是什么"天之骄子"，夸耀他们的"船坚炮利"、"西洋文明"，与此同时，却把中华民族诬蔑为野蛮、落后、愚昧、低能的"东亚病夫"。事实上，古老的中华民族，无论在古代或中世纪，都一直走在世界各民族的前列，只有到了近代，才逐渐地落后下来，落后的原因，乃是由于国内外各种势力的残酷剥削与压榨，丝毫也不能说明中华民族人种的低能。毛泽东同志早就指出，"中国人从来就是一个伟大的勇敢的勤劳的民族，只是在近代是落后了。这种落后，完全是被外国帝国主义和本国反动政府所压迫和剥削的结果。"随着新中国的成立，中国人被人认为不文明的时代已经过了，我们将以一个具有高度文化的民族出现于世界。

不久前，西方某些学者曾宣扬说，亚洲从未有过尼人足迹，那里乃是克鲁马农人的故乡。后来，克鲁马农人进入欧洲，把欧洲的尼人基本上消灭了。于是，身躯魁梧，面貌宽阔的"高等人种"——克鲁马农人就成现代欧洲白人的始祖；残余的尼人就成了"下等人种"——现代的有色人种。根据这种谬论，在欧洲发掘的早期人类化石，不可能会有克鲁马农人的祖先，克鲁马农人与古猿、猿人和尼人没有任何血缘关系，它完全是另外一种生物，这种生物从一开始就具有人类的一切特征。

英国人道生甚至更别有用心地伪造了一个人脑猿颌的化石标本，长期进行招摇撞骗。好像欧洲人的祖先早在猿人时代就已经具有了现代人的头脑。事实其实这样的：伪造者道生（律师）与伍德沃德（古生物学家）在1912年12月19日，在伦敦地质学会上联合宣布他们于1911年，在英国伦敦附近苏塞克斯群的皮尔当地区的一个砾石坑里，发现了一些旧石器时代的人类头骨化石碎片、牙齿和下颌骨（还有精致的石器被称为"曙石器"，意即最古之石器）。这是一个十分离奇而又无法解释的人与猿的混合物。头骨已经有了十分发达的现代人的脑盖，而下颌骨则无论形状、大小却完全和猿猴的一样。对于这个不可能存在的怪物——道生伪造的祖先，那些认为"智人"不是起源于古猿、猿人和尼人，而是起源于另一种生物的"特奇生物"的人，将其命名为"曙人"或"道生曙猿人"，按照他们的原意就是"最早的人"，并且认为这就是他们"优等种族"的真正祖先。

应当指出，皮尔当人的"发现"，在英国曾经引起了很大的震动。因为在那时，德国和法国都已发现早期人类遗迹，而英国却一直没有，因此，道生的"发现"，对于英国真是雪里送炭，满足了人们的民族自豪感，因而也就受到了广泛的重视。

那时，英国学术界对于"曙人"的发现非常振奋，说在英国找到了原始人，是什么"划时代的大事"。并且还特地组织了"皮尔当人研究委员会"来专门研究这些化石。尽管牙科医师安达乌德早已提出化石的上颌骨和下颌骨根本不属于同一个体，但是那些"专家"、"伪权威"却依然认为"皮尔当人"就是现代人的祖先，就是最古老的英国人！当著名的古生物学权威伍德沃德的研究成果一经公布，报纸上就立即开始大加渲染，英国突然成了人类文化的重要发源地，这一消息轰动了世界，道生也因此而闻名全球！

可是，非常遗憾，时隔60余年（1953），人们最终发现了这件事背后的惊人真相。"皮尔当人"的头颅是中世纪现代人的头颅，下颚骨是现代猩猩的，犬齿是黑猩猩的。它们用铁溶液与铬酸浸泡过，以显得年代久远。石器是用现代工具打磨出来的，动物化石则是从外地收集来的，这是一个精心策划的骗局。就是这个十分离奇的史无前例的骗局，竟然蒙混了整个学术界达数十年之久，给学术研究带来了极大的混乱，其引发的激烈争论超过了爪哇猿人的发现，几乎把人类学界的知名人士全部卷了进去。种族主义分子更借"曙人"大做文章，说什么在欧洲找到了这种大脑袋的最古的人类祖先，说明欧洲人种很早就比其他地区的人种优越等等。从这里可以看来，种族主义分子为了宣扬种族压迫而伪造历史达到了何等无耻的地步。"曙人"骗局一经揭穿，骗子道生（后人揭发还有其他学者共谋）自然身败名裂遗臭全球。[①] 就连那位总以"权威"自居，主观武断、自以为是、一意孤行的英国解剖学权威纪斯等人也都感到极不光彩。为此而大加吹嘘、大做文章的种族主义分子，更是十分尴尬，啼笑皆非。

尽管西欧种族主义者一直力图利用考古成就大做文章，可是考古学与人类学的新发现，却以确凿的事实揭穿了西方种族主义者的种种骗局。巴勒斯坦卡麦尔山洞所发现的尼人化石，身材的高低与四肢的比例像智人，但头形和高大的眉骨像尼人，显然是由尼人向智人过渡的中间形态，再向前发展，就是克鲁马农人了。立陶宛境内所发现的"开比略人"，头骨化石地质年代属于智人，但

---

① 《化石》杂志1984年第2期署名文章《皮尔当人骗局新考》认为骗局的制造者是何南道尔，但证据显然不足。

还保留了尼人的某些特点。从各地的文化地层来看，凡是发现尼人文化的地区，其上层，也就是地质年代较近的一层，都发现有智人的文化，而且两种文化的连续性也都十分明显。这一切，都有力地说明尼人是智人的直系祖先。任何人企图伪造和篡改人类种族起源的历史，那只能是枉费心机。

最后，还应指出，随着生产力的提高与科学事业的发展，人类历史发展的趋势是更好、更多的了解自然、利用自然，并与自然和谐相处，而不是在相当程度上依靠改变人类的躯体去消极地适应自然、适应环境。自然环境对人类躯体的影响正在日益缩小。同时，随着物质文明的进步与科学事业的发展，种族之间的相互交往正在日益频繁，不同种族之间的相互通婚正在日益增多，种族混居、混杂与融合的过程正在迅速地加剧。这样一来，种族之间的体质差异与文化差别必将日益缩小，种族之间的界限必将日益模糊而逐步趋于消失。到那时，种族与种族主义必将成为历史的陈迹；依靠种族差别大做文章——宣传种族歧视，再也不可能了。

三十三、族外群婚

　　大约到了尼人时代的末期或智人时代，人类逐步认识到了近亲通婚给子女体质带来的危害。他们在长期的生活实践中逐步发现，近亲婚配所生的后代往往发育不良，或痴呆，或聋哑，甚至夭折；而由于某种偶然的原因，两个不同血缘集团的个别男女所生后代却往往十分健壮，没有上述那些不幸的畸形。同时，随着生产力的提高，人群分离之后就在附近定居下来，彼此保持一定的联系；生产力的发展也要求人们比较持久地结合起来，要求各集团之间发生一定的联系。这样就使族外婚的出现成为可能，于是这种新的婚姻就逐渐取代了班辈婚。显然，由班辈婚过渡到族外群婚是在生产力的推动下实现的。

　　关于由班辈婚向族外群婚转化的过程，19世纪末20世纪初夏威夷群岛的土著居民给我们提供了很好的说明。这时，在夏威夷土著居民的一个集团之内，所有的姐妹们（同胞的或血缘较远的），都是他们集团内部的所有同辈兄弟的共同妻子，当然，所有的同辈兄弟也就都是所有姐妹们的共同丈夫。但是，在这些共夫共妻之中，每一个男性都不许和自己一母所生的同胞姐妹发生关系；每一个女性也不许和自己的一母所生的同胞兄弟发生关系。这些男性之间，彼此已经不再互称兄弟，而是称作"普那路亚"；同样，这些女性之间，彼此也已不再互称姐妹，也是称作"普那路亚"。显然，这种婚姻再向前发展一步，就排除一切族内通婚而行族外群婚了。

　　应当指出，普那路亚家庭是摩尔根在《古代社会》一书中提出来的。"普那路亚"这一名称是从最早发现实行这种婚姻的夏威夷群岛土著居民那里来的，意思就是"亲密的伴侣"或"亲密的伙伴"。[①] 它所指的就是一个集团之内的一群姐妹的一群共同丈夫之间的互称；或者是一个集团之内的一群兄弟的一群共妻之间的互称。

　　关于普那路亚家庭发生的时代，有的学者认为"普那路亚家庭是……由母

---

① 　马克思：《摩尔根＜古代社会＞一书摘要》，北京：人民出版社，1965年，第21页。

系向父系过渡时期的产物"①；还有的学者认为，"普那路亚婚是族外群婚的最高发展阶段……普那路亚婚再向前发展一步就进入对偶婚阶段了。"② 而恩格斯却认为普那路亚家庭是由"血缘家庭发展出来"的，"氏族不仅是必然地，而且简直是自然而然地从普那路亚家庭发展起来的。"③ 可见，对于这一问题，还需再加探讨。不过，无论如何普那路亚婚是与族外群婚紧密相关的，它是族外群婚的一种形式。

应当明白，族外群婚一经出现，氏族也就随之而形成。在族外群婚的情况下，氏族内部的一切婚姻都被禁止，不仅禁止祖先与子孙、父母与子女之间的婚姻，而且也禁止了兄弟与姊妹间的婚姻，当然，这一切都是逐步实现、逐步过渡而来的。最初，只是禁止同胞兄弟姊妹（同母所生的）间的夫妻关系，而且也只是在个别场合下才出现这种禁例，可是后来所有的旁系兄弟姊妹间的婚姻也被禁止了（即禁止了一切同辈间的婚姻），而且这种禁例日益普遍，最终成为公认的、正常的惯例。不仅如此，随着岁月的推移，这种禁例也日益发展为习惯法的一项重要内容，对于违背此项禁例，敢在氏族内通婚的成员加以严惩，甚至处死。

既然氏族内部的一切婚姻关系都被禁止，那么，婚姻关系也就只有到氏族以外去进行。婚姻被限制在同一部落的两个氏族之间，不是个人对个人的婚姻，而是整个氏族与整个氏族的集体互相通婚。甲氏族的全部成年男子都要一无例外地出嫁到乙氏族中去，成为乙氏族中全部女性的共同丈夫，而乙氏族中全部女性则都要成为甲氏族中全部成年男性的共同妻子。反之，乙氏族的全部成年男子则都要一无例外地出嫁到甲氏族中去，成为甲氏族中全部女姓的共同丈夫，而甲氏族中全部女性则都成为乙氏族全部男性的共同妻子。在这里，除了氏族内部不准通婚之外，婚姻关系不受年龄、班辈或近亲关系的任何限制。显然，母亲和儿子因为属于同一氏族，所以不准通婚。但是，父亲和女儿因为属于不同氏族，则完全可以婚配。女儿成为父亲的妻子，在那时是理所当然的。类似这种由两个集团互相通婚的族外群婚制，在鄂伦春人的家谱中，也还是可

---

① 宋兆麟、黎家芳、杜耀西：《中国原始社会史》，北京：文物出版社，1983年，第106页。

② 林耀华主编：《原始社会史》，北京：中华书局，1984年，第185页。

③ 《马克思恩格斯选集》第4卷，北京：人民出版社，1995年，第39页。

以找到实际事例的。①

17世纪中期，鄂伦春人由黑龙江北岸迁移到南岸，他们的氏族往往"分成两个半边。凡属于同一半边的人们，不能彼此通婚，而只能和另一半边的人们成婚，也就是说，夫和妻必须是不同氏族的人。"② 比如，在"毕拉尔地区原有三个古老氏族，其中玛哈依尔氏族已派生出莫拉呼尔氏族；恰日基尔氏族已派生出杜宁肯氏族；毛考依尔氏族已派生出卡格吉尔氏族。这些派生出来的氏族都已得到社会承认，并且和原生氏族之间可以通婚了。"③ 这说明在鄂伦春人那里，族外群婚确实是存在过的，就是到了父权制时代，族外婚的原则还都是长期地被奉行着。"但由于各氏族人口发展的不平衡，婚配失调现象是难以避免的。"④ 就是远在男子出嫁的时代，这种矛盾也都在经常地发生着。那时，在互相通婚的两个氏族之中，如果男方氏族人丁兴旺而女方氏族却人口稀少，那么，每当红日落山男子出访妻子的时刻，那种"婚配失调现象"立即就会暴露出来。这时，势必剩下许多男子根本嫁不到妻子。同样，女方氏族的男性却会由于太少，也无法满足男方氏族妇女的需要。反之，如果处于男子娶妻的时代，那么男方氏族由于人丁兴旺也就不仅会有许多男子无妻可娶，而且许多妇女也无夫可嫁。"鄂伦春人的祖先，面对这种不可调和的矛盾，就采用分解氏族的办法来解决通婚问题。他们以氏族的宗教仪式祭天告祖，将原来一个氏族分解成两个氏族（指人丁兴旺的氏族——引者注），然后彼此之间进行通婚。象玛哈依尔和莫拉呼尔原是一对亲兄弟，其子女之间是绝对禁止缔结婚姻的，但经过杀牧祭告祖之后，这一对兄弟就不再是一对兄弟，而是变成了两个氏族，其子女之间便可开始通婚了。"⑤ 这样一来，只要哪个氏族人丁过剩，婚配失调，立即就可"祭天告祖"实行分群，矛盾自然也就不复存在，不必再为缺夫少妻而发愁了。

由上可见，族外群婚盛行于母权制时代，它是氏族形成的先决条件，它大约是在旧石器时代晚期发生，一直流行到中石器时代末期才为对偶婚所取代。那时，男性要想获得妻子只有到本氏族以外去找，到别的氏族中去拜会，或者

---

① 秋浦：《鄂伦春社会的发展》，上海：上海人民出版社，1978年，第10—11页。
② 秋浦：《鄂伦春社会的发展》，上海：上海人民出版社，1978年，第40页。
③ 秋浦：《鄂伦春社会的发展》，上海：上海人民出版社，1978年，第41页。
④ 秋浦：《鄂伦春社会的发展》，上海：上海人民出版社，1978年，第42页。
⑤ 秋浦：《鄂伦春社会的发展》，上海：上海人民出版社，1978年，第42页。

出嫁到别的氏族中去；而女性要想获得丈夫也只有向别的氏族迎娶。这种族外婚制的原则，一直到父权制时代仍然被严格地执行着。尽管那时尚无成文法律，也无明文规定，但是，一切成员都须自觉执行，否则就会遭到公众的谴责，甚至被处死。不久前，在鄂温克人布利托天氏族中，有一位名叫尼洁的姑娘，她爱上了自己的一位远房哥哥，就不顾一切地和他发生了性关系，而且还生了一个孩子。氏族成员为此大为恼火，非要把她处死不可。[1]

在摩尔根加入易洛魁人鹰氏族不久，他就发现在同族亲属中有着一连串的"奇特"称呼，比如男子把自己亲生的子女和他兄弟的子女统统称为自己的儿子和女子，而这些子女则都称该男子为父亲（今天，兄弟的子女则称自己为伯父或叔父）；女子把自己亲生子女和他姐妹的子女统统称为自己的儿子和女子，而这些子女则都称该女子为母亲（今天，姐妹的子女则称自己为姨母）；所有兄弟的子女都互称兄弟姊妹（今天则称堂兄弟姐妹）；所有姊妹的子女也都互称兄弟姊妹（今天则称表兄弟姊妹）。显然，摩尔根在这里所遇到的亲属称谓并不奇特，它不过只是在族外群婚情况下的那一套亲属称谓而已。既然一群男子与一群女子集体通婚，那么他们所生的子女就必然是共同的子女。子女们把自己的父亲以及父亲的兄弟一律称为父亲是很自然的，把自己的母亲以及母亲的姊妹一律称为母亲也是很自然的。既然兄弟的子女是共同的子女，那么，子女之间互称兄弟姊妹也是理所当然的。既然姊妹的子女是共同的子女，那么她们的子女之间互称兄弟姊妹也是理所当然的了。令人感到奇怪的是，当摩尔根被易洛魁人鹰氏族接纳为养子时，易洛魁人的婚姻形态早已进入对偶婚阶段，而他们的亲属称谓却为什么又是族外群婚的称谓呢？其实，这在人类历史中也是常见的现象，前一种制度虽然消失了，而意识形成却总是落后于客观历史的发展，长期地残留于后一种制度之中。易洛魁人族外群婚的亲属称谓残存于对偶婚阶段的事实，正好说明对偶婚是由族外群婚发展而来的，是符合历史常规的。

族外群婚在有史时期存在于欧、亚、非三洲，如前所述，直到19世纪，不仅易洛魁人中间还流行着这种婚姻的亲属称谓，而且在夏威夷群岛上也还保存着这种婚姻形式。马克思指出："它广泛流行于蒙昧期，有时尚保存在已经达到野蛮期低级阶段的部落间，而在另一种地方，即在布立吞人中间，则保存在已

---

① 吕光天：《北方民族原始社会形态研究》，银川：宁夏人民出版社，1981年，第111页。

经达到野蛮期中级阶段的部落之间的。"①

在族外群婚的情况下，谁是孩子的父亲仍然是无法确定的，但谁是孩子的母亲却是清楚的。可是，古人尚不了解这些，而是随心所欲地进行解释，因此，就闹出许多荒唐的笑话来。比如中国古书上即载有"舜母见大虹而生舜"、"禹母吞神珠而生禹"、"圣人皆无父，感天而生"以及殷契的母亲洗澡时，因为吃了一个玄鸟（燕）蛋，便身怀有孕，生了殷契。在鄂温克人中也有这样的神话传说，从前有姊妹两个，因为吃了一种红果子就怀孕了，结果都生了孩子，孩子当然也根本不知道自己父亲，等等。难道所有的"圣人"真的个个没有父亲吗？难道一个妇女吃了鸟蛋或红果子真的就会怀孕生子吗？世界上哪有这样的怪事，这只能是在群婚的情况下人类不知有父的反映，也只能是后代人对于群婚无知的臆说。

在《上古神话演义》一书中，曾有这样一些记述，而这些记述在我国的其他的一些古籍中都是有据可查的。例如，"伏羲氏的母亲……看见一个大人的脚印，偶然高兴，走过去踏了他一脚，不知不觉，心中大动起来。陡然有一条长虹，从天上下来，绕着她的身子，她就如醉如痴了好一晌，及至醒来，就怀孕而生伏羲。神农的母亲……看见电光绕着斗星，便心有所感，怀孕而生黄帝。""帝喾……是黄帝轩辕氏的曾孙……他的母亲……有一天到外边去游玩，看见了一个大的脚迹，也和伏羲氏的母亲一样，走过去踏他一踏，那知心中亦登时大大的感动。因此就怀孕而生了这位帝喾。"② 说得是多么离奇啊！踏一踏别人的脚印竟能怀孕生子那还了得！显然，这都是缺乏群婚知识的臆说。

人类的婚姻形态由乱婚进入班辈婚，排除了父母辈与子女辈的婚姻，这无疑是一个巨大的进步；当人类的婚姻形态再由班辈婚进入族外群婚时，排除了兄弟姊妹的婚姻，当然也是一个巨大的进步。恩格斯曾经明确指出，"如果说家庭组织上的第一个进步在于排除了父母和子女之间相互的性交关系，那么，第二个进步就在于对于姊妹和兄弟也排除了这种关系。这一进步，由于当事者的年龄比较接近，所以比第一个进步重要得多，但也困难得多。"③ "不容置疑，凡

① 马克思：《摩尔根〈古代社会〉一书摘要》，北京：人民出版社，1965年，第20页。
② 钟育龙：《上古神话演义》卷1，上海：中华书局，1935年，第9—10页。
③ 《马克思恩格斯选集》第4卷，北京：人民出版社，1995年，第34页。

近亲繁殖因这一进步而受到限制的部落，其发展一定要比那些依然把兄弟姊妹之间的结婚当做惯例和义务的部落更加迅速，更加完全。这一进步的影响有多么大，可以由氏族的建立来做证明，氏族就是由这一进步直接引起的，而且远远超出了最初的目的，它构成地球上即使不是所有的也是多数的野蛮氏族的社会制度的基础，并且在希腊和罗马我们还由氏族直接进入文明时代。"① 摩尔根在肯定族外群婚的进步意义时也曾指出，"没有血缘亲属关系的氏族之间的婚姻，创造出的体质上智力上都更强健的人种；两个正在进步的部落混合在一起了，新生一代的颅骨和脑髓便自然地扩大到综合了两个部落的才能的程度。"②

---

① 《马克思恩格斯选集》第 4 卷，北京：人民出版社，1995 年，第 35 页。

② 马克思：《摩尔根〈古代社会〉一书摘要》，北京：人民出版社，1965 年，第 34 页。

三十四、图腾信仰

　　原始人在采集、狩猎时，如果偶尔猎获了大野兽，或者收获物十分丰盛，他们就欣喜若狂，大家拉起手来，围绕着收获物又跳又唱，这就是歌舞的起源。可是，对于打死的野兽，他们并不认为那是自己劳动的成果，却认为是这种野兽把自己的皮、毛和肉赐给了人类。后来，有的氏族或部落就对自己经常吃到的那种猎物或植物产生了崇拜，并认为它就是本集团的祖先或保护神。甚至更把这种野兽的名字作为自己的族名，如，熊族、鹿族、狼族，等等，这就是图腾信仰的起源。一般认为，图腾观念的产生，是在旧石器时代的晚期，或者说图腾信仰与母系氏族是同时发生的。①

　　图腾信仰产生于对自然力的崇拜，是一种相当普遍的原始的宗教信仰。"图腾"（Totem）原为印第安人中的阿尔工钦（Algonkin）部落的语言，意即"他的亲族"。所谓图腾崇拜，它的主要内容就是动植物崇拜（无生物崇拜为次）。一般说来，后来的农业部落多以某种植物为图腾；而渔猎或畜牧部落则多以某种动物为图腾。北美印第安人塞纳卡部落，有几个氏族以畜牧为生，分别以熊、狼、海狸、龟、鹿、鹰、鹭、鹬等八种动物命名氏族。作为图腾的动物，不仅禁杀、禁食，而且被当为神灵加以保护。易洛魁部落则以农业为生，崇拜"三姊妹神"，即豆荚精、玉蜀黍精和南瓜精。他们把"三姊妹神"称为"命根子"或"维生之神"。

　　应当知道，原始人之所以把某种动物或植物当做图腾加以崇拜，往往是因为他们那个集团是把这种动物或植物当做主要生活来源的。正因如此，原始人就幻想这种动物或植物对于他们的氏族或部落有着特殊的善意，照顾或保护着他们。幻想这种动物或植物和他们的集团有着特殊的关系，或者是他们的保护神，或者是他们的祖先。

　　最初，原始人还只是把这些被当做图腾的动物或植物加以人格化，当作图

---

① 宋兆麟、黎家芳、杜耀西：《中国原始社会史》，北京：文物出版社，1983年，第469页。

腾进行崇拜。到了后来，随着他们生活资料的来源发生变化，就开始在本集团内禁杀、禁食、禁用这些被视为图腾的动植物，或规定其他类似的禁忌。并且对这些图腾举行崇拜仪式，进行祈祷和歌颂，赞颂它们的功德，幻想通过这些仪式、祈祷和歌颂来加强他们与动植物之间的关系，或者增加图腾对象的繁殖，把图腾作为本氏族的象征和保护者。

在原始社会里，男女青年到了一定年龄，就要举行图腾入社仪式；而且，同一图腾集团内的青年男女严禁通婚。这一点，可通过考证图腾制一词的来源证明。图腾制一词是由阿尔工钦部落的 ototeman 一词演化来的，而 ototeman 的词意是"兄妹亲属关系"，oto 是指同母所生的禁婚兄妹。[①] 除了集团的图腾崇拜之外，还有一种个人的图腾信仰，它是由个人在幻觉中或梦中看到的动物或植物而形成的。原始人认定每个人都隶属于他自己在幻觉中或梦中见到的这些图腾，但这样的隶属关系不同于集团的图腾崇拜，不延续给自己的子孙后代，只要本人一死，这种隶属关系也就立即消失。

应当知道，原始人的图腾信仰是相当普遍的，那时，几乎每个氏族都曾有过图腾崇拜。比如，古埃及王朝尚未建立之前，埃及人的图腾信仰不仅是极为普遍的，而且也可以说是无奇不有的。他们信仰的图腾有蛇、狮、犬、牛、羊、鹰、蜂、太阳、山岳、枫树、芦苇、弓箭，等等。后来，许多部落被统一为"诺姆"（旧译为"州"），于是，有些旧有的部落图腾就逐渐消失而形成了统一的诺姆的图腾。接着，通过兼并形成了上埃及王国（也称南埃及王国）与下埃及王国（也称北埃及王国），上埃及以神鹰为保护神，下埃及以蛇为保护神，及至上埃及统一了下埃及而建立了统一的埃及王朝之后，神鹰就成了全埃及唯一的保护神，而埃及王也就自称为"神鹰之子"了。可见，在人类历史上，各个部族所信仰的图腾绝不是永恒不变的。

关于原始人图腾信仰的事例或残迹是很多的。不久前，在美洲印第安人每一村落的入口处，都还竖立着高达三十余尺的图腾柱，柱上雕刻着各种各样的图腾形象，图腾信仰仍然十分虔诚。在中国，原始社会末期，几乎每个氏族都有自己的图腾名称，比如，神龙氏、有熊氏等等；再如，云南省怒江与独龙江一带的白族（勒墨人）同胞都以虎为图腾，禁吃虎肉。他们认为吃虎肉就等于

---

① 《图腾与图腾崇拜》，《百科知识》1983 年第 8 期，第 21 页。

吃自己祖先的肉，坚信自己就是老虎的子孙，即使遇见老虎，老虎也不会吃掉或咬伤他们。

在佛罗里达的塞明诺尔印第安人那里，氏族多以飞鸟或野兽为名，显然也都是图腾崇拜的反映。比如，考·克里克部落共有五个氏族，其名称为虎、鹿、索、鸟和小鸟。而米卡苏基部落共有十个氏族，其名称为虎、狼、蛇、鸟、獭和风，等等。

狼一般作为一种名声很坏的动物，人们常用"狼心狗肺"来骂人。可是，直到今天崇奉狼的民族却非常多。在苏联，土库曼有十一个民族把狼作为本族的标志，常用羊羔向狼献祭。"斯摩棱斯克的农民在野外与狼相遇，非但不逃路躲避，还要频频躬身施礼。"新年开始，"墨西哥西马德雷山的印第安人首先举家进山向狼拜节，然后再向亲友贺年。"乌兹别克人"在编纂族谱家谱时，要将狼的脸谱画在扉页，子子孙孙不得违抗或妄加涂改"。[①] 这显然也是把狼作为祖先看待的图腾崇拜。

生活在老挝的卡族人同样也有图腾信仰，他们往往是把某种动物作为自己氏族的原始祖先加以崇拜。凡是他们崇拜的图腾动物，他们本部落人是绝对禁捕、禁杀、禁食的。比如，有些部落禁捕野鹿，有些部落禁伤蜥蜴，还有些部落则忌杀野鸡，等等。

生活在大洋洲托列斯海峡西部基威岛上的基威部落，直至今日，还保留着明显的氏族图腾崇拜的特征。他们把氏族图腾称为"奴刺马刺"，崇拜的图腾既有动物也有植物，计有十五种之多。比如，崇拜鳄鱼、螃蟹、加朔鸟、椰子树、竹子、芦苇、尾巴棕榈、无花果、巴豆、栗木等等。应当知道基威人的图腾信仰十分虔诚，既不准杀害图腾，更不准吃食图腾。比如，鳄鱼氏族就绝对禁杀鳄鱼，椰子氏族既不准吃椰子，也不准砍椰子树。不仅如此，基威人还把他们崇拜的图腾形象雕刻在用具上，或者制成图样，穿挂在身上作为识别氏族的标志。

据《后汉书·南蛮传》记载，古代的高辛氏遭到了犬戎族的侵略，讨伐又告失败，于是他们的首领就下令说，有能献犬戎吴将军之头者，封邑万户且赐以少女为妻。令下后，有一条名为"盘瓠"的五色狗，衔来了吴将军的首级，

---

① 《崇奉狼的民族》，《西安晚报》1986 年 5 月 18 日。

于是，该狗就将少女背入深山石洞之中结为夫妻，生六男六女。盘瓠死后，六男六女自相结为夫妻，繁衍后代，这就是巴、蜀、梁、汉、长沙、庐江、武陵一带夷族人的祖先。显然，这也是一个有关图腾信仰的神话与传说。

在鄂温克人的母权制时期，每个氏族都以某种动物为图腾，用以区别于其他氏族。鄂温克语称图腾为"嘎拉布勒"，含有起源的意思。前不久，在部分的鄂温克人中还残留着图腾信仰，比如那乌纳基尔氏族即以灰色水鸟为图腾；造鲁套特氏族即以鹰为图腾；奥特巴亚基尔氏族即以天鹅为图腾，还有以熊为图腾的，等等。① 在这里，大多数的动物图腾都是他们生活环境中存在的动物，或者是曾经存在的动物。这些动物都受到本氏族成员的特别崇敬，而且最初也是禁杀禁食的。

在全世界范围内，很多民族都以熊为图腾，进行崇拜。② 鄂温克人在熊死后，不但要葬熊，而且还给熊敬烟，要哭泣，要像死了老人那样地举行仪式；"鄂伦春人则是用草把熊骨包好，放在树木搭成的架上，放好后，老年人要领青年人跪下，给熊敬烟，磕头，并要向熊祈祷说：'老爷子以后多给猎物'。"奥斯梯加克人把熊猎回后，全公社的男子都要出迎，争着和熊接吻，表示敬意。还要给熊洗脸，洗后把熊抬进屋里，放在床上，给它穿上带襟衣服，戴上帽子，然后还要给熊供奉果子和鱼类。西伯利亚的鞑靼人不但不许吃熊肉，而且在祷文中还把熊尊称为"祖先"。比如有段祷文说："吃黑桦之实的祖先呵，帮助我们，保护我们的家，不使敌人来危害我们……"③ 鄂伦春人则把熊尊称为"老爷子"、"爷爷"和"舅舅"。鄂温克人更把公熊称为"祖父"，把母熊称为"祖母"，熊死之后还要把熊挂在树上实行风葬。④ 在中国，甚至直到周代，人们还把熊尊称为"大人"。日本的阿伊努人很久之前靠渔猎为生，他们的"祖先把熊奉为神灵，认为熊神从'神仙世界'降临到人间，给阿伊努人带来礼物——熊肉、熊皮。为了祷熊神再次降临人间，阿伊努人设坛祭祀，唱祭词，并摆上粉团、核桃和鱼干以示酬谢"。⑤ 这种信仰显然也与图腾崇拜有关。

直到今天，苏丹的孟巴拉人和乍得湖附近的土人还毫无羞色地把野牛称为

① 内蒙古少数民族社会历史调查组编：《陈巴尔虎旗莫尔格勒河鄂温克族社会历史调查报告》，1959年，第88页。

② 吕光天：《崇拜熊的奇特习俗》，《化石》1979年第3期，第17—18页。

③ 吕光天：《崇拜熊的奇特习俗》，《化石》1979年第3期，第17—18页。

④ 宋兆麟、黎家芳、杜耀西：《中国原始社会史》，北京：文物出版社，1983年，第471页。

⑤ 《访问日本阿伊努人》，《环球》1983年第10期，第26页。

"爹爹"。北非的柏柏尔人还认为羊和鹤就是他们的祖先,在他们那里,杀死狐狸和羚羊等动物的人就要被处死。在大洋洲的土著居民中,图腾崇拜更为普遍,据 J. G. 佛雷塞统计,在大洋洲的七百四十个图腾部落中,仅以动物为图腾的部落就有六百四十八个。① 海南岛黎族称公猫为"祖父",称母猫为"祖母",严禁杀猫,猫死后还要抬往猫坟山安葬,沿途要放声痛哭。这些都是图腾崇拜的残迹和反映。

迄今为止,敬牛如神的民族还很不少,以埃及人、印度人和尼泊尔人最为突出。在尼泊尔,圣牛被认为是圣洁的,不许杀害,不许吃牛肉,甚至还有不许用黄牛耕田的。在尼泊尔的加德满都,黄牛可以在大街上漫不经心,自由自在地走来走去,可以悠然自得地横卧街心反刍食物,各种车辆遇此情况只好缓行绕道,达官贵人也无可奈何,只有让路。到了敬牛节日,人们给牛披红戴绿,挂上花环,然后顶礼膜拜。黄牛在尼泊尔不仅受尊敬,而且还受法律保护。1962 年尼泊尔政府正式规定黄牛为"国兽"。伤害牛者,不仅受拘留、罚款,而且还受法律制裁。保护黄牛的结果是黄牛越来越多,终于成为不少城市的"公害"。②

同样,在印度,直到今日,人们对牛的敬仰丝毫也不比尼泊尔人逊色。在首都新德里的大街上,经常可以遇到圣牛(母牛)散步,甚至横卧街心闭目反刍,迫使行人与汽车减速与绕道。至于给圣牛雕像、献食、念经(母牛节念经)那更是屡见不鲜。印度教徒把牛视为"圣牛"或"神牛",视为湿婆神的坐骑。敬牛节日年年举行,节日一到,为牛戴花环,系铜铃,并有僧侣击鼓诵经,护送"圣牛"游行。特别是黄牛更受优待,它不仅不耕田,而且还可以到处漫游,吃食庄稼与果菜,主人见了不仅不驱赶它们,反而"受宠若惊"。"每天晚上牛回棚时,人们要向牛鞠躬致敬,并祈祷'愿圣牛平安'。"③ 养尊处优的圣牛一旦衰老,无法觅食,就被送进僧侣或商人们举办的养老院中去养老。因此,有人说印度是牛的天堂,这话一点也不假。把那些饿死街头的孤寡老人与"圣牛养老院"里那些享受养老待遇的圣牛相比,差距之悬殊使人不寒而栗。时至今日,对于这类现象,如果仍然仅用"愚昧无知"进行解释,就不能够令人信服了。因为,除此之外,确确实实是有一些人是专门以保守宗教陈规为生的。

---

① 《百科知识》1983 年第 8 期,第 22—23 页。

② 俞松年、张汝荣、曹宠编译:《异国风情录》,北京:科学技术文献出版社,1984 年,第 86 页。

③ 王兆麟:《养尊处优的印度牛》,《西安晚报》1986 年 8 月 26 日。

应当指出，不仅古埃人对于神牛"阿匹斯"的崇敬与原始的图腾崇拜有关，尼泊尔与印度人的"圣牛"崇拜，究其根源，也不是完全与图腾崇拜无关的。

在新几内亚以东的太平洋里，耸立着一个璃瑚小岛，名叫劳拉齐（所罗门群岛之一）。这里的部落居民，由于屡遭"白人"迫害，因此仇视外人，不许外人入境，长期处于愚昧状态，直至今日，仍然保留着相当原始的图腾信仰。1981年，一名研究者经过中间人长期交涉，幸能取得入岛资格的人，写过一篇关于该岛情况的报导。内中谈道，在劳拉齐岛上，鲨鱼被认为是神圣的，因而对它崇拜备至。有一次，该岛居民巴尔基托洛对这位入岛人说："伟林鲨鱼之灵命令部落族进行祭祀。"

于是，次日清晨，男子们就把猪赶到祭祀地点。这时，巴尔基托洛和部落族头人，先把猪的心脏和肝脏一块块地扔进大海，献给鲨鱼，然后又把切割成块的猪全部扔进海里。被血染红的海水顿时沸腾起来。鲨鱼把猪肉撕成碎片，用尾巴拍击着海水。这时，7名小孩突然跳进海里，深入到鱼群之中。可是，鲨鱼正忙着吃肉，对他们的到来丝毫不加理睬。

这时，入岛人就问巴尔基托洛："鲨鱼果真不伤害你们吗?"巴尔基托洛思索片刻就回答说："您到来之前鲨鱼咬死一个人。这个被撕碎的人侮辱了伟大鲨鱼之灵，因此他应该死。"由此可见，直至今日，劳拉齐岛的部落居民的图腾信仰仍然十分虔诚。

澳大利亚中部是一望无际的荒漠，人迹罕见，但其中的阿利斯普林斯地区则绿草丛生，土地肥沃。周围300内居住着一个至今尚处于新石器时代中期的游牧部落，人数仅有数百，这就是"阿内特人"。

阿内特人年年都要举行一次盛大的图腾仪式。举行仪式时，表演者满身涂上动物脂肪，用炭粉画上象征图腾的图案，接着把漂亮的山鹰羽毛蘸着从表演者手臂上抽出来的鲜血，贴在图案周围。这就是所谓的神圣"血祭"。阿内特人年年都用这种"血祭"表示对神灵的最大虔诚。仪式进行时，不准说话，不准吃东西，不准喝水，不准有任何欲望。而且这种仪式只有男性成员才能参加。参加者如果迟到了，或者妇女、儿童偷看了这种仪式，就被认为是对神灵的亵渎，就要用长矛将冒犯者当众刺死。

可见，时至今日，某些原始部落的图腾信仰与崇拜并未完全绝迹。不仅如此，有些部落对图腾的信仰与崇拜仍然是十分严肃、认真而虔诚的。

最后，还有传到今天的姓氏：马、牛、羊、熊、龙、李、林、山、水、石等，也都无一不是图腾崇拜的遗风，崇拜龙的就姓龙，崇拜熊的就姓熊。在俄国，俄罗斯文学家列夫·托尔斯泰就是姓"列夫"，列夫就是"狮子"的意思；还有姓"扎依采夫"的，扎依采夫就是"兔子"的意思；还有姓鸡、鸭、牛、乌鸦的。[①] 这也都是图腾崇拜的遗风。

原始人，甚至今天的某些落后部族，仍然时常借助图腾区别氏族、识别血缘关系。他们只要看到对方工具或器皿上的图腾标志，或者看到对方文身的图腾符号，就可以知道对方是属于哪一个血缘集团或氏族的。相同的图腾集团是绝对不许通婚的（也就是同一血缘集团内部绝对禁止通婚）。比如，在内蒙古东部陈巴尔虎旗的鄂温克人那里，男女订婚时，媒人到了女方那里，女方就首先要问清介绍的男方是什么图腾，如果媒人回答男方与女方不属于同一图腾，那就继续探问其他情况，准备订婚；如果媒人回答男方和女方属于同一图腾，那就根本不再谈论订婚之事。

总之，发生于原始社会的图腾信仰，直到近现代还广泛地保留于世界各地的落后部族或文明社会中。这种图腾崇拜，在原始社会确曾普遍地存在过，它的残迹通过古代、中世纪和近代，一直残存到今天。

研究图腾信仰是具有重大意义的，因为图腾信仰在原始人的意识形态中占有重要的地位。研究图腾信仰不仅对于揭示原始人类的社会结构与活动方法具有意义，而且对于揭示美学、文化艺术与宗教的起源也有相当的价值。

原始社会初期，生产力十分低下，人类对于自然界也和其他野兽一样，只有动物式的感觉和认识，丝毫没有什么审美观念。随着生产力的发展，人类对于自然界的认识日益加深，这才逐步开始依据自身的思想感情去评价世界。处于愚昧阶段的人类总认为动、植物的神秘力量远远地超过了人类自身的力量，因而逐步地形成了图腾崇拜，并且赋予崇拜的对象以"美的概念"，这样，就在人类的头脑中萌生了"美"的观念。

在考察人类文化起源的过程中，学者们逐渐发现，几乎所有文学艺术的产生都与图腾信仰有关。

众所周知，人类最早的文学作品，在世界各地，几乎毫无例外地都是有关

---

① 曹秀英、王仁训：《世界姓名趣谈》，《化石》1983年第1期，第24—25页。

图腾信仰的神话与传说；最早的绘画往往就是原始时代人类所崇拜的图腾，如旧石器时代人类居住的洞穴中所画的野牛、鹿、野猪、大象和野马等；最早的舞蹈往往就是围绕猎物、欢庆狩猎的成功。有关图腾的舞蹈，在原始社会里是相当流行的，有的是模仿图腾的动作，有的则结伙列队对图腾进行膜拜，有的舞蹈则是直接表演图腾神话与传说的内容；有关图腾的音乐，往往是有节奏地模仿图腾的声音，或者用图腾动物的皮、骨制成简陋的打击乐器；有关图腾的雕刻则多见于装饰环境与宗教仪式场合，它们经常用作驱除恶魔的保护神，直到今日仍然保存完好闻名于世的北美印第安人的图腾柱就是一例；有关图腾的装饰更是普遍地流行于原始社会与今日尚存的落后部族之中，日常生活用具、工具、器皿，特别是陶器之上的图腾饰物更是五花八门屡见不鲜。比如，服饰、化妆、文身等，也以图腾标志为多，特别是用图腾形象进行"黥面文身"更是相当风行。基于以上种种证据，在宗教的起源问题上，有人提出了"图腾说"，认为最初的宗教应该是图腾崇拜，而自然崇拜是后来才有的。当然，这是一个争议十分激烈的问题，还需要进一步的研究。

总之，对于图腾的研究为我们提供了一条观察远古人类历史的新途径。通过这条途径，去剖析人类童年时期的生活方式以及精神世界等等，都已取得相当的成就。但是图腾崇拜的起源，以及图腾信仰与宗教发生的关系等许多问题都还有待学者们的继续探讨。

三十五、祖先崇拜

在人类历史上，祖先崇拜究竟何时发生？又是怎样产生的？原始人为什么要崇拜自己已经死去的祖先呢？

原始人在长期的生活实践中，发现当人们在做梦时，自己的躯体并没有真正地投入到梦境中去。于是，他们就开始设想，真正投入到梦境中去的一定是某种长期寄居于躯体内部的某种奇特的东西，这种奇特的东西是可以离开肉体而单独活动的，特别是当人死后它就长期地离开了肉体，这就是灵魂。比如，古埃及人就长期认为，当人们在做梦或者死亡时，他们的灵魂（ka），就离开了肉体而单独活动起来，并且认为这个能够单独活动的灵魂又是永远不会死亡的。如果人们能够将死者的尸体妥善地保存起来不使腐烂，那么，终有一天灵魂还会返回肉体，到那时死者就会复活，就又开始了新生。

恩格斯说："在远古时代，人们还完全不知道自己身体的构造，并且受梦中景象的影响，于是就产生了一种观念：他们的思维和感觉不是他们身体的活动，而是一种独特的、寓于这个身体之中而在人死亡时就离开身体的灵魂的活动。自从这时候起，人们不得不思考这种灵魂对外部世界的关系。如果灵魂在人死时离开肉体而继续活着，那么就没有理由去设想它本身还会死亡；这样就产生了灵魂不死的观念。"[①] 原始人认为，如果灵魂暂时离开了肉体就会出现梦中的种种情景；如果灵魂永远地离开了肉体，死亡就会降临。那么原始人为什么又会给灵魂以超人的神秘力量呢？这主要是因为他们错误地理解了梦中的现象。比如，当原始人在梦中见到了他们已经死去的同伴，并且和他们一起生活或劳动，醒来时却一无所见时，就不仅会使他们误认为灵魂是独立活动于肉体之外的一个实体，而且还会使原始人得出灵魂不死的结论；当原始人梦见自己会腾空高飞，或者梦见他们的同伴会潜入水底，等等，他们就会认为灵魂相比肉体本身具有神秘的魔力；当原始人在梦中见到各种动物或植物的时候，他们也就

---

① 《马克思恩格斯选集》第 4 卷，北京：人民出版社，1995 年，第 223—224 页。

认为这些动植物同样具有灵魂，从而产生了"万物有灵"的观念。除此之外，当原始人经常在梦中见到异常可怕的似人非人的怪物时，他们也就认为在另一个世界里确实生活着各种各样的魔鬼。于是原始人也就可能由于梦中见"鬼"而产生了鬼魂观念。既然灵魂具有超人的能力，经常与人在梦中交往，而且又没有单独的死亡，于是原始人也就进一步根据他们现实的社会物质条件，虚构出一个灵魂生活的世界来。同时，灵魂既然被认为具有超人的魔力，那么它们也就很自然地被人当做了依赖的对象，当做供奉和祈求保护、祈求赐福避祸的对象，这就是所谓的鬼魂崇拜。

在这里，既然有了灵魂观念，有了鬼魂崇拜，那么进一步发展出对于死去祖先的崇拜也就成为很自然的事了。必须明确，当原始人尚未产生鬼魂崇拜之时，他们就不可能崇拜自己已经死去的祖先。在那时，人们对于祖先尸体的处理，是和其他野兽一样，或者吃掉，或者弃之不顾。可是，自从原始人产生了祖先崇拜观念之后，他们就不仅开始想方设法保存自己祖先的尸体，而且也开始对它们进行供奉和祭祀了。不过，在母系时代，他们所供奉的多半都是女系祖先，人类最早的祖先崇拜首先是从崇拜女性开始的，直到父系时代，他们才开始逐步地供奉起自己的男系祖先来。

那么，原始人究竟为什么要崇拜已经死去的祖先？为什么要妥善地保存他们祖先的尸体并且对它们加以供奉呢？

扎伊尔奎卢地区的土著居民——安布恩人，一进入老年，大家就在他的名字上冠以'长者'的尊称，受到人们的格外尊重。

"安布恩族，至今仍然没有文字，一切知识只能靠老人口头传授。他们负责把本民族的风俗、戒律、宗教、医药等方面的知识和自己在劳动中积累的经验传给后代。在安布恩人中流传着这样的说法：一个没有老人的村庄，好比一所被白蚁糟蹋的茅舍；一个老人的去世，就像毁坏了一座图书馆。"①

此外，居住在马来西亚沙捞越州的达稚人（属伊班旗），也是没有文字的。知识的传授，经验的积累，总是依靠老人口述。因此，在达稚人那里，"尊贤敬老"之风十分盛行。②

再如，在依靠采集与渔猎为生的塔斯马尼亚人那里，同样没有文字，也是

---

① 杨德生：《敬老的民族》，《世界知识》1983年第16期，第31页。
② 《沙捞越伊班族风情》，《环球》1986年第10期，第42—43页。

靠"老年人……把知识和技术传授给青年一代"的。① 这样看来，原始人之所以格外尊重自己的祖先，其中一个很重要的原因就是因为他们在尚无文字的情况下，"一切知识只能靠老人口头传授"，特别是要靠老人们传授世世代代积累下来的劳动经验与技能。再加原始人认为既然他们祖先在死亡之后还会在暗中保佑和指导他们，那么他们产生对死去祖先的崇拜就是很自然的了。

当原始人在睡梦中，经常遇到自己死去的祖先或首领对他们的生产和其他活动继续进行帮助和指导时，他们也就认为自己祖先的灵魂还活着，还会对他们的现实生活在暗中加以干涉、指导和帮助。因此，只要能够将祖先的尸体进行妥善的保存，让他们能够在另一个世界里继续生活下去，他们也就能够继续对子孙后代的现实生活进行帮助和指导。于是，为了使自己的祖先能够在另一个世界里继续生活，原始人就开始对自己死去的祖先进行土葬、水葬、风葬或火葬。在埋葬时，还要像尼人、山顶洞人那样，根据活人的需要，给死去的祖先陪葬工具、武器、食物和装饰品等等。接着，就是长期地给死去的祖先举行各种祭典仪式，供献祭品。当然，原始人之所以如此虔诚地崇拜自己死去的祖先，还有其他一些重要的目的，比如，祈求祖先的鬼魂在他们有灾难和祸患时暗中保佑他们等等。这种崇拜祖先的目的，一直保存到很晚的时代。比如，在我国，《国语·鲁语》中所说的"能御大灾则祀之，能焊大患则祀之"就是这个意思。除此之外，祭祀与崇拜祖先当然还有怀念与眷恋祖先的意义。

由上可见，原始人的祖先崇拜是人类历史发展到一定时期的产物；实际上，也是原始人生产力水平低下，以及对客观世界和自身缺乏了解、愚昧无知的结果，是原始人在生产斗争中，对大自然的压迫软弱无力的表现。

---

① 林耀华主编：《原始社会史》，北京：中华书局，1984年，第164页。

三十六、生殖器崇拜

应当知道，原始人在崇拜祖先的同时，还有一种非常奇特的崇拜祖先生殖器的习俗。同时，这种崇拜并不是只限于崇拜男性祖先的生殖器——石祖、陶祖、木祖，等等，对女祖先生殖器的崇拜也是存在的。所区别的只是崇拜女性生殖器发生的时代在前，在母权制时代，而崇拜男性生殖器发生的时期在后，在父权制时代。

母系氏族时期，人人知母而不知父。那时，人类尚不知道人类自身的繁衍是需要男女双方共同协力来完成的，而认为生儿育女只是妇女单方面的事，只是妇女接触图腾的结果。由此就产生了最早的生育信仰，产生了对女性生殖器的崇拜。一般认为，女性生殖器的崇拜是母系氏族社会的产物。

关于女性生殖器的崇拜，事例较为贫乏，这很可能和母系时代距离今日岁月过久，文物古迹大量散失有关。摩梭人从古至今都一直保存着崇拜祖先生殖器的习俗。在他们那里，远在达巴教与东巴教形成之前，民间普遍信仰的比喳亚教就十分盛行生殖器崇拜。摩梭人崇拜女祖先生殖器的形式是多种多样的，大多因地而异，形成了地方性的女祖先生殖器的崇拜。比如，有的崇拜形似女性生殖器的山门；有的崇拜形似女性生殖器的天然岩洞；有的崇拜外形如女性生殖器的天然石块，等等。在当地达巴教中，甚至还创造了关于女性生殖器的图画文字，该文字的读音为"潘米尼直"。[①] 乌角地区的摩梭人，把喇孜岩里的钟乳石穴看做女性生殖器而加以崇拜；永宁地区的摩梭人，把格姆山腰的山洼看做女性生殖器而加以崇拜；左所地区的摩梭人，把泸沽湖西的一泓水看做女性生殖器而加以崇拜；俄亚地区的纳西族人，把阿布山岩穴里的古窝视为女性生殖器而加以崇拜，如此等等，不一而是。甚至，还有不少地区是把村落所在地的某些形似女性生殖器的地貌视为女性生殖器而加以崇拜的。应当指出，这

---

① 杨学政：《达巴教和东巴教比较研究》，《宗教论稿》，昆明：云南人民出版社，1986年，第161页。

类女性生殖器的崇拜，有的一直残存到今天。

一般说来，朝拜与祭祀女性生殖器象征物的摩梭人多为妇女，当然，多半都是那些不孕妇女、少孕妇女或生育过畸形儿女的妇女。她们从事朝拜或祭祀女性生殖器象征物的活动从来没有固定日期，随便什么时间都可以，而且去时往往都是三五成群，结伴而行。到了那里就点燃灯火、焚香献祭、叩头祷告、祈求石祖保佑多生健儿。祭祀完毕，还要手捧象征"产子露"的清澈泉水，痛饮几口，渴望生育。不仅如此，凡是祭祀过女性生殖器的妇女，当晚都要力求与男性交媾，企图借助石祖神力达到生儿育女的目的。① 总之，摩梭人普遍认为女性生殖器是生命的源泉，它具有繁衍子孙的神秘魔力，因而对于各种具有女性生殖器外形的自然物都加以崇拜，加以人格化。

此外，在云南剑川石宝山石钟寺的八个石窟里，雕刻着一个莲座，在这个莲座的中央雕刻着一个锥状物，锥状物的正面凿着一个深槽，外形极像一个女性生殖器。剑川一带的白旗同胞把它叫做"阿央白"，"阿央"就是"姑娘"的意思，"白"就是"生殖器"的意思。新中国成立前，剑川一带的白族妇女不孕时，或希望多生子女时，就三三两两地来到这块女阴石前，焚香叩拜，祈求生育。不仅如此，她们还要把香油涂抹在女阴石上，据说这样就可以顺利分娩，减少痛苦。甚至，有的还要贴上一幅红纸对联，上面写着"造就子孙福，大开方便门"，等等；目的在于多生子女，少受痛苦。这里应当指出，此类风俗一直保存到今天仍未绝踪；甚至，连女阴石前那块圆形拱石，也因妇女们双膝跪拜而被磨损成为两个凹形石窝，可见叩拜女阴石者人数之多，历时之久。还有在云南省哀牢山一带的少数民族里，长期在山间供奉着一个岩石质的女性生殖器，上面还留有孔洞，并设法让山水或雨水流进去。据说不孕妇女，经过祭神，喝了此水，就能生儿育女。四川省盐源县左所地区有一个小石洞，当地纳西族人称之为"打儿窝"。打儿窝位于悬崖上，不孕妇女经常到此焚香上供，向窝中扔石子。据说，打儿窝就是女神的阴部，只要能把石子扔进去就可以怀孕生子，否则便无希望。此外，在四川省凉山喜德县泸沽观音岩上，有一个"摸儿洞"，洞里有沙子和石块。妇女求孕时，焚香叩头之后，把手伸入洞中，摸到沙粒的生女孩，摸到石块的生男孩。印度的加兰女神，从形象上看，是一个不穿衣服的

---

① 杨学政：《达巴教和东巴教比较研究》，《宗教论稿》，昆明：云南人民出版社，1986 年，第 157 页。

裸体女人，祭祀时，人们必须向她的阴部亲吻，这种现象在叙利亚就发展成为了子宫节。① 还有，在我国云南与四川交界之处，至今还保留着一个非常和谐的摩梭人的"母系王国"。他们崇拜女性，人人知母而不知父，由老祖母管理部落。这个部落的图腾，就是一个雕刻得相当逼真的女性生殖器。② 以上这些，就是母系时代人类对于女祖先生殖器崇拜的残迹，尽管它与女祖先崇拜同时存在，但其产生，却是由对女祖先的崇拜发展而来的。

随着母系氏族社会的瓦解与父系氏族社会的形成，原先那种对女性生殖器的崇拜就逐步地被男性生殖器崇拜所代替。一般认为，男性生殖器的崇拜是父系氏族社会的产物。关于男性生殖器的崇拜，事例颇多，仅由考古资料来看，陶祖在仰韶文化后期即已出现。如，临潼姜寨、陕西铜川李家沟、甘肃甘谷地儿马家窑与张家嘴齐家文化等遗址中都有陶祖出土。甘肃张家嘴还有石祖出土，陕西华县泉护村、西安客省庄与河南信阳三里店等龙山文化，以及山东潍坊罗家口大汶口文化与湖北京山屈家岭文化等，也都有陶祖出土。在湖南安乡度家岗、广西坛楼和石产遗址，以及新疆罗布淖尔等处还曾出土过木祖、陶祖和石祖。在西藏勒布一带的门巴族里，母权制消失后，女祖先崇拜也逐步地消失了，男祖先的崇拜日益居于重要地位。每家每户的屋檐和屋顶下都悬挂着一个木祖，作为该家的保护神，据说还可以靠此避邪。

总之，在中国，关于男性生殖器崇拜的考古发掘不下二十余起，除一部分属于仰韶文化晚期外，大部分都是属于龙山文化的，也就是说大都是父系时代的遗物。

除此之外，还应指出，在各个地区男性生殖器崇拜的象征物也多因地而异，各有特色。比如，在木里俄亚地区的纳西族中，就把该村东北山坡岩穴里的一个突起的钟乳石视为男性生殖器而加以崇拜；在木里县大坝乡山坡上有一个岩穴，穴内有一个突出的石条，也被看做是男性生殖器而对其加以崇拜；永宁地区的摩梭人曾把该地南部的一座山峰视为男性生殖器而加以崇拜；在左所达孜地区的村后山间有一个蔽口的洞穴，穴中有一条自然石，长约五尺，直径约一尺，两旁各有一块圆形石头，当地纳西族人就把它们视为男性生殖器与睾丸。在纳西族人与摩梭人那里，朝拜与祭祀男性生殖器活动的多半也是不孕的妇女，

① 方纪生：《民俗学概论》，北京：北京师范大学史学研究所，1980年，第46页。
② 《泸沽湖母系王国》，《大众电视》1986年第1期。

当然也有不少的姑娘。她们到了石祖那里，点灯烧水、焚香献祭——献牛奶、糌粑、牛肉、羊肉、猪肉、鸡蛋、麻布、麻线、丝线、镯子、铜元、银元和妇女的头发等物，接着就叩拜祷告，祈求男性生殖器石祖保佑她们多多生育。不仅如此，妇女们姑娘们还要在石祖近处的泉水中饮一碗清水，或者在附近的水池中，脱衣沐浴。如果近处没有泉水或水池，那么，妇女们姑娘们便要撩起裙子与石祖反复接触以求生育。而且，此类习俗在左所达孜地区的纳西族人那里，直到今天仍然保留着，不过现在妇女们祭祀朝拜与接触男性石祖时已经极为隐蔽，不让更多的人见到罢了。一般说来，凡是拜会过男性生殖器石祖的妇女，当晚都定要与男性进行交媾，在他们看来，既然喝过了"产子露"，当夜交媾定能达到生育目的。① 由此看来，这里的纳西族人已经朦胧地意识到男性在生育中的重大作用。

这类对生殖器官的崇拜，既是祖先崇拜的一种形式，而且也与祈求生育有关，这是不必讳言的。关于朝拜石祖祈求生育的事例，民族学的资料是相当多的：在丽江地区的象山脚下，20 世纪 50 年代中期还耸立着一个圆形的大石条，生活在丽江县东坝子一带的白族与纳西族妇女都把这个大石条视为男性生殖器之神而加以崇拜。凡是婚后不生育的妇女都要来到这里焚香叩拜，祈求生育。此外，在鹤庆、漾江等地，崇拜貌似男性生殖器石条的也不少见。在漾江县城之南有一条江，江心耸立一石，石峰突出水面，形状酷似男性生殖器。新中国成立前，那里的白族妇女前来焚香献祭祈求生育的络绎不绝，直到今天，妇女们前来叩拜求子的仍不少见。云南省宁蒗县永宁达坡村的摩梭人认为，他们村后的那座山就是男神的生殖器，每当妇女不孕时，就向该山焚香叩头，祈求子孙；西双版纳一带的傣族同胞也曾拜祭石祖，祈求生育；四川省木里县大坝村居民就在山洞（鸡儿洞）里供奉着一个三十厘米高的石质男性生殖器，普米族妇女不孕时，就跑到洞里去向石祖焚香叩头，进行膜拜，然后拉起裙子在石祖上坐一会儿，认为只有接触石祖才能生育；此外，木里县俄亚乡卡瓦村居民（摩梭人）也是长期供奉石祖的（1956 年民主改革前尚如此），妇女不孕时，就请巫师带路，进入山洞去向石祖"久不鲁"焚香叩拜（摩梭人称石祖为"久木鲁"），接着入池沐浴，洗毕就在石祖上吸饮圣水（有的石祖就是一个天然的钟乳石柱），

---

① 杨学政：《达巴教和东巴者比较研究》，《宗教论稿》，昆明：云南人民出版社，1986 年，第 158 页。

认为只有如此妇女才能受孕;[①] 至于贵州苗民在吃牯藏时，舞动男女生殖器模型，所跳的交媾舞，那更是明显的具有祈求生育的性质。

应当知道，关于男性生殖器的崇拜，除了考古学与民族学方面的大量事例外，在文字学与文献学方面也有许多例证，这里不再赘述。

虽然，随着社会生产力的发展，人类的思维能力逐渐提高，促使人们开始认识人类自身在种属繁衍中的作用，特别是进入父系社会之后，人类就开始认识到男女性交与生儿育女的因果关系。随着一夫一妻制婚姻的出现，男性在生育中的作用日益明朗，于是，在此基础上就出现了男神和男性生殖器石祖的崇拜，这是顺理成章的。

原始社会时期生产力水平极端低下，人类的生存条件十分险恶，因而不仅平均寿命很短，而且婴儿的死亡率也很高。人口的繁盛被视为氏族强大与兴旺发达的标志，因此，更多的繁育后代成为那时人类集团的共同愿望。在这种情况下，在万物有灵的信仰基础上，一旦人们意识到生殖器官对于人口繁衍的重大作用，生殖器崇拜自然也就产生了。

在氏族制时代，对于男女生殖器的崇拜并不是一种偶然的历史现象，而是相当流行的，尤其是父系时代，对男性生殖器木祖、石祖和陶祖等的崇拜更是相当普遍的。应当明白，这种对于男女生殖器的崇拜，都是氏族时代人类祖先崇拜的一个组成部分；崇拜的目的多半都是为了祈求生育，祈求祖先保佑本集团的繁衍。长期以来，学者们对于物质资料生产的研究十分重视，成果累累；而对于人类自身的生产，对婚姻史，对种属繁衍这个关系到人类存亡与发展的重大课题却研究不够，收效甚微，这是应当予以重视的。

---

① 宋兆麟：《原始的生育信仰》，《史前研究》1983 年第 1 期，第 131—133 页。

下

编

一、第一种家畜—狗

人类最先驯化成为家畜的动物是狗，它是由狼驯化而来的（北美印第安人所驯养的美尔糜狗即系狼种）。考古资料表明，早在旧石器时代末期，人类就已开始驯养家犬。"最早的狗，出现在一万五千年前的非洲和一万四千年前的美洲"。[①]（也有人认为最早的驯养狗是发现于瑞士的"泥炭狗"化石，人类最完善的战利品——狗起源于它）[②] 西南亚一带，约于公元前 9000 年之前的中石器时代，也已开始了家犬的驯养。中石器时代的英国约克郡的斯塔·卡尔也有家犬骨的发现，中石器早期的澳洲土人中的乌拉布纳人（居于埃里湖畔）于欧洲人入侵之前就已开始驯养半野性的野犬。除此之外，他们还没有驯养其他家畜。公元前 8000 年前的中石器时代的北欧和西班牙，不但开始养狗，而且也已开始用狗打猎。在中国，最早的家犬骨，发现于 7000 年前浙江余姚河姆渡的新石器时代遗址（半坡、仰韶、龙山等文化遗址中均有发现）。可见，狗是最早的家畜，它与人类为伍，和睦相处，为主人效劳尽忠，至少已有一万多年的历史了。

动物实验表明，不仅雄狼可以与母狗"婚配"生儿育女，而且雄狗也可以与母狼杂交继而繁衍后代。同时，它们杂交的后代，不仅身体健壮，而且繁殖能力也很强，具有很多优点。比如，性情凶猛，听觉、嗅觉特别灵敏，善于奔跑，等等。难怪现代的公安人员经常利用狼狗侦破疑案、追捕逃犯。野狼与家犬杂交繁育的成功科学地证明：现代的家犬与野狼的血缘关系是很近的，家犬是原始人由野狼驯化而来的，它们有一个共同的老祖先。当野狼被驯化成狗之前，它们有可能和现代狼一样，经常在人的住地近旁或洞穴周围出没，找寻人类遗弃的骨头和内脏之类的食物，吞吃人类的粪便。时间长了，原始人就会发现狼确实具有驯化的可能性，于是就设法捕捉它们，把它们驯化成狗。

从前，苏联有位猎人，捉到了一窝刚刚出生的狼崽，于是，他就把其他的

---

① 刘后一、陈淳：《最早的农牧民》，哈尔滨：黑龙江人民出版社，1984 年，第 16 页。

② 李峰：《人类最完美的战利品——狗及其他》，《化石》1980 年第 4 期，第 3 页。

狼崽杀掉，仅留一只进行驯养。谁知小狼养大之后，野性很强，猎人费了许多周折，才使野狼就范，终于把它训练成一条出色的猎犬。在狩猎中，这条猎犬不仅比其他猎狗勇敢，而且还利用自己的特殊身份，帮助主人清除了当地的狼患。卫国战争期间，猎人应征入伍，猎犬就四处寻访主人，自此再未返回。由此可见，人类把狼驯化成狗是完全可能的，不仅如此，就是刚刚驯化成狗的狼崽对其主人也是极为忠心的。

有一个"义犬救主"的传说：有位王爷带"八旗"人马在萨尔湖一带打了胜仗，军威大振。但他的叔父龙敦很不服气，总想篡夺王位。一天，王爷设宴庆功，龙敦就尽力劝酒，把王爷灌得酩酊大醉，卧床入睡。接着龙敦便带剑入帐行刺，结果王爷的黄狗不仅唤醒了王爷，而且咬伤了刺客。狗虽被砍死，但却救了王爷，咬伤了刺客。事后，王爷不仅厚葬了黄狗，而且还吩咐部属说："狗死后要把它埋葬，因为狗通人性，能救主，是义犬。"① 看来，狗对主人的忠诚是无可怀疑的，原始人首先驯狼为狗不无道理。

第二次世界大战期间，苏军战士斯达罗带军犬"文尔内"在临近德国边境执行警戒。一天，德军偷袭，斯达罗被一名德军打死。"文尔内"见主人被杀，嚎叫着扑向凶手，一口咬掉了凶手的三个手指头，并带伤逃回营地。接着又带领苏军来到烈士身旁，并把凶手的三个手指放在烈士胸前。

"五年后，'文尔内'随斯达罗的战友亚历山大上街，当一名德国人在近旁走过时，'文尔内'先是一愣，然后迅速猛扑上去，死死咬住那人的脖子，直到把那个德国人咬死。因为过度狂怒，引起脑溢血，军犬'文尔内'倒下死去。事后，经多方查证，那人正是杀死斯达罗的凶手。"②

可见，狗不仅有很强的记忆力，而且对主人的忠诚也是其他家畜比不上的。在中外历史上，"义犬救主"的传说是不乏其例的。看来，当初人类对狼感兴趣，首先把野狼驯化为家畜是有道理的。今天人们常把无情无义之人骂为"狼心狗肺"，似乎不合实情，应当为野狼与家犬平反昭雪，应当肯定人类的祖先首先选择野狼为驯养对象并无错误。

当澳大利亚人处于旧石器时代末或中石器时代时，"他们还不会饲养牲畜，

① 南山：《风俗故事》，西安：陕西师范大学出版社，1991年，第183页。
② 刘善兴：《五年不忘仇敌的军犬》，《青年博览》1992第5期，第46—47页。

有一种半野生的野狼狗跟随着人们游荡，成为猎人的伴侣"①。驯化的狼成为猎人们在狩猎野兽时的最忠实最可靠的助手。不过，旧石器时代末期或中石器时代，人类驯养的家畜毕竟是有限的，严格地说，那还谈不上是什么畜牧业，只能称作"家畜驯养"。

后来，人类在狩猎中发明了"圈地方式"，这就使家畜驯养事业大大地向前跨进了一步。因为，在"圈地"狩猎的情况下，那些被赶进围地之内的野兽，多半都会活动，会迅速地繁殖起来，被人类当做活的肉食而加以养育和驯化。与此同时，原始农业的发展又为原始畜牧业提供了更多的饲料和饲草，于是畜群也就更加迅速地繁殖和发展起来。

原始人最初养狗可能只是为了吃肉、用皮，可是后来就开始了多方面的利用。如，用狗打猎、守卫住地、乘骑和拉雪橇等。世世代代居住在松花江、黑龙江和乌苏里江沿岸的赫哲族就是中国北方罕见的用狗拉雪橇的民族。直到 18 世纪，伊特尔敏人也仍然骑狗旅行和乘坐狗拉雪橇。住在北极附近以渔猎为生的爱斯基摩人，甚至直到 20 世纪初期，也仍然训练猎狗拖拉雪橇。他们的狗皮厚毛密，能在零下 50 多度的冰天雪地里风餐露宿，酣然入睡。在美国北部的阿拉斯加州，几乎终年都是冰天雪地，直至今日，当地唯一的交通工具仍然是狗拉车。狗车赛是这个地区人民群众长期喜爱的户外运动，冒着零下 50 度的严寒，狗车时速可达 17 千米。② 除此之外，原始人在打猎时，狗嗅觉灵敏，善于奔跑、腾跳（跳得最高的狗可越过五米多高的障碍）和追逐，又成为他们最忠实、最勇敢的寻找野兽、追捕野兽、保护猎人的有力助手。狗可以嗅出 200 多万种气味，其嗅觉之灵敏度，比人高 100 万倍。③ 它可以凭着嗅觉，帮助猎人找到藏于草丛或林海深处的野兽，先把野兽缠住，等待主人的到来。三只獒狗可以斗败一只猛虎。此外，原始人还用狗帮助主人放牧牲畜和守卫住地。云南省金平县的苦聪人，直到新中国成立初期，"在没有搬出原始森林以前，每家都养有几只凶猛的狗，日夜守卫在住处的附近，防御野兽或其他外来的偷袭"。④ 狗的看守本领是很高明的，它们既机警敏锐，又忠于职守，深受主人信赖。

---

① 林耀华：《原始社会史》，北京：中华书局，1984 年，第 167 页。

② 吴胜明：《万国风情》，石家庄：河北人民出版社，1981 年，第 63 页。

③ 刘后一、陈淳：《最早的农牧民》，哈尔滨：黑龙江人民出版社，1984 年，第 18 页。

④ 禾子：《"苦聪人"过去的生活简况》，《文物》1960 年第 6 期，第 73 页。

小安达曼岛上的翁格人是十分重视养狗的。狗是19世纪末20世纪初才被引入小安达曼岛的。自此之后，人们在那里发现贝家（由翁格人长期食后抛弃的贝壳和骨头等物堆积而成）中野猪骨头的数量大大地增加了，这说明狗在小安达曼一带翁格人的狩猎中起了相当重要的作用。直到今天，翁格人出外狩猎还总要带上几只狗。狗在森林中一会儿向左，一会儿向右，到处寻找猎物。猎人只要听见狗儿狂叫一声，飞奔而去，就知道它们发现了猎物。猎人见此情景就会随着猛追过去，往往总是当主人赶到现场时，几只狗儿早把猎物团团围困起来。当猎人赶来刺死猎物（多为野猪）后，为了鼓励狗儿帮助主人狩猎的积极性，常常就在现场开膛破肚，把猎物的内脏拿给猎狗去吃。

　　在著名的猎手鄂伦春人那里，猎犬也起着很大的作用。每当鄂伦春人外出狩猎，猎犬总是要带的。猎犬不仅具有极其灵敏的嗅觉，可以帮助猎人寻找野兽，而且还能飞速地追上那些负伤而逃的野兽，咬住它们的尾巴或腿脚，死死地把它们缠住，等待主人追赶上来，和主人一起置野兽于死地。不仅如此，每当鄂伦春猎人野外露宿之时，猎犬又能替主人值班守卫，监视野兽。一旦遇有猛兽袭击，它又能及时狂吠唤醒主人，并和主人一起同猛兽展开厮杀。因此，鄂伦春猎人非常重视养犬，不仅精心喂养，而且严加训练。当猎犬还在幼年时，他们经常把肉递给它们，要它们口衔回家，借以培养它们不能随便吃掉猎物的好习惯。当猎犬年龄稍长的时候，猎人就经常带上它们出猎实习，让它们寻找兽迹、追踪野兽。只要抓到野兽，就一定先割一块肉给它们吃，借以提高它们寻找野兽、追踪野兽和捕捉野兽的积极性，难怪鄂伦春猎犬是那样地负有盛名。

　　由上可知，狗是人类历史上最早驯养的家畜。它不仅给人类以肉类和皮革，而且多年以来又一直是帮助人类守卫住地、进行狩猎的最忠实可靠的得力助手，它为人类征服自然、战胜野兽立下了不朽的功勋。

二、发明弓箭、渔猎

从旧石器时代向新石器时代过渡的一段时期被称为中石器时代，因为这一时期人类使用的石器渐趋细小，故又称"细石器时代"。考古学上常将这一时代归并入新石器时代，或称之为新石器前期。长期以来，学者们一直认为这一时代的开始是以弓箭的发明为标志的。[①] 甚或认为"弓箭的发明是中石器晚期最大的成就。"其实，弓箭的发明与使用，早在旧石器时代晚期就已开始（山西省朔县峙峪与沁水县下川均有石镞发现）。根据民族学的资料推断，在中石器时代，狩猎者可能已经用富有弹性的榆木、落叶松或柴杉木树条做弓，用兽筋做弦（后代的鄂伦春人就用鹿筋），把弓做得足有一人高（像巴西的石器时代居民克林—阿卡洛列人那样），箭也做得很长（坎姆巴印第安人的箭长一米五；古阿雅克人的箭长竟达两米）。最初的箭就是原有的标枪，有的全是木质，只是一根削尖的木棒，后来才装上了锐利的木箭头、石箭头或骨箭头，如狼牙箭或象牙箭等等。再到后来，还有的在箭的尾端夹上天鹅或大雁的羽翎，用以保持箭在飞行中的平衡（如后代的鄂伦春人那样）。中石器时代后期，狩猎方式有很大的改进，猎人们甚至已经知道化装成母兽来引诱公兽，使它们上当受骗，不仅如此，那时人类已开始知道用狗来作为他们狩猎的助手了。

弓箭在人类历史上的出现时间不会太晚。据《易传》记载："黄帝弦木为弧，剡木为矢"，大意是说，黄帝用弦绷在树枝上做成弓，削刮树枝做成箭。事实上，在我国，弓箭的发明，肯定要在黄帝时代之前。根据山西峙峪遗址（距今两万八千多年）和北部非洲阿替林文化遗址中发掘的箭镞来看，早在 3 万年前，人类就已经发明和使用了弓和箭头。如果再进一步研究，峙峪的箭镞也未必就是人类最先制作的箭头。据报道，在峙峪与下川遗址发现的十四颗箭镞，一律是石镞；而根据民族学的资料来看，人类最先制作的箭镞多系木质或骨质。

---

① 刘家和主编：《世界上古史》，长春：吉林人民出版社，1980 年，第 19—20 页。

所谓木质系指某些质地坚硬的木材或竹子；所谓骨质系指某些动物的角、爪或牙齿。以此而论，弓箭的发明可能为时更早。

人类使用弓箭狩猎，比起长矛和标枪，力量既大，速度又快，射程又远，射得又准。① 手投标枪不过四十米左右，而箭却可以射出百米之外。如果用重弓发射，印第安人可以射四百五十余米。不但命中率高，且于落空之后，又可连发连射。据说，优秀的印第安射手，每分钟可以射箭二十余发。同时，使用弓箭狩猎，猎人们常常可以躲在暗处或树上。这样不仅容易射中野兽，而且安全也有了保障。更重要的是使用弓箭不仅可以射击野兽，而且还可以射击飞禽和鱼类。

不要以为用弓箭射鱼那是很渺茫的，不要以为"文明人"做不到的事野蛮人就一定办不到。事实上，有很多事情恰恰是野蛮人能够办到的而文明人却无能为力。用弓箭射鱼文明人看来很难成功；可是，直到今天，世界上仍然还有一些落后部族却以此为生（当然还有其他生计）。生活于安达曼群岛的翁格人就经常用弓箭射鱼，不仅成年人可以用弓箭射鱼，而且连七岁的男孩子也能够用箭射鱼。② 在南美洲苏里南一带的原始森林中，生活着印第安人和从白人奴隶主种植园逃入边远森林地区的黑人，他们捕鱼不用其他工具而用弓箭。到了河边，捕鱼者搭上箭，拉满弓，静静地等候着，只要鱼影在水中一闪，"嗖"的一箭，"差不多百发百中。"如果一箭射空，不但孩子们会嘲笑他，而且老年人也会向他扔去一块银币，对他说："小伙子，快像白人一样去买根钓鱼竿吧，连捕鱼都不会！"③ 除此之外，像生活在加勒比地区的瓦亚纳人（印第安人的一支）用弓箭射鱼的本领也是很高明的；高山族、黎族、鄂伦春族都曾长期地使用弓箭射鱼。每当皓月当空，他们就到水边，静候鱼儿浮上水面，只要鱼影一动，"嗖"的一箭，鱼儿就很难逃脱。

应当指出，文明人对弓箭的威力往往认识不足。16世纪西班牙殖民者入侵美洲时，他们拥有新式武器，对于印第安人的弓箭、长矛十分蔑视，结果印第安人凭借弓箭、长矛奋起反抗，打得侵略者心惊胆战，狼狈不堪。不少西班牙骑兵不仅被射穿，而且被利箭钉在马身上。不可一世的洋枪洋炮，竟然受挫于

① 甄朔南：《原始人是怎样打猎的?》，《科学与文化》1981年第1期，第32页。
② 刘达成等编译：《当代原始部落漫游》，天津：天津人民出版社，1982年，第29页。
③ 《用弓箭捕鱼的民族》，《西安晚报》1983年。

弓箭、长矛，若非目睹，有谁肯信。

　　在原始时代，人类使用弓箭射击飞禽、狩猎和捕鱼，不仅生产效率大大提高，而且也为进一步征服和驯化野兽创造了条件。弓箭的确是那时猎人们最有效的远射程武器。正如恩格斯所说："弓箭对于蒙昧时代，正如铁剑对于野蛮时代和火器对于文明时代一样，乃是决定性的武器。"① 弓箭的发明使人类在征服自然的进程中又跨越了新的一步，从而促进了旧石器时代晚期乃至中石器时代生产力的增长，由此开始，猎物便成了人类的日常食品了。斯大林曾说："由粗笨的石器过渡到弓箭，并与此相适应而由狩猎生活过渡到驯养动物和原始畜牧。"② 显然，说的就是弓箭的发明与使用对于驯养动物与原始畜牧业的产生所发挥的直接影响。

---

① 恩格斯：《家庭、私有制和国家的起源》，北京：人民出版社，1972 年，第 21 页。
② 《联共（布）党史简明教程》，北京：人民出版社，1975 年，第 155 页。

三、驯化野兽

随着中石器时代生产力的发展，复合工具和骨制工具日渐增多，弓箭的使用日益普遍，石器的磨光和钻孔技术也发展起来。钻孔的进行，最初是直接用手抓住石钻头（中石器时代的昂溪遗址即有石钻头出土）。后来，就用弓统拴住一支石钻或坚硬的芦苇秆或管状的骨头，在要钻孔的地方不停地转动，在旋转的钻头之下，加上水和沙子。钻孔之后就可以在石器之上安上木柄，使用这样的工具进行劳动，生产效率就可以成倍地增长，从而为人类定居生活的巩固发展创造了前提。这一切，标志着新石器时代的到来。

定居生活的出现，使原始畜牧业的产生成为可能。因为，原始畜牧业实际上就是家畜驯养，而家畜驯养的发生则须具备两个条件。第一，在生产力发展的水平上，人类必须具有一定的储备能力。如果由于生产力的低下，人类必然吃光自己的猎获物，否则就要饿死的话，那还有什么可以驯养的呢？第二，人类必须定居。因为，最初捕获的野兽，必然都是野性未变，只要一脱人手，立刻就会逃回山林。因此，人类那时在喂养或驯化野兽时，还必须把它们拴起来，或者圈在栅栏内，不可能经常带着这些野性未变的野兽到处游荡。

既然原始畜牧业是从狩猎产生的，那么，它的产生，就应当归功于那时的猎人——男子。首先男子设法把飞鸟与野兽活捉回来，然后再由妇女负责饲养，或者由男子们直接饲养（像鄂伦春男子饲养驯鹿那样），让禽兽生儿育女，繁殖后代。

新石器时代弓箭的广泛使用，使原始人的猎获物大大地增多起来。打死的禽兽可以短期保存，等到缺肉时再吃；活捉的禽兽也就不必立刻杀死，而是设法把它们用绳子拴住喂养起来。后来，原始人又学会用粗壮的树枝围成栅栏，栅栏外围再深深地挖掘一条壕沟（像半坡人那样）。然后，再把野兽驱赶进去，要它们在那里生活、成长和繁衍。

与农业相比，畜牧业在世界上许多地区可能出现较早（考古资料可以证明），而且在其初期，畜牧业的比重总比农业要大。当然，随着时代的进展，农业比重日益增加，终于在全世界范围内，使得畜牧经济相形见绌。不过，这种变化需要一个漫长的过程。

应当知道，恩格斯所说的第一次社会大分工——"游牧部落从其余的野蛮人群中分离出来"①并不是指游牧业与农业的分离，而指的是采集渔猎经济与游牧业的分离。因为就人类历史发展的具体情况来看，畜牧业与农业是在不同的自然条件下，分别成长起来的。新石器时代之初，地球上除了江河湖泊之外，仍然到处是森林和野草，食草类动物又到处都有，因此发展畜牧业的条件十分优越。反之，发展农业难度要大得多，要砍伐森林、清除杂草、疏松土壤。在庄稼成长期间，需要与各类杂草，以及各种各样的食草类野兽进行长期的顽强的斗争，稍一疏忽就会弄得毫无收成。

应当知道，原始人依靠生擒成年野兽发展畜牧是非常困难的。甚至直到新中国成立初期，著名的猎人鄂伦春人要想活捉一只野鹿也是很难办到的。那时，为了捉到一只活鹿，捕鹿队员们就必须骑上骏马，紧跟野鹿足迹，一直追赶三四天（甚至五六天），不让野鹿有喘息的机会，才能把鹿活捉（直至 20 世纪 50 年代末，巴西的克拉霍印第安人仍用此法捕鹿）。而这样捉到的野鹿，又因为多日的饥饿与疲劳，往往很快就会死掉。显然，用这样的方法去发展畜牧，可能性是很小的，比较可行的办法是挖陷阱，或者干脆钻进兽洞去掏它们的幼崽。即使如此，驯养野兽也并不是一件容易的事。根据鄂伦春人的古代传说，他们最初用陷阱抓到的野鹿都跑掉了。最后，他们才开始捕回了一些小鹿，把它们精心地养起来，慢慢地加以驯服，变野兽为家畜，并开始利用驯鹿来驮远东西，代替了鄂伦春人的沉重负担，这样才发明了畜牧业。《淮南子·本经训》上所说的"拘兽为畜"，说的就是这类猎人们生擒活捕野兽，进而驯化，最终将野兽变为家畜的事。

在鄂温克人那里，大约于母权制时代的后期就出现了驯鹿饲养业，这是因为那时鄂温克人狩猎的主要动物就是野生的驯鹿。同时，据说饲养驯鹿之前，鄂温克猎人在山上宿营时，身旁所挂的东西常被驯鹿碰掉，于是，驯鹿的驯顺性就被发现了，猎人们由此知道驯鹿是一种适于驯养的野兽。根据传说，有八个鄂温克猎人在山上狩猎时，活捉了六只驯鹿羔子，于是，就围圈栅栏开始把

---

① 《马克思恩格斯选集》第 4 卷，北京：人民出版社，1995 年，第 160 页。

野鹿驯养成家畜，发明和发展了鄂温克人的家畜饲养业。由此可知：其一，畜牧业直接起源于狩猎。其二，在一开始，猎人们首先选择的是有驯化可能的野兽。其三，一般说来，猎人们最先驯养的野兽多是动物幼崽而不是成年野兽；而且这些最先驯养的野兽往往都是原始时代的猎人所狩猎的主要动物。

在中国，八九万年前的许家窑人，曾是非常高明的猎手。他们狩猎的主要对象是野马、梅花鹿、赤鹿和野驴等大动物。在许家窑发现的兽骨多是碎块，说明许家窑人普遍敲骨吸髓。在他们的工具中，发现了1500多个大小不等的石球，这是一种狩猎的武器——"投石索"。把一只小石球缚在皮条的中间，再把两只中等大小的石球缚在皮条的两端，使用时，用手握住小石球，飞速地抡起皮条两端的石球，接着向野兽抛出。这样，两只相对旋转的石球，就会带动皮条把野兽的腿和头颈死死地缠住，使它无法逃脱。这时，猎人就一跃而出把缠倒的野兽活活地俘虏或打死。

2.8万年前的峙峪人，曾是狩猎野马的能手。野马是一种机警灵敏、奔跑快、力气大的动物，峙峪人既然能够捕获大批野马，说明他们的狩猎技术是相当高明的。

旧石器时代末期，家养动物的出现，就是那时人类狩猎技术高度发展的反映。那时弓箭、陷阱、网罟等先进的渔猎工具都已出现，捕获的活兽有时吃不完，人们就把它们饲养起来，等到缺食时再吃，这是很自然的。大约就在1万年前，人们发现，饲养动物比起狩猎野兽既省力又可靠，于是，就开始选择那些既易活捉与驯化，又容易获取其饲料的食草类动物开始饲养起来（狗为六畜即马、牛、羊、鸡、犬、豕中唯一的食肉类，但也被迫转为杂食），逐步地由三三两两的家畜饲养发展为后来的畜牧业——大群的牲畜放牧。畜牧业逐步发展起来之后，狩猎业也就日益退居于次要地位了。

最初，人类驯养家畜只是采集和狩猎经济的副业，而且，一般驯养的除狼之外，多是食草类的小动物。如绵羊、山羊和野猪等。它们多半都是猎人们在打猎时活捉的，或受伤的野兽幼崽。当然，有时猎人们也会趁着野兽外出寻食的时机，钻进兽洞，去把它们的小崽子活捉出来，带回住地，后来，经过长期养育和驯化，狼就变成了人类所驯养的第一种家畜——狗；野猪和野羊也就成了后来的猪和羊。这时，它们已经不再把人视为敌人，而是把人看作它们的喂养者和保护者。因此，人类也就不再需要用绳去拴住它们，它们就可以服服帖帖、自由自在地随着人们到处活动了。

1953 年，苏联原始社会史专家柯斯文估计，地球上可能作为驯养对象的动物约有 14 万种（专家们近日估计动物共有 150 万种），但经过驯养，驯化成为家畜的也不过仅有 47 种而已。[①] 固然这些数字并不准确，但有一点是无可置疑的，那就是，甚至直到今天，人类已经驯养成为家畜的动物种类比起可能作为驯养对象的动物种类实在是太少了。迄今为止，人们认为"人类驯养的动物，只占可以驯化的野生动物的 0.033％"。[②] 这一方面说明，人类驯化一种野生动物是多么的困难；另一方面也说明畜牧业的发展前景是多么的广阔！

原始人最初驯养动物可能只是一种保存食物的方法，只是为了吃肉、喝奶和制作兽皮衣服。可是，后来他们就开始了多方面的利用。比如，原始人养羊、养猪、养牛不仅是为了保存食物，而且还是为了要它们繁殖后代；原始人养牛不仅只是为了吃肉、喝奶和养育后代，有时则是为了用牛拉犁耕田。再如，原始人养狗不仅只是为了吃肉、用皮，而且也用狗来帮助狩猎、拉雪橇和乘骑。

随着时代的进展，原始人狩猎的方法就越来越巧妙了，到了旧石器时代的后期，猎人们已经知道身披鹿皮，用笛子吹出像公鹿那样的叫声，引诱鹿群进入他们的埋伏圈。这种狩猎方法甚至一直流传到今天。居住在黑龙江大兴安岭的鄂伦春猎人，对狍子和驼鹿的习性十分清楚，并且模仿它们的叫声，制成鹿哨和狍哨，在每年的一定季节满山吹奏，先把它们迷住，然后动手捕捉。原始人用这样的狩猎方法，自然可以捕获更多的野兽，把它们变为家畜，从而促进畜牧业的发展。

原始人最初从山林和原野之间把他们捕获的动物或动物幼崽抱回住所，并且还把它们养育起来，只是为了缺乏食物时再吃。就是直到今天，云南省金平县牛塘寨一带的苦聪人饲养猪和鸡也仍然"为的是万一猎获不到野兽或是采集不到野菜野果时就拿猪、鸡来充饥"。[③] 再如，安达曼人在 1858 年引进狗之前，他们没有任何家畜。后来，他们把小野猪捉来养大，只是为了吃肉，从来也不用野猪进行繁殖。甚至直到今天，安达曼人仍然处于食物采集阶段，对食物生

---

① （苏）柯斯文：《原始文化史纲》，张锡彤译，北京：人民出版社，1955 年，第 87 页。

② 刘后一、陈淳：《最早的农牧民》，哈尔滨：黑龙江人民出版社，1984 年，第 39 页。

③ 禾子：《"苦聪人"过去生活简况》，《文物》1960 年第 6 期，第 73 页。

产一无所知。① 可是后来，原始人发现像山羊、野猪这类家畜，成长既快，繁殖力又强。养一对山羊，在一年内，就可以生两次小羊，不仅羊肉、羊奶鲜美好吃，而且羊皮还可以做衣服。同时，羊所吃的野草又到处都有。显然，养羊的收获比起打猪还要可靠。于是，驯养其他食草类动物，如野牛、野马等，也就随着发展起来。并且逐步地走向了大规模的畜群牧放。一个人骑上一匹马，带上几只狗，就可以放牧大群牛、马或山羊了。

应当知道，现代的家猪就是由野猪驯化而来的。最早的野猪出现于4000多万年前的渐新世早期，欧洲的原古猪就是它们最早的代表之一。考古发掘证明，早在8000到10000年前的新石器时代，人类就开始驯化并饲养野猪。在伊拉克库尔德地区的贾木尔遗址中，出土的距今约8500年前的猪骨，就是目前世界上所发现的最早的家猪材料。② 在中国，家猪的饲养也有相当悠久的历史，据史书记载，早在4000年前的殷商时代，我国的养猪业就已经相当发达了。根据考古发掘，早在六七千年前的西安半坡村与浙江姚河姆渡的新石器时代文化遗址中，都曾发现了家猪骨。事实证明我国同样也是家猪的起源地之一。特别耐人寻味的是，在河姆渡遗址中发现的那些小陶猪，四肢粗短，肚子下垂，和现代家猪的身躯已经极为相像，而与野猪那种瘦长苗条的身躯已经相去甚远。这说明我们祖国养猪的历史还要古老得多，难怪中国的家猪举世闻名，长期成为世界上最好的猪种，传遍世界各地，真是子孙满堂。

1981年1月，广西东兰县金谷公社农民班荣傲与班荣桃两家养的两头母猪发情时，逃入山林，夜不归宿。两天后，母猪不仅返回栅栏，而且还由山中带回一头高大雄伟的公猪。可是公猪不敢进圈，只在栏外转悠，主人以为这是别家的公猪寻情，就把它赶跑了。谁知两天后，这头公猪又来拜会母猪，人们这才发现它是一头大野猪（用枪击毙，毛重370多斤）。三个月后，两头母猪分别产仔，一头生了十只小猪，另一头生了十四只，其中三只逃入山林，再未返回。

家猪与野猪偶然婚配所生的后代十分茁壮，两个月后，大者竟有20余斤。它们的模样既像父亲也像母亲，嘴尖、耳尖、犬齿发达，不爱熟食，偏爱生吃（生玉米、野草等）生喝，性情凶悍，甚至见人咬人，科研人员认为，这些杂交猪对繁殖瘦型猪具有研究价值。

---

① 刘达成等编译：《当代原始部落漫游》，天津：天津人民出版社，1982年，第41页。
② 李峰：《"蠢猪"不蠢》，《化石》1983年第1期，第12页。

既然现代的家养猪可以与现代的野猪进行婚配繁衍后代，那么自然也就可以说明，家猪与野猪的血缘关系是很近的，家猪是原始人由野猪驯化而来的，它们有一个共同的老祖先。

　　今天人们放牧的山羊，最初也是由野山羊驯化而来的。羊类的驯化，以西亚地区为最早，在今日沙尼达尔和杰里科一带，发现了八九千年前的山羊骨，这说明那里的古代居民最先把野山羊驯化成为家畜。在我国，最初开始驯养山羊是在四五千年之前新石器时代的龙山文化时期。

　　应当指出，有些动物的驯养是为时很晚的，牛的驯养以埃及为最早。中国大约是在新石器时代的龙山文化中期才开始驯化野牛。亚洲南部和欧洲某些地区的居民驯养牛是在新石器时代之末（因为野牛力气大，奔跑快，性情凶猛，成群活动，极难活捉，故而驯化较晚），这时，中亚、阿拉伯和非洲草原的居民才开始驯养了马和骆驼（中亚草原的居民可能于 5000 年前最先把蒙古野马驯化为家畜）。后来，这些动物就成为游牧部落的主要牲畜了。在中国，新石器时代，驯养的动物有：狗、山羊、绵羊、猪和牛。如果说在旧石器晚期，原始人在一些壁画中来描述所猎捕到的动物还都是一些惊奔如飞的野鹿和野牛的话，那么，到了新石器时代，随着农业与畜牧业的发生与发展，人们所描绘的动物，都已经多是安顺性温的家畜了。

　　应当明白，就是社会发展到了畜牧业发生的时代，人类照样还得"与麋鹿共处"与野禽野兽一起杂居。不要认为把野兽驯化成为家畜那是一件轻而易举的事。事实上，有些野兽的驯化是很困难的。今天看来，家猪确是一种又脏又懒又笨的温顺家畜，可是它们的祖先——野猪却完全不是这个样子。野猪不但非常讲究卫生，常找清水洗澡，而且身躯苗条，四肢细长，生着一个又尖又长的大嘴巴，既不懒又不笨。人们常把"蠢"字和"猪"联系起来，甚至，"蠢猪"二字已经成了尽人皆知的骂人名词。可是，对于野猪来说，这却是个天大的冤案。野猪非但昼伏夜出、机警敏捷，而且真是"青面獠牙"、凶暴异常，有顽强的拼命精神，因此，连老虎也要让它三分。"一般动物都远不是野猪的对手，它敢与狮、虎争斗，而且常占上风。有时候，野猪甚至还也攻击大象。捕猎野猪是一种带有冒险色彩的举动，猎人们常用'一猪（野猪）二熊三老虎'

的顺序来形容猎物的凶猛程度"。① 即便到了今天，有经验的猎人对于野猪仍是不敢轻易动手的。在希腊神话"短命的英雄海里格尔"里，曾经谈到40多名希腊英雄带上武器（弓箭、长矛等）、战马和猎狗共同去狩猎一头野猪的经过。② 尽管他们依靠集体力量去同野猪厮杀，可是，那凶暴的野猪还是咬死了几名希腊英雄。神话当然会有虚构之处，但上述神话却反映了原始人狩猎野猪的某些真实情景。由此看来，原始人要想把野猪生擒活拿加以驯化，不付出血的代价是不可能的。除此之外，若要驯化力大性猛的野牛、敏捷暴躁的野马和狡猾凶残的野狼等等，肯定也都不是容易的事。因此在那时，驯化与驯养野兽多由男子——猎人来完成，是有一定道理的。

人们往往以为牛是一种勤劳驯顺、任劳任怨的动物。其实，牛并不总是那么温良驯顺，发起凶来是很难对付的，就是经过专门训练的斗牛士也往往会被弄得左右闪躲，甚至逃跑或丧生。如果用牛去冲锋陷阵，那更是锐不可当凶猛无比。战国时的齐国名将田单，就曾用火牛阵大败燕军，收复失地。至于尚未家畜化而又力大性猛的野牛，其凶猛难驯之程度就可想而知了。

鸡是最主要的家禽，目前人类所养的家鸡最初也是由原始人从野禽中饲养和驯化而来的。迄今为止，养鸡业早已发展成为一个独立的生产部门，成为家禽饲养业中最为普遍的一个生产项目，它对人类的生活影响很大，到目前为止，世界上可以说没有一个国家是完全与养鸡业无关的。那么，世界上最先发明养鸡的地区在哪里呢？长期以来，人们根据达尔文的意见，一直认为中国的养鸡是由印度传入的。可是，考古资料却告诉我们：在中国，远在新石器时代，西安半坡村一带的原始居民就已开始养鸡（有现存鸡骨）；生活于四千年前的河南三门峡庙底沟一带的原始居民也已有了家鸡。由此可见，早在六七千年之前，我们祖国的原始居民就已经把野鸡（或称"原鸡"）培养成为家鸡，而那时中印之间尚无交往，因此达尔文的观点应为考古发掘所否定，中国是世界上养鸡最早的国家。人们认为养鸡起源于亚洲是有根据的。因为除此之外，人们早已公认原鸡的故乡是在中国的南方、马来西亚、缅甸和印度；就是直到今天，在中国的广西、云南和海南岛一带也还有这种原鸡生存。

不言而喻，从狩猎到畜牧，变禽兽为家畜，是原始人征服自然的一个重大

---

① 李峰：《"蠢猪"不蠢》，《化石》1983年第1期，第12—13页。
② 任风阁：《古希腊的神话和传说》，石家庄：河北人民出版社，1984年，第46—51页。

胜利。尽管原始畜牧业仅仅只是家畜的驯养，规模和范围也都十分有限，驯养的家畜也还只有几种，然而，它却是后来大批牧畜放牧的开端，是后来多种家畜饲养和驯化的起源。畜牧业的出现，不仅使人类增加了肉类、油脂、奶类、皮毛和骨料的收入，而且还可以用狗打猎，用牛拉犁耕田，用马乘骑，用骆驼运载货物，用家畜粪便作为肥料，大大地促进了狩猎业和农业的发展。这不仅改善了原始人的生活状况，对以往人类历史的发展起过积极的作用，而且对今后人类历史的发展，仍将发挥巨大的作用。恩格斯指出："家畜的驯养与畜群的繁殖，创造了前所未有的富源……马、骆驼、驴、牛、羊、山羊及猪等畜群，这种财产，只需加以看管和最原始的照顾，就可以大量大量地繁殖起来，而供给最充裕的乳肉食物。以前一切获取食物的方法，如今都不重要了；打猎在以前曾是必需的，如今则成为一种奢侈的事情了。"[1] 畜牧业的发明是人类社会经济发展上的重大成就，是社会发展史上的一个巨大进步，具有划时代的意义。定居生活是畜牧业产生的前提，而畜牧业的发明却又反过来巩固了人类的定居（游牧是后来发生的）。它大大地丰富和保证了人类经济生活的日常需要，开辟了人类赖以生存的新途径——通过生产劳动创造财富，获取食物。从此人类就由依赖采集现成的天然食物进入人工生产食物的新时代。这是人类征服自然和摆脱自然界奴役地位的又一重大标志。

此外，还须指出，在某些以狩猎业或畜牧业为主的部落里，畜牧业的发生与发展终于成为由母权制过渡到父权制的决定因素。比如，在鄂伦春人那里，尽管畜牧业长期以来一直只是狩猎业的副业，但是，在历史发展的那一时期，它仍然对于父权制的形成起着显著的作用。最初，由男子在狩猎活动中，从山林或原野里把捕获的驯鹿崽子带回住地，接着，再由男子把驯鹿幼崽喂养、管理和驯化起来。这样一来，男子就不仅成为猎物的所有者，而且也成为家畜的所有者。随着生产的发展，畜群与猎物的不断增加，这就大大地加强了丈夫在家庭中的权势和地位。随着对偶婚转化为一夫一妻制，丈夫开始把妻子娶到自己的家庭中来，子女也就开始了父系的财产继承，母权制也就转化为父权制了。

最后，还当指出畜牧业与农业的分离对于历史发展的巨大作用。众所周知，直到 20 世纪初，鄂伦春人的社会分工还是相当原始的，甚至那时的每一个鄂伦

---

① 恩格斯：《家庭、私有制和国家的起源》，北京：人民出版社，1972 年，第 50—51 页。

春人还"几乎都是全面的生产能手，不仅要学会狩猎、捕鱼和采集，而且要学会制造狩猎、捕鱼和采集的简单的生产工具……"① 这对于鄂伦春社会的发展，当然是有阻碍作用的。甚至直到解放初期，鄂伦春人还只有采集、狩猎和捕鱼，连农业和畜牧业都根本没有发展起来。在原始社会里，畜牧业与农业的分离是一次具有重大意义的社会大分工。原始社会之初，不仅工具是"万能的"，而且人也是"万能的"。那时，"万能的工具"——手斧，不仅是工具，而且是武器，不仅用于打猎，而且用于切劈东西和敲骨吸髓。那时，一个成年人既要狩猎，又要捕鱼，还要采集制造工具和建造住所。总之，什么都干，没有更细的社会分工。因此，依靠这样的"万能工具"和"万能的人"，社会生产力就很难获得迅速地提高。只有在社会生产进一步分工和专业化的情况下，社会生产力才能获得突飞猛进，获得大幅度的提高，而畜牧业与农业的分离却提供了人类合理利用天然资源与充分发挥专业特长的可能性，因而也就大大地促进了社会生产力的发展。

---

① 秋浦：《鄂伦春社会的发展》，上海：上海人民出版社，1978年，第33页。

四、农业的发明

随着中石器时代细石器与弓箭的广泛使用，生产力有了新的增长，人类社会的发展，顺利地跨入了新石器时代，为原始农业与原始畜牧业的产生创造了条件。在某些采集与渔猎经济高度发展地区，人类出现了相对的定居，这就为栽培植物发展农业提供了可能，而农业的出现则又导致了定居生活的巩固与发展。没有定居也就不可能会有农业，人类不可能只事耕耘不问收获，不可能种好庄稼后弃之不顾远游异乡，让庄稼自生自灭，或者让禽兽把庄稼吃光。

新石器时代人类文化的主要特征就是磨光石器的流行，与原始农业、原始畜牧业的产生，以及陶器的制造。所谓原始农业，实际上就是早期的小面积的植物种植，而不是后来的大面积农业经营；所谓原始畜牧业，实际上就是早期家畜驯养，而不是后来的大群的牧畜放牧，原始农业与原始牧业的出现，标志着新石器时代生产力的提高与储备能力的增长。从此之后，人类再也不是单纯依赖自然界赐予的现成物的采集者，而且真正开始通过劳动来创造财富了。

人们过去认为，在中国，原始农业、原始医药和制造陶器的开始，是在传说中的"神农氏"时代，就是古书上所说的"神农氏教民稼穑"、"尝百草以疗民疾"、"神农尝百草，始有医药"。《淮南子·修务训》、《三皇本记》，以及《周书》上所说的"神农耕而作陶"说的就是这个情况。不过，把原始农业的发明归功于被看做神灵或"圣人"的神农氏个人，或者归功于男性，是不公道的，也是不符合历史实际的。不久前，科学家们在埃及阿斯旺以北 20 千米的地方，发现了 1.7 万年前的大麦粒。著名的费利特教授认为，这些大麦粒不可能是野生的。因为那里的土壤干涸而黏结，根本不适于野大麦生长。在这之前，西伯利亚地区曾经发现了 9000 年前的农作物籽粒。这些新的发现使古代农业产生的时间大大地提前了。[①] 不过，这可能也不是最后的定论，有关原始农业发明的确切时间还有待于今后的发掘。关于农业发明的过程，我国古书上曾有这样的记

---

① 王俊仁：《一万七千年前的大麦》，《化石》1983 年第 1 期，第 25 页。

载，说是"古之人民皆食禽兽肉。至于神农，人民众多，禽兽不足，于是神农因天之时，分地之利，教民农作……故谓之神农氏"。① 事实上，农业的出现，系由采集经济发展而来，它的发明应当归功于妇女，它是新石器时代广大妇女集体劳动实践的成果。古人说："民以食为天"，吃饭问题总是首先解决的，既然神农时代人民众多，吃饭问题严重，那么出路何在呢？那时，妇女们世世代代从事野生植物的采集，她们有成千上万年的采集经验，在漫长岁月的生产劳动中，首先逐步地熟悉和掌握了某些草本的一年生的野生植物的发芽、成长、开花和结果的规律。于是，经过多次试种，取得种植的初步经验之后，就在住地周围开始了人类史上最早的农业活动，慢慢地培植了粟子、麦子、玉蜀黍、马铃薯和豆类等作物。总之，妇女是原始农业的发明者。处于这一历史时期的易洛魁女性，就是她们那里农业生产的主力军。自从种植庄稼发明之后，原始农业很快地就成为人类食物的一个重要来源。在我国，关于"神农之世……耕而食"，《庄子·盗跖》的记载说的就是这个情况。

应当明白，采集虽比狩猎轻松，危险性较小，但是要把野生植物培育成庄稼，那却不是一件容易的事。首先，妇女们为农业的发明者，必须要"尝百草"。根、茎、叶、果实、种子，样样都尝。必须弄清，哪些植物好吃，哪些植物不好吃；哪些植物可以吃，哪些植物不可以吃；哪些味涩，哪些味苦；哪些会毒死人。显然，在这样口尝的过程中，女神农们不付出生命的代价是不可能的。她们之中，不知会有多少人曾经由于尝了有毒的植物而被活活地毒死。为了寻求人类可食的植物，扩大可食植物的种属，原始时代的妇女为人类作出了卓越的贡献。当然，在培植庄稼与作物管理方面，妇女们的功绩也是不可磨灭的。根据一些古书的记载："尝百草之味、水泉之苦，令民知所避就"的神农氏，曾就因为品尝植物，"一日而遇七十毒"②，几乎丧失了宝贵的生命。

应当知道，关于原始农业的发明，是有一个思想酝酿与实践过程的。在澳大利亚人那里，人们不会栽种植物，不会耕地，不知农业。但是他们已经逐步学会挖掘野生植物的块根，收割野生的黍类植物，打落野生的谷粒，并把它们扬净、碾碎、制成食品。更重要的是澳大利亚人已经知道为野生谷物与某些块根植物清除杂草，使它们苗壮地成长起来，开花、结果、供人食用。显然，澳

---

① （清）陈立：《白虎通疏证》，吴则虞点校，北京：中华书局，1994 年。

② 何宁：《淮南子集释》卷十九《修务训》，北京：中华书局，1998 年。

大利亚人已经处于原始农业发明的前夜。再向前跨进一步，就会知道栽培植物了。

原始农业发明之初，人类所用的农具，仅仅只有磨尖或用火烧尖的木棒，今人把它叫做"疏土棍子"。后来，才发明和较长时期地使用了木锄、石锄和骨锄。至于收割庄稼，最初就是用手直接采摘。后来，才发明了石镰、陶镰，以及磨得异常锋利的骨刀或蚌刃刀。比如，公元前4500—前4000年生活于西南亚的原始居民苏美尔人，就是用石镰和陶镰来收割庄稼的；生活于6000年前的半坡居民，也是用陶刀来收割庄稼的。

应当知道，原始人最初发明和制造的农具是十分简陋粗糙的。所谓"疏土棍子"或"点穴木棒"，实际上只是一根尖树枝而已；所谓"木锄"，实际上只是一根带有权钩的曲树枝。比如，金平县苦聪人制造的"木锄"，就是用一根带有权钩的曲树枝修制而成的（拉祜族同胞不久前也仍使用这样的木锄或竹锄），虽然不如铁锄锋利，但可以就地取材，制作简便。他们制造的"点穴木棒"，实际上就是把树枝的一端弄尖，然后稍加修整。就是如此粗陋的农具，用途却很多，有时用于点穴下种，有时用于采集野果，有时用于挖掘块根，甚至还会用来对抗野兽，简直可以称为"万能工具"。

如上所述，原始人所用的"锄"最初并不是一种复杂的复合工具，实际上它只是一种一头带有权钩的曲树枝而已，后来才逐步发展为复合工具。应当知道，这种变化是相当缓慢的，云南省金平县的黄苦聪人甚至直到1958年尚还使用"木锄"种田，而他们的"木锄"仍未发展为复合工具。我国古书上所说的"古者剡而耕，磨蜃而耨"，其大意是说：古时候削木棒来耕地，磨蚌壳来锄草。这显然就是关于人类用木锄和骨锄耕的记载。因此，那时的农业又被称为"锄农业"。

一般说来，"锄农业"的主要担当者不是男子而是妇女。那时，男子到处奔跑从事捕猎；妇女则在住地附近从事采集和农耕。农业劳动在那时是一种非常艰苦的生产活动。因为农业需要土地，而那时的地球却除了海洋、河流与湖泊之外，就是一望无际的原始森林或草原，根本没有现成的农田，人们要想种植庄稼，非要伐树开荒，掘土挖草不可，而要完成如此艰巨的任务，却又没有任何金属工具可用。根据民族学的有关资料，最原始的农业就是"刀耕火种"。每当农业季节到来的时候，处于母系时代的某些部落（如印第安人）的全体氏族成员就在妇女们的领导下，共同出动，从事农耕。首先是男子用石斧砍倒树木，待其干枯之后，用火烧光。然后，由妇女们用石铲、石锄等，把灰烬平均撒开充当肥料，接着，疏松土壤，用"疏土棍子"点穴下种（金平县的黄苦聪人直至 1958 年尚"用木棒插穴点种"①）到了作物成熟之后，就用石镰、陶镰或磨得异常锋利的骨刀或蚌刃刀进行收割，这就是所谓的"砍倒—烧光农业"或"刀耕火种"。

农业的发明，使人类可以通过生产劳动创造财富，更主动、更有效地向大自然展开斗争，因而成为社会发展史上的一个巨大进步。尽管最初的农业活动还只是小面积的植物栽培，所用的农具还只是极其简陋的疏土棍子等。但是，没有那时的小面积经营，便不可能会有今天的大农庄；没有那时的疏土棍与石镰刀，便不可能会有今天的拖拉机和收割机。因此，原始农业的发明，在人类生产发展史上是具有重大意义的，它应当算是原始时代劳动妇女们的一项伟大创举。只有到了犁耕农业出现之后，男子才代替了广大妇女在这条生产战线上的地位和作用。

众所周知，世界上最古老的"四大文明古国"都出现于大河流域，那就是埃及的尼罗河，西亚的底格里斯河与幼发拉底河，南亚的恒河与中国的黄河。在这些地区，农业经济的发生与发展是促成生产力提高到剩余产品的出现，是促成阶级和国家形成的主要因素，是促成"文明社会"早日到来的决定力量。就是到了今天，除少数游牧民族之外，全世界多达 60 多亿人口的吃饭穿衣也还主要依靠农业，而现代农业则又是原始农业的延续与发展，没有原始的刀耕火种，也很难会有今日的现代化农业。以此而论，原始农业对于"文明社会"的到来，对于现代化农业的发生与发展都是具有重大意义的。

今天，世界上的植物大约有 35 万种之多（近日专家们估计为 40 万种）。可是，人类食用的植物却仅仅只有 2500 种而已。② 由此看来，我们的祖先所品尝过的植物要比目前人类已经食用的植物种类多得多，农业的发展前景还是相当辽阔的。

———————————

① 禾子：《"苦聪人"过去的生活简况》，《文物》1960 年第 6 期，第 71 页。

② 刘后一、陈淳：《最早的农牧民》，哈尔滨：黑龙江人民出版社，1984 年，第 72—73 页。

五、刀耕火种

不要认为原始人使用那样粗笨的石斧绝对不能砍倒成片的原始森林去从事农业。事实上，这也和那种根本不相信原始人可以钻木取火的想法一样，

认为文明人做不到的事，野蛮人就一定也做不到。恰恰相反，野蛮人所能够办到的事，文明人有时却不容易办到。十多年前，当钢铁还没有引进到达尼人那里时，石锛一直是达尼人的主要工具。这些石锛有一根木柄，柄头裹上藤条或妇女用旧了的网袋纤维。刀刃就是一片磨得光滑、锐利的坚硬石块。砍柴时向下劈，并用肩压。达尼人能在很短的时间内，用这种原始工具砍倒一棵大树。① 而文明人恐怕是很难做到的。此外，在"柏修斯智斗女妖"的希腊神话里，柏修斯不是也曾用钻石弯刀一刀就砍掉了"女妖"或"海怪"的脑袋吗？② 这当然反映的就是古希腊人曾用石刀进行战斗的情景，文明人如果用石刀一刀砍落人头恐怕是很难的。

在"刀耕火种"的农业形式下，庄稼种好之后，大量的田间工作，一般都由妇女主持进行，她们需要长时期地和各种杂草，干旱以及各种各样的飞禽、野兽，如麻雀、田鼠、羚羊、野马等作斗争。稍一疏忽，禽兽就会把田禾吃光，就会前功尽弃，颗粒不收。

云南省金平县苦聪人的"刀耕火种"农业是这样进行的：每当冬季到来，他们便选择一块坡度不大的土地，用砍刀把树砍倒，趁着冬季少雨季节进行曝晒，来年春季放火把枯树烧光，烧下的灰烬作为肥料。然后用锄翻地，有时甚至连地也不翻，就开始用削尖的木棒插穴点种玉米。随后就在这里用竹、木杆搭盖房子，上面用芭蕉叶或竹叶铺盖，全家日夜在此守护，驱逐猴子、貂鼠、大熊等以防它们偷吃庄稼，即便如此，仍然难免约有四分之一的庄稼被野兽吃

---

① 刘达成等编译：《当代原始部落漫游》，天津：天津人民出版社，1982年，第172—173页。

② 任凤阁：《古希腊的神话和传说》，石家庄：河北人民出版社，1984年，第40页。

掉。如果头年冬季长期阴雨，砍倒的树木曝晒不干，以致春季无法点火，玉米不能下种，当年的农业就无收成。在这种情况下，苦聪人除了依靠采集和狩猎勉强度日之外，再也没有别的出路。

1980年5月4日香港《大公报》有篇文章，题目是《印尼达雅族人的生活》，其中谈到达雅人"刀耕火种"的情况是很有趣的。文章说："达雅族的耕作，尚处'刀耕火种'阶段，采取轮耕制，今年东边辟块地，明年又换个地方。稻谷皆种于平原，木薯位于丘陵斜坡。在计划播种的荒地砍下大树，需用的抬回家，余者放火烧成灰烬，便是天然肥料，无需另施服。稻谷下种时，每人一根削尖的木棍，胸前挂个盛谷种的小竹箩。右手在地里插个洞，左手撒下几粒谷，右脚往地上一踢，土盖谷种就成了。之后，勤劳人家去割草，等待收成。收获并非割稻，而是摘稻穗，晒过后，用铁木凿的大臼春成米。往往是一臼两人同春，一人一根木柱，很有节奏"。

迄今为止，世界上还有不少地区的部族仍然沿用着相当原始的农耕方法。比如，海南岛黎族地区"砍山栏"的耕作方法就是原始农耕法的残余。每年农历二三月间，黎族同胞先将树木砍倒，等到树枝干枯后放火焚烧。有时还用钻木取火的方法引火。焚烧后再清除残枝，等雨后表土松软时就进行播种。男子用削尖的木棍在地面戳穴，妇女随后播下"山栏稻"种，既不施肥，也不耕种翻土，只除一两次草。到庄稼成熟时，用手捻小刀，一穗一穗地收割。

在我国云南省的西盟佤族，直到1958年仍然实行刀耕火种。他们选好土地后，就用大砍刀首先砍开一条通道，把预耕地和其他森林远远隔开，免得在放火时火势蔓延引燃其他森林。接着就把预耕地上的树木砍光。待枝叶干枯后，就选日期放火焚烧。烧毕，清除残枝，留下灰烬做肥料。等待雨后土松软时，也下翻挖土地，就开始插穴点种，一个男子手执一丈多长的尖木棒，飞快地在地上点穴，另一个男子则紧随其后，照穴下种。多块土地仅种一次，收后就"轮歇放荒"，让野草树木任意滋长，10年后才再次砍树放火，重新耕种这块土地。

生活在泰国的鲁阿人，同样实行耕火种的农耕方式。他们在村庄四周的山坡上烧荒种稻，每块地只种一年就休耕7—10年，到了第7—10年时，原先在这里耕种土地的农民或他们的后代，就可以仍然回到这里再度进行刀耕火种了。

鲁阿人的农耕方法是十分原始的。他们选好耕地后，就磨快弯刀，在太阳升起之前赶到现场，挥舞弯刀砍伐那些已经生长了7—10年的树木与杂草，然后再把它们摊开晒干，等待焚烧，作为肥料。

雨季到来之前，大概在四月份内，砍倒的树木杂草已经晒干，大魔头（大魔头系鲁阿村寨头人，既是村寨的世俗首领，也是宗教首领，德高望重，享有传统特权）就宣布烧荒日期。烧荒对鲁阿人来说是一件关系重大的事情，因此，必须先由村寨最长的妇女捧酒食进行祈祷，祈求他们祖先的神灵对此进行保佑。

烧荒多在中午顺风时进行，年轻人先喝一口白酒，然后手执火把，边跑边点燃干草。霎时之间，焰高数丈，浓烟滚滚，遮蔽天日，犹如火山爆发一般。这时，鲁阿人就躲在溪边，静观火势蔓延。几天之后，大魔头就可以宣布播种了。

鲁阿人播种谷类的过程是很有趣的。年轻的姑娘们戴上最大的草帽，遮挡着炽热的阳光。未婚的男子们在自己的草帽上插上芳香扑鼻的鲜花，拿上长长的竹竿，竹竿的下端安着尖锐的铁帽，上端挂着铜锣，每次插竿入土，铜锣叮当作响，节奏鲜明，十分动听。播种开始，山谷之中锣声阵阵，此起彼伏，气氛十分活跃。小伙子们每迈一步，就用竹竿在田间插一个洞。小孩和妇女们则紧随其后，按穴下种，井井有条。播种期间，中午就在野外就餐，小伙子们坐在阴凉之处，姑娘们坐在他们的近旁，借此良机谈情说爱。

生活在老挝的卡族人，一部分以游猎与采集为生；另一部分则从事刀耕火种。他们的播种过程是这样的，首先动手砍倒一片丛林，待树木干枯后，就放火烧光。在雨季到来前，用尖木棍在地上戳成一个一个的小洞。然后在每一个洞里丢上几颗种子，接着用土掩埋，播种便告结束。每块土地播种一遍，中间要休耕若干年。待新的树木杂草长肥后，才可重新砍烧播种。因为庄稼的唯一肥料便是树木杂草的灰烬。如果年年播种，土地无肥，庄稼毫无收成就会白白浪费劳力和种子。

不久前，云南省的布朗族，也仍然从事刀耕火种"轻歇抛荒"的粗放农业。他们把长竹削成尖棒，然后点穴下种。竹棒一端装上铃当，当播种时，男子点穴，妇女下种。与此同时，铃当叮当作响，节奏鲜响，惊耳动呼。

居住在云南省独龙江流域的独龙族（新中国成立前称"俅族"）。新中国成立时尚处于家庭公社的解体阶段。他们虽然没有冶铁业，但却通过交换，从汉、藏等族输入了铁刀与铁斧，并且发展了刀耕火种的原始农业，使农业很快地成为他们生活资料的重要来源。最初，他们使用的主要农具是用树枝或竹子砍成的鹤嘴锄，通常称为"木锄"。后来，他们就在木锄刃上包上铁皮，把木锄改造成小铁锄，用它来挖掘住所周围的耕地。

应当指出，人们往往总是把刀耕火种农业看得十分简单，认为那是一种谁都可以从事的生产活动，事实并非如此。刀耕火种农业有它自己独特的生产规律，如果没有长期的实践经验，对此是无能为力的。首先，砍伐树木必须严守节令，砍得早了树上没有叶芽，将来不易焚烧，而且树根又会生出新枝；砍得晚了就会影响焚烧与播种。其次，焚烧也要严守节令。烧得过早，不仅草木不干难于燃烧，而且到了播耕季节，又会杂草丛生，无法下种；烧得晚了，不仅雨季到来无法点火（如鲁阿人那人），而且也要影响播种。最后，播种更要严守节令。播种早了地温不足，种子就会腐烂，播种晚了就会减产，甚或颗粒不收。就是砍伐不同品种的树木，也要遵守不同的节令。比如，要在树木尚未落叶之前砍伐原始森林；在树叶初肥时砍伐普通树木，以便将来好用树叶助燃。每一块林地砍烧一遍，中间必须休耕三四年，或五六年，等待新树成长，否则无树可烧，土地无肥，播种也无收成，等等。对此独龙江流域以外的云南人往往不得要领，而独龙族同胞却是了如指掌。因此，那种把刀耕火种农业视为轻而易举而人人皆可为之的想法是不符合历史实际的，野蛮人能够干好的事，"文明人"不一定就能干好。

开始从事农业生产的部落，首先必须定居下来。而且，陶器的制造大致也只有在这一历史时期才有可能。因为，人类既不可能今天播种，明天离开，只种不收；也不可能带着既笨重又容易破碎的陶土器皿到处游荡。由此看来，农业生产既是定居生活的产物，反过来也促进了定居生产的发展与巩固。农业经济逐步发展起来之后，采集活动自然也就日益退居于次要地位了。

六、猎取人头

在人类历史上，猎取人头的发生要比食人之风要晚得多，它大致发生于新石器时代。不过，猎取人头和食人之风一样，在历史上，都曾广泛存在过的，限于篇幅，这里只能略谈数例。

在我国，云南省西盟县的佤族同胞在新中国成立前夕还流行着猎人头祭谷求丰收的宗教陋习，这种陋习直到1958年，才被彻底废除。

砍人头祭谷是西盟佤族每年都要举行的宗教活动，每当播种季节（农历三月）到来，猎头活动就要开始，农历七月秋收前要用人头祭谷。佤族的猎头共有三种形式，其一，率队突袭，冲入敌寨，砍下人头，送归本村。对于妇女儿童不加杀害，把妇女做妻妾，用儿童做养子或奴隶；其二，猎头队埋伏于敌村附近，伺机而动，砍取人头；其三，个别勇敢分子自告奋勇，单独猎头，经头人同意并饮酒宣誓后，即身背长刀，伺机猎头。猎头的对象一般都是有仇的村寨，当然也有不少的例外，比如，袭击行人和正在田间劳动的农民等。长满络腮胡须的脑袋是猎头之人的首选，因为它象征着庄稼的繁茂。

大规模猎头活动前，先要选举指挥猎头的军事首领（候选人必须是猎过人头的"英雄"），接着就是吃饭饮酒。猎头战士每吃一口饭，就得把刀放在口中衔一会儿，如此反复，直到把饭吃完。他们认为只有如此才能猎到人头。酒足饭饱之后，猎头者还须经过诅咒发誓，才能随队出发。

人头猎回后先放在木鼓房内进行祭祀。然后再送往神山插在人头桩上，由头人代表大家对人头说："我们这里酒美饭香，请你饱餐一顿。希望你今后也把你的父母、兄弟姐妹请来这里饮酒吃饭。保护我们村寨安全，庄稼丰收。"[①] 接着，在人头上放些火灰，让火灰与人头血融化在一起，每家都分一些。待播种时，和谷种一起撒入田间。据说，这样就会获得丰收。

---

① 蔡葵：《解放前云南西盟佤族的概况——兼谈对龙山文化的一些看法》，《史前研究》1984年3期，第97页。

除了武装猎取人头，后来也曾有过购买并屠杀奴隶的方式来获取人头。① 猎回人头后就把人头作为祭祀的对象，祭祀又分集体祭祀（以村寨为主）与个体家庭祭祀两种形式。祭祀人头的主要目的是祈求保佑平安与生产丰收（印度那戛山一带的那戛部落20世纪20年代前还盛行猎人头祭庄稼求丰收）。有人认为，"新中国成立前西盟佤族盛行砍人头祭谷的原因之一，是头人开始利用这种野蛮习俗来维护自己利益"。② 这种说法是可能的，因为那时的西盟佤族尚没有成文法，倡导迷信对于头人威吓群众是有用的。至于龙山文化中的猎头遗迹当做如何解释，是否仅是为了给神灵供奉牺牲，那还是需要进一步研究的，因为这种说法并无直接证据。

生活在基威岛上的基威部落，20世纪前，尚处于采集、狩猎和捕鱼阶段，不知农耕，不知畜牧。他们和附近的麦威塔人一样，都把猎取人头作为勇敢的象征，作为求得姑娘爱慕的先决条件。

基威人和麦威塔人常常为了猎取人头而发生恶战。砍死或刺死对方之后，胜利者就用竹刀割下死者的头颅，用藤索拴住下颌骨，提回本寨。先由祭司把人头挂在火塘上，用火把头发、眉毛、汗毛全部烧光，然后再把头上的肉全部剥掉，把头骨洗净。接着，整个村寨的青年男女都到现场，围着人头唱歌跳舞，欢庆猎头胜利。最后，再用一根特制的木钉把人头悬挂在猎头者屋内的柱子上，大家又来饮酒欢庆。猎头者把下颌骨挂在胸前作为装饰，并且和全体青年男女一起欢唱跳舞。猎头勇士不仅受到全体部落成员的尊敬，而且也受到老人的尊敬，特别是受到姑娘们的尊敬和爱慕。如果哪位猎头勇士爱上某位姑娘，那么他只需要把下颌骨挂在姑娘的胸前，两人就可成为夫妇。在这里，猎取人头成了寻求配偶的首要条件。

一个基威部落的男子，特别是青年男子，总是挖空心思地猎取人头，或者不惜高价换取人头骨。甚至，竟有用一只独木舟到麦威塔或吐尔吐尔岛去换取一个人头骨的。他们常把人头骨挂在屋内做装饰品，并且天天用手抚摸，久而久之，头骨就被摸得闪闪发光。甚至还有使用头骨做枕头的。据说，这样就可以受到死者的保护。在基威部落里，无论男女，在举行部落庆典时，还常常在

---

① 宋恩常：《佤族宗教信仰概况》，《思想战线》1980年第4期，第48页。

② 蔡葵：《解放前云南西盟佤族的概况——兼谈对龙山文化的一些看法》《史前研究》1984年第3期，第98页。

脖子上挂上一串人的下颌骨或脊椎骨，或者挂一颗人头骨作为装饰品。[①] 在基威人那里，男人从童年起，父母就教育他们，要学习父辈的模样，勇敢地去砍下仇人的头颅，这样才会受人尊敬，才会获得姑娘们的爱慕。一个弄不到人头的男人，不仅受人鄙视，而且也找不到妻子。这和中国古书上关于"僚人""得一人头，即得多妇"的记载正好相互印证。其他像美标安部落和麦塔威部落也是这样，一个青年男子如果能够猎到几颗人头，并且能把人的下颌骨送给某位姑娘去做项链上的装饰品，那么，他就能获得这位姑娘的爱慕，从而结为夫妻。

在马来西亚的沙捞越居住着原始落后的伊班旗人，拥有两大支系——陆地达雅人与海上达雅人，他们居住在长达数十米，甚至一二百米的"长屋"里。由于达雅人没有文字（也无货币），无法用书写方法传授知识与经验，只有依靠老人口头叙述，因此，在他们那里，"尊贤敬老"之风十分盛行。达雅人的"头人"，一般只能在农耕、狩猎征战方面具有杰出才能的长者之中选出。这样的"头人"，既是行政长官，又是作战统师，也是平时的法官，具有崇高的威信。

伊班旗人盛行"猎头"，甚至直到第二次世界大战前夕，当陆地达雅人向姑娘求爱时，"男方（还）必须设法去森林里埋伏，猎取情敌或民族仇人的人头，以便向女方证实他在爱情上的坚贞不渝。这样才能订婚"。[②] 否则，他们便得不到姑娘的爱慕。当海上达雅人进入成年时期，"则必须出海寻宝或征战。他们得胜归来时，应站在村口发出尖声长啸，然后出示缴获的人头"。[③]

迄今为止，达雅人尽管已经不猎人头，但是，在沙捞越州首府——古晋市的旅馆或酒店中，旅客们仍然还能见到"模拟人头形"的陶瓷装饰品或茶壶与酒杯；男性青年在求爱时，尽管姑娘们已经不再要求他们去"猎人头"，但是，大门之外悬挂"头骨"却仍然被视为男性战功的证物与家族荣耀的象征；海上达雅人直到今天还有把"头骨"藏于家中的；陆地达雅人则早已把各家各户的"人头骨"收集起来，集中保存于"人头屋"里，以供祭祀与观赏。如果有幸能到甘蓬加犹山区陆地达雅人那里去走走，人们还能见到他们的"人头屋"里，至今还保存着一排排、一串串大小不等的"人头骷髅"，令人不寒而栗。而达雅人却还在十分虔诚地祈求这些"人头孤魂保佑阖家平安"！

---

① 颜思久编：《世界民族风情录》，成都：四川民族出版社，1983年，第257页。

② 杨木：《沙捞越伊班族风情》，《环球》1986年第10期，第42—43页。

③ 杨木：《沙捞越伊班族风情》，《环球》1986年第10期，第42—43页。

在印度尼西亚的西伊里安岛上，居住着一种石器时代的遗民（今已进入铁器时代），他们被称为阿斯玛特人。20世纪70年代，阿斯玛特人还处于父系家族公社时期，还以采集、狩猎和捕鱼为生，不事农耕，不知畜牧，至今仍有猎头之风。[①] 阿斯玛特人猎食人头是非常残酷的，有时，他们出其不意地冲入敌村，不分男女老幼地进行屠杀，一次竟杀数十人之多。胜利者将敌人的尸体拖回村来，首先用竹刀割下人头，用火烧熟，撕去头皮，在太阳穴处挖洞，把脑浆抖出来大家分食（认为这样可以增加胆量）。然后，扯掉下颌骨，挂在项圈上做装饰品，剩下光滑的骷髅头骨就用来做枕头。妇女们还往往佩戴自己丈夫制作的人骨项圈来炫耀。[②]

应当知道，在阿斯玛特人那里，男孩子长到15岁就必须举行成年礼，而举行成年礼就必须用一颗新猎的人头做祭品。因此，那些猎头勇士每逢猎回人头，经过炮制，最后总要把头骨带回家中，准备给自己的兄弟和男孩作为举行成年礼的祭品。举行成年礼时，男孩的父亲或其他长辈把人头交给男孩，然后，男孩就把人头夹在两腿中间，据说这样死者的力量就会全部传给男孩。

除上述的一些猎头部落之外，还有苏拉威西的布晋人，萨摩亚群岛的萨摩亚人，以及中加里曼丹的达吉克人，等等，他们在历史上都曾长期地猎取过人头。

由上可知，太平洋与大洋洲诸岛，以及亚洲大陆的南部，曾是历史上与现代猎头部落比较集中的地区。看来，猎取人头比食人之风的发生要晚得多，它是随着原始农业的发生而出现的，因而它大致发生于新石器时代的前期。不过，这种猎取人头的陋俗的残存时间却要比食人之风长得多。由猎人头祭谷求丰收，发展为砍人头祭天、祭神，"斩首级"祭旗，杀活人做"牺牲"，以及杀殉奴隶，等等。这不仅在希腊神话里，在奴隶社会，甚至在封建社会都可以找到证据，而且在近现代的不少落后部落中也还可以见到。

据报道，直到今天，在印度的某些部落中，杀活人（多为少男少女）祭神的事件仍在不断发生。1986年7月6日印度某部落的一名男子，将一个年仅13岁的名叫蒙吉的少女活活杀死，并且还把她的内脏挖出来祭神，祈求风调雨顺、五谷丰收。在此之前，有位名叫拉姆的男性，曾用答应买糖果饼干的欺骗手段

---

① 刘达成等编译：《当代原始部落漫游》，天津：天津人民出版社，1982年，第140—143页。
② 颜思久编：《世界民族风情录》，成都：四川民族出版社，1983年，第264页。

将其仅有 8 岁的独生子哄到新德里西区的一个公园里，趁其不备，突然掏出手斧把他的头砍下来祭神，并且还在儿子的尸体旁进行祈祷，祈求儿子复活并给自己带来财富。还有一位男性，把他的两个女儿杀死祭神，祈求能交好运，发财致富。尽管印度政府一再宣布，对杀人祭神者要处以绞刑或终身监禁，但是，此类愚昧无知的迷信行为却仍有发生。[①] 看来，无论猎头之风如何盛行，但猎头的对象大都只是敌对部落的成员或外来人，一般不许猎取本氏族本部落成员的人头。这是大多数猎部落所共同遵守的一个准则。当然也有例外，不过，例外的情况毕竟是罕见。比如，居住在加里曼丹的普南人，他们认为女人是没有灵魂的，要想取得灵魂只有出嫁，只有丈夫才能给予灵魂，而其代价都是"丈夫必须割下本部落某个男人的头颅"。[②] 正因如此，直至今日，普南人还保留着这种野蛮落后的猎头习俗。

一般说来，猎头多属宗教迷信活动，是要用人头来做祭品。但各个部落猎头的具体原因或目的则又是多种多样、各不相同的，有的是为了猎头祭谷求丰收（我国古代的僚人、乌浒人和我国台湾地区土著都曾猎头祭田神求丰收）；有的是为了求偶，求得女性爱慕；有的是为青年男子举行成年礼做祭品；有的为驱病除魔，保佑村寨平安；还有的是为血亲复仇庆祝胜利。也有不少民族的猎头习俗是起源于人类崇拜之风的，他们最初认为自己祖先的头颅具有神秘的巫术力量，后来就发展为一切人头都具有这种魔力，于是，猎头之风就广泛地流行起来。比如，北美印第安人猎头是为了得到作为巫术标记的头皮，他们认为被杀者愈是杰出人物和陌生人，那么他们头皮的巫术力量就越大。阿斯玛特人猎头是为了夺取被杀者的力量。用猎取的人头为青年人举行成年礼，就可以使青年人获得被害者生前的全部力量。

① 高士兴：《印度活人祭》，《西安晚报》1986 年 8 月 10 日。
② 《难于看到二十一世界的部落》，《环球》1986 年第 1 期，第 46 页。

七、血亲复仇

血亲复仇又称血族复仇或近亲复仇，它是原始人的一种较为普遍的复仇习俗，这种复仇习俗的发生不可能是在游群时期，而只能是在氏族公社形成之后。因为游群时期，人类没有固定的住址，各集团之间的接触具有一定的偶然性，彼此不可能放弃觅食而长期停留一地进行复仇，至于世代不懈地血亲复仇则更无可能。

在原始社会里，如果某一氏族或部落的任何一个成员遭到其他集团的侵犯、杀害、损伤或凌辱，那就会被认为是对全氏族或全部落的侵犯或凌辱，就要引起对侵犯者的报复。为本集团受害成员复仇被视为本集团全体成员的共同义务或责任。一般说来，在发动报复前，还会派人到对方去要求赔偿、赔礼道歉或赔罪，如果得不到合情合理的解决，就会引起武装械斗或其他比较激烈的解决方式，甚至还会发展为世世代代的冲突和厮杀，不过这样严重的结局毕竟是少数。例如，在鄂温克人那里，"本氏族的人受到侮辱和被害，同氏族的人有责任进行报仇"。[①] "血族复仇是氏族成员间友好合作、互相援助的责任，是处理对外事物中极端的很少应用的手段"。[②]

一般说来，由于食人之风或猎取人头所引起的血亲复仇是比较激烈和残忍的。这里介绍一起发生在缅甸境内的，由于猎取人头而引起的大规模的部落械斗和血亲复仇。缅甸佤族的官牙部落和央冷部落是两个敌对的部落，由于互相猎头，仇恨颇深，彼此都为自己的血亲复仇，世代厮杀。1950 年，央冷部落攻打官牙部落，出动了 600 多人，双方都有伤亡。就在同一年内，官牙部落又联合央模部落去攻打央壤部落，这次进攻竟然出动了 3000 多人，双方死伤达数十人，并且还把死者的头颅割下来做祭品。到了 1954 年，央壤部落又去联合央冷

① 秋浦等整理：《鄂温克人习惯法：第十二"血亲复仇"》，秋浦等：《鄂温克人的原始社会形态》，北京：中华书局，1962 年，第 132—133 页。
② 秋浦等整理：《鄂温克人习惯法：第十二"血亲复仇"》，秋浦等：《鄂温克人的原始社会形态》，北京：中华书局，1962 年，第 132 页。

部落进攻官牙部落，这次出动了两千多人。

在过去，佤族人的这种大规模械斗是要事先通知对方的。通知的方法是，由挑战者派出人员到敌方去，给敌方一只木刻和弩箭（后改为子弹）、辣椒、盐巴和茶叶等物，如果对方收了弩箭、子弹和辣椒，那就表示应战；如果只收下盐巴和茶叶，那就表示要请和。那么挑战者就派人到敌方去和谈。到了 20 世纪50 年代以后，缅甸佤族的血亲复仇就不再遵循那种事先通知对方的信义，而是改变为突然袭击的偷袭战术。这样一来，不仅恐怖气氛长期地笼罩着缅甸佤族世界很难解除，而且由于在复仇中双方都使用了现代武器——机枪和步枪，因此伤亡很大。

在血亲复仇的武装战斗中，如果本集团人员有了伤亡，必须立刻派人背回，如果无法背回本部落的，那就必须把死者的头颅割下来火速送回，决不允许人头落入敌手。因此佤族人的部落械斗双方所要争夺的都是人头，而不是土地和财物。

在佤族人那里，由于猎取人头而引起的血亲复仇往往世代相传造成很大的悲剧。除非敌方整个部落远远迁走，或者战败投降，或者全部被消灭，否则这种残酷的血亲复仇是不肯罢休的。

看来，在原始社会里，由于争夺食物、宗教迷信、寻求配偶、祈求丰收、表示勇敢等而产生的食人之风、猎取人头和血亲复仇带给人类的危害是巨大的。仅仅以此而论，就可以看出那种把原始社会理想化的论调是如何荒谬，未开化的野蛮时代不可能会是人类的理想境界，人类的黄金时代不在以往，而在未来。

尽管血亲复仇带给人类的危害是如此巨大，但是，如果把它与文明时代的阶段压迫相比，那无论就其深度或广度上来说，都可以说是大有逊色的。起码说血亲复仇并不像阶级压迫那样曾经直接影响到当时社会的每一个成员。有人认为，"虽然，在原始社会里没有产生阶级，没有形成剥削，但是由于原始落后所产生的血族复仇，给人类带来的危害和苦难，其程度并不亚于阶段压迫所造成的罪恶和痛苦"。[①] 这未免有些言之过甚。如果以个别世代不解的血亲复仇而论，当然某些部落受害之深是不亚于阶级压迫的，但这毕竟是少数、个别的现象，并不具有普遍意义，也不具有经常意义。

---

① 颜思久编：《世界民族风情录》，成都：四川民族出版社，1983 年，第 258—259 页。

到了原始社会末期，随着私有制的产生，随着人类向文明社会的过渡，部落之间的血亲复仇，已经不像过去那样单纯，不是达到复仇目的事情就告结束，而是开始大量掠夺财物。

在云南省的傈僳族、景颇族、佤族和怒族那里，新中国成立前夕还经常发生血亲复仇事件。景颇族人把血亲复仇称为"鄂吉沙"，意思就是武装抢牛。在景颇族人那里，如果某个村寨的一名成员遭人杀害，或者他们的一头牛被人抢走，他们就刻木记仇，把这件事刻在木头上，只要一有机会便进行报复。他们冲入敌寨，不仅要杀一个人，抢一头牛，而且还要掠夺其他财物。胜利之后，返回村寨，全寨欢庆，并把记仇木刻削掉表示了结。如果仇恨过深，就毫无限制地烧杀抢掠，甚至把敌寨男子全部杀光，妇女掳回做妻妾。

原始人的血亲复仇往往采取同态复仇的相应报偿。也就是假如受害人被弄瞎了眼睛，那就非弄瞎对方的眼睛不可。如果受害人被打落了牙齿，那就非设法打落对方的牙齿不可。即所谓"以眼还眼，以牙还牙"。如果受害集团一人被杀，那就非要设法杀死对方一人作为抵偿。甚至，在进行复仇时，连性别、年龄与社会地位等因素都要考虑在内。也就是说如果受害者是妇女，那就要惩办对方的妇女。如果受害者是一名男孩那就非要惩办对方的一名男孩方肯罢休。类似这样的血亲复仇、同态复仇都曾长期地存留于阶级社会，尤其是在古代的西亚地区存留更多，《汉谟拉比法典》中的同态复仇残迹就十分突出。比如，由于建筑师失职导致房屋倒塌压死了屋主的儿子，本来应由建筑师本人抵命，而法典却依据同态复仇的原则规定要处死建筑师的儿子。

对于原始时代所存在的血亲复仇究竟应当如何看待，这是一个发人深省的重要问题。简单地否定和批判，说它是什么野蛮残酷的陋俗等，那是既不严肃又不能解决问题的。如果认真加以探讨，就会发现血亲复仇的发生是合乎早期人类当时社会发展进程的历史现象。

在人类历史上，无论任何时代，社会集团之间的矛盾和冲突总是很难完全避免的，问题的关键在于应当有一条切合实际的解决矛盾的途径和办法。那么，在氏族部落时代，各集团之间的冲突和矛盾究竟应当如何解决呢？没有法律（指成文法），没有法庭，没有监狱，没有宪兵和警察，没有任何凌驾于氏族部落之上的权力机关。虽然原始社会末期形成了较为完善的习惯法，但这种不成文的法律，对于本集团之外的任何成员都没有约束的能力。那么甲部落与乙部落的成员之间发生矛盾又当如何解决呢？当然可以进行和谈或调解，那么如果肇事者明知理亏而又不肯赔偿、道歉或认罪，又当如何处理？在那时的情况下，切合实际的出路就是血亲复仇，特别是同态复仇——伤人之目者亦伤其目，折人之骨者亦折其骨，落人之齿者亦落其齿，就被认为是最公平合理的报偿。是非（或道德）不仅是有阶段性的（指文明社会），而且是有时代性的，我们不能用今天的法制标准去苛求古人。众所周知，原始人在血亲复仇中所表现的勇敢是文明人所望尘莫及的，何以如此呢？那主要是由于原始人认为，替同族人复仇惩办肇事者是属于自卫性的正义行动，是他们全体成员神圣的义务，光荣的职责。反之，如果否定血亲复仇，让肇事罪犯逍遥"法"外，为所欲为，那么，这将会为那时的人类社会带来更大的灾难。可见，对于血亲复仇与同态复仇绝不应以"野蛮"、"残忍"等词加以简单否定，它们的发生是合乎规律的，并且具有相当的必然性。

八、原始人如何熟食

当古猿转化成人之后，尽管地球上早都已经有了天然火的存在，可是，在相当长的年月里猿人却不知用火，处于"茹毛饮血"生吞活剥的生食阶段。那时，人类不仅对于植物性的食物，如水果、坚果、树叶、嫩芽和各种块根一律生吃；而且对于动物性的食物，如各种小虫、蛋类，以及各种飞鸟和走兽等，也都一律生吃。那时人类吃生肉喝生血的状况，很可能就和今天的黑猩猩猎食狒狒和猴子差不多，摔死之后，撕下一条腿，就津津有味地吃起来。

大约到了170万年前的元谋猿人时代，人类已经知道用火，不过那时人类尚还没有发明做饭的锅灶，因此，用火化生为熟的方法一定是很原始的。捕获猎物之后，就把猎物直接放到火上去烧，有时可能烧得烂熟好吃，有时可能烧得半生半熟，有时甚至可能完全烧焦，仅仅剩下几块烧焦的骨头。这种状况可以从许多猿人遗址的灰烬堆中找到证据，因为那里保存着烧残的鹿角、马牙和骨片。[①] 至于尼安德特人器具旁边遗留下来的那些烧焦的骨头和木炭，很可能也说明人类直接用火去烧兽肉，不过时间就晚得多了。

把食物直接放在火上去烧的熟食方法，虽有缺点，会烧坏食物，但它却不受器皿、地点等条件的限制，甚至常在野外使用，确实简便易行。因此，它被长期保存下来是有道理的。处于旧石器时代晚期或中石器时代的斐济人，他们在吃人肉时还是使用两种方法，一种是加水煮食，另一种则是把战败者的尸体分为数段，直接用火烤食。[②] 古希腊神话表明，处于国家形成时期的阿卡地亚人也有食人之风，部落首领吕卡翁要摆"人肉宴席"欢迎贵宾，弄熟人肉的方法也是两种，一种是用开水去煮，另一种也是直接用火去烧。[③] 生活于马勒库拉岛北部的大南巴人，吃人肉的方法也有两种，一种是直接用火去烤，另一种则是

---

① （美）罗伯特·路威：《文明与野蛮》，吕叔湘译，北京：生活·读书·新知三联书店，1984年，第51页。

② 颜思久编：《世界民族风情录》，成都：四川民族出版社，1983年，第270—271页。

③ 任凤阁：《古希腊的神话和传说》，石家庄：河北人民出版社，1984年，第12页。

用人肉去包馅饼。至于近现代的某些民族直接用火去烤薯类，或者直接用火去烤牛、羊、马肉等等，也不少见，我国西部的藏族同胞就曾如此。不过，他们比猿人进步之处，就在于他们烤肉时已经知道用三条树棒捆成一个支架，把鸟兽吊在火上去烧（或者直接吊在矮树枝上去烧）。居住在木里藏族自治县的高山林海之中，主要依靠狩猎为生的藏族同胞，直到今日也还是直接在木柴上烧兽肉吃的。① 经常烧焦食物的教训迫使原始人去寻求新的熟食方法，为时不久，这种新的方法就被发明，那就是把要烧的薯类、块根或鸟兽，不加剖割，整体地埋进炽热的灰烬里，然后在灰堆之上继续加火去烧，直到烧熟食物为止。使用这种方法，不仅很少烧坏食物，而且还会把食物烧得松软可口，喷香扑鼻。因此，直到今天，还有不少民族使用这种方法去烧熟薯类、块根和玉米等等。鄂伦春猎人直到很晚的时代，还用这种方法烧烤面饼。笔者童年时代也曾常用此法烤饼，焦香可口，别有风味。

原始人还有一种熟食方法，那就是在要想烧熟的食物（鸟类或小动物等）上厚厚地涂上一层稀泥巴，然后放在火上去烧，直到烧熟为止。我国古书上所说的"以土涂生物，炮而食之"② 说的就是这种熟食法。使用这种方法去烧生物，不仅不会烧坏，而且还会烧得烂熟好吃。不过使用这种方法毕竟比较麻烦，因此到目前为止，这种熟食法就很少见。不久前，苦聪族同胞在打死刺猬时，偶尔还用泥巴包起来，放在火上烧熟来吃。

还有一种发明较晚但却流传十分普遍的熟食法，那就是原始人把要想烧熟的食物放在石板之上，然后用火去烧石板，靠着烧热的石板去把食物烤熟。我国古文献中所说的"加物于燧石之上食之"③ 说的就是这个情况。生活在挪威荒漠之区的拉普族人，直到今天，仍然是在露天的篝火上，把石板烧热去烤大麦饼吃的。居住在印度尼西亚西伊里安岛南部的石器时代遗民——阿斯玛特人，直到目前还是把西米椰子树捣成淀粉，加水后弄成块状，然后摊在石锅上去烙大饼的。④ 荷匹族妇女在烙煎饼时，先把玉米放在石板上碾成粉，再用水把粉调成粉浆，然后就把粉浆薄薄地摊在那块烧得炽热的石板上，一会儿工夫一张又

① 吴冠中：《猎人之窝》，《新观察》1983年第18期，第29页。
② （清）孙希旦：《礼记集解·内则》，沈啸寰、王星贤点校，北京：中华书局，1989年。
③ （清）孙希旦：《礼记集解·礼运》，沈啸寰、王星贤点校，北京：中华书局，1989年。
④ 颜思久编：《世界民族风情录》，成都：四川民族出版社，1983年，第264页。

焦又香的玉米煎饼就烙熟了。[1] 我国云南的独龙族和纳西族过去也是用圆盘形的石板（称为石锅）去烙大饼的。

生活在老挝的卡族人，在炮制粑粑时，首先把棕榈树砍倒，剖开树干，挖出心材，掺水捣碎，过滤干净，晒成面粉。接着，再用面粉制成粑粑之后，也是放在用火烧得炽热的石板之上烤熟的。[2] 生活在木里藏族自治县的一部分以狩猎为生的藏民，直到今日也还把生肉放在烧红的石板上反复烫烤，熟后就吃的。[3] 巴布亚人非常好客，一旦客人来临，他们就在土灶里烧烤猎肉进行款待。在烧制菜肴和烧猪肉时，巴布亚妇女总是把洗净的植物块根和切成薄片的猪肉放在烧得通红的石头上，盖上杂草和香蕉叶，然后加水，使它产生蒸气，同时用蒸、烤两种方法进行熟食。这时，人们就围坐在篝火近旁，一面抽烟、聊天、讲故事；一面等待进餐。

不要以为人们用烧热的石板去烧烤食物或烙大饼那是距离今日十分遥远的事，事实上，许多民族直到今天还是这样干的。拉普族人、阿斯玛特人、荷匹族人、藏族人，以及维吾尔族同胞等，他们直到今天都还采用这种方法熟食。维吾尔族同胞在烙大饼时，往往不用铁锅，而用一块又光又圆的，闪闪发亮的青石板。这种烙饼石不仅很厚，而且中间隆起，并不平整，烙熟的大饼焦香可口，人人爱吃。

在从游牧刚刚转变为定居生活的乌兹别克人那里，几乎家家都有一块直径约40厘米，重约两千克的又平又薄的圆石片，当地土语称为"塔瓦——塔什"，意思就是"煎饼石"。这就是乌兹别克人由他们祖先那里继承下来的烙饼石。这种烙饼石用火在下面加热，受热散热都很均匀，烙出的饼子"既松软多层，又久不干硬可口好吃"。[4]

以上说的是原始人用火烧烤食物的方法，那么，陶器发明前原始人是如何煮熟食物的呢？

应当知道，原始人发明煮熟食物的方法是为时很晚的，大致是在新石器时代开始前后。塔斯马尼亚人甚至直到灭种之前，仍然不知煮熟食物，对于食物，

---

① （美）罗伯特·路威：《文明与野蛮》，吕叔湘译，北京：生活·读书·新知三联书店，2014年，第66页。

② 颜思久编：《世界民族内情录》，成都：四川民族出版社，1983年，第89页。

③ 吴冠中：《猎人之窝》，《新观察》1983年第18期，第29页。

④ 田双：《奇异的饼铛》，《年轻人》1983年第10期，第21页。

或者生吃，或者烧烤，别无其他办法。

居住在库而岛上的吉里亚克人（亦称尼伏赫人），18 世纪时已经有了父系氏族（氏族称"哈里"），主要依靠渔猎为生，不会制陶，不知农耕，他们要用热水或开水，就把烧得炽热的石块不停地投入水槽之中，居住在美洲的平原印第安人，要煮食物，就在地上竖四条木棒，搭成一个支架，中间挂一个大口皮袋。就像饭锅那样，然后把食物和水放入袋内，接着就不停地把烧得通红的石头投入袋内，直到把食物煮熟为止。[1]（白拉克佛族印第安人亦如此）平原印第安人还有一种煮熟食物的方法，那就是首先在地上挖一个土坑，坑内铺上牛皮，然后再把食物和水放入坑内，接着就把烧得通红的石块连续不断地投入坑内把食物煮熟。[2] 居住在我国境内的傣族同胞，曾经常用这种方法煮肉。

美洲印第安人还有用木桶煮熟食物的，办法是把食物和水装入木桶，然后就把烧热的石块不停地投入桶中。居住在西班牙给不斯哥地方的巴斯克人，直到今天，煮牛奶的办法还是把牛奶装入木桶中，然后就把烧热的石块接二连三地投进去。[3] 根据文献记载和民族学的有关资料可以知道：用竹筒煮饭不但由来已久，而且在我国南方一些产竹地区曾经广为流传。陈鼎在《滇游记》中曾说："腾越铁少，土人以毛竹截断，实米其中，炽火煨之，竹焦而饭熟，甚香美。称为竹釜。"相传远古越人使用竹筒煮饭确有其事。甚至直到现代，贵州、广西、广东和云南等省的少数民族地区，用竹筒煮饭仍然相当普遍。

处于原始时代的鄂伦春人，在很久之前也发明了两种煮熟兽肉的方法。一种是把许多烧红的石头放入盛有清水和生肉的桦树皮桶里，将水烫热，慢慢地把肉煮熟。另一种是把肉和水装进鹿胃或犴胃里，然后架在火上去烧，烧到胃里的水沸腾起来，肉也就慢慢地被煮熟了。不过，使用这种方法煮肉，需要经常在胃的外部洒上些水，否则胃和肉都会被烤焦的。

居住在蕃古洼岛的印第安人，煮肉的方法是比较奇特的。他们首先把肉和水装进一只木匣子里，然后再把石块烧红，不停地投入水中，使水沸腾，这样一来，肉也就慢慢地被煮熟了。美国加州的印第安人不用木匣，用不漏水的篮

① （美）摩尔根：《古代社会》上册，杨东莼等译，北京：商务印书馆，2009 年，第 23 页。
② （美）摩尔根：《古代社会》上册，杨东莼等译，北京：商务印书馆，2009 年，第 23 页。
③ （美）罗伯特·路威：《文明与野蛮》，吕叔湘译，北京：生活·读书·新知三联书店，2014 年，第 66—67 页。

子，同样可以把肉煮熟。^①更多的原始人则是在篮子内部涂上黏土，等待干涸之后，就把食物和水装进去，然后架在火上去烧。^②比较进步的是在木桶外面涂上一层泥巴，再把要煮的食物和水装入桶中，然后放在火上去烧，把木桶作为煮饭的炊具。可见原始人并不是在发明陶器之后才开始知道煮熟食物的。

用涂有泥巴的木质器皿烹煮食物，时间一长，器皿就会变成陶器，陶器就这样被发明了。自从陶器发明之后，人类烹煮食物的方法就改变了。陶器不仅可以用作盛储食物的器皿，而且可以用作烹煮食物的炊具。比如陶鬲，它有三条腿，放在地上十分安稳，而且腿是空的，可以多装清水，据说它是煮水的器皿。不过，原始人没有微观知识，不知道生水里还有病菌，因此，喝生水的习惯一直保存到文明社会，个别地区甚至保存到近现代。可见，陶鬲很可能还有其他用途。这里应当特别提出的是，在原始人发明的各种奇形怪状的陶器中，有一种陶器叫做陶甑，它的形状近似今日的铝锅，但上面还有陶箅，箅上留有许多专供透气的小孔，这是专门用来蒸熟食物的炊具。依靠水蒸气煮熟食物，这在陶器发明前是从未见过的，因此，它大概是陶器发明之后才发现的。

自从冶金术发明之后，人类就有条件铸造铜鼎，用铜鼎去烹煮食物，不过这时不少地区已经跨入了文明社会。铜鼎有方形的，也有圆形的，大小规格多种多样，小的可煮几斤肉，大的可煮几十斤肉。我国商代的"司母戊"鼎迄今仍是世界上出土最大的铜鼎，重达875千克，工艺水平相当高超。

看来过低地估计原始人的聪明才智是不符实际的，仅仅以原始人所发明的各种各样的烧烤食物与蒸煮食物的方法来看，原始人的智力水平就相当高超，不容低估。他们所发明的这些熟食方法，有的甚至一直流传到今天。

---

① （美）罗伯特·路威：《文明与野蛮》，吕叔湘译，北京：生活·读书·新知三联书店，2014年，第66—67页。

② （美）摩尔根：《古代社会》上册，杨东莼等译，北京：商务印书馆，2009年，第23页。

九、发明陶器

陶器在人类历史上的出现，一般来说，是在新石器时代。迄今为止，世界上所发现的最古老的陶器遗址，是丹麦海岸的"贝家"（或译"贝丘"）。在这里，陶器的制造大约是在公元前 7000 年左右；在克里特，大约是在公元前 6000 年；在埃及，大约是公元前 4000—3000 年；在我国黄河流域，大约是在公元前四千年前。那时，人类早已定居下来，出现了最古的村落，为陶器的制造提供了可能。"游荡"时期陶器是不可能发明的。因为，制造陶器需要经过选土、和泥、制坯、晾干，建造陶窑以及烘烧等过程，需要漫长的时间，根本不可能在游荡中进行。同时，在人类尚未发明运载工具的情况下，绝不可能经常背着那些既笨重容易破碎的陶土盆子、罐子等，到处打猎。只有定居下来，才有可能大量地制造陶器。丹麦海岸"贝家"遗址、"庖厨垃圾堆"遗物的丰富，足以证明那里就是定居生活的遗迹；处于新石器时代和母系氏族时期的易洛魁人以及我国半坡村新石器时代母系氏族遗址的发掘，也是定居制陶的很好证明。

陶器的发明，是原始时代劳动妇女对人类社会发展的重大贡献。那时，男子整日奔忙于山林原野，追逐野兽，从事狩猎；而妇女则从事采集和农业，或者留在住地烹煮食物。在烹煮食物的过程中，她们非常意外地发明了制陶术。

最初，妇女们在烹煮食物时，总是要事先用树枝、藤条编成篮子，或者制造一个木质容器。然后，在篮子或容器的内部、厚厚地涂上一层黏土泥浆（也有在外部涂泥浆的），等待泥浆硬化干固之后，就放在火上作为烹煮器皿。[①] 后来，她们发现，无须事先编制篮子，"只要黏土本身也可以达到这种目的，因此，制陶术便出现于世界之上了"。[②] 这就是人类最初在无意中烧制而成的陶器。恩格斯说："可以证明，在许多地方，或者甚至在一切地方，陶器都是由于用黏土涂在编制或木制的容器上而发生的，目的在使其能耐火，因此，不久之后，

---

① （美）摩尔根：《古代社会》上册，杨东莼等译，北京：商务印书馆，2009 年，第 14—15 页。
② （美）摩尔根：《古代社会》上册，杨东莼等译，北京：商务印书馆，2009 年，第 14—15 页。

人们便发现成型的黏土，不要内部的容器，也可以用于这个目的。"① 看来，在木质容器上涂抹黏土，然后用火烧炼，就是人类最初制造陶器的主要的和普遍的方法。

关于陶器的发明，还有一种说法，说是妇女们为了要在篮子内装水，就在篮内厚厚地涂上一层泥巴。后来，因为某种偶然的原因，她们的住地发生了火灾，大火过后，许多财物都被烧光，而那些涂有泥巴的篮子，却一个一个地都被烧成了更加坚实的陶器。由见于此，妇女们也就开始了陶器的制造。为时不久，她们发现无须事先编制篮子，直接使用泥巴也可以烧制陶器。不过，为了保持陶器的古老特色，却仍然要在陶器的表面刻上树枝的痕迹。

在中国，神农氏时代被认为是陶器出现的最古时期，《周书》上所说的"神农耕而作陶"说的就是这个事情。不过，陶器的发明，绝不只是神农个人的功劳，而是原始时代广大妇女长期生产实践的产物。

最初，妇女们制造陶器，一律都是手工操作。在有些地区，甚至直到母权制的末期，陶器还是用手制造的。像两河流域埃尔——欧贝德时期（前 4000—前 3500）就是这样。那时，妇女们首先选用陶土、沙子和水，拌成软硬合适的泥巴。然后，再把泥巴分成泥块。有时就在泥块之上压居窝窝，制成器皿。② 有时则是把泥块的中心部分用贝壳挖出来制成器皿。③ 后来，发展比较普遍的方式，是先把泥巴揉成长条，然后再把这种长泥条一圈一圈地盘叠起来，内外挤压，制成各种各样的陶器坯子，再经多次修饰才算定形。最后，等到陶坯半干的时候，就用火把坯子烧成陶器。这种制陶法叫做"带饰陶器制造法"，或称"螺卷制造法"。④

在中国，半坡村所发掘的这一时期的"彩陶"器皿极为丰富。破碎的陶片多达五十万片以上，仅仅比较完整和能够复原的就有将近一千片之多。通过对这些出土陶器的观察可以看出，那时的陶器主要是用手工制造，只有很少的陶器坯子是经过陶轮修整的。除绝大部分的小器皿是用双手直接捏制成而外，半坡居民制造大型陶器的方法有两种，一种叫"泥条圈叠筑法"，另一种叫"泥条

---

① 恩格斯：《家庭、私有制和国家的起源》，北京：人民出版社，1972 年，第 21 页。
② （苏）柯斯文：《原始文化史纲》，张锡彤译，北京：人民出版社，1955 年，第 117 页。
③ （苏）柯斯文：《原始文化史纲》，张锡彤译，北京：人民出版社，1955 年，第 117 页。
④ （苏）柯斯文：《原始文化史纲》，张锡彤译，北京：人民出版社，1955 年，第 117—118 页。

回旋盘筑法"。所谓"泥条圈叠筑法"，就是先把泥条作成一个一个的圆形泥圈，然后，再把这些泥圈一个一个地叠压起来制成坯子；所谓"泥条回旋盘筑法"，就是先把泥块制成一根很长的泥条，然后再把水泥条一圈一圈地回旋盘叠制成坯子。最后，再把这些陶土坯子烧成陶器。至于烧陶的方法，半坡村的发掘给我们提供了很好的说明。在那里，总共发掘了六座烧制陶器的陶窑，陶窑的构造相当完善。其中有竖火膛窑，也有横火膛窑，每座陶窑又各分为火膛和窑室两部分。还有火道、火眼相联结，上面还留有烟囱。在烧陶时，先把陶坯放入陶室，再把陶室用草和泥土封好，然后就把柴草从火口塞进火膛，最后点火燃烧。经过一定时间，陶器就烧成了。根据出土陶片的精美和完善程度来看，那时，人类已经能够较为准确地控制烧制陶器的火候。

在半坡村所发掘的各种各样奇形怪状的陶器，都有自己特有的用途。比如，那些小口大腹尖义底瓶，是专门用来汲水的。用绳子把这种瓶子系入水中，瓶子就会自动躺倒（因重心在中上部），等水灌满后，瓶子又会自动直立起来（因重心移到中下部），那些小口细颈大腹壶和葫芦瓶等，是专门用来运水的；那些陶盆、陶杯、陶碗等，是专门用来盛水和吃饭的；那些加沙的陶罐因为耐火，所以作为炊具；陶甑则是专门用来蒸煮食物的等等。从这里，我们可以知道劳动妇女在陶瓷史上的贡献是如何得杰出。

在现存的某些落后部落中，制造陶器总是要由那些有经验的妇女去承担。正如父权时代男子从事的某些活动不许妇女参与一样，妇女们在制造陶器时，不但不许男子参加，而且不许男子进入她们那座制造陶器的小屋；不许男子观看她们操作。因为，据说如果男子参与其事那便是一件不吉祥的事。

现存的安达曼人在制造陶器时，从选土到清除土中的杂质，全部都用手工操作。他们先把泥巴制成带状，盘绕而成陶罐，在日光下暴晒数小时后，然后在罐内罐外放上柴加火焙烧。在南安达曼，烧陶之前，还用尖头的小木棒，在陶器坯上刻画由点线结合而成的简单图案，不久前，在北安达曼，制陶仍然只有妇女操作（黎族、高山族与傣族亦然），而在南安达曼，制陶却已开始有男有女了。显然，安达曼人的这种制陶过程、制陶方法以及在陶器坯上刻画图案的方式，在原始部落中是具有代表性的。

考古发掘证明，公元前 4000 年时，在亚洲西部两河流域的乌鲁克时期（前 3500—前 3100），最先出现了用陶轮（陶车）制造陶器的新方法；接着，在中国公元前 4000 年时的仰韶文化时期里，用慢轮制陶的新技术也已经被发明了。因为，在仰韶文化遗址中出土的陶器的口沿上，有不少平行的多弦纹；有些陶碗、陶钵的底部还印有布纹，这都可能是使用陶轮制造陶器留下的印痕（由陶器上的指纹与指甲纹分析，制陶仍系妇女）；其次，就是在南亚印度的哈拉巴文化时期里（前 2300—前 1750），印度的原始居民也已开始用陶制造陶器了。

一般说来，人类首先是用手摇陶轮制陶，后来，就又出现了更为先进的脚踏陶轮，那时，人类已经步入铜石并用时代。用陶轮制造陶器，是一项重大的技术革新。借着陶轮飞速旋转的力量，把拌好的泥块制成器皿，不但形状规则，厚薄均匀，外壳光滑美观，而且大大地提高了生产效率。

随着生产力的提高，产品交换的发展，手工业技术的改善与陶轮的流行，男子终于代替了妇女在制陶业方面的地位，一跃而为陶业作坊的主人，使人类社会的制陶技术大大地向前跨进了一步。比如，在中国父系氏族公社时期，人类就发明了飞速旋转的陶轮，用这种陶轮制成的陶器，形状规则，厚薄均匀，在同一单位时间内，生产陶器的数量和质量都空前提高，生产效率大大增长。"龙山文化"中的那些漆黑发亮、薄如蛋壳的黑陶珍品，就是这种新技术的产物。此种陶器质地细腻，内外漆黑，表面晶亮，厚度仅有 0.1 到 0.2 厘米，精致美观，举世罕见，用手轻轻弹击，能够发出清脆悦耳的响声，充分体现了中国古代人民的高度智慧。

从新石器时代开始，到原始社会瓦解；从手工制陶，到陶轮的流行，人类社会的制陶技术有了很大的提高。陶器的生产效率和生产规模不断地发展和扩大。陶器的质量和数量都有了空前的提高和增长。就陶器的种类来说，不但有了陶盆、陶罐、陶甑、陶盘、陶瓮、陶钵等许多形状古怪、功能各异的陶质器皿，而且器皿上也多半都已绘上了各种各样的绘画和图案。虽然那时人类尚不懂得给各种陶器涂上釉子，但是原始人却已知道把陶器坯子放在松脂烟的大火焰上去烧，使它乌黑光滑，美观耐用。①

在河南省渑池县仰韶村以及西安半坡村的新石器时代遗址中，曾经发现了大量的陶质器皿与陶片。其他如甘肃、吉林、辽宁、黑龙江、云南、湖北、江

---

① （美）摩尔根：《古代社会》上册，杨东莼等译，北京：商务印书馆，2009 年，第 15 页。

苏等省，也都有过大批原始陶器的出土。在这些发掘的陶器上，不仅绘着各种鸟兽和鱼类，而且有的还刻着原始的文字或符号。接着，在后来的"龙山文化"中，陶器的制作技术，就发展到了更高的水平。

陶器的发明，是人类手工业活动的开端，是原始时代劳动妇女的重大贡献。最初，它只是原始人的一种无足轻重的副业，后来就发展为一个独立的手工业部门。陶器的发明，是人类从蒙昧时代进入野蛮时代的标志；它使人类第一次通过自己的加工改变一种天然物的性质，对人类社会的发展具有重大意义。首先，陶器本身乃是定居生活的产物。但是，陶器的大量制造，却又反过来促进了定居生活的发展和巩固。因为那时的人类，运载能力很弱，不可能经常扛上笨重易碎的陶器到处游荡。同时，正如摩尔根所说："制陶术的采用，对于改善人类的生活，增进家庭的便利方面，在人类进步上开了一个新纪元。"[1] 在陶器尚未发明之前，原始人虽然发明了几种煮熟食物的方法，可是，使用这些方法不仅十分麻烦，而且也不容易把食物煮熟。自从陶器发明之后，情况就改观了。陶器不仅可以用作烧煮食物的炊具，而且还可以用作汲水、饮水和盛贮各种食物的器皿。这比原来根本不会制造陶器，像翁格人那样，用整块木头挖成木桶取水，[2] 像鄂温克人那样用桦木做碗，用桦树皮做水桶（鄂温克语称"米塔"），就要方便多了。不仅如此，甚至，半坡居民还能使用陶刀收割庄稼；用陶罐贮存谷物、保藏植物的种卑子，有利于原始农业的发展。到了原始社会末期，人类对于陶器的使用不仅十分普遍，而且使用的范围也已相当广泛。不仅在日常生活中大量使用陶器，甚至还用陶器殉葬和做棺材。这种陶棺的大量使用，早在半坡遗址中我们已经可以见到。至于陶器的发明对于后代的影响，那就更为深远了。今天我们所用的陶瓷器皿，就是由原始时代所制的陶器发展而来的，没有那时的粗质陶器，便没有今天人类所使用的五光十色、琳琅满目、华丽美观、细腻可爱的陶瓷器皿。

---

① （美）摩尔根：《古代社会》上册，杨东莼等译，北京：商务印书馆，2009年，第15—16页。
② 刘达成等编译：《当代原始部落漫游》，天津：天津人民出版社，1982年，第30页。

十、对偶婚

早在班辈婚与族外群婚，或者更早一些时期，婚姻关系中已经出现了一些因为情投意合或其他原因而交往较多，结合成为较紧密的一对一的婚姻关系。到了新石器时代，随着血缘关系进一步发展，一切亲族之间禁止婚配。"这种婚姻禁例的日益复杂，群婚便逐渐成为不可能的了。"① 于是就出现了对偶婚。马克思认为，对偶婚产生于蒙昧期和野蛮期之交，而"在野蛮期的中级阶段和大部分的晚期阶段都一直保存着。"② 恩格斯认为，对偶婚"发生于蒙昧与野蛮之间的分界上，主要是在蒙昧底高级阶段上，只有个别地方是在野蛮底低级阶段上。这是野蛮时代所特有的家庭形式"。③ 二者的说法基本一致。一般认为，对偶婚萌芽于中石器时代的末期，而盛行于新石器时代，直至金石并用时代的后期逐步为单偶婚所代替。根据摩尔根的解释，对偶"即配成一对之意……但是没有独占的同居。它是单偶家族的萌芽"。④

原始时代的广大妇女是推动群婚向个体婚过渡的主要社会力量。她们为了"买得贞操权利"⑤ 是为了把自己从古代的共夫制下解脱出来，为了"赎身"而获得只委身于一个男子的权利，就要在一定时间之内委身于多数男性。因为，在那时的女性看来，如果她们只许一个男性享有自己，那就是对于传统的共夫制的破坏，就是对以往多数男性共有女性权利的侵犯。因此，为了长期仅仅委身于一个男性，就只好采取某些过渡的缓和的办法，这种办法就是在一定时期内委身于多数男性。比如，古巴比伦妇女，每年都必须有一次在迈利塔神庙里无条件地委身于多数男性，让许多男性像群婚时代那样去共享她们。相关资料是这样说的："其他中东各民族在他们女儿取得结婚的权利以前，须把她们

---

① 恩格斯：《家庭、私有制和国家的起源》，北京：人民出版社，1972 年，第 44 页。

② 马克思：《摩尔根〈古代社会〉一书摘要》，北京：人民出版社，1965 年，第 35 页。

③ 恩格斯：《家庭、私有制和国家的起源》，北京：人民出版社，1972 年，第 50 页。

④ （美）摩尔根：《古代社会》上册，杨东莼等译，北京：商务印书馆，2009 年，第 38—39 页。

⑤ 恩格斯：《家庭、私有制和国家的起源》，北京：人民出版社，1972 年，第 47 页。

送到安那吉司庙住好几年，在那里她们须与自己的意中人进行自由恋爱；类似的风俗，穿上宗教外衣，差不多在地中海与恒河之间的一切亚细亚民族中间，都可遇到。"① 比如，"古代的色雷斯人，克勒特人等，印度的许多土著居民，马来的诸民族，太平洋好多岛屿上的土人以及今日的好多美洲印第安人——少女在出嫁以前，都享有极大的性自由。特别是在南美洲，差不多到处都是如此。"②

无数事实表明，女性的智慧并不亚于男性。她们用以赎身的"赎罪捐献"③随着时代的进展总是渐次减少，乃至最后终于金蝉脱壳默默无声地剥夺了多数男性共同享有她们的权利而委身于一人。正如巴霍芬所说："年年提供的这种牺牲，让位于一次的供奉；从前是妇人的杂婚制，现在是姑娘的杂婚制；从前是在结婚后进行，现在是在结婚前进行；从前是不加区别的献身于任何人，现在是只献身于某些一定的人了。"④ 就这样，由于女性的推动，群婚终于通过长期过渡而为对偶婚所代替。在这里，恩格斯曾经指出："巴霍芬是多么的正确，他认为由群婚转到个体婚这一进步主要应归功于妇女，只有由对偶婚进到一夫一妻制，才应归功于男子。"⑤ 在大南巴人那里，长期流行着这样一种奇特的习俗：妇女们世世代代地穿戴着一种用露兜树叶撕成长条制成的裙子和假发。按照这个部落的传统，禁止女人被自己丈夫的弟兄们所发现。因此，每当妇女在小路上碰上了自己丈夫的弟兄，就蹲在路旁一动不动地用树叶假发盖着面孔。那么，大南巴人为什么会兴起这种奇怪的习俗呢？这很有可能是由群婚向对偶婚或单偶婚过渡时，妇女为了逃避自己丈夫的弟兄们的纠缠而采取的蒙混措施。

对偶婚的最初状况，就是男子在许多妻子中有一个正妻或主妻；女子在许多夫中有一个正夫或主夫，但是，谁对谁都没有绝对的独占权。丈夫除主妻外，还可以和许多次妻发生关系，而不受道义上的谴责；同样，妻子除主夫外，也可以与许多次夫交往，并不算作伤风败俗。不过丈夫与主妻，妻子与主夫之间的交往要比与次妻与次夫多。但是，这样较多的夫妻结合仍旧是短期的，不巩

① 恩格斯：《家庭、私有制和国家的起源》，北京：人民出版社，1972年，第48页。
② 恩格斯：《家庭、私有制和国家的起源》，北京：人民出版社，1972年，第48页。
③ 恩格斯：《家庭、私有制和国家的起源》，北京：人民出版社，1972年，第47页。
④ 巴霍芬：《母权论》序文，第19页，转引自中共中央马克思恩格斯列宁斯大林著作编译局编：《马克思恩格斯选集》第4卷，北京：人民出版社，1995年，第48页。
⑤ 恩格斯：《家庭、私有制和国家的起源》，北京：人民出版社，1972年，第79页。

固的，容易离散的。不仅如此，对偶双方仍然各住母方，暮合晨离，并未构成单独的家庭。婚姻关系的发生，"通常采取丈夫拜访妻子的形式，相反的妻子拜访丈夫的情况则很少。"[1] 这就是所谓的"走访婚"或"望门居。"[2] 在这种婚姻形式下，夫妇双方夜合晨离，各自在其母方氏族生产与消费，子随母姓，人人知母而不知父，夫妇关系实际上仅是性生活而已。

新中国成立前，云南省宁县永宁地区的纳西族里，就仍然相当普遍地实行着对偶婚。而且他们的对偶婚也还是相当原始的。因为在他们的亲属称谓中，尚没有"父亲"这个词。[3] 这种"并无父亲称谓"的现象，一般说来，正是因为外婚制的缘故，父亲还在另一集团之内；正是因为父母的婚姻关系往往一两年或数年之内就告结束；正是因为父母双方同时还有权与其他人（次妻或次夫）发生关系；正是因为父亲只是晚上来白天走，只是母亲集团的夜宿"过客"[4]，而孩子系由母亲负责抚育与教养。所以，子女对于生父往往陷于无知。新中国成立后土改时，对永宁地区 278 户纳西族的调查统计证明：继续保持对偶婚某些特点的家庭竟然还占 55.7%，在 1156 人中，竟然还有 74.6% 的成年人过着"望门居"的婚姻生活。

在鄂伦春人那里，对偶婚的残迹十分明显。如果妻子和别的男人发生了关系，丈夫虽然知道，但也不加过问，不去谴责妻子，只是佯作不知，任其所为。同样，如果丈夫和别的女人发生了性关系，妻子虽然知道，也是佯作不知，由其自便。总之，男女双方除了主妻主夫之外，都可另有所欢各行其是，即使对方遇见了，也既不如临大敌，又不视为奇耻大辱，相反地，他们会和平相待，处之泰然。除此之外，在纳西族里，甚至直到解放初期，男女双方缔结婚姻的形式仍然极为简单，只要交换一下装饰品（如手镯、腰带等）也就行了，根本没有什么结婚仪式。有的甚至连装饰品也不交换，就开始同居起来。妇女留于自己母系的"一度"（系永宁纳西族语，意即"一群人之家"）之内。男子将行李搬入女家，夜间即可登门拜访，一起同宿，次日清晨，男子仍归母族。各自在其母族从事劳动、分享劳动成果、获取衣食。显然，这样的婚姻并不具有经

① （苏）柯斯文：《原始文化史纲》，张锡彤译，北京：人民出版社，1955 年，第 132 页。
② （苏）柯斯文：《原始文化史纲》，张锡彤译，北京：人民出版社，1955 年，第 132 页。
③ 宋恩常：《云南少数民族社会与家庭制度研究》，内部资料，1978 年，第 321 页。
④ （法）拉法格：《财产及其起源》，王子野译，北京：生活·读书·新知三联书店，1962 年，第 59 页。

济意义，不仅结合容易，而且离异也很简单，只要女方拒绝接纳，或者男方不登门，就算解除了婚约。

在发达的对偶婚中，凡是主妻所生的子女，不管是否是自己的亲生子女，主夫都得予以承认。反之，次妻所生的子女，即使就是自己的真正子女，也都一律只能认作"庶子"。而这些"庶子"则各自由他们母亲的主夫去承认他们。

随着对偶婚的发展，丈夫逐渐延长留居妻方的日期，一连数日不回母族而为妻方种田、砍柴，甚至赶马运输（如纳西族人那样），乃至后来干脆开始长期迁住妻方，这就是所谓的"从妇居"（或从妻居）。在"从妇居"时代，兄弟数人可以破例地各自出嫁给不同的氏族（以前只能出嫁给同一氏族）。这时的男子，长期出嫁妻方，随妻生产与消费，构成对偶家庭，只有死后才能归葬于出生氏族，子女仍随母姓，属于母方氏族。

在鄂温克人那里，曾经有过这样一个传说，说的是从前有个青年男子，到女方家族去求婚，女方家族的成员对他说："我们有两个姑娘，你要一个就坐在她旁边，要两个就坐在中间。"① 于是，这位青年就坐在了两位姑娘的中间。这一传说不仅说明在鄂温克人那里曾经存在过从妇居的母居制，而且也存在过群婚。

在中国台湾的高山族（高山族分布于台湾、福建两省，约有 30 万人）人那里，男女青年婚事自主，父母从不干涉。男子婚后长住妻家，每家以婿为主，以外甥为嗣，子不承父业，也反映了母权制时代的从妇居。② 从妇居时代是母权制发展的昌盛时代，缔结婚姻的一个显著特征，便是妇女始终处于主动地位。和后来男权时代的男子一样，那时女子们十分自由地为自己选娶满意的丈夫。比如，在鄂伦春人的母权制时代，处理婚姻问题时，妇女就处于主动地位。根据他们的古代传说，在结婚时，是男人嫁给女人，而不是女人嫁给男人。甚至，直到解放初期，当鄂伦春人结婚时，也还保留着丈夫拜访妻子的形式：在举行婚礼之前，新郎必须首先来到女方氏族去同新娘同住一个时期，然后才能返回男方氏族举行婚礼，开始同住男方。因此，在举行婚礼时，常有这样的事情发生：或者新娘已经怀孕，或者已经抱上了娃娃。此外，阿尔昆琴人的某部落从前曾有这样的情形：一个女子可以自己托人说媒，准备迎娶她所喜爱的青年。

---

① 内蒙古少数民族社会历史调查组：《额尔古纳族使用驯鹿鄂温克人的调查报告》，内部资料，1958年，第 117 页。

② 任凤阁、吴平凡：《婚姻春秋》，乌鲁木齐：新疆大学出版社，1988 年，第 40 页。

说媒的结果如果满意，她便开始每天送食物给自己的未婚夫吃，一直持续一个月左右。以后经过简单的仪式，她的母亲在自己的住屋近旁为她建造新的住屋，这时丈夫便可以出嫁过来随妻而居了。① 但是，由于那时单个家庭尚不足以单独抵御人类生活上所遭遇的艰辛，② 也由于对偶婚本身还是暂时性的夫妻结合，因此对偶双方并不在一起组织经济生活。社会的基本经济细胞仍是氏族，无论生产或消费都仍以氏族为准。因此，对偶婚还未具有经济性质。正如恩格斯所说："这种对偶家庭，本身还很脆弱，还很不稳定，不能引起自营家庭经济的要求和愿望。"③ 所以，双方的离婚是极其容易的，彼此都可根据自己的愿望而随时提出。在"望门居"时，只要妻子告诉丈夫以后不要再来就是了。④ 在"从妇居"的情况下，当夫妻失和时，妻本人或妻方亲属只要让男子知道应该收拾一下自己的东西，带着走开就够了。⑤ 然而，尽管离婚手续是那样的简便，可是，离婚后却还得向大家发出公告，以便双方另求新欢。当然，不可能所有的原始部落都需如此去做，但至少在某些原始部落中是这样进行的。比如，在印度东北部卡息人的部落中，每当离婚事件发生后，就由一位报事人向本村报告。他边走边大声叫喊："大家听着，某某和某某离婚了，喂，你，小伙子，你可以去爱那位女的；同时，你，年轻的姑娘，也可以去爱那位男的。现在都没有妨碍了！"⑥ 在"望门居"的情况下，已婚的男子还仅仅只是为了自己的母方而劳动。可是到"从妇居"时，男子却有时必须"为两家"而劳动了，所生的子女仍然属于女方。子女对于父亲依然十分生疏。甚至，有时仍和群婚时代一样，并不知道谁是自己的真正父亲。只有到了母系社会末期，对偶家庭比较稳定和巩固时，子女才逐渐地认出了自己的生父。

如前所述，对偶婚初期，就是男性对于自己的主妻，或者女性对于自己的主夫，都一概没有独占的同居。⑦ 什么"贞操"，什么"淫乱"这些名词在那时都是不存在的。妻子在与主夫交往期间，照例还可以交往别的男人；同样，丈

① （苏）柯斯文：《原始文化史纲》，张锡彤译，北京：人民出版社，1955年，第133页。
② （美）摩尔根：《古代社会》下册，杨东莼等译，北京：商务印书馆，2009年，第530页。
③ 恩格斯：《家庭、私有制和国家的起源》，北京：人民出版社，1972年，第45页。
④ （苏）柯斯文：《原始文化史纲》，张锡彤译，北京：人民出版社，1955年，第134页。
⑤ （苏）柯斯文：《原始文化史纲》，张锡彤译，北京：人民出版社，1955年，第134页。
⑥ （苏）柯斯文：《原始文化史纲》，张锡彤译，北京：人民出版社，1955年，第134页。
⑦ 马克思：《摩尔根〈古代社会〉一书摘要》，北京：人民出版社，1965年，第33页。

夫在与主妻交往期间，照例也可以交往别的女人，这些做法都不会遭受谴责。可是随着对偶婚的发展，特别是随着向单偶婚的迈进，男性开始购买或劫掠妻子之后，就不愿再与别人共有她了。这时，"多妻和偶尔的通奸，则仍然是男子的权利。"① 而"在同居期间，多半都要求妇女严守贞操，要是有了通奸的情事，便残酷地加以处罚。"② 一般说来，丈夫对于妻子贞操的要求很可能是随着社会的私有程度而愈来愈严的。据《西洋番国志》记载：在爪哇国（今印度尼西亚），"凡在市卖物皆是妇人，与之交易近傍之门，因彼裸体，其乳被人们弄，惟对笑而已。其夫虽见，佯若不知"③。可见，这里尚残余着"母权"。丈夫对于妻子的贞操尚无苛求，很可能是处在对偶婚时代的末期。而在"文明"程度较高的占城国（北印度之王舍城一带），则是"男子犯奸者烙面。甚者以木为舡，行放水中，上立一竖木削尖，令罪人坐尖上，木自口出而死，就流水上示众"④。虽然，在这里，人们对于贞操的要求已经达到可怕的境地，但从中可以看出，对偶婚时代已经结束，单偶婚时代早已到来。看来，男性对于妻子贞操的要求却是随着"文明"的进展而变得日益严酷。特别是随着私有制的发展，随着男性财富的日益增多。他们就越来越明显地苛求妻子严守贞操，千准万确地为自己生育血缘可靠的后代，以便自己的大批私产不致旁落他人。

由上可知，对偶婚是母系氏族社会后期的一种婚姻形态，是由群婚向单偶婚过渡的婚姻形式，是群婚通向单偶婚的中间环节，是一种不牢固的个体婚，或者说是不稳定的一夫一妻制。在中国，关于"帝喾"有一个"元妃"两个"次妃"，⑤ 舜以"娥皇为后，女英为妃"⑥，并和象"弟并淫"⑦ 说的就是中国远古时代的对偶婚。

摩尔根认为，在对偶婚的情况下，"子女的婚姻都是由诸母亲安排的……事

① 《马克思恩格斯选集》第4卷，北京：人民出版社，1995年，第42页。
② 《马克思恩格斯选集》第4卷，北京：人民出版社，1995年，第42页。
③ （明）巩珍撰、向达校注：《西洋番国志》，北京：中华书局，1961年，第6页。
④ （明）巩珍撰、向达校注：《西洋番国志》，北京：中华书局，1961年，第3页。
⑤ （晋）皇甫谧著，（清）宋翔凤、钱宝塘辑、刘晓东校点：《帝王世纪》，沈阳：辽宁教育出版社，1997年，第9页。
⑥ （晋）皇甫谧著，（清）宋翔凤、钱宝塘辑、刘晓东校点：《帝王世纪》，沈阳：辽宁教育出版社，1997年，第13页。
⑦ （晋）皇甫谧著，（清）宋翔凤、钱宝塘辑、刘晓东校点：《帝王世纪》，沈阳：辽宁教育出版社，1997年，第13页。

先并不让结婚的当事者知悉。"① 马克思也说，那时"婚姻并不是以'感情'为基础，而是以方便和需要为基础。母亲为自己的儿女议婚不让她们知悉，也不预先征求她们的同意；因此，有时彼此不相识的人就结为婚姻了……在易洛魁人及许多其他印第安部落中的惯例就是这样。"② 看来在对偶婚时，男女很少有婚姻自由。其实不然，因为，马克思曾明确指出，那时，"婚姻关系只继续到男女双方两相情愿的时代为止。"③ 离异极其自由，而且手续也很简便。这样看来，既然婚姻关系的维持必须是"男女双方两相情愿"，否则即可离异，那还有什么不自由可言呢？况且历史现象不可能会是那样的整齐划一，在对偶婚时代，关于婚姻的缔结，最少在某些部族中，妇女是比较主动和自由的。

此外，在母权制下，结婚仪式一般都极其简便。比如，北美绰克托人结婚时，男女双方被关在相邻的两间小屋内，在距小屋约三百米处栽一根竿子。然后，首先放出女方，让她向竿子跑。稍迟一会，再把男子放出，要他去追女方。如果女方在到达终点之前被追上了，婚姻就算成功。如果未被追上，婚姻就算未成。要不要让男子追上，女方完全可以决定。如果她同意成婚，她就可以跑得慢些；如果她不同意，她就可以快跑如飞，早到终点。④ 同样，男子如果愿意成婚，他就可以拼命去追，如果他不愿意，当然可以缓缓而行。这样一来，既然结婚离婚都很简便易行，那么男女的婚姻自然就有较多的自由。再加上对偶婚初期尚无贞操要求，因此，她们（他们）的婚姻还应该说是相当自由的。

如前所述，推动群婚向个体婚发展的主要社会力量是妇女而不是男子。恩格斯认为巴霍芬的这一主张"是绝对正确的。"⑤ 因为"随着经济生活条件的发展，从而随着原始共产主义的解体与人口密度的增大。由古代遗传下来两性间的关系愈加失去它们的素朴的原始的性质，则它们愈使女性感受屈辱与沉重；从而妇女求得贞操、获得暂时或长久只与一个男子结婚以求解放的要求，也愈益迫切。"⑥ 而这样的进步是不会发生于男性的，"因为一般说来，男性从不想，甚至直到今日也不会想放弃事实上的群婚地便利。只有由妇女实现了向对偶婚

---

① （美）摩尔根：《古代社会》下册，杨东莼等译，北京：商务印书馆，2009年，530页。
② 马克思：《摩尔根〈古代社会〉一书摘要》，北京：人民出版社，1965年，第31—32页。
③ 马克思：《摩尔根〈古代社会〉一书摘要》，北京：人民出版社，1965年，第32页。
④ （苏）柯斯文：《原始文化史纲》，张锡彤译，北京：人民出版社，1955年，第133—134页。
⑤ 恩格斯：《家庭、私有制和国家的起源》，北京：人民出版社，1972年，第49页。
⑥ 恩格斯：《家庭、私有制和国家的起源》，北京：人民出版社，1972年，第49页。

的推移以后。男性才能实行严格的一夫一妻制——自然，这只是对妇女而言。"①男性本身并不受此限制，至少单偶婚初期是如此，特别是部落首领更是公开多妻。就像达尼部落的最后一个大酋长库鲁路那样。"他有二十个妻子和三十二个孩子"②，而达尼妇女则只许一夫，如犯通奸，就要遭受丈夫的毒打。③

据《西洋番国志》记载，占城国（即释典所谓的王舍城）居民的婚娶过程是："男子先至女家成亲，过十日或半月，男家父母及诸亲友以鼓乐迎回，饮酒作乐。"④ 爪哇国《古名婆国》居民的婚娶过程是："男先至女家成亲，三日后乃迎回……"。⑤ 暹罗国居民的婚娶过程是："女子嫁则请僧迎男至女家，僧娶女红为利市，点男女额，然后成亲，亦甚可笑。过三日又请僧及诸亲友分槟榔彩舡等物迎妇，男家置酒作乐。"⑥ 此外，中国傣族青年男女的结婚，新郎必须在女家居住的时间更长。根据西双版纳一带的傣族婚俗，男女青年结婚时要举行"拴线"仪式。这种仪式类似于唐代的"系指头"和宋代的"牵巾"。所谓"拴线"，是把洁白的棉线拴在新郎新娘的手腕上，象征着两颗纯洁的心结合在一起。随后，参加婚礼的客人就一面唱歌，一面喝酒，祝贺新郎新娘结为伴侣，百年好合。在结婚之后的一段相当长的年月里，新郎必须住在女家。新中国成立前，一般都是住够三年才能把妻子带回男家。新中国成立后，如果女方缺乏劳力，丈夫则需长住妻家；如果男方缺乏劳务，新郎就可以提前把妻子带走（详见马寅《中国少数民族常识》）。那么，为什么这些国家和民族的男婚女嫁都是男性先到女家住十天半个月或两三年的时间，然后再转往男家长住？这很可能像解放初期的鄂伦春人那样，是由从妇居向从夫居过渡的一种婚娶形式，是由对偶婚向单偶婚过渡的婚娶形式，是残留于单偶婚时代的男性出嫁女方的对偶婚俗的遗风。它很可能是由对偶婚通向单偶婚的一种相当普遍的婚娶形式，它保留着人们对于远古时代从妇居婚俗的记忆。

---

① 恩格斯：《家庭、私有制和国家的起源》，北京：人民出版社，1972年，第50—51页。
② 刘达成等编译：《当然原始部落漫游》，天津：天津人民出版社，1982年，第175—176页。
③ 刘达成等编译：《当然原始部落漫游》，天津：天津人民出版社，1982年，第183页。
④ （明）巩珍撰、向达校注：《西洋番国志》，北京：中华书局，1961年，第3页。
⑤ （明）巩珍撰、向达校注：《西洋番国志》，北京：中华书局，1961年，第9页。
⑥ （明）巩珍撰、向达校注：《西洋番国志》，北京：中华书局，1961年，第13—14页。

十一、原始人如何分食

众所周知，原始人对于食物是平均分配的。那么，人类究竟是在何时开始平分食物的呢？人类学的有关资料对人很有启发。种种迹象表明，黑猩猩在猎获野兽之后就已具有了某些平分食物的征兆。古多尔在通过十年左右对黑猩猩的"密林追踪"和观察之后，得出了这样的结论："猩猩吃肉带有集体活动的性质。猎物占有者一般总是乐意地将肉分给猿群中的其他成员，这是类人猿之不同于低等灵长类的一个特点。我们时常见到，捕到了猎物的黑猩猩撕下大片的肉，放在自己同类伸出的手上。"① （当然，黑猩猩也时常占有食物）。由此看来，古猿很可能也这样分配食物（其他野兽却很少如此）。既然人类的祖先能够如此行事，那么，刚刚由古猿转变过来的人类，有什么理由一定要改变自己祖先的这种优良传统呢？因此人类社会一开始可能就是平分食物的，这可能也是人类社会区别于其他动物的一个重要标志。不过个别的、特殊的独占食物的例外情况也可能同时还有。

在原始共产社会里，由于生产力水平的低下，不仅生产资料——山岭、河流、森林、猎区、牧场、耕地等是公有的；而且生产品——果实、猎物、粮食、皮毛、肉类等也是公有的。在生产力低下、产品极端贫乏的远古时代，不仅按需分配没有可能，而且按劳分配也是不可想象的。那么，原始人究竟如何分配他们获得的食物或产品呢？关于这个问题，鄂伦春人的有关资料给我们提供了很好的说明。

在鄂伦春人的语言中，"乌恰得楞"就是平均分配的意思。从母权制氏族公社到家庭公社这一漫长的历史时期，鄂伦春人对于他们所获的产品，无论多少，都一律按照"乌恰得楞"这一等量平分的原则进行分配。如果说先后之间有什么变化的话，那就是在母权制氏族公社时期，是以个人为单位平均分配，而到

---

① （英）珍妮·古多尔：《黑猩猩在召唤》，刘后一、张峰译，北京：科学出版社，1981年，第233页。

了家庭公社时期，则是以户为单位而进行平均分配，二者在原则上并无区别。

母权制氏族公社时期，鄂伦春人在他们公有的土地、山岭、河流和森林里，手持极其简陋的原始工具，共同从事集体的采集、狩猎和捕鱼。采集的果实，捕获的猎物和鱼类，在他们氏族公社的范围内，一般由氏族首领——老年妇女主持，按人平均分配，谁也不能多占。

可是，到了家庭公社时期，按户平均分配的原则便产生了，而且逐步地发展成为鄂伦春家庭公社主要的分配形式。那么，为什么会发生这样的变化呢？这和发展起来的生产力是相适应的。随着生产力的发展，母系氏族公社的人口不断增加。最后，氏族公社就分裂为若干个家庭公社，而且每一个家庭公社内部又包含着若干个日趋稳定的个体家庭。社会发展到了这个地步，"塔坦达"作为家族长，作为一个火堆的首领，便不得不考虑今后的产品分配，特别是食物分配将采取怎样的形式。是因循守旧坚持传统习惯继续分配到人呢？还是干脆根据新的情况，把产品直接分配到户，让人家自己去处理呢？事实上，鄂伦春社会发展到了这个地步，"塔坦达"要想不顾客观情况，一如既往地，把自己的数代子孙天天集合到一个火堆周围去分食到人是有困难的。首先，祖孙数代人数太多，天天集合分食、餐餐集合分食，不仅十分麻烦，而且也会浪费许多宝贵的时间；其次，在当时的条件下，寻找一个能够容纳人数如此众多的场合去进行分食，实际也有困难，特别是在雨季，在风雪交加的寒冬，情况就更严重。于是，在客观情况的制约下，"塔坦达"也就只好承认现实，默认小家庭的存在。干脆开始把产品，特别是把食物分给各个家庭让人家自行方便。必须指出，这样按户平均分配的原则，体现了大集体中的小自由。它的出现是完全符合历史规律的，是顺应历史发展的，是鄂伦春历史发展的必然产物。如果说，随着鄂伦春社会的发展，那种家庭公社的大集体的集合分食制已经到了怨言载道很难继续维持的地步，那么，新的按户平均分配原则的宣布，却可以博得鄂伦春人的普遍赞扬。难怪在处于同一发展阶段的鄂温克人那里，"每小家庭（也）是分得猎物的基本单位，不论各户有无劳动力，均享有分得猎物的权利。"不仅"兽肉"与"捕获的鱼类，按户平均分配"，而且"鹿茸等商品猎物出卖后，所换回的物品"也是"按户平均分配。"只有采集的野菜野果，谁采来的就归谁。①

---

① 秋浦等整理：《鄂温克人习惯法：第六"分配"》，秋浦等著：《鄂温克人的原始社会形态》，北京：中华书局，1962年，第127—128页。

现在，仅以猎物犴的分配为例，来介绍一下鄂伦春人按户平均分配食物的实际情况。

如果一个"乌力楞"（鄂伦春家庭公社）有五户人家，打到了一只犴，其具体分法是：

肉好坏搭配，分成五份，每户一份。

油脂分成五份，每户一份。

腿骨十二块，后腿下骨和前腿上骨共四块，分成二份；前腿下骨和后腿上骨共四块，分成二份；前腿中骨和后腿中骨共四块，分成二份。共六份，除每户一份外，余下一份给人口多的户。

胸骨分成四份，脊骨一份，共五份，每户一分。

肋骨十六块，大小搭配，每户三块，余下一块给人口多的户。

关于兽皮的分法，和肉不同，一般都是轮流分给各户。大犴皮割成两半，作为两份；小犴皮就整张分，一张一份。如果犴皮数量够分，就每户一张；如果不够，就先分给几户，以后打到时再分给另几户。但是，因为一次不可能打得很多野兽，所以兽皮的分配便形成了如下的特点：如果第一只犴是 A 打中的，犴皮先分给 B，B 打中的先分给 C，C 打中的先分给 D，D 打中的先给 E，E 打中的才能分给 A。这样周而复始，轮流分配，每次打中的人，皮张的分配都是排斥在外，也就是暂时不给他。

这里应该指出，每次分配都是由"塔坦达"出面主持。他亲自动手分配兽肉和兽皮，除指定每户一份外，一般都是把较次的一份留给自己。不仅如此，在分配兽肉时，那些真正打到野兽的人，也总是拿取较次的一份。他们既不利用职权多吃多占，也不自恃有功特殊享受。这对于"文明人"来说，具有教育意义。

尽管家庭公社时期按户平均分配已经成为产品和食物分配的主要形式，可是，母权制时期盛行的那种按人均分配制度却还在相当程度上长期的保留着，特别是在家庭公社的初期更其如此。因为这时个体家庭还保留着许多对偶婚制的残迹：夫妇结合尚不巩固，离异尚很自由，小家庭多不具有经济意义。所以，家庭公社只有靠吃大锅饭维持生活。关于这一点，可由"吐嘎软"这种专业人员的存在获得证明。所谓"吐嘎软"就是家庭公社内部专门管理公共伙食的人员。他们在为公社成员烧烤饮食和进行分食时，并不是像某些原始的农业部落那样，把全体社员集中在一个地位适中的大屋里，而是就在野外，围绕着一个火堆进餐，进餐时也不是像一般人所想象的那样把肉切好分食，而是实行一种奇特的"传食制"：把烧好的兽肉先由某个社员啃上一点，然后就传给另一个社员去吃，吃毕，依次下传。周而复始，直到把肉吃完或吃饭为止。只有在猎物十分丰富的时候，才允许改变一下这种奇特的传食。甚至，直到今天，当鄂伦春人在饮酒时，还保留着这种古老的"传食"习俗。

随着一夫一妻制个体家庭的日益巩固，对偶婚的残迹逐渐消失，按人平均的分食制度已经不能适应新时代的客观要求，逐步地退居到次要地位，而为按户（个体家庭）平均分配的新原则所代替。当然，作为一种原始遗风，按人均分的原则在鄂伦春人生活的某些方面被长期地保留了下来。

在家庭公社时期，鄂伦春猎人每次集体狩猎，"吐嘎钦"都要和他们一起出发。在整个狩猎过程中，猎人们可以集中全力专心狩猎，不必为饭食操心，只要打到猎物，"吐嘎钦"就会及时把肉烤好，让大家一起进餐——吃大锅饭。因为那时狩猎武器还相当原始，狩猎必须集体才能成功，所以，在这里，吃大锅饭的做法就只好保留下来。实际上，这也是受那时的生产力水平所制约的。

可是，每当狩猎结束，猎物被运回后，却仍然照旧按户均分，兽皮则轮流分配。但是，野兽的头颅和心脏，如：心、肝、肺等物则不加分配，而由"吐嘎钦"把它煮熟，然后集合全体成员，男女老少一起进餐。在兽肉中，熊肉的分配是例外的，也不按户均分，而是由"吐嘎钦"煮熟，切成小块，然后拌上熊油和熊脑，让全体社员一起享受。

宗教在人类历史上的许多场合下，扮演着守旧的角色。一些过时的古考的思想意识和制度，往往可以在宗教领域找到它们进行复辟的市场。鄂伦春人那种旧有的按人均分的吃大锅饭遗风，在他们的宗教仪式中，就曾长期地被保存下来。每次给神献祭的野兽，无论种类多少，也无论数量多寡，鄂伦春萨满（祭司）都一律按照古老的传统把它煮熟，然后集合"乌力楞"的全体社员共同进餐。

这里还应指出，鄂伦春人那种吃大锅饭的古老遗风，并不只是局限在一个"乌力楞"的范围内，而是以某种方式通行于整个鄂伦春部族。比如一个鄂伦春人，无论是谁，只要他饿了，就可以到任何一个"乌力楞"的一个素不相识的人家去就餐，或者是直接进入他们的仓库向他们索取食物。而这家主人不管怎样却总是要按照古时的传统对这位客人进行款待。并且双方也都认为这既是客人的权利，也是主人的义务，是理所应当的。除此之外，根据同样的道理，如果两个"乌力楞"的狩猎人员在山间相遇了，而一方却没有打到野兽，那么，另一方就有义务把自己猎获物的一半送给对方，而对方也就可以表示毫无愧色地不必过分客气就把赠物收下。这一切，一方面反映了鄂伦春人诚实、纯朴和殷勤好客；另一方面也反映了他们对于各地鄂伦春人的远古祖先曾是一家的朦胧记忆。

从以上事实中，我们可以清楚地看到，即使是在家庭公社的后期，那种按人均分的古老制度也还是被顽强地保留下来。如果说它与母权制氏族公社时期有所不同的话，那也不过是母权制时代是以氏族公社为范围而进行，而家庭公社时期却是以"乌力楞"为范围而分配罢了。尽管如此，就是在家庭公社的后期，那种以氏族公社为范围的按人均分制度，仍然在某些偶然的情况下时隐时现。

在谈到那种新的按户平均的分配制度时，人们很自然地也就会想到各个家庭的人口多少并不一致。有时，甚至竟会相差数倍。如果按户均分，势必苦乐不均，有人很难度日。可是，在那时鄂伦春人的实际生活中，苦乐不均并不严重。这是因为，第一，在每次分食时，"塔坦达"都是要把那些多余的无法分配或不便分配的部分分给那些人多的家庭，力求做到人均平衡；第二，分配之后，如果有的家庭感到食物不足，立刻就可在本社之内去向别家求助。在这种情况下，其他的家庭成员也就有义务对于他们解囊相助；第三，谦让互助是鄂伦春人的美德（也是其他原始人的美德）。"塔坦达"和那些优秀的猎手们所分的猎物往往总是最次和最少的，而那些缺儿少女、无父无母、夫妇不全，以及其他一切丧失劳动能力的人所分得的猎物却常常总是又多又好。这样的谦让与互助，特别是在猎获物不足的情况下，往往总是对那些家庭缺食的社员有利，从而大大地缓和了那种苦乐不均的矛盾。由此可见，新的按户均分制与旧的按人均分制在新的情况下，并没有划地绝交，而是在古老的按人均分制的面孔上，薄薄地蒙上了一层新的按户均分制的面纱。新的分配制度的诞生也不过只是迫于形势对于时势变迁的承认罢了。

以上介绍了鄂伦春人母权制时期和家庭公社时期所通行的分配制度——按人均分与按户均分。这对于原始人的分食制度来说，很有可能是具有普遍意义的。从总的情况来看，原始人的分食制度很可能是这样的：家庭公社时期之前，一般都是按人均分；而自家庭公社开始，一般都是按户均分。当然，二者只有形式上的差别，而无实质上的差别，都是要力求做到按人均分的。

关于按户均分产品，在北美印第安人的易洛魁部落中，同样可以见到。在这里，每个部落成员都必须把自己捕捉的野兽、鸟类和鱼类，或者是采集的果实和农产品交到公共贮藏室里去。每到做饭时，再由贮藏室里去拿取。饭做好后，就把主妇请来，由主妇根据食物的多寡，把食物平均分配给各个家庭。这种按户平均的分食法，在许多原始部落中都曾经存在过。

居住在孟加拉湾东南部安达曼群岛上的安达曼人，直至今日，仍然不事农耕，不知畜牧，仅仅依靠采集与狩猎为生。热带森林与海洋为他们提供了丰富的生活资料。他们是著名的射箭能手，几乎所有猎物都靠弓箭和标枪来获取。"常见的食物有植物根、茎和果实、软体动物边蝼蛄、蜂蜜、海龟及蛋、鱼类、巨蜥以及野猪等等。"[①] 在这些食物中，除了猎物的头颅按照旧例，作为奖励归于猎人们享受外，其他食物一律按人平分，谁也不许特殊。

解放前，在中国大兴安岭一带生活的鄂温克人，同样也是共同劳动平均分配产品的。他们的生产活动由公社族长负责组织和指挥，打猎时男女老少全部出动。猎获物平均分配，公社成员人人有份，就是连失掉劳动能力的鳏寡孤独之人，同样也不会比别人少分。

在近代澳大利亚土著部落里，除病人与婴儿外，全体成员从清晨起，都要离开帐篷外出觅食。然后，他们就把各自弄到的食物带到附近的一个山洞里，用火煮熟，再由老年人把煮熟的食物公平合理地分给每个成员，大家一起就餐，完全和翁格人一样，"任何一个人找到的食物都归大家享用，谁也不许私有。"[②] 不久前，澳大利亚土人在捕猎袋鼠时，也和鄂温克人一样，实行按人均分。亲手捕到袋鼠的人一点也不许多占；未动袋鼠一根毫毛的人同样也不会少分。甚至直到今天，有的澳洲土人也仍然还在平均分食。

在中国，西双版纳基诺山居住的基诺族人，如果上午打到一只野猪，下午就集合全体社员，不论男女老幼人均一份。奇怪的是，他们在分食时，力争做到绝对平均。肝呀，肺呀样样均分，甚至连猪尾巴、猪耳朵等等也都一无例外，

---

① 蜀丁：《最后的安达曼人》，《博物》1985 年第 5 期，第 26 页。
② 颜思久编：《世界民族风情录》，成都：四川民族出版社，1983 年，第 105 页。

有多少人就分多少份，谁也不能少。更莫名其妙的是，他们在分食时实行见人有份。无论是外来的调查人员、走访人员，甚至过路客人，谁碰上了，谁就算走运，而且一点也不会少分（许多原始人都有类似的习俗）。据基诺族人（基诺族即传说中之攸乐族或丢落族）的传说，基诺人之祖先是孔明南征时"丢落"的战士，故称该族为"丢落"。其实，孔明的军队最南仅达滇池一带，从未到过基诺山，"丢落"之说纯系误传。他们自己说，这是他们祖先留下的古老传统，谁也不能随意改动。

在中国云南省的西盟佤族，甚至直到 1985 年，在杀牛之后，仍然是把牛肉好坏搭配，按户均分的。不仅如此，见人有份的原则也还照旧保留着。当他们在平分牛肉时，无论是在场的记者、摄影师或调查人员等，人人有份。

生活在巴西的克拉霍印第安人，长期使用木棒和弓箭狩猎，虽然自五十年代开始他们已经使用前膛枪。可是，他们分食猎物的制度却还十分原始。猎手们捕到猎物并不归个人私有，而是大家分食。一般的猎物都是直接投入火中，烧去皮毛，接着分食，只有捕到野猪与野鹿时才首先剥皮（用皮换火药与枪弹），然后烧食。克拉霍村民一律分为两大部分：一部分称为太阳的子孙；另一部分则称为月亮的子孙。分食时，由两名青年各代表其中一部分，将一般动物按只数分为两大堆，而把野猪或野鹿从头到尾分割为二，也分别放入每一堆内。这时地面上已铺好许多新鲜的棕榈叶子，两名青年再根据参加分配的人数，将肉切成许多小块，分成与人数相等的份数。这时，每个猎手都可以对分配提出意见，比如，哪一堆过多，哪一堆过少，哪一堆过好，哪一堆过坏等等。两名青年倾听大家的意见，进行调整之后，就开始真正地分配到人了。首先分给来客；其次分给最年长的人；再次是成年人；最后是儿童们。猎物中还要保存一部分，专门供给病人、寡妇和孤儿们。①

新中国成立前，中国云南的苦聪族，长期生活在深山密林中，森林树木全归公有。"他们在一年中，用大部分时间在森林中游徙，进行集体采集，采集到的野菜、野果都实行平均分配。在狩猎后，他们把兽头分给射中者，兽肉也是平均分配。"② 19 世纪中期，当达尔文远海航行，和他的伙伴一起登上火地岛时，他的伙伴就把一条很好的棉被送给当地土人。谁知这位土人竟然当着客人

---

① 刘达成等编译：《当代原始部落漫游》，天津：天津人民出版社，1982 年，第 244 页。
② 姚森：《社会发展简史》上册，北京：人民教育出版社，1982 年，第 20 页。

的面，似乎很不礼貌地把这条棉被撕成碎块，平均分给自己的全体氏族成员。这件怪事，给达尔文和他的伙伴们留下了极为深刻的印象。"文明"的欧洲人对于当地土人的如此作为，个个目瞪口呆莫名奇妙；而火地岛土人却认为他们把收获物依据传统习惯，按人均分不为私有，这是无足为怪的。

从大量的历史事实中，可以清楚地看出，原始人的分食制度尽管有按人均分与按户均分的区别，但二者所遵循的基本原则却仍是力求平衡，保证人人都能获得食物继续生存下去。按户均分制的产生，也不过只是随着生产力的提高对于新生的个体家庭的存在予以承认罢了。从这里还可以看出：原始人对于产品和食品的分配原则并不是按劳取酬，而却包含着某些按需分配的成分。

那么，原始人为什么要按人均分产品和食品呢？因为，在人类历史发展的这一时期，只有这种平均分配的原则才是合理的，符合实际的，才能保证人类社会的延续和发展，而这种分配原则的产生却是由那时的生产力水平所决定的。既然生产工具那样粗劣，所得的产品自然很少，在这种情况下，如果有人长期多占产品，就会不断地有人饿死，整个集体就会遭到破坏和削弱。因此，只有平均分配产品才是最好的出路。

西方某些学者或者出于其自身阶级利益的需要，或者是对原始社会的历史缺乏了解，总是力图把那种"人吃人"的资本主义原则强加于原始社会，把那种"强凌弱，智诈愚"的剥削压迫作风强加于原始人。事实上，弱肉强食、剥削压迫、特权享受只能是阶级社会的产物。如前所述，原始人的首领并不多吃多占，并不享受特权。恰恰相反，民族学的有关资料告诉我们，在原始社会里，首领们在分配产品或食物时，往往总是最后取去较少或较差的一份，而那些老弱病残，或者人口较多的家庭倒会经常获得照顾。

1969年，美国科学家该萨·特莱基曾经发现黑猩猩能够有组织地围捕大动物，而且还发现"黑猩猩从不独自吃一只猎获物，哪怕是很小的动物。它们有一个分享群，有时，这个分享群的猩猩可多达15只"。[①] 因此，特莱其认为"在灵长类中，有组织的狩猎行为和猎物的社会分配，决不限于人类。"[②]

虽然，在我们的猿人祖先中，某些强者或首领也可能会有多吃多占的事，特别是在黑猩猩中，某些强者霸占食物不许弱者染指，直到自己吃饱吃足之后，

---

① 邓天纵：《同猩猩在一起的第二个十年》，《科学画报》1982年第11期，第35页。
② 邓天纵：《同猩猩在一起的第二个十年》，《科学画报》1982年第11期，第35页。

才许弱者走近的事例并不少见。不过，黑猩猩毕竟还只是一种高等野兽而已，最少在我们的猿人祖先中，特权享受那只是一种个别的现象。那时，人类在产品或食物的分配方面，其主要形式应该是"平均分配"，或者称作"按人均分"。这完全是在产品十分贫乏的情况下不得不采取的一种分食办法。这种平分制度的产生，绝不是由某些人物的主观愿望所决定的，从根本而言，而是取决于那时相当低下的生产力发展水平。

十二、发明牛耕、驯化植物

据考证，远在新石器时代就已经有了犁。不久前，四川的纳西族，西藏的门巴族都还使用木犁，或者又在木犁上装一石犁铧进行耕田。那时，他们就仍处于新石器时代，一般说来，最初出现的都是木犁，后来又在木犁身上装一石犁铧，就被称为"石犁"，这就开始了"犁农业"。犁农业主要担当者已经不是妇女而是男子。在耕田时，一个男子扶犁，两个或几个男子拉犁，显然，这也是一种非常艰苦的劳动，不过，它比原始的刀耕火种或锄农业就要进步得多了。至于用牛耕田，那是后来才发明的。

学者们认为，在中国的殷商时期，人类已经知道用牛耕田的好处，不过，那时牛耕尚未通行。牛在那时的主要用途是祭神，一次祭祀，甚至竟要杀牛数百头。

从已经出土的甲骨文字来看，到了殷商时代，人们确实已经把牛套在犁上，让牛来拉犁耕田了。今天的"犁"字，就是由商代的甲骨文演变而来的，它的原意就是在牛身上套上了犁。不过，到了春秋时代，用牛耕田才比较普遍地发展起来。不要以为最初使用牛耕田定是一件十分危险的事。事实上，那时用来耕田的牛，早已不是脾性暴躁的野牛，而是已被驯化的动物。尽管如此，发明牛耕也并不是一件轻而易举的事，因为，至少牛是不懂号令而又十分倔犟的。

在两河流域的古代文字中，约于公元前3000年代之前就已经出现了"犁"字。在乌鲁克文化时期（前3500—前3100）出现的一千五百多个象形文字符号中，就有耕犁形的符号。可见那时在两河流域某些地区就已经开始用犁耕田了。在这之前，那里的居民早就驯化了驴和牛。后来，把牲畜套在犁上，强迫它们为人耕地，这在人类历史上，可以说是一次大胆的尝试，它的成功对于社会生产力的发展，当然是一个巨大的促进。难怪两河流域地下谷物的发掘曾是那样的丰富。不过，在两河流域，发明用牛拉犁进行耕田，那是乌尔第三王朝时代的事，（此时苏美尔—阿卡德人已经发明了带种器的犁），在此之前，那里一直是用驴拉犁耕田的，更早一个时期则是用人拉犁耕田。此外，公元前3000年代，埃及古王国的第一王朝时期，埃及人也已经发明和使用了用牛拉的原始木犁。同时，还发明和使用了碎土和平整田地的木耙以及收割庄稼的金属镰刀。在中国，代表父系氏族公社时期的"龙山文化"中也已经出现了人拉犁，并且在犁身上装上三角形的石犁铧。这时人们还用石锄、蚌锄进行耕种锄草，用石镰、蚌镰和磨得很光的穿孔半月形石刀收割庄稼。据考古资料判断，那时农产品已经成为人类食物的主要来源，犁农业已经成了社会经济的基础。此后不久，就又出现了金属犁铧，一个男子在一张犁上套上两只牛，就可以比较轻松愉快地从事更大规模的农业活动了。

应当知道，犁农业比锄农业的耕作效率要高得多，产量也大得多。耕地面积迅速扩大，农产品数量日益丰富，人类的生活获得了大幅度的改善。一般说来，金石并用时代的农业，已经发展成为开沟挖渠的灌溉农业了。西亚的两河流域，埃及的尼罗河流域和中国的黄河流域，这一时期都已经成为世界上先进的农业地区。

根据考古资料，可以知道，世界各地农业生产的发展是不平衡的。西南亚一带，即今伊拉克与巴勒斯坦地区，是人类文明的重要发祥地。在那里，早在石器时代，就已经出现了人类历史上最早的植物栽培。① 考古学家在这里的最古的农业村落里所发现的石斧、石镰、石臼和谷物等等足以证明：早在公元前九千到前一万年时，这里的人类就已经开始从事"刀耕火种"的最原始的农业了。巴勒斯坦石器时代的居民，普遍过渡到原始农业的时间，大概是在公元前七到前六千年；接着就是尼罗河流域的居民，他们过渡到原始农业的时代，大约是在公元前六到前五千年（阿斯旺以北二十公里处发掘之一万七千年前的大麦粒尚待研究）；其次，就是伊朗和中亚南部的居民，他们过渡到原始农业的时代，大约是在公元前四到前三千年代之前，在西安半坡遗址的一个地窖里，人们就曾发现了成堆的粟壳，陶土罐里盛着粟，这就是那时的主要作物。在另一个陶土罐里，还保存着白菜或芥菜种子；至于欧洲西部农业的出现，则为时更晚。

尽管世界各地农业的发展是不平衡的，但是农业的发明与发迹不应归功于个别人物，也不应归功于个别民族或地区，应该说，世界上许多民族或地区在植物的培育与驯化方面都是有贡献的。

① 吉林师范大学世界古代史教研组编：《世界古代史》上册，四平：吉林师范大学世界古代史教研组，1973年，第49页。

小麦起源于亚洲、北非和欧洲；大麦起源于西亚和阿拉伯；美洲的印第安人则最先种植玉米、甘薯和马铃薯；印度则是最先播种了棉花（约与印第安人同时，五千年前开始种植棉）。考古学家曾在印度与巴基斯坦古墓中，发现了五千年前的棉线与棉布的遗迹，到目前为止，这仍是世界发现的最古老的棉织品遗物。因此，印度人曾自豪地称印度为"棉花的祖国"是有道理的。不过，就目前而论，中国的棉花播种面积与产量却早已超过印度而占据世界首位。

我们伟大的祖国也是世界上农业发达最早的国家之一，我们的祖先最先培植了茶和山药。根据《神农本草经》等书记载："神农尝百草，日遇七十二毒，得茶而解之"说的就是神农氏因为品尝百草，在一天之内就中了七十二次毒，后来因为吃了茶叶，才算把毒解了。甚至直到今天，人们还用茶叶解毒、退肿、消炎。可见，中国人民植茶的历史是相当悠久的。半坡遗址白菜种子的发现，可以证明我们的祖先早在六千年前就已开始栽培了蔬菜。目前人类食用谷子（去掉谷壳就是小米）也是古代中国农民最先培育成功的。它的原种是"狗尾草"，古书上称为"莠"或狐尾草、绿尾草。半个世纪之前，西南亚一带的偏僻地区，人们仍然是靠吃狗尾草的种子度日的。在中国，最少是在六、七千年之前，我们的祖先就在黄河流域种植谷子，西安半坡遗址大量谷粒的发现就是证明。欧洲各国以及阿拉伯等地的谷子，都是由中国先后传入的，谷子是中国古代最古老、最重要的农作物。殷商时代，谷子已被列为五谷。殷商时代五谷的排列为：禾（谷子）、稷（高粱或黄米）、菽（豆类或大豆）、麦、稻，谷居首位。直到今日，中国的谷产量仍居世界首位。

长期以来，人们一直认为，印度支那半岛最先播种水稻。其实，中国才是世界上最先栽种水稻的国家。大约在六、七千年之前，中国人民就已经在云贵高原、长江、黄河流域，栽种稻谷了。在云南的昆明和元谋地区发现的新石器时代遗址中，都有稻谷的遗物存留。浙江余姚河姆渡遗址（所测定距今6900年）中也曾发现过大量的籼稻种。河南省渑池县的仰韶文化遗址中发现的破陶片上也印有稻谷的痕迹。这些考古发掘表明，人类栽种水稻的历史，大致开始于旧石器时代末与新石器时代初，距今约有一万年左右。为时不久，水稻就发展成为中国南方居民的主要食物，而且一直延续到今天。

大豆的祖先是一种野生的大豆，它的故乡在中国，原先主要生长在中国西南地区。远在新石器时代，中国人就已经种植大豆了。在山西侯马两千三百多年前的晋国遗址，与河南洛阳两千年前的汉墓中，就曾发现过完整的大豆和象征贮存大豆用的陶仓。中国古书上把大豆称"菽"。目前，在德、英、法、俄、拉丁等语言的发音里，"大豆"的发音都与"菽"相近，看来，这些地区的大豆不仅是由中国引种的，而且引种的时代是很晚的。甚至，直到17世纪之前，西方国家对于大豆还是一无所知的。直至今日，中国仍然是世界上大豆产量最高的国家。中国与美国的大豆产量，占全世界总产量的百分之十。中国的大豆享有盛誉，中国有"大豆王国"的光荣称号。

玉米的故乡在美洲，它是印第安人的祖先由野草培育而来的。至今已成为人类的重要粮食作物之一。玉米的栽培大约已有七千年的历史。原始玉米的籽粒既小又少，且包有硬壳，果穗生在茎稍上，经过印第安人的长期培育、选种，今日的玉米已与原始玉米大不相同，它不但果穗、籽粒变大，而且籽粒增多。果穗已由茎顶转入叶腋之间，亩产已可高达2400余斤（矮秆玉米）。

古代印第安人播种玉米十分有趣，首先，砍伐树木，平整土地，接着，削尖木棒，点穴下种，每隔0.9米播种一株，然后坐等收获。太平洋东岸的印第安人，还用鱼作肥料，每棵玉米穴内放一条鱼，每亩地约放鱼160条。这样，产量即可增加三倍左右，种玉米时农民把狗关起来，防止狗把肥田的鱼儿扒出来吃掉。

玉米传入中国的时间，大概是在16世纪初期。当时它是外国人朝进贡的礼品，被称为"番麦"或"御麦"。玉米传入中国的南洋群岛，最初只是在中国沿海一带播种，后来才逐步传入内地，今天已经遍及全国了。

这里应当强调指出的是，印第安人所培育而来的六十多种农作物（包括药用作物），"早已被引种到世界各地。目前这些作物的总产值约占世界农业产值的一半以上。"[1] 由此可见，印第安人对人类农业的贡献是如何的巨大，仅仅以此而论，就可看出，欧洲殖民者谩骂印第安人"野蛮"、"落后"、"劣等"、"低能"，并企图消灭他们，是何等的荒谬和无理！

最后，还应指出，迄今为止，人类已经栽培与驯化的植物，仅仅只占全部植物总数的十万分之七十二。[2] 这一方面说明，栽培与驯化植物是很困难的；另一方面说明人类栽培与驯化植物的前景是非常广阔的。

---

① 刘达成：《民族学与原始公社制的文明》，《社会科学战线》1983年第1期，第336页。

② 刘后一、陈淳：《最早的农牧民》，哈尔滨：黑龙江人民出版社，1984年，第141页。

十三、母权制的产生

过去西方学者普遍认为，人类社会一开始就是男子当权的时代，而女性的地位，正如恩格斯所指出的，在社会发展初期"曾是男性的奴隶。"[1] 甚至直到1926 年，芬兰人类学家爱德华·斯特马克在其名著《婚姻简史》中，还公开主张父权制先于母权制，还否认人类社会之初母权制的存在。[2] 德国有位人种学家名叫舒尔兹，他甚至竭力证明男子永远是家族的首脑。在他看来，"母权制"时代在人类历史上是不存在的。人们多把这种谬论叫做"父权论"或"男权中心论"。[3] 恩格斯指出："男权中心论是毫无事实根据的最荒谬的观念之一"[4]。资产阶级学者之所以贩卖这种谬论，无非是要说明资本主义时代所通行的制度，特别是男女不平等的制度，是"古已有之"的和"永恒的"，是根本不应反对和无法变革的，因此人们对于这些不平等的制度只有顺从。事实上，人类历史上的确曾出现过这样的时代，那时妇女们无论是在社会生产中，还是在社会经济的发展和社会生活上，都处于主导地位。她们"不仅享有自由，而且居于大受尊敬的地位。"[5] 那就是通常人们所说的"母权制时代"。现在就让我们谈谈母权制的产生吧。

应当知道，人类社会之初，群内的首领多是妇女而不是男子。可是，那时明显的"母权制"是不存在的。只有到了尼安德特人时代的末期，氏族开始产生，氏族一开始就是母权制的。这种母权制氏族所处的时代，是继血缘家族公社时代之后的原始公社制的第二阶段，大致相当于旧石器时代晚期和新石器时代。它在许多地区，一般都是一直延续到新石器时代的结束，才为父权制氏族所代替。在残存的落后部落中，易洛魁人被视为母权制最发达时期

① 恩格斯：《家庭、私有制和国家的起源》，北京：人民出版社，1972 年，第 45 页。
② （芬兰）爱德华·卫斯特马克：《人类婚姻史》，上海：神州国光社，1930 年，第 17 页。
③ （苏）阿·尼·格拉德舍夫斯基：《原始社会史》，北京：高等教育出版社，1958 年，第 34 页。
④ 恩格斯：《家庭、私有制和国家的起源》，北京：人民出版社，1972 年，第 46 页。
⑤ 恩格斯：《家庭、私有制和国家的起源》，北京：人民出版社，1972 年，第 45 页。

的典型。

那么，人类历史上为什么会出现母权制呢？这是因为在那时的社会生产中，经济生活中妇女处于主导地位的缘故。妇女们所从事的采集和捕鱼等原始农业，收获比较和可靠，成为氏族生活的主要来源，而男子所从事的"狩猎禽兽是极其靠不住的。"① 是偶然性很大的，甚至竟会奔跑终日空手而返，这时，如果没有妇女们采的野果，种的庄稼，大家就得挨饿。像鄂伦春男子那样，他们在狩猎方面，"尽管经验丰富，几天或更长时间中打不到野兽的事也是常有的。"② 在这种情况下，他们就不得不把采集和捕鱼作为狩猎经济的必要补充，或者依靠广大妇女劳动成果度日。

不仅如此，在绝大多数的落后部落中，处于母权制时期的妇女们还要制造陶器，为全体氏族成员烧烤肉类、鱼类，准备饭食，分配食物，加工皮毛，缝制衣服，照料老人，抚育后代。总之，管理氏族事务和经济生活的重大责任都落在广大妇女的肩上。一位处于这一历史时期的印第安人曾向法国传教士说："没有妇女，我们将会注定过可怜的生活，因为在我们的国家里，正是妇女播种、栽植和培养谷物和果实，并为男子与子女准备食物。"③ 这样一来，既然妇女们的辛勤劳动是满足全体氏族成员生活的保证，那么，妇女们受人尊敬的崇高的社会地位，自然也是理所应当，这丝毫也不意味着妇女们拥有什么特权。在私有社会里，劳者不获，获者不劳。劳动者披星戴日，支撑社会，地位卑下；剥削者不劳而食，养尊处优，身居高位。与此恰恰相反的是，在原始共产社会里，谁对社会的贡献大，谁的地位就高，就受人尊敬，这是很自然的，也是理所当然的。母系氏族时期，妇女地位崇高、备受尊敬，这是由她们在生产中的重要作用和巨大贡献所决定的，这绝不意味着是对男性的凌辱，而男性对此也应当是心悦诚服的。

① 马克思：《摩尔根〈古代社会〉一书摘要》，北京：人民出版社，1965 年，第 5 页。
② 秋浦：《鄂伦春社会的发展》，上海：上海人民出版社，1978 年，第 30 页。
③ （苏）Б. К. 尼科尔斯基：《原始社会史》，庞龙译，上海：作家书屋，1952 年，第 87 页。

十四、母权制

在母权制下，氏族的首领多半都是年长的妇女，妇女是氏族的中心。她们不但享有很高的威信，掌握着氏族的领导权，而且酋长的"初选权""也往往操在妇女之手。"① 妇女不仅成为氏族财产的掌管者，在氏族内管理氏族事务和经济生活——领导生产，分配产品和食品（多由老年主妇分配），而且无论"在任何地方，都是很大的势力。有时，她们可以毫不犹豫地撤换酋长，把他贬降为普通的武士。"② 在处于这一时期的易洛魁人中，每年"春季，妇女选举出一位年长有力的妇女为该年度工作的领导人，男子在进行军事行动、旅行与狩猎时，也是同样服从所选举出来领袖的命令。"③ 那时，社会的基本经济细胞是以母系血缘关系为纽带的母系氏族。母系氏族既是那时人类对自然展开战斗的生产单位，也是生活与社会活动的单位。生产资料集体所有，共同劳动，平均分配产品。无阶级剥削、无压迫，人人自由平等，氏族内部禁止通婚。妇女必须从别的氏族中为她们迎娶共同的丈夫，把丈夫娶到自己的氏族中来。男子则必须出嫁到妻子的氏族中去。因此，在那时，妇女总是被看做自己人，而男子则总是被看做外人。像中国古书上所说的"凡娶，判妻入子"④ 和"嫁子入妻"⑤ 等等，说的就是这种情况。再如，印度古书上所说的"兄弟五人共一妻，男的入赘生下儿子又走，氏族血统照母系算"⑥ 说的也是这种情况。出嫁后的男子，如果过于怠情或过于笨拙，那么，不管他有多少子女或属于他的财产有多少，他都必须随时听候妻子的命令，收拾行李，准备滚蛋。对于这个命令他是不敢有任何反抗的，被驱逐对他个人的生活会造成极其不利的影响，除了回到本氏族，或

---

① （美）摩尔根：《美洲土人的房屋和家庭生活》，北京：中国社会圣科学出版社，1985 年。
② 恩格斯：《家庭、私有制和国家的起源》，北京：人民出版社，1972 年，第 47 页。
③ （苏）B. K. 尼科尔斯基：《原始社会史》，庞龙译，上海：作家书屋，1952 年，第 87 页。
④ （清）孙诒让：《周礼正义·地官·媒氏》，北京：中华书局，1987 年。
⑤ （清）孙诒让：《周礼正义·地官·媒氏》，北京：中华书局，1987 年。
⑥ 拉贾戈帕拉查理：《摩诃婆罗多的故事》，唐季雍译，北京：三联书店出版社，2007 年，第 7 页。

在别个氏族内重新结婚之外，他再也没有别的出路。如果将要被赶走的丈夫实在不愿离开自己的妻子儿女，就只有央求"有力的姨母或祖母为之说情，才有挽救。"① 显然，男性讲情是不起作用的，就是氏族内部发生纠纷，也要妇女出面干预调解，方能平息（像黎族同胞那样）。那时的妇女不仅与男子平等，而往往占有更高的地位。② 当然这种崇高的地位丝毫也不意味着是对男性的压迫。

母权制基本上是和群婚与对偶婚时代相适应的，因此，那时的人们就只能认出谁是自己的母亲，而却无法认出谁是自己的父亲。同时，也正是由于这种人人"只知有母而不知有父"的情况，才使那时的继承关系和亲属、血统的计算，只能以母为据。正如恩格斯所说："只要存在着群婚，那么世系就只能从母亲方面来确定。因此，也只承认母系。"③ 子女只能属于女方，属于母亲的氏族。母亲也就成为那时一切子女所能知道的唯一的亲长，子随母姓是必然的。像中国古书上所说的："亲尧初生时……从母所居而姓。"④ "舜母生舜于姚墟，故姓姚氏。"⑤ 等反映的就是这个情况。男子只有到了出嫁之后，才开始改从自己妻子的姓氏。因此，父子不同姓也是必然的。而且也正是因为男子要出嫁的缘故，所以，"上古无传子之事"。⑥ 总之，"只知有母而不知有父"，子女归母方，以及亲属计算和财产继承的以母为据，都大大地加强了那时妇女的社会地位，妇女在那时是备受尊敬的。仅仅从各地所发掘的旧石器时代晚期的大量妇女全身裸体雕像（多以兽骨、石头或猛犸牙雕制，也有用黏土捏制并经火烧硬的；爱斯基摩人的古代住地，几乎到处都有老年妇女裸体像）中，就可以看出，那时妇女的地位是如何的崇高。临潼姜寨母系时代墓葬中的随葬品，男子每人四件，妇女每人平均六件，个别女性还有更多的，这反映了母系时代妇女地位的优越。

传说中的神农氏被认为是母权制存在的时代。关于这一时代，传说很多，比如一些古书上说：凡是圣人都没有父亲，是他们的母亲有感于天而生的"圣

① （苏）B. F. 狄雅可夫、H. M. 尼科尔斯编：《古代世界史》，日知译，上海：商务印书馆，1954年，第27页。
② 《马克思恩格斯选集》第4卷，北京：人民出版社，1995年，第42页。
③ 《马克思恩格斯选集》第4卷，北京：人民出版社，1995年，第38页。
④ （唐）司马贞撰：《史记索隐》卷一，北京：中华书局，1991年。
⑤ （唐）司马贞撰：《史记索隐》卷一，北京：中华书局，1991年。
⑥ （唐）司马贞撰：《史记索隐》卷一，北京：中华书局，1991年。

人皆无父，感天而生。"①　还说：王者的祖先，都是有感于太微五帝的精灵而生的"王者之先祖，皆感太微五帝之精而生。"②；另一本书上则更加玄妙地说：简狄（帝喾的后妃）的母亲告诉简狄的妹妹说："你姐姐做了帝妃，已经多年了。还没有生育……我打算叫你姐去拜拜女娲娘娘，求个儿子，你们同去游玩一转。"③　于是，第二天她们就动身了。到了女娲神庙。简狄拜祷以后，就遣走随从人员，和妹妹到温泉里去洗澡，正在洗浴，忽然一双燕子飞来，生下一颗燕卵，于是简狄就把它暂时放在嘴里，继续洗浴。洗毕回岸时，她的妹妹忽然被石头一绊，几乎跌倒，简狄一急，想要喊叫，一不留意，那颗燕卵咽下喉咙去了。④　"那知自此以后，不知不觉已有孕了。"⑤　吃掉燕卵竟能怀孕，岂不怪哉！这些记载，显然都是后来男权时代人们为了追述某些人物的男性祖先，当追溯到母权时代时，由于群婚的缘故，他们便茫然无知，根本无法知道谁是这些人物的父亲，于是就只好说他们是"感天而生"。

此外，在鄂伦春人的古代传说中，曾经有许多故事的主人向自己的生母提出自己有没有生父的问题，比如在《喜勒特很》的故事中，喜勒特很长到十周岁时就向自己的生母提出了这个问题，而在《关于大水的故事》中，那年轻的猎人长到十七岁时也向自己的生母提出了这个问题。为什么会有那么多人不知道自己的生父是谁呢？这绝不是偶然的，乃是由于群婚，由于母权制的缘故。因此，上述那些神话传说的许多情节虽然不尽可信，但这些神话本身却可以证明中国母权制的存在。

还有，在《西洋番国志》一书中，当谈到暹罗国的情况时，曾有这样一段记载是这样说的："国王谋议刑罚，下民买卖交易，一应巨细事皆决于妻。其妇人才识亦果胜于男子。若其妻与中国男子情好，则喜曰：'我妻有美，能悦中国人。'即待以酒饭，或与同坐寝不为怪。"⑥　这段话的大意是说：暹罗国的国王在谋议刑罚时，下面的老百姓在进行买卖时，事情无论大小都由他们的妻子来决定。他们妇人的才能也果然比男子高明。假若他们的妻子和中国男人相好了，

---

①　（战国）公羊高撰：《春秋·公羊传》，顾馨、徐明校点，沈阳：辽宁教育出版社，1997年。
②　（汉）郑玄注：《尚书大传》，北京：商务印书馆，1937年。
③　钟毓龙编：《上古神话演义》卷一，北京：中华书局，1935年，第69页。
④　钟毓龙编：《上古神话演义》卷一，北京：中华书局，1935年，第71页。
⑤　钟毓龙编：《上古神话演义》卷一，北京：中华书局，1935年，第72页
⑥　（明）巩珍撰、向达校注：《西洋番国志》，北京：中华书局，1961年，第13页。

他们就高兴地说："我妻子长得漂亮，能取得中国男人的欢心。"于是，就用酒饭款待这些和他们妻子相好的中国男人，或者和这些中国男人同坐同睡从不感到难堪。显然，在这里仍然存在着一切事务皆由妻子决定的母权制；丈夫对于妻子仍无贞操要求，严格的单偶婚尚未形成。

最后，在中国，许多古姓都从女旁，比如，黄帝姓姬；炎帝姓姜等等。甚至连"姓"字本身也从女旁，这也是我们的祖先确实曾经历过母权时代的反映。

十五、母权遗风

在现存的落后部族中，母权社会及其残迹是不乏其例的。众所周知，刚果是个多部族的国家（有一百多个部族），南方部族多以母系为中心，系母权社会；而北方部族则多以父系为中心，系父权社会。按当地传统，同一大家族内男女不得通婚。在父权社会里，子女一律属于父亲和父亲所在的家族。父亲对子女有养育责任，子女的婚事全由父母做主。反之，在母权社会里，子女不属于父亲及其家族，而却属于母系家族，父亲对子女无义务。子女的婚事除征得父亲同意外，还必须取得母亲的同意。男子结婚必须给女方的舅父长期送礼——由求婚开始直到第一个小孩出生。同时，根据母权社会的传统习俗，舅父死后遗产并不传子，而由外甥继承，部族族长和酋长的职位也由外甥来世袭。此外，在加纳中部与南部的阿图族和芳蒂族中，母权制的残迹也是十分明显的。酋长的正妻和母亲都比酋长更有权势；酋长的职位也由外甥来继承（儿子则无此权）；就是在这些部族的平民社会中，最受尊重的也是一些老奶奶而并不是一些老爷爷。

显然，无论在刚果或加纳残存的母权制社会里，继承权利仍然属于外甥；母亲和舅父都是有权威的，其社会地位是相当崇高的；在刚果甚至子女仍然归属女方。这里的母权制残迹是明显的。

居住在印度东北部的加罗人，虽然个体家庭早已形成，但许多活动还是以氏族与部落为中心。他们长期实行严格的族外婚，残存着明显的母权制特征。每个家庭的世系都按母系计算；财产——土地、房屋、债务等等，都由妇女继承。按照传统，女继承人应该选娶自己父亲那个"马哈利"（氏族）的男子为夫，而丈夫则必须出嫁到妻子家里去，成为妻子家庭的成员。显然，加罗人的母权制度也是相当鲜明的。

居住在印度东北部孟加拉邦卡西山一带的卡西族人。直到今日，也仍然保留着古老的母权制社会，普遍实行着族外通婚，某些氏族的家庭世系是按外祖母—母亲—妇儿来计算的。男子结婚必须迁至妻方，随妻而居，为妻家劳动，但也可返回本氏族为其生母种田，甚至还可以在娘家过夜。特别是在新婚男性未有儿女之前更是如此，像男权时代新娘经常"回家"那样。

大卡西人的家庭里，全部财产，如土地、房屋与劳动工具等等，一般都由幼女继承。任何男性"一旦与女继承人结婚，年轻的丈夫就要搬到妻子家与岳母同住。"① "孩子属于母亲。夫妻俩共同劳动所积累起来的全部财产也只能归妻子一人所有。"② 丈夫必须负担全部家务劳动。比如，采集、狩猎、开荒、种田等等，妻子仅仅负责做生意而已。在这里，入赘的男性是家庭中地位最低的成员，"是一位名副其实的受气丈夫。"③ 而妇女在家庭中的地位却是至高无上的。

在另一些卡西人的家庭里，丈夫不住妻家，而却住在自己的姐姐家里，只是定期去看妻子而已。丈夫在妻家地位低下，反之，在姐姐家里却处于最为有利的地位，有权监督姐夫处理家庭财务，负责教育姐姐的子女。对于自己的甥男甥女有极大的权威，舅父对外甥比对自己的儿子还亲，没有舅父的参与，外甥的一切重大问题都难解决，而外甥对待舅舅也比对自己的父亲还亲。

总之，在卡西人里，"每一个男人都有双重身份。在自己的妻子家里，他是上门女婿和受气丈夫；而在自己的姐姐家里，他又是真正的家长，是家庭一切财产的实际支配人和最受尊敬的舅舅。"④ 由上可知，印度的卡西族人尽管已经进入一夫一妻制阶段，但是，妻子地位的高尚，丈夫地位的低下，舅舅权威的巨大，却还是相当鲜明的。妇女们仍然是那个地区社会、家庭的主宰者，母权制的存留是显而易见的。

除此之外，在佛罗里达的塞明诺尔印第安人那里，个体家庭虽然早已存在，但直至20世纪50年代中期却仍然实行着母权制度。在一个家庭里，家长是妇女，其他成员是这位女家长的丈夫（必须来自另一氏族）、未婚的儿女及其丈夫，外甥与外甥女也属于这个家庭，只是已婚的儿子则必须出嫁到他妻子的那个家庭里去。⑤ 显然，这里的亲属计算与财产继承都是以妇女为主的，这里存在着严格的母权制。

有人认为"人类社会是从母系氏族来的"，"母系社会就是女人掌权"。事实

① 颜思久编：《世界民族风情录》，成都：四川民族出版社，1983年，第115页。
② 颜思久编：《世界民族风情录》，成都：四川民族出版社，1983年，第115页。
③ 颜思久编：《世界民族风情录》，成都：四川民族出版社，1983年，第116页。
④ 颜思久编：《世界民族风情录》，成都：四川民族出版社，1983年，第117页。
⑤ 刘达成等编译：《当代原始部落漫游》，天津：天津人民出版社，1982年，第272—273页。

果真如此吗？

众所周知，原始社会占到人类历史约百分之九的时间。而最初的血缘家族社会又占有了原始社会的百分之九十以上的时间，到了旧石器时代晚期才出现了母系氏族，不久又为父系氏族所代替。就整个人类历史来说，母系氏族只是短暂的一瞬。时至今日，这已成为普通的常识，怎么能说"人类社会是从母系氏族来的呢？"

"母系社会，就是女人掌权吗？"不！事实并非如此，"母权制"的叫法并不确切，恩格斯在引用资产阶级学者巴霍芬的这一术语时，特别郑重指出："他把这种只从母亲方面确认世系的情况和随着时间的进展而由此发展起来的继承关系叫做母权制；为了简便起见，这仍然保留了这一名称；不过它是不大恰当的，因为在社会发展的这一阶段上，还谈不到法律意义上的权利。"[1] 如果从那时的墓葬发掘来看，无论是多人合葬，或者是单葬，男女墓坑的大小、质量、埋葬的形式规格，以及随葬品的数量、质量都没有太大的本质性差别，可见那时男女是平等的。不仅普通成员相互平等，而且首领与普通成员也是平等的。首领由全体成年男女选举产生，男女均可当选，是公仆，却又无特权。

时至今日，我们应该明白，经济平等和社会平等，是原始社会人与人之间关系的准则，生产资料都归氏族成员集体所有，在家集体劳动，平均分配，没有剥削，没有压迫，人人自由平等，已经成为一种常识，鼓吹什么"母系社会，就是女人掌权"。而且还把这个"权"字和"管理国家"、联系起来，显然是缺乏对母系社会的本质了解。

---

① 《马克思恩格斯选集》第 4 卷，北京：人民出版社，1995 年，第 38 页。

十六、由母权到父权

母权制时代妇女的地位是崇高的，可是，为时不久母权制就为父权制所代替，为什么会发生这样的变化呢？那是因为随着生产力的提高，男女在社会生产中的地位起了变化，社会生产力的发展，是母权制转变为父权制的决定因素。随着生产力的提高和社会的发展，锄耕农业为犁耕农业所代替；原始的家畜驯养（多由妇女承担，如易洛魁人）为大群的牲畜放牧所代替。随着社会的发展，靠农业和畜牧业获得的产品，比狩猎得来的产品不但越来越多，而且更有保证。于是，就有许多男子舍弃狩猎不断地投身到农业和畜牧业的劳动中来。在这里，身强力壮的男子比起妇女当然就要能干得多。这样一来，妇女就由社会生产的主要地位采集与锄农业的主要承担者，逐步退而居于编织、缝纫、烧制食物等家务劳动为主的地位；而男子则由社会生产的次要地位，一跃而成为犁农业与畜牧业的从事者，生产工具的制造者。甚至，以前专由妇女制造的陶器，现在也由男子来经营，这时的男子已经在专门建造的陶场内用陶轮制作陶器了。一句话，男子成了社会财富的主要创造人。在那时的墓葬中，男子的随葬品往往是有关农业，渔猎方面的生产工具；而妇女的随葬品则往往只是一些有关纺织和缝纫的工具，如纺轮和针锥等。男女随葬品的不同，反映了社会分工的变化。那时，"生活资料的获得总是男子的事情"，"生产所得的全部剩余都归男子了"，"妇女的家内工作，现在跟男子谋生的劳动比较起来，失掉了它的意义；男性的劳动是至高无上的，而妇女的工作只是毫不足取的附属品了。"①

总之，这时男子的生产劳动已经成为氏族生活的主要来源，因而，男性成员的社会地位也就获得了空前的提高。因而男子长期出嫁妻方的社会现状已与他们生产和社会地位的提高不相适应，因此，打破这种惯例而把妇女娶到男子的氏族中来，便成为那时婚姻社会发展的必然趋势。可是，要求妇女放弃娶夫权力，改变婚姻处所，反而出嫁夫方，在那时不仅没有获得女方氏族与妇女本

---

① 恩格斯：《家庭、私有制和国家的起源》，北京：人民出版社，1972 年，第 159 页。

身的赞同，反而遭到她们的抗拒。女方氏族抗拒的主要原因是因为她们不愿舍弃这批精壮的劳力；而妇女抗拒的原因则是由于她们不愿放弃自己原来那种崇高优越的地位而屈从于男性。后来，男方氏族一面帮助男子以送礼的方式补偿了女方氏族的损失（如伊特尔敏人娶妻前要到妻方去劳动；巴布亚人付给新娘生育费——几个土罐；印第安人则向新娘氏族送礼）；一面又协助男子用"抢婚"娶得了妻子。久而久之，妇女出嫁夫方也就成为正常的社会制度；婚姻的处所也就由母权制时代的从妇居一变而为父权制时代的"从夫居"了。与此同时，一夫一妻制也就代替了过时的对偶婚，当然，对偶婚的残余还是长期存在的。

应当明白，由母权制向父权制过渡之时，尽管男子在生产中，在社会经济中已经取得了优越的地位，但是要想改变男子出嫁妻方的传统而把妻子娶回自己的氏族中来，那是很不容易的。物力充足的氏族或家庭通过向女方送聘礼的方式娶得妻子；而贫穷的氏族或家庭则往往要娶妻的男子到女方家中去劳动，长则几年，少则数年（中国古书上所说的"家贫无有聘财，以身为质"，讲的就是这个意思）。因为这种劳动是无偿地义务地为女方服务，所以借此而成的婚姻又被称为"服务婚"。在服务期间，男子不仅要接受女方的监督，而且要经受女方的种种考验，要取得信任，方能娶得妻子，因此，这种婚姻又被称为"考验婚"。据《史记·五帝本纪》记载，尧"以二女妻舜以观其内，使九男与处以观其外。"大意是说，部落联盟的首领尧要把"二女"嫁给舜，于是就对舜进行内外监督与观察。不仅如此，还对舜进行种田（"耕历山"）、捕鱼（"渔雷泽"）、制陶（"陶河滨"）、制工具（"作会器"）和经商等劳动技巧和办事能力的考验，一切都合格了，尧才把"二女"嫁给了舜。[①] 可见，由男子出嫁改为男子娶妻之时，妇女的地位依然很高，男子娶妻并不容易。有的甚至为女方劳动五到十年的时间，仍然娶不到妻子。难怪"抢劫婚"曾是那样的流行。通过抢劫由对偶婚过渡到一夫一妻制确是一种相当普遍的婚娶形式。

在一夫一妻制的婚姻形态下，谁是孩子的父亲是很容易区分的。随着男性成员财富的增加，父亲和他的子女们迫切要求废止旧的母系财产继承制，而且这种要求逐渐发展成为一种新的普遍的社会力量。在这种力量的推动下，通过

---

① 向黎：《古代"赘婚"漫议》，《文史知识》1986 年第 3 期，第 60 页。

氏族内部集体决定：男性成员的子女和财产都留在男子所在的氏族里；女性成员的子女和女性本人都离开母方氏族，而转到男性的氏族那里去。从此之后，不但子女改从父亲的姓氏，归父亲所有，而且，亲属计算和财产继承也开始以父为据。男子不仅获得了财产继承权，而且，氏族首领也多成为年长的男子。于是，母系氏族也就转变为父系氏族，母权制也就为父权制所代替；对偶婚也就为单偶婚所代替。

由母系氏族转变为父系氏族，由对偶婚转变为单偶婚，不仅是世系计算与婚姻所经受的改变，而且是原始社会生产力发展到一定水平所引起的生产关系的大变革。当然这种变革不可能顺顺利利地进行，其间必然充满着斗争，关于这一点尚还缺乏研究，但由考古资料与民族学资料来看，这场斗争也是相当复杂和曲折的。

考古资料表明，在塞浦路斯岛，曾经发展过一种既有胡须又有高大乳房的神像；在斯巴达，有一尊名叫阿波罗门的男神像，但却身穿女人服装，手持妇女们所用的双面斧。学者们认为，这些不男不女的神像，是在由母系氏族向父系氏族过渡时，由对偶婚向单偶婚过渡时，男子们为了分享妇女的荣誉，为了抬高自己的身价而塑造的。这是由母权制向父权制过渡，由对偶婚向单偶婚过渡时期的两性斗争的产物。此外，民族学资料所提供的产翁制度与抢劫婚姻，也是由母权到父权，由对偶婚制单偶婚时代，两性斗争的有力见证。母权制尽管与父权制进行了长期的顽抗和斗争，力图挽救其失败的命运，但却无法抗拒历史发展的潮流，最终为父权制所击败，为父权制所代替，于是，对偶婚也就随之而被迫退出了历史舞台。

十七、有趣的产翁制

在原始社会后期曾经发生过一次重大的、具有革命性的社会大变革，那就是由母权制社会向父权制社会的过渡。父权制代替母权制乃是"人类所经历的最深刻的革命之一。"① 既然是革命，而且是"最深刻的革命"，其间必然伴随着斗争。虽然不可能是阶级斗争，而却也是人与人之间的斗争，两性之间的斗争。这种斗争，在人类历史发展的这一时期，从某种意义上讲，既是不可避免的，也是不可调和的。尽管这种斗争可以通过迂回的、曲折的道路，但父权制终将代替母权制，战而胜之，取而代之。当然，父权制取代母权制一般都未通过流血斗争，但也并不是只要有一个简单的决定就行了。斗争是曲折的、复杂的、多种多样的，有时是具有戏剧性的，产翁制与抢劫婚就是其中颇有风趣的两幕。

什么叫产翁制呢？那就是在不少民族中，妻子生了小孩无人过问，照旧辛辛苦苦地劳动，而却让丈夫坐月子，躺在床上装作生孩子的样子，享受产妇待遇，这就是所谓的"产翁制"。

关于产翁制，史书上曾有不少记载，不过未曾引起学者们的重视罢了。根据《百夷传》记述。傣族先民"凡生子，贵者浴于家，贱者浴于河，逾数日，授子于夫，仍服劳无"。就是说：在傣族人那里，凡是生小孩的。有钱人就在家中洗澡，穷人就到河里去洗澡，过几天，就把婴儿交给丈夫，让丈夫坐月子，承担育子任务，而自己却仍然孜孜不倦地去劳动。

据雍正《顺宁府志》记载：傣族"生子三日，贵者浴于家，贱者浴于河，妇人以授夫，已仍执、上街、力田、理事"。大意是说，傣妇女生孩子的第三日富贵之家就在家中洗澡，贫贱之家就到河里去洗澡。此后，产妇就把婴儿交给丈夫，让丈夫坐月子，而自己则仍旧去做饭、上街办事、下地劳动、料理家务。

据李京《云南志略》记载：傣族"女子产子，洗后褒以褓裸。产妇立起工作，产妇之夫则抱子卧床期间，受诸亲友贺"。大意是说，傣族的妇女生了小

① 《马克思恩格斯选集》第 4 卷，北京：人民出版社，1995 年，第 53 页。

孩，洗后就用褓裸包裹起来。产妇就立刻起来照常工作，而她的丈夫则抱着婴儿卧床四十天，卧床期间，还要接受亲友们的祝贺。

据宋代《太平方记》记载："南方有僚妇，生子便起，其夫卧床褥，饮食皆如乳妇"。大意是说：南方的僚族妇女，生了孩子仍旧起来到处活动，她的丈夫反而卧床不起，吃呀喝呀就像产妇一样；还说："越俗，其妻或诞子，经三日，便身于溪河。返，具糜以饷婿。婿拥衾抱雏，坐于寝榻，称为'产翁'"① 大意是说：根据越族的习俗，妻子生了孩子，三天后便在河中洗澡。洗后返回，就给丈夫做稀粥喝，而丈夫却拥着被子，抱着婴儿，坐在床上，称为"产翁"。

据《马可波罗游记》记载，今日云南大理以西，有个元代称为卡丹丹的地方，那里也流行一种十分奇特的习俗。"孕妇一经分娩，就马上起床，把婴孩干净包好后，交给她的丈夫。丈夫立即坐到床上，接替她的位置，担负起护理婴儿的责任，共需看护四十天，孩子生下后一会儿，这一家的亲戚、朋友都来向他道喜。而他的妻子则照常料理家务，送饮食到床头给丈夫吃，并在旁边哺乳"。《马可波罗游记》的英文版译者曼纽尔·科姆罗夫在他的注释中也说："在印度、加里曼丹、泰国、非洲和南美洲的某些地区，也同样记载着这种奇异的风俗，父亲方面的这种看护，叫做'科活德'"。这当然谈的也是那些地区的产翁制。

此外，在高加索等地，也有过所谓男子坐褥的历史现象。"在妻子分娩后，丈夫即装扮成产妇的模样，卧床不起。可能是企图通过这种方式来表明，婴儿是属于他的，因而应列入他的氏族。"② 在近代的仡族和高山族人那里，也有这种产翁制度长期地残留下来。

最后，据清代袁子才《子不语》一书记载，广西太平府僮族也是产妇不管婴儿，而丈夫坐月子——围着衣襟，抱着婴儿，坐在床上，装模作样地让妻子捧吃捧喝，享受产妇的待遇。看来，这种奇特的习俗在世界上许多民族中都曾广泛地流行过，有的直到现代还有残存。在我国藏族同胞那里，产翁制就是不久前才消失的。③ 此外，在中国贵州、广西和江西吉安等地，直到近现代也还有"产翁"习俗的存留。"当妇女分娩三日后更要下床操作劳动，而丈夫则换上妻

① （宋）李昉等：《太平御览》卷483《南楚新闻》，北京：中华书局，1960年。
② 崔连仲：《世界史》（古代史），北京：人民出版社，1983年，第34页。
③ 徐华龙：《我国古代生子习俗》，《博物》1983年第2期，第30页。

子的衣服，拥衾抱雏（拥着被子，抱着婴儿），坐在床上，取而代之，称为'产翁''产公'"。① 居住在亚马逊河西北部的威土土人，直到 20 世纪中期，妻子在生孩子的第二天，便要到田间去劳动，而丈夫却在家中伪装"产翁"，照料婴儿，并在吊床上装模作样地休息一到两周。同时，还像真的产妇那样，忌吃某些食物，接受亲友祝贺，直到婴儿的脐带脱时为止。这种父亲模拟母亲产期任务的名称，威土土人称之为"库瓦德"②。另外，据《苏联大百科全书》记载，这类产翁制度，在"亚洲、非洲、大洋洲和美洲的许多部落中间都有存在。"③ 不久前，在中国广西壮族中，也是当妻子生孩子的第三天便开始劳动，侍候丈夫，让丈夫坐月子——坐在床上，怀抱婴儿，拥着被子，头扎布巾，接受亲友祝贺，煞有介事地装模作样，好像孩子真是由他所生。④ 由上可见，产翁制在人生历史上绝不是一种个别的或偶然的历史现象，而是在不少民族中都曾普遍长期地存在过。

妻子生孩子，丈夫坐月子，装模作样地让人侍候，这到底是为了什么？难道是在向历史开玩笑吗？民族学的有关资料告诉我们，在由母权制转化为父权制的历史进程中，在由对偶婚转化为单偶的历史进程中，两性之间确曾发生过戏剧性的斗争，产翁制就是其中极其有趣的一幕。

当人类历史发展到由母系社会向父系社会过渡的时期，随着男性生产地位与经济地位的提高，男子对于以往那种子女随母姓子女只认母系的社会现状再也不能容忍，他们力图要改变这种局面，于是，就企图用男人坐月子的产翁制来表明"生孩子的是我，孩子要姓我的姓"，借以达到变母系为父系的目的。因此，丈夫装产妇的奇特习俗，实际上就是男子为了变母系为父系而扮演的一幕自欺欺人的历史喜剧，正如沙尔·费勒克所说："男子其所以装产，因为他要使人相信他也是生小孩子的人。"⑤ 或者说："男子装做怀孕分娩，好像这样就可以证明孩子是由他做父亲的所生的，而有权按父系来计算新属关系"⑥ 甚至，在云

① 林蔚文：《母系氏族向父系民族过渡时期的产物："不落夫家"等习俗剖析》，《史前研究》1984年第 2 期，第 83—84 页。

② （美）乔治·彼德·穆达克：《我们当代的原始民族》，童恩正译，内部资料，1980 年，第 295页。

③ （苏）M. O. 柯斯文：《返娘家的风俗》，《民族问题译丛》1957 年第 4 期，第 37—38 页。

④ 曹基：《妻子分娩丈夫坐月》，《知识》1986 年第 3 期，第 14 页。

⑤ 沙尔·费勒克：《家庭进化论》，上海，上海文艺出版社，1990 年，第 145—146 页。

⑥ 《男子坐褥》，《民族问题译丛》1957 年第 4 期，第 36—37 页。

南省宁蒗县永宁地区的普来族人那里，遇到妇女难产时，就必须把男人裤子拿来，用男人裤子在产妇的肚子上不停地按摩，同时，助产人还要轻轻地喊叫："孩子快出来。你爸爸在等你！"借此说明，离开男人，孩子是生不出来的。

今天看来，产翁制似乎违背常理，似乎是对于女性的亵渎，似乎是丈夫对于妻子的恶作剧。然而，它却是历史的产物。用历史的观点看，父权制代替母权制是"人类所经历的最激进的革命之一。"[1] 其间必然伴随着两性的斗争，产翁制只是其中的一幕，这是父亲为了争取公认自己与亲生子女的血缘关系而采取的一种手段，是为父权制代替母权制服务的。既然父权制代替母权制是人类历史的一大进步，单偶婚代替对偶婚也是人类历史的一大进步，那么，产翁制的出现也就是顺应社会发展。在由对偶婚向单偶婚转变的历史进程中，它适应着由母系社会向父系社会的过渡，适应着由对偶婚向单偶婚的过渡，因而是具有积极意义的。

---

① 恩格斯：《家庭、私有制和国家的起源》，北京：人民出版社，1972年，第53页。

十八、父权制

由母权制过渡到父权制，是男女在社会生产与社会经济关系中的地位发生根本变化的结果。从此，男子占据了生产中的主要地位，在家庭中掌握了支配权，代替妇女获得了在氏族中的优越地位。但并不是在父权制度发生后，母权就立即消失，恰恰相反，母权制却以各种形式残存下来。根据鄂温克人的传说：酋长根特木耳死了，长老们选举根特木耳的儿子继任酋长。可是，根特木耳的妻子却坚决反对，长老们只好同意改选；根特木耳的儿子也只好向氏族成员们说："我不当你们的酋长，你们大家选我的母亲当酋长吧！"[①] 结果就由他的母亲当了酋长。在母权制下，男性死者的财产要留在男性的氏族里，而由于族外婚和"从妇居的缘故，男性的子女却不属于男性的氏族而属于女性氏族，因而子女只能继承母亲的财产，而却无法继承父亲的财产。父亲死后，他的财产由他的兄弟姊妹来继承，或者由他的兄弟姊妹的子女来继承。可是，随着生产力的发展，男性的社会经济地位大大提高。于是，他们及其子女要求废止母系继承权的愿望也就日益强烈，这种愿望的实现，并不像人们所想象的那样困难，因为它并不需要侵害到任何一个活着的氏族成员。"[②] 只要有一个简单的决定就行了。

自从生产品有了剩余，私有观念就逐渐产生。承担生产劳动的男子，总想把剩余产品占有，而且传给儿子，于是"传子"制度也就逐步出现，父系社会也就随之而形成。妇女不仅日益从属于男子，居于被支配地位，而且日益成为男子的财产。恩格斯指出："母权制的颠覆，乃是女性彻底具有全世界历史意义的失败。男子掌握了家中的管理权，而妇女失掉了荣誉地位，降为贱役变成男子淫欲的奴婢，彻底变成生孩子的简单工具了。"[③] 在父权制时代，男子地位的

---

① 内蒙古少数民族社会历史调查组编：《陈巴尔虎旗莫尔格勒河鄂温克族社会历史调查报告》，内部资料，1959年，第4页。

② 《马克思恩格斯选集》第4卷，北京：人民出版社，1995年，第53页。

③ 恩格斯：《家庭、私有制和国家的起源》，北京：人民出版社，1972年，第54页。

提高与妇女地位的降低，可以由墓葬制度获得说明，此时男子的随葬品不仅数量超过妇女，而且质量也好。山东泰安大汶口遗址中的一座夫妻合葬墓（一号墓）中，共有随葬品 57 件，其中 55 件（包括玉陶与白陶制品）放在男子一边。青海乐都发现的一处父系时代的公共墓地中，不少夫妻合葬墓都没有二次葬的痕迹，但夫妻不可能都是同时死亡的，这很可能是以男子为中心而把妇女杀殉的，临夏泰魏家的十余座成年男女合葬墓中的尸体，都是一次葬入的，但事实上丈夫与妻子不可能都是同地死去的。因此，很可能也是以男子为主体，而把妻子作为殉葬者处理。可见，在那时的一夫一妻制的个体家庭中，母权制早已消失，妻子实际上变成了丈夫的奴婢，处于受奴役的境地。丈夫不仅占有财产，而且对其妻妾有生杀之权。

在母权制下，男子长期处于在家从母，外出从妻的低下地位。自从父权制确立后，情况就改观了，男子在一夫一妻制的小家庭内取得了统治权，妇女地位一落千丈，而且愈来愈低。例如，在鄂温克人那里，妻子在家中已经毫无经济权力，甚至没有裤子可换，也不敢向丈夫提出要求，只好通过自己的母亲向丈夫要裤子。[①] 可见，转入父权制后，妇女的地位确实今非昔比，每况愈下。

在奴隶制社会里，妻子只是丈夫的奴婢，奴隶阶级明确要求妇女"幼从父兄，嫁从夫，夫死从子。"[②] 至于年青美貌的女奴隶，那就更加普遍地沦为男性奴隶主肉欲的牺牲品。在印度奴隶制社会的《摩奴法典》中，曾经明确规定"有德的妇女"没有"嫁二夫的权利"，甚至要求妇女"在丧偶后，其他男子的名字提都不要提"。可是丈夫如果"另有所欢和品质不好"，则苛求"有德的妻子，应经常敬之如神"。甚至要求"有德妇女，无论丈夫生前和死后，都不应该做任何足以使他不愉快的事情"。不仅如此，《摩奴法典》还要加明确地规定："妇女少年时应该从父，青年时从夫；夫死从子；无子从丈夫的近亲族，没有这些近亲族，从国王，妇女始终不应该随意自主"。父权（夫权）的提高，母权（妇权）的衰落构成了鲜明的对比。

在中国的封建社会里，宗法制度要求妇女"在家从父，出嫁从夫，夫死从子"，"三从四德"的枷锁把广大妇女牢牢地禁锢了起来。这时，男性可以妻妾

---

① 内蒙古少数民族社会历史调查组：《黑龙江省呼玛县十八站鄂伦春氏族乡情况》，内部资料，1959年，第 133 页。

② （清）孙希旦：《礼记集解·郊特牲》，沈啸寰，王星贤点校，北京：中华书局，1989 年。

成群，女性多夫却不可容；国君拥有三宫六院七十二妃尚不满足，还要换上便服，偷跑出去嫖妓女（宋徽宗与明朝、清朝的几个皇帝都由此而闻名），而女皇偷情却会弄得朝野哗然。至于封建领主对下层妇女等有的"初夜权"那更是对妇女的令人难以容忍的凌辱。

在资本主义社会，资产阶级把一切都变成了商品，妇女也被商品化了。婚姻关系的建立，不过只是用金钱来购买青春与美貌而已；至于明婚暗妓那更是赤裸裸的商品交易。在这里，无数妇女被沦为有产阶级的花瓶与玩物，甚至连有产阶级那些花枝招展的千金小姐也难于幸免。西方文明诸国，虽然婚配要由宗教核准，但这实际上也不过只是限制妇女而已。甚至连那些"热心的教徒和道学家……也说结了婚的男人犯几件风流案算不了什么大罪过。"① 反之，处女失贞或者妻子偷情则为社会所不容。② 在"文明社会"中，丈夫寻花问柳竟被誉为"风流少年"或"风流才子"，而妻子失节则被诬为"淫妇"、"破鞋"与"养汉婆"。诸如此等污秽之词不堪入耳。

总之，自父权制建立以来，在几千年的"文明社会"里，广大妇女一直处于社会金字塔的最底层，一直处于被压迫、被歧视、被凌辱的悲惨境地。

难怪在印度兴起"打夫节"已有数百年的历史，至今盛行不衰（尤其在农村）。打夫节每年一度，到了这天，平时神气十足的丈夫，就被妻子们包围起来，赶入打夫圈内，乖乖地跪下，经受妇女们的竹竿教训。这时，扬眉吐气的妻子，如果不愿疼爱丈夫，就可以把丈夫由中午一直打到日落西山。③ 事实上，这种戏剧性的打夫表演，也只是在一夫一妻制的婚姻形态下，妻子对丈夫长期积怨的一种象征性的发泄；也只是在夫权制下，妇女对父权制（夫权制）的一种象征性的反抗。

马克思认为，"妇女的社会地位如何是衡量社会进步的一条重要标尺。没有真正的妇女解放，也就没有真正的共产主义。而妇女的解放，只有在妇女可以大量地，社会规模地参加生产，而家务劳动只占她们极少的工夫的时候，才有可能。"④ 列宁说："什么地方和什么时候……开始把琐碎家务普遍改为社会主义

---

① （美）罗伯特·路威：《文明与野蛮》，北京：生活·读书·新知三联书店，2014年，第146页。
② （美）罗伯特·路威：《文明与野蛮》，北京：生活·读书·新知三联书店，2014年，第146页。
③ 《印度的打夫节》，《文摘报》1984年9月14日。
④ 《马克思恩格斯选集》，第4卷，北京：人民出版社，1995年，第162页。

大经济，那个地方和那个时候才开始有真正的妇女解放。"① 当然，只有彻底推翻阶级统治，人人平等，上述条件才能获得，妇女才有可能和男子一样参与国事管理和社会生产，才能获得彻底的解放。在中国，只有新中国成立后，男尊女卑的思想才能得到彻底的批判；广大妇女才翻身得解放，在社会发展中发挥了"半边天"的巨大作用。

① 《光明日报》1983 年 9 月 10 日。

十九、抢劫婚的产生

从对偶婚过渡到单偶婚。中间的确曾出现过"抢劫婚",或者叫做"掠夺"、"佯战婚"。但是,正如恩格斯所说,那时的劫夺女性不过只是一种"求妻方法"[1] 它并没有构成婚姻史上一个单独的历史阶段。

那么,人类历史上为什么会出现抢劫婚呢? 有人认为,那是因为随着"母权制"的衰落与父权制的兴起,人们头脑中产生了重男轻女思想,在这种思想的支配下,父母大量地杀害女婴,最终使得男女比例失调,女性不敷男性的需要,因而出现了所谓"女子荒"。既然女性变得如此缺乏,那么,男性为了满足婚姻要求也就只有实行"抢劫"。[2](英国社会学家麦克林南首倡此议,中国学者也有附和的。)事实上,这种说法是值得研究的,这是因为,第一,世界上一切动物都几乎毫无例外地热爱自己的"子女",难道人类普遍奢杀自己的女儿能够符合历史实际吗? 第二,父母大量杀害女婴的事,在历史上很难找到根据。当然,像《史记·周本纪》与《后汉书·东夷传》也曾谈到"弃子习俗",但那首先谈的不是只弃女儿,而是儿女都弃,既然如此,如何能够造成"男女比例失调"? 而且那还是弃子于林中,不死者抱回抚养;或者让牛马践踏,牛马不践踏者也抱回抚养;或者弃之猪圈、马厩,猪、马不伤害者同样抱回抚养,实际死者寥寥无几。此外,据张华《博物志》一书记载:"越之东有骇沐之国。其长子生则解而食之……";《后汉书·南蛮西南夷传》也记载:"交趾……其西有啖人国,生首子辄解而食之…"。这种"食子习"的发生,乃是由于父权制初期人们认为"长子"或"首子"系别人之子因而血缘不纯不愿抚养的结果。但这里谈的是食"长子"或"首子",并没有说是食长女或首女,因此不可能出现"女子荒",不可能出现女性不敷男性需要的事实,退一步来说,即使儿、女都食,也

---

① 恩格斯:《家庭、私有制和国家的起源》,北京:人民出版社,1972年,第46页。

② 方且:《从猿到人透视:劳动怎样创造人类本身和世界》,上海:上海编译社,1950年,第64—65页。

不可能造成"男女比例失调"。

根据苏联学者柯斯文的意见，抢劫婚发生于由对偶婚向单偶婚的过渡时期。如果说远在群婚时期，抢劫妇女现象的发生只是由于亲属通婚禁例日多，群婚已不可能，妇女数量变得极为贫乏的话，那么，到了对偶婚的末期，抢劫婚发生的原因就要深刻得多。那时，男子长期出嫁妻方，过着"从妇居"的生活。后来，随着社会的发展，男子在生产中，在社会生活中的地位大大提高。于是，就开始要求把妻子娶到自己的氏族中来。虽然，随着时代的进展，这样的变革已是势所必然，但是旧有的习惯势力却总是不肯自动退出历史舞台。一则因为女方氏族不愿舍弃这些妇女中的精壮劳力；二则因为妇女本人也不愿放弃自己原有的崇高地位而远嫁男方屈从男性。母权制时代的女性，不愿出嫁到丈夫的氏族中去，在一定意义上，正和男权时代的男性不愿入赘到妻子的家中去是一样的。那么，既然女性不愿光临男方，男性要想娶妻，也就只好聚众"抢劫"，或者就像鄂温克人那样，给女方送礼——十只驯鹿；或者就像云南苦聪人那样，男子到女方氏族去义务劳动五到十年，以补偿女方的损失，等到劳动完了，才能把妻子带回自己的家中，即所谓："服务婚"或"考验婚"。不过，这样的方式当然不如抢劫干脆，男性并不乐意奉行，只是为了获得妻子，事出无奈罢了。难怪在那时，抢婚是相当流行的。

应当明白，抢劫妇女的现象在人类历史上的出现是为时很早的，当恩格斯在谈到普那路亚家庭时，就说："顺便提一下，抢劫妇女的现象，已经表现出向个体婚制过渡的迹象，至少是以对偶婚的形式表现出这种迹象：当一个青年男子，在朋友们的帮助下劫得或拐得一个姑娘的时候，他们便轮流同她发生性交关系；但是在此以后，这个姑娘便被认为是那个发动抢劫的青年男子的妻子。反之，要是被劫来的女子背夫潜逃，而被另一个男子捕获，那么她就成为后者的妻子，前者就丧失了他的特权。这样，与继续存在的群婚并行，并且在它的范围以内，又发生了一种排斥他人的关系，即或长或短时期内的成对配偶制以及与此并行的多妻制。"① 从恩格斯的这段叙述中，可以知道：第一，恩格斯是把这时的抢劫妇女视为"与继续存在的群婚并行，并且在它的范围以内进行的"，而并没有把它视为独立的"抢劫婚"。第二，尽管文明时代也曾发生过抢

---

① 《马克思恩格斯选集》第 4 卷，北京：人民出版社，1995 年，第 42 页。

劫妇女，但那不过只是历史的点缀品罢了，而发生于普那路亚家庭时期的抢劫妇女现象，确已表现出向个体婚制过渡的迹象，至少是以对偶婚的形式表现出了这种迹象，这是具有重要意义的，因为一夫一妻制的婚姻将由此开始并逐步过渡而来。当然，只有到了对偶婚时代的末期，抢劫妇女的社会现象才更加普遍起来，并由此而过渡到一夫一妻制。

不言而喻，在对偶婚的初期或更早的时代所发生的抢劫妇女乃是一种个别的现象，并不具有普遍意义，那时婚姻形态的主流仍是对偶婚或群婚。因此，绝不应像麦克林南那样，"竟根据这些只有关求妻方法的征兆，而虚构出他所谓'掠夺婚姻'与'买卖婚姻'的几种特殊的家庭"① 也不应认为，对偶家庭刚一出现，妻子便普遍地由购买或掠夺的方法取得。② 对偶婚初期，男子要走访妻子（望门居），后来则是要出嫁妻方（从妇居或母居制）。从普遍意义上讲，这时，一方面男子在生产中还不占主要地位，尚不具备购买、抢劫妻子的经济前提；另一方面他们又怎么可以一面抢妇女，一面却又同时住在被抢的妇女家中呢？到了对偶婚的末尾，像鄂温克人那样，男子在生产中已经占据主要地位，驯鹿群已经成为男性的财富，这时，男子才有经济力量。③（一般为 10 只驯鹿足够购买妻子）；也只有到了男子具备一定的经济前提之后，男性才有可能普遍地产生把妻子娶回自己家中的愿望，赠送彩礼的思想也才有可能普遍地产生出来。当然，这样的送礼往往是和抢婚结合进行的。随着购买与劫掠妇女的广泛流行，独占妻子的思想也就日益普遍起来。正如马克思所说："当妻子系用购买和劫掠的方法取得的时候，男子就不愿和从前一样和他人共同享有她们了。"④ 这样，就在人类历史上出现了最早的丈夫独占妻子的一夫一妻制。

根据民族学的资料，抢劫婚姻的一般方式，都是男性约合几名精壮的伙伴，深更半夜来到女性的宿处去抢。但是，必须知道，这种所谓"抢劫"，和后代阶级社会的"抢劫"，有着本质的不同。前者大都得到事先的默许，绝不都是男性的为所欲为（如解放初景颇族的抢婚遗风那样）；而后者则是阶级压迫的一种形式，原始的妇女，如能遭到"抢劫"，与其说是"倒霉"，不如说是"荣幸"。因

① 恩格斯：《家庭、私有制和国家的起源》，北京：人民出版社，1972 年，第 44 页。
② 邓伟志、刘达临：《家庭社会学第六讲：家庭的起源（下）》，《社会》1983 年第 2 期，第 55 页。
③ 内蒙古少数民族社会历史调查组：《额尔古纳旗使用驯鹿鄂温克人的调查报告》，内部资料，1959 年第 57、99 页。
④ 马克思：《摩尔根〈古代社会〉一书摘要》，北京：人民出版社，1965 年，第 34 页。

此有人说，她们总是一个又一个地"又悲伤又快活地被掳走"。① 这种说法，很可能符合广大妇女那时的心理状况。人们可以设想，如果一位妙龄女郎始终无人来"抢"，那么，对她本人来说，恐怕也并不是一件愉快的事。可是，谁都知道，阶级社会的"抢婚"，那确是统治阶级的一种强盗行为。至于人民群众中常见的"抢亲"，那只是穷苦大众，摆脱婚仪枷锁的一种手段，这种所谓"抢亲"，实际上都是双方事先商定的。

关于抢劫婚姻，中国古书早有记载，不过未曾引起重视罢了。《易经》上谈到的"匪寇，婚媾"② 说的就是抢劫婚；树翘：嘉庆《滇南杂志》中也曾详尽地记载了魏晋以来，彝族同胞中流行的抢劫婚。根据该书记载，当彝族姑娘出嫁的前三天，她的亲属们就手执大斧进山砍伐带叶松，用带叶松在门外另盖新房，让待嫁姑娘坐在新屋中。在她的旁边还要放上几缸淘米水，让亲属们手执武器环立四周，严阵以待。婚日一到，新郎和他的亲属们就穿上新衣，满而涂黑，带上武器，跨上战马，吹吹打打地来到女家，展开模拟式的战斗。接着，新郎就闯入新屋，把新娘拖上战马，飞奔而去。当新郎跨入新屋之时，手执武器的新娘父母，就用淘米水泼洒新郎，同时呼喊亲友协助追赶，结果没有追上，只好愤愤而归。在新郎挟持新娘逃跑的归途中，新娘要故意地跌落马下，连续三次，新郎也要一次又一次地把新娘由地下拖上马背。这时，亲友们个个大喜狂欢……由此看来，那时的抢婚，同样也是假戏真演，"假劫真婚"。如果新娘反对这桩婚事，不与新郎合作，那么，新郎一人如何能把新娘拖上马背？

关于抢劫婚实例，在民族学方面的资料是很多的，下面着重谈谈这方面的情况。

鄂温克人是如何由从妇居过渡到从夫居的呢？是如何由男子出嫁过渡到男子娶妻呢？是通过抢劫婚。不久前，在已经进入父系家族公社时期的鄂温克人那里还残存着抢婚习俗。最初，抢劫妻子既不送彩礼，也不举行结婚仪式。把妻子抢回后，次日才去向女方家族征求承认。甚至有抢走数年才去征求承认和补行结婚仪式的。这种既成事实，女方除了承认之外别无出路的抢婚，在其初期自会引起女方家族的愤慨。但是随着时间的推移，各个氏族的男性都需要到

① 方且：《从猿到人透视：劳动怎样创造人类本身和世界》，上海：上海编译社，1950年，第65页。

② 王道正：《易经全本详解：屯卦》，成都：四川大学出版社，2014年，第20页。

别的氏族里去抢妻子；自家的女儿虽被抢走，自家的儿子又可以从别的氏族抢回妻子；同时，那些早已达到年龄的女性也都需要外族来抢。如果剩下某位姑娘始终无人来抢，那么，对姑娘本人来说反倒成为一件十分烦恼的事。抢婚的多了，久而久之，自然也就习以为常，不再视抢婚者如仇敌，敌对的气氛日趋消失，越到后来双方演出的冲突就越加变为虚应故事，变为半真半假，变为对于远古婚旧俗的表演。

事实上，鄂温克人的抢婚也和世界上其他许多民族的抢婚一样，从表面上看，似乎是用暴力去抢，实际上，多是事先获得默许或商定的。如果没有事先的同意，几个青年人到了女方氏族成员的集中住宿区如何能够抢出人来？事实上，抢婚的时间和地点都是男女青年事先商定的，最初，只让男方家族知晓，对女方家族严格保密。到了抢婚之夜，狗儿汪汪一叫，姑娘就立刻出动，悄悄摸出帐篷，奔赴约定的地点，与新郎一起私奔。到了男方，进入帐篷，先拜男方的氏族神，再由老人把姑娘的八根小辫改为两根，这就变为合法的新娘。[①] 天亮后，男方派人到女家去送礼。女方一看姑娘不见了，而却来了客人，才知大事不妙！于是，就一面装着生气，一面说些气话。男方的人就赶快斟酒，女方也不理睬。男方的人就用唱歌方式进行说服，女方仍不理睬，直到第二次斟酒，女方家长才肯接杯，这时女方家族成员全体出动前来祝贺，就算大功告成。[②]

从鄂温克人的抢婚习俗中，可以看出：一，抢婚本身就反映了从妇居与从夫居的斗争，反映了父居制是如何战胜母居制的；二，这种抢婚习俗的普遍发生，只能是在由母权制向父权制的过渡时期，而不是在此之前。因为在母权制时，是男子出嫁到妻方，是群婚，是一个男子可以有许多妻子，既然如此，当然用不着抢妻；三，母权制前期，男子在生产中不占主要地位，没有抢婚的经济前提，只有到了母权制后期，男子在生产中日益居于重要地位，有了日益增多的财产，这才有条件、有必要把妻子抢过来要她为自己生育出确实属于自己的子女，以便继承父亲的财产。在鄂温克人那里，正是由于男子发明和发展了驯鹿饲养业，并且利用驯鹿进行狩猎，从而获得了更多的猎物，这才为鄂温克

① 内蒙古少数民族社会历史调查组：《陈巴尔虎旗莫尔格勒河鄂温克族社会历史调查报告》，内部资料，1959年，第77页。

② 内蒙古少数民族社会历史调查组：《陈巴尔虎旗莫尔格勒河鄂温克族社会历史调查报告》，内部资料，1959年，第77页。

男性提供了抢婚的经济前提；四，不久前，在部分鄂温克人中所残存的抢婚习俗，实际上只是远古抢婚的遗风。

1919年，李宗仁先生在广东肇庆曾经亲自观看了当地居民的抢婚习俗。当男方抢婚的"队伍接近女家时，男方指挥便发令将斗笠预备好，一声呐喊，冲向女家。女家防守部队也呐喊抵御，并以所贮碎石向男方投掷，迨两军短兵相接时，砖头瓦砾，纷如雨下，冲锋呐喊笑闹之声乱作一团，好不热闹，双方搏战良久，女方阵线卒被男方冲破，乃由男方所派健壮妇女数人冲入小姐绣房，将新人架走，于是双方遂由两军对垒，转为儿女联姻，化干戈为玉帛，各以酒肉享客……皆大欢喜。"① 类似这种佯抢新娘的抢婚习俗，在中国的汉族、苗族、瑶族、彝古族傣族、傈僳族、景颇族等许多民族中都曾广泛地流行过②；而在爱斯基摩人、塔斯马尼亚人和哈萨克人那里，则一直盛行于近现代。③ 在鄂伦春人的古代传说中，抢劫妇女的事情是屡见不鲜的，比如，在《欧新坡》的故事中，酋长的女儿被魔王抢到洞里去，欧新坡刚刚设法把她营救出来，却又被他自己的结拜兄弟兰奇抢劫而去；在《喜勒特很的故事》中，喜勒特很的妹妹也曾被百眼怪满盖抢去为妾。传说中对于妇女的抢劫，反映了鄂伦春人的族外群婚已经产生了排斥他人的行为，已经开始大踏步地向着单偶婚制前进了。

关于抢劫婚的遗风，直到解放初，还在景颇族、纳西族、傈僳族和傣族的社会里相当普遍地流行着。傣族"抢婚"程序是十分有趣的。抢婚开始，男性带领伙伴，手持大刀，口袋里装满铜钱，根据事先与姑娘约好的时间，奔赴约定地点；想要出嫁的姑娘虽然主动准时前来接受"抢婚"，但却还要装出反抗呼救的姿态，呼唤亲友邻里出来营救。一旦女方的亲友邻里真追赶上来，抢婚者便将铜钱撒得满地乱滚，引诱营救者追赶铜钱，而自己却趁此良机，带上姑娘逃之夭夭。事实上傣族同胞这种满地撒钱的抢婚方式，也只是他们付给所抢姑娘"生育费"的一种手段。

新中国成立前，在中国凉山居住的彝族中，也相当普遍地残留抢劫婚姻。男女相爱，不经媒聘，男方就组织力量用暴力把姑娘抢回家中。此后，再通过

① 李宗仁：《我与中国回忆录》，《学术论坛》1980年第2期。

② 向黎：《古代"劫夺婚"》，《文史知识》编辑部：《古代礼制风俗漫谈》，北京：中华书局，1983年版，第211—212页。

③ （德）F. 谬勒利尔：《家族论》，王礼锡、胡冬野译，上海：商务印书馆，1935年，第102—103页；（美）乔治·彼得·穆达克：《我们当代的原始民族》，童恩正译，四川民族研究所印，第12、105页。

说合，双方取得谅解，正式成婚。但也有因此而矛盾日深，互不谅解，双方结怨，长期打冤家的。因而，这种实实在在地暴力抢婚后来日益少见，而更多的形式则是要通过媒人从中介绍，然后再通过婚嫁形式，只是在离开父母亲时要表演一幕"抢婚"闹剧。而这样的表演也不过只是表明新娘不愿离开父母，不愿离开家乡，出嫁只是出于"强迫"罢了。[①] 尽管结婚的仪式有简有繁，但在娶亲时都必须突出"抢亲"情节。婚前三天，男方在亲友中挑选精壮青年，由新郎的兄弟为首，抬一桶酒，赶一只猪奔赴女家娶亲。女家储水于门，待男方一到就向他们身上泼水，男方客人十分勇敢地冲进屋里，即使水淋如注，也要表现得十分快意，进门之后，即有大火一盆任其烘烤，这样的表演就是在严冬季节也不能减免。

此后，女方还要给迎亲队伍脸上抹黑；双方的精壮男性还要进行摔跤、角力、相扑。乘着混乱的机会，男方就把姑娘背上逃跑。新娘这时则大哭大闹，表示不愿前往。而女方则率众尾追，表示要把姑娘夺回。诚然，这样的抢婚既是古老婚俗的表演，又是古老抢婚的遗风。

在非洲东部肯尼亚的吉库尤族人中，直到今天也还相当普遍地残留着一种极为有趣的抢婚制度。在这里，无论男女到了成年就行割礼，只要行过割礼，他们（她们）就有权谈情说爱了。男女青年通过节日相互接触，只要男子有意，就登门求亲。如果女方满意，男方就送聘礼，接着签订婚约。一切就绪之后，男方父母就邀请亲族择定喜期，并对姑娘保密。喜期一到，新郎的姐妹们负责窥测新娘的行踪，然后回报新郎，新郎立即率众（多为同辈）出发将新娘捉住。由新郎背回家中。这时，新娘无论是喜是忧都得佯装挣扎进行反抗，大喊大叫，甚至大哭大闹。随行的妇女却是又唱又笑，甚至，双方妇女还要假装争新娘，闹得不可开交。而新娘的哭闹却要直到被背入洞房方才罢休。傍晚男女青年鱼贯而入，前来祝贺，而新娘却对他们高唱"悲歌"，以表达不愿离别娘家的心情。这样的悲歌竟然要一连唱够一天才肯安静下来。

迄今为止，生活在泰国的鲁阿人也仍然盛行着十分有趣的抢婚习俗。他们的抢婚，一般都在秋收之后的农闲季节进行。早在抢婚之前的数月之内，新郎新娘就已开始交换银质烟斗、烟草和一些小的装饰品。这时，新郎则更加卖劲

---

① 任凤阁、吴平凡：《婚姻春秋》，乌鲁木齐：新疆大学出版社，1988年，第77—78页。

地干活，准备筹办丰盛的婚宴。尽管新娘早已知道，总有一天深夜未婚夫会带领伙伴来把自己抢走，可是按照习俗，具体哪一天夜晚喜事将会发生，新娘本人却一点也不知晓。尽管未婚妻与情郎早已情投意合，但在抢婚日期上，情郎却对姑娘严格保密，守口如瓶。

著名的人类学家彼得·昆斯达物曾经在鲁阿人中进行了长期的考察，并且还亲自参加了鲁阿人的一次抢婚，做了详细的记录。他说："新郎家里聚集着十个'阴谋家'。夜色渐浓，山寨里一片寂静。半夜过后，我们在星光下悄悄出发，走到新娘家背后的小径上，她们全家都熟睡着。新郎偷偷登上梯子，轻声唤醒姑娘，搂着她的腰，把她带到门廊上，等在那里的朋友们一拥而上，将哭哭啼啼的新娘挟持而去。我在后面紧追不放，抢拍着闪光灯照片。"抢婚的人走后，新娘父亲就跑去唤醒村中的长者们，并且告诉他们说："我的女儿被抢跑了！不晓得她到底怎么样啦！"于是，长者们就不慌不忙地来到新郎家中，并且问新郎的父亲说："你知道失踪的姑娘在什么地方吗？为什么要把她从父母身边抢走？"新郎的父亲则说："她被抢去成亲，他俩相爱慕已久。"这时，小伙子们就飞奔而去找寻沙曼和拉姆。这些宗教首领照例摆出从容不迫的架势，慢条斯理地说："慌啥？我们不到，什么也办不成！"[1] 按照传统的习俗，在鲁阿人抢婚时，当新郎按约定信号抓住姑娘的手腕在伙伴们的帮助下，将姑娘"拖下"楼梯时，尽管姑娘早已转惊为喜，但却还要大喊大叫，佯作反抗，而姑娘的父亲，虽然早已听到女儿的呼叫，并且也知道发生了什么事，但却伪装熟睡不予理睬。直到被"抢"的女儿已经走远，这才慢条斯理地去找大魔头（村寨头人）。而大魔头也才不慌不忙地去约上其他老人，一同去"质问"新郎的父亲。[2] 总之，抢婚并非真抢，并非强迫新娘就范，好像是在演戏。

在越南，有好几个少数民族也都存在着抢婚习俗，但以苗族抢婚最为普遍（越南的苗族多由中国迁入）。在他们那里，如果一个男子看上了某位女子，并想把她娶为妻子，就得首先调查对方是否已有丈夫，如果没有，那就赶快设法筹备财礼，筹备齐全之后，就可以开始筹划抢婚了。

要想顺利地把姑娘抢走就得首先了解姑娘的行踪。比如，挑水要走哪一条路，赶集要过什么地方等等，然后，新郎邀集伙伴，埋伏在姑娘必经的僻静之

---

① 刘达成等编译：《当代原始部落漫游》，天津：天津人民出版社，1982年，第85—86页。

② 颜思久编：《世界民族风情录》，成都：四川民族出版社，1983年，第22页。

处，待姑娘一到，蜂拥而上，将姑娘擒回家中，安排在安全可靠的房间内，接着就是杀猪设宴，欢庆抢婚胜利，次日才去通知新娘的父母，使他们知道女儿的下落，不必牵挂。

到了第三天，新郎家才托媒人到女方家里去说亲，一般都能获得女方家庭的同意。如果两家十分友好，女方要的彩礼就少，反之要的就多。此外，男方还得向女方的村寨送一头猪和若干金钱。

如果被抢的姑娘不喜欢已经抢走自己的男子，那么，就得设法逃跑，假如逃跑成功，男方就得向女方赔一些酒、一只鸡和一些货币。不仅如此，还得向女方村寨加倍地赔送食品和现金，可见男性如果不得女方默许也不敢恣意妄为，否则就会鸡飞蛋破，人财两空。

苗族流行的这种抢婚习俗由来已久，一般说来，只要达到抢劫的程度，那多是男女双方相爱日久，抢婚只是形式，两厢互爱才是实质。当然，也有一厢情愿就被抢走的，不过，那是很少发生的。在这种男性喜欢女性，而女性并不喜欢男性的情况下，能够解救这位姑娘的就只有女方的家庭，其他人，甚至连姑娘自己也都无权干涉。

假如妇女再次被抢，二次又逃出来，就得投奔村寨头人，求得庇护，这就是所谓的"求方"。按照苗族习俗，妇女"求方"之后任何人也不许干扰她们的生活。但"求方"的妇女必须无偿地为头人劳动，在"求方"期间，妇女可以增加劳动时间，获得一些报酬，为迎接未来的意中人做好必要的准备。

在抢姑娘的过程中，有些冒失的小伙子，往往由于人力不足，反被姑娘打败、打伤、狼狈而逃，弄得偷鸡不成反受其害。此外，也有因调查不详而把寡妇抢走的。

今天看来，苗族的抢婚习俗似乎十分离奇，但从历史发展上看，它同样也是远古时代由母权制向父权制过渡时期普遍流行的抢婚习俗的遗风。[①] 居住在印度尼西亚龙目岛的沙萨克人，直到很晚的时代还保留着抢婚的习俗。男女如果钟情，女方父母不同意他们结婚，男的便可纠结伙伴把姑娘抢走，两人到远处隐居起来共同生活，如果女方父母找到了他们，婚事便告结束；如果过了事实上的时期未被发现，那么双方便可以合法夫妻的身份返回家乡[②]。不言而喻，我们所谈到的，无论是中国傣族的抢婚也好，还是肯尼亚吉库尤族与泰国鲁阿人

---

① 颜思久编：《世界民族风情录》，成都：四川民族出版社，1983年，第38—40页。

② 刘达临：《家庭社会学漫谈》，济南：山东人民出版社，1983年，第9—10页。

的抢婚也好，或者是越南境内苗族人的抢婚也好，那都是在一夫一妻制的婚姻形态下所发生的，事实上，它只是早已过时的抢婚习俗在单偶婚时代的残留。

由上可知，抢劫婚是人类历史发展到一定历史阶段的产物，当其发生之日，曾是被当时社会普遍接受和承认的一种婚姻制度。它在人类历史上的出现，并不是一种偶然事件，而是在许多民族中都曾广泛流行过的。一般说来，抢劫婚的普遍发生是在对偶婚的末期，即由母居制向父居制过渡的时期中。它盛行于单偶婚时代的初期，并逐步消失于单偶婚的婚姻形态中。它在许多民族那里都是由对偶婚通向单偶婚的桥梁。在多数情况下，抢婚之前男女双方已有爱情关系，抢婚带有喜剧色彩，绝非强加于人。抢劫婚盛行的岁月不仅是短暂的，而且也并未单独有一个历史时期，并未构成一个独立的婚姻形态，它不过只是一种求妻方法而已。既然由母居制向父居制的过渡是具有进步性的，那么，抢劫的发生便是顺应历史发展的，因而也是具有积极意义的。

看来，抢劫妇女，抢劫妻子在人类历史上是曾普遍发生过的，那么，抢劫男性，抢劫丈夫的事在人类历史上是否也曾普遍发生过呢？这方面没有更多的资料可供说明，但至少印度东北部的加罗人那里，抢劫丈夫的事件是曾普遍发生过的。

在加罗人那里，迄今为止，仍然普遍地实行着男子出嫁，女子娶夫的婚姻习俗。为女儿选丈夫首先由父亲提出，在说明条件后，如果女儿同意这门亲事，那么接着就要进行"捉女婿"活动。所谓"捉女婿"活动，那就是按照古老的婚俗惯例，在事先约定的某一天里，由几位住在新娘氏族公房的青年人集体出动，悄悄地接近新郎住处，用突然袭击的方式将新郎捉住，带回村里，交给新娘家中。这时，新娘家里就请专人看守，严防新郎逃跑。可是，调皮的新郎还是要千方百计地设法逃走，躲进密林之中，甚至一连数月也不返回，饱受折磨。在此期间，新娘家里动员一切可能动员的人，到处追寻，终将新郎抓回。接着，新郎还要逃跑，必须连逃三次，才肯逐步就范。每次逃跑都要尽力表明他是坚决反对这桩婚事的，总之，在此期间，戏剧性的表演是接连不断的。甚至，当第三次逃跑而未被抓获之前，新郎还要向公众提出申诉，说他如何地不赞成这桩婚事等等。可是，在加罗人那里，谁都知道，上述那些精彩的演出，无非只是为了履行那套古老的婚俗罢了，对于提出的婚事，就是双方满意得心花怒放，但"捉女婿"活动却还非要演出不可。

看来，在加罗人那里，"捉女婿"活动是普遍通行的。它的发生也是相当古老的。至于这种奇特的古老婚俗究竟始于何时？当初为何普遍发生这种抢劫男性的事件？在人类历史上这种事件的发生是否具有普遍意义？这确实是一些值得研究的问题，不过有一点倒是可以肯定的，那就是在加罗人的历史上也曾普遍地发生过男性出嫁妻方的事，那就是男子当初出嫁之时他们并不是完全乐意的，只是迫于时势，事出无奈罢了。如果说当初抢劫男性还具有某些强制性的话，那么，随着时代的进展，这种强制成分就日益减少，日益变为对于古老婚俗的表演。

二十、由对偶婚到单偶婚

"单偶婚"也称"个体婚"或"一夫一妻制",此种婚姻是由一男一女相互结合得比较牢固的婚姻,它是建立在男性统治的基础之上的,夫权高于一切。[①]在这里,妇女丧失了性自由,而男子则仍可多妻。马克思指出:"鲜明形式的一夫一妻制出现于野蛮期的最晚期。"[②] 一般认为,单偶婚是在金石并用时代或青铜时代由对偶婚发展而来的。它大体上通行于文明时代,是人类历史上最终的和最进步的婚姻形态。当然,历史的发展不可能那么整齐划一,也有在新石器时代就已进入单婚阶段的。

芬兰学者爱德华·韦斯特马克在其名著《人类婚姻史》中,搜集与整理了人类婚姻史方面的大批资料,这是十分可贵的。但他为了驳斥摩尔根与恩格斯所勾画的婚姻历史的发展原则,竟然搜罗大量动物资料,硬把奴役妇女的一夫一妻制说成是由于生物学的原因而自始即有和永恒不变的。然而,时至今日,众所周知,一夫一妻制婚姻不是自始即有的,而是由对偶婚过渡而来的,是人类婚姻史上的最后一环。同时,一夫一妻制婚姻也不是永恒不变的,显然,社会主义条件下的一夫一妻制决不同于资本主义或前资本主义时代的一夫一妻制。在这里,不仅绝不允许奴役妻子,而且一夫一妻也将是名副其实的。既然单偶婚是由对偶婚过渡而来的,那么,对偶婚是如何过渡到单偶婚的呢?母居制(从妇居)是如何过渡到父居制(从父居)的呢?根据鄂温克人的传说:"很久以前,结婚都是男人嫁给女人,而不是女人嫁给男人。那时只给男人一把刀、一把斧作为祝福,但男人不肯留在女家,常常往回跑。后来没办法,才改为女人嫁给男人。"[③] 既然这时的男性已经不肯留在女家,常常往回跑,那就只好改为女人出嫁,可是如前所述,女方氏族既不愿舍弃精壮劳力,女性本人也不愿

① 任凤阁、吴平凡:《婚姻春秋》,乌鲁木齐:新疆大学出版社,1988年,第113—126页。

② 马克思:《摩尔根〈古代社会〉一书摘要》,北京:人民出版社,1965年,第38页。

③ 内蒙古少数民族社会历史调查组编:《陈巴尔虎旗莫尔格勒河鄂温克族社会历史调查报告》,内部资料,1959年,第76页。

光临男方。这样一来，男性为了娶得妻子，也就只好一面送礼，一面"抢劫"，这就是所谓的"抢劫婚"，如果说最初的抢劫还多少有些强制的意味，那么，后来的抢劫应日益流于形式。双方自愿才是事情的实质，久而久之，对偶婚就通过抢婚而为单偶婚所代替。在中国，鄂温克人就是通过抢婚而由对偶婚过渡到一夫一妻制的。

应当明白，母居制的婚俗并不是在父居制出现之后就立刻消失的，而是以各种形式残留于父居制或单偶婚的婚姻形态中。根据传说，鄂温克人有个首领——汗，共有七个女儿，结婚后，七个女婿一律住居妻方，并且从事狩猎生产。这说明鄂温克人曾经实行过母居制，甚至前不久，在那里还残存着这样的婚俗：结婚前，男方家族公社无论离女方家族有多远，都得搬到女方猎区附近一里之处。到结婚时，按照传统婚俗，新郎于"举行婚礼第一夜，须在女家渡过，或者三天之后才能返回自家。"① 这说明，即使到了单偶婚时代，母居制的婚姻却依然残存于鄂温克人的婚姻程序中。

在中国云南省的基诺族人那里，尽管一夫一妻制的单偶婚已经基本上实现了，但对偶婚时代的母居制婚俗却在不少村中依然残存着。有的男子出居女家一年之后，待妻子生孩子后才行结婚，把妻子娶回自己家中；在亚诺案一带，婚前男子必须上居妻方，一两年之后方能结婚；有的男子竟至要到女方家同居七、八年之久才能结婚；甚至还有终生走访妻子，到女方过夜，既不结婚又不组成家庭的。

生活在泰国的傣族人，男女青年正式结婚后，新郎必须到新娘家中居住一个时期，才能和新娘一起搬回男方。在泰国北部，如果家里只有一个女儿，那么，女婿就和女儿一起成为这个家庭的成员，并且继承这个家庭的财产。如果这个家里有几个女儿，那么最小的女儿和女婿往往就继承这个家庭的财产。事实上，这种从妇居或母居制的婚姻习俗，只是母系社会婚姻形态的残余，它一直残留在傣族的广大农村。在这里，夫妇一旦离婚，子女应随母亲，由母亲来抚养，丈夫则仍然回到自己母亲的家里去。

在中国的布朗族人那里男子婚后必须到女家去从妻居三年。一般都是生孩子后，这才返回男方，重新举行婚礼，把妻子娶回到男方来。

---

① 秋浦等整理：《鄂温克人习惯法：第九"婚姻"》，秋浦等著：《鄂温克人的原始社会形态》，北京：中华书局，1962年，第130—131页。

在缅甸的缅族人那里，"新婚夫妇要在女方家与岳父岳母同居三年后，才可以离家远走高飞，要是女方家只有这个独生女儿，就要等岳父岳母去世后，才可以独自成家立业。"① 显然，这也是母居制婚俗在一夫一妻制婚姻形态下的残存。除此之外，这类婚俗在哥伦比亚的海达人、西南非洲的霍屯督人、美国的霍比人，以及我国境内的佤族、彝族、壮族、瑶族、纳西族和拉祜族人那里都曾不同程度地存在过。对于这样男子婚后必须到女家去劳动服务若干时期，作为对女方家族的一种义务和报偿的婚俗，不少学者称之为"短期服务婚"②，这确是名副其实的。

显然，上述这类婚俗，是由对偶婚向单偶婚过渡，由母居制向父居制过渡，由男子出嫁向男子娶妻过渡的一种婚姻形式，是具有过渡性质的，是比较缓和的一种婚娶形式。

还应当指出，刚刚建立起来的一夫一妻制家庭并没有完全克服群婚的残余，特别是婚前恋爱更为自由。新中国成立前，云南碧江一带的怒族村落里，还没有一种专供未婚男女晚上社交与住宿的房屋，怒族称为"吴尧"。初婚男女在爱人之外还能够允许有自己的情人，新房往往为未婚男女集会与休息的场所。可是，在单偶婚发生较早的贡山一带的怒族里，已婚妇女却已丧失了这种自由。在永宁纳西族的对偶家庭里，女子多夫，男子多妻尚为习惯所允许；但在单偶婚早已开始的独龙族人那里，女子多夫则已为习惯所不容。未婚女子的生育已经遭受歧视，丈夫已有权殴打与他人通奸的妻子。相反，男子的多妻却被视为理有应得，视为富有男子的特权，而且，这些单偶之外的妻子，通常都是妻子的姊妹。在安达曼人那里，虽然早已实行一夫一妻制，但一夫多妻还是允许的。反之，一妻多夫则严加禁止，已婚男女如有私通行为，则不仅要受斥责，而且还要严加惩罚。可是，无论男女，在婚前，"试验性的性交却允许自由进行。"③ 此外，在那里，还流行着这样的婚姻习俗：死了丈夫的妇女要出嫁给自己亡夫的弟弟；死了妻子的男性要续娶自己亡妻的妹妹。由上可知，单偶婚系由群婚或对偶婚发展而来；这里的一夫多妻，事实上，只是一种群婚的残余或遗风，

---

① 颜思久编：《世界民族风情录》，成都：四川民族出版社，1983 年，第 85 页。

② 林蔚文：《母系氏族向父系氏族过渡时期的产物——"不落夫家"等习俗剖析》，《史前研究》1984 年第 2 期，第 83 页。

③ 刘达成等编译：《当代原始部落漫游》，天津：天津人民出版社，1982 年，第 48 页。

是"妻姊妹婚"的最初形态,"妻姊妹婚"或"夫兄弟婚"在这一历史时期的出现是很自然的。

由对偶婚通过"抢劫"而发展到一夫一妻制,这是一个漫长的历史过程,促成这一发展的原因是社会生产力的提高。最初,妇女的主要生产活动是采集和锄农业;男子的主要生产活动则是狩猎。那时,氏族生活主要来源靠妇女,而男子的劳动仅居于次要地位,妇女的社会地位自然很高,可是后来,情况发生了变化,犁农业代替了锄农业,大量的牲畜代替了原始的家畜驯养。妇女的生产地位大大下降,而更多地从事家务活动;男子则成为社会生产的主要担当者。他们不仅从事犁农业,而且也从事畜牧业,畜群变成了他们的特殊财产。男子生产和社会地位的提高与妇女地位的降低,男子财富的日益增加与妇女财产的逐步减少,在那时也就成为由从妇居过渡到从夫居,由对偶婚过渡到一夫一妻的社会基础。自此之后,男子的出嫁也就变为男子的娶妻。事实上,"男子在婚姻上的统治是他经济统治的简单后果。"[①] 既然男性的财富增加了,他们自然就要求把自己的财富遗传给自己真正的子女,为此而开始苛求妻子严守贞操,坚持一夫一妻。正如马克思所说:"导向一夫一妻制的动力是财富的增加和想把财富转交给子女,即合法的继承人,由婚配的对偶而生的真正的后裔。"[②] 显然,一夫一妻制的产生,乃是由于大量财富集中于男子之手的结果。[③] 当然,一夫一妻制家庭的出现与巩固,还必须是在生产力发展到单个家庭对大自然自发开展斗争成为可能的时候。在中国的黄河流域,这一历史进程大致发生于 5000 年前,临夏秦魏家的十余座成年男女合葬墓就是证明。右边是男性卧直肢,左边是女性,下肢弯曲,侧身向着男子。这不仅表明一夫一妻制已经出现,而且还表明男子已经居于重要地位,而妇女则屈从于男性。

随着时代的进展,丈夫的地位不断提高,而妻子的地位却每况愈下,乃至最后,丈夫在家庭中取得了绝对的统治。在斐济群岛,丈夫死了,人们就将他的妻子随同火葬;在澳大利亚土人的一些部落中,丈夫常常用棒棍毒打妻子,甚至将妻杀死也被认为是应该的,"在我国甘肃武威皇娘娘台发现的三座一男二女合葬墓中,男子都是仰身直肢居于墓坑中央,女子则侧身屈肢被置于他的两

① 《马克思恩格斯选集》第 4 卷,北京:人民出版社,1995 年,第 81 页。
② 马克思:《摩尔根〈古代社会〉一书摘要》,人民出版社,1965 年,第 39—40 页。
③ 《马克思恩格斯选集》第 4 卷,北京:人民出版社,1995 年,第 73 页。

侧，随葬品也多在男子，这些合葬墓都是一次葬，但其中的男女不可能是同时死亡，想必女性多半是为男性殉葬的。"① 可见，在单偶婚的情况下，妻子的地位确实今非昔比，一落千丈。

必须明白，对偶婚并不是在一夫一妻制出现后就立即消失的，而是采取各种形式长期残存下来。最初，男子娶妻之后，照样还可以与其他女性发生关系，而女性虽然被迫出嫁，但无论婚前婚后，也同样可以与其他男性交往，甚至还可以公开拒绝出嫁，在其母族享受群婚，而不受歧视，不受道义上的谴责。这一切，在纳西族人那里都可以获得充分的证明。不过，这种单偶之外的自由，就其发展趋势而言，却是日益走向隐蔽、受到限制，而且这种限制一般来讲，总是愈来愈严的。

随着时代的进步，随着男子生产与社会地位的不断提高，特别是随着男性财富的日益增加，男性就愈加要求把自己的财富遗传给自己的真正子孙，为此则苛求妻子放弃母居制而改从父居制，放弃性自由而严守贞操，而女性对此自然是要反对的。在四川省盐源县的普米族中，男子娶妻，娶一次逃一次，再娶一次就再逃一次。甚至竟有反复20年之久的，称之为"三回九转"。这与布依族、苗族、藏族、僮族、彝族、瑶族的妇女婚后"不落夫家"（或"不坐夫家"）的斗争性质上是一样的。在妻子逃回娘家期间，可以结交异性朋友，但如果妻子怀孕，丈夫就把妻子接回家中，组织一群老年妇女进行"审新娘"活动：老年妇女席地而坐，把新娘团团围住，要新娘交代穿裙子后（十三岁后）曾与哪些男子同居，是在什么时候什么地方受孕的。新娘如不老实交代，就要进行体罚，先用烟熏，如仍不交代，就再由丈夫公开出面，用"猴子搬桩"酷刑进行审讯，直到认真交代为止。② 可见，在单偶婚时代，妇女那种群婚时的自由是愈来愈受限制，愈来愈要被剥夺的。

① 崔连仲：《世界史·古代史》，北京：人民出版社，1983年，第36—37页。
② 宋兆麟、黎家芳、杜耀西：《中国原始社会史》，北京：文物出版社，1983年，第248—249页。

二十一、单偶婚与夫权制

　　单偶婚制的一个显著的特征便是夫权制：夫权统治，"夫权高于一切"①，丈夫为"一家之长"，甚或对其妻妾操握生杀之权。丈夫可以三妻四妾，甚至妻妾成群，嫖娼访妓，为所欲为；而妻子则地位低下，必须"出嫁从夫，夫死从子"，"嫁鸡随鸡，嫁狗随狗，严守贞操"，"夫死不嫁"、"从一而终"②。

　　母权制的衰落，父权制的建立，与一夫一妻制的出现是相伴而行的。一夫一妻制的婚姻是建立在男权支配基础之上的，婚姻关系变得更加巩固持久，夫妇双方已经不能任意离婚。一般说来，"只有男子可以解除婚约……破坏贞操的权利，在男子方面，这时至少尚为习惯所保证"③。丈夫可以从女战俘或女奴隶中弄到更多的妻子；而妻如失节，则处以酷刑，甚至处死（如古罗马人）。马克思指出，当一夫一妻制婚姻逐渐趋于巩固时，男子就"开始以残酷的惩罚要求妻子的贞操，而他自己则要求完全自由。荷马时代的希腊人就是这样。"④ 野蛮低级阶段的印第安人亦如此。从前备受尊敬和处于崇高地位的妻子，现在也不过只是丈夫的主要管家婆和女奴隶的总管而已。恩格斯指出："奴隶制与一夫一妻制的并存，受男性完全支配的年轻美貌的女奴隶的存在，使一夫一妻制从其开始之日起，就具有一种特殊的性质，使它成为只是对妇女的一夫一妻制，而不是对男子的。"⑤ 显然，一夫一妻制从其产生之日起，实际上就是名义上一对一的婚姻形态，妇女逐步被剥夺了群婚的自由，而群婚对于男性直至今日也还在世界上许多地方公开地存在。事实上，"一夫一妻制的存在只是由于强力压迫妇女的结果。⑥ 结婚的目的就是为丈夫"生育合法的子女。"⑦ 丈夫对妻子的统治

　　① 任凤阁、吴平凡：《婚姻春秋》，乌鲁木齐：新疆大学出版社，1988年，第113页。
　　② 任凤阁、吴平凡：《婚姻春秋》，乌鲁木齐：新疆大学出版社，1988年，第103页
　　③ 恩格斯：《家庭、私有制和国家的起源》，北京：人民出版社，1972年，第59页。
　　④ 马克思：《摩尔根〈古代社会〉一书摘要》，北京：人民出版社，1965年，第12页。
　　⑤ 恩格斯：《家庭、私有制和国家的起源》，北京：人民出版社，1972年，第60页。
　　⑥ 马克思：《摩尔根〈古代社会〉一书摘要》，北京：人民出版社，1965年，第39页。
　　⑦ 马克思：《摩尔根〈古代社会〉一书摘要》，北京：人民出版社，1965年，第39页。

与压迫必然遭到妻子的反对。男性可以公开多妻、暗结情妇，而妇女则往往趁着丈夫外出寻情之机约会情夫，这是不乏其例的。在早已步入单偶婚时代的怒族与傈僳族社会中，这都是司空见惯的。

人是有感情的动物，性爱具有鲜明的"排他性。"① 然而，在单偶婚之前的各种婚姻形态中，其排他性却受到时代的制约。那时，男性既不能独占女性，女性也不能独占男性，就是到了澳大利亚的级别婚阶段，"一个外地的澳大利亚黑人在离开本乡数千千米的地方，在说着他听不懂语言的人们中间，往往依然可以在一个地方或一个部落里，找到没有一点反抗和怨恨地甘愿委身于他的女子，而有着几个妻子的男人，也愿意让一个妻子给自己的客人过夜。"② 由抢劫婚开始，性爱关系中的排他性就由男性公开地加强了。到了单偶婚时期，这种排他性即又进一步地获得了道德规范、舆论，甚至法律的肯定与保护。不过，在私有制时代，这种保护对于女性却为效甚微；反之，对男性来说，却极其有利，就是那些妻妾成群的豪门贵族或者富商大贾也决不允许其他男性挑逗自己的妻子，否则定会愤然起怒，甚或诉诸武力。如果说群婚时代独占妻子那是不合道德的，那么，到目前止，又只有独占妻子才是合乎道德的，染指别人的妻妾定会遭受谴责与惩治。

群婚时代共有妻子既是合乎道德的，那么，单偶制一开始时独占妻子自然是不道德的，自然是对传统共妻制的侵犯。那么，如何才能既占有妻子而又合乎道德呢？办法终于被找到了，那就是首先让僧侣、贵族，酋长代表公社对新娘行使了"初夜权"之后，丈夫才有权长期独占妻子，才有权把新娘变为自己的私产。当然这不可能是一切落后部落通向单偶婚的共同模式，但至少在相当一部分原始部落中就是如此。

生活于美国北部的平原印第安人，当他们的社会刚一跨入单偶婚的门槛时，那里的父母们一方面鼓励自己的儿子去做"风流少年"；另一方面却又教训自己的女儿要提高警惕，千万别让人家的风流少年勾引而去。放纵男性与限制女性已经构成了鲜明的对比。尽管在这里女子失贞尚不视为"离经叛道。"但女子却会因此而无权索要丰盛的聘礼；同时，也就因此而丧失了参加太阳舞中某些仪

---

① 恩格斯：《家庭、私有制和国家的起源》，北京：人民出版社，1972年，第79页。
② 《马克克恩格斯选集》第4卷，北京：人民出版社，1995年，第42页。

式的资格。①

进一步来说，就整个文明社会的男女之间的关系而言，无论是舆论、道德、甚至法律条文，都一直是放纵男性与限制女性。上自帝王将相，下至庶民百姓，概无例外。

居住在阿富汗境内的帕坦族人，直至今日，仍然保留着许多部落时代的古老习俗。随着单偶婚的形成与发展，帕坦族妇女的地位每况愈下。她们不仅丧失了财产继承权，而且变相的买卖妇女也十分严重（借女儿出嫁大要彩礼等）；姑娘与年轻妇女见了外人要戴黑色面纱；女儿与情人私奔，父母可以把她处死；丈夫如果怀疑妻子不忠，也可以把她处死；至于妻子由于失宠而被赶出家门的事，那更是屡见不鲜。

关于单偶婚出现的早期状况，还可以从希腊英雄时代的荷马史诗中找到不少事例。在古代希腊的雅典，少女们只能与别的妇女有所来往。女性所住的房间在最高的一层楼上，男子很难进去。要是有男子来到家里，妇女就躲藏到那里去。如果没有奴婢做伴，不能离家外出；她们在家里实际是受到监视的；阿里斯多芬提到过摩罗西安狗，说人们饲养它们是为了吓走通奸者。而在亚细亚各城市，则常用阉人监视妇女。这和古代中国把妇女驱入"深闺"、"绣楼"的做法具有相同的意义，可是，正如恩格斯所说："尽管有这些幽禁与监视的情形，希腊妇女仍然常常可以找到欺瞒自己丈夫的机会。而耻于向她们自己的委身表示爱情的丈夫，就狎妓纵情取乐；但对妇女的侮辱，却在自己身上得到报复，侮辱了男子本身。"② 更有甚者，直到"中世纪，欧洲某些民族为了防止妻子不贞，丈夫远行时要给妻子戴上有锁的"贞操带"。可是谁曾想到，在一些蛇类中竟然也有类似的情景。

"一种雄性花纹蛇和另一种褐色小蛇在交配之后，便会立即在'爱妻'的泄殖腔中放上一个'塞子'。据分析，这个'塞子'是由雄蛇的一种分泌物组成的。它可以起到保持雌蛇'贞操'防止其他雄蛇与雌蛇进行交配的妙用。过了数天，卵已受精，'塞子'便排出体外。"③ 当然，花纹蛇给"爱妻堵贞操塞"是

① （英）罗伯特·路威：《文明与野蛮》，张庆博译，北京：生活·读书·新知三联书店，2014年，第147页。

② 恩格斯：《家庭、私有制和国家的起源》，北京：人民出版社，1972年，第62页。

③ 彭懿：《爬行动物婚姻巡礼》，《化石》1982年第3期，第26页。

可以用动物的本能活动来解释的，它们不可能是有思想、有计划的行动；而人在给爱妻锁"贞操带"是却完全是有目的、有计划的行为。而且它只能发生于夫权制时代，发生于丈夫独占妻子而妻子已经完全丧失了自由之后，因为在母权进代，企图给妻子锁"贞操带"那是无法设想的。

从这里，可以清楚地看出："个体婚制在历史上绝不是当作男女之间的和好而出的……正好相反。它是作为一性被别一性所奴役，作为史前时代从未有过的两性对抗的宣告而出现的。"① 在这里，甚至在单偶婚出现之后相当长的时间里，夫妇关系中都一直充满着男性对女性的压迫，夫妇关系绝不是相互爱慕的结果，夫妻的结合更不是以个人爱情为基础，而是以经济条件为依据的。如前所述，一夫一妻制婚姻的特有目的，就是要求妻子所生的子女必须是自己合法丈夫的真正子女，从而能够继承丈夫的家世和财产。因此，一夫一妻制婚姻就成为男性对于自己祖先必须履行的义务，"在雅典，法律规定男性不仅要结婚，而且规定丈夫必须履行一定的最低限度的所谓婚姻义务。"② 在中国古代，"不孝有三，无后为大"的说教，也是祖先对男性履行夫妇义务的明确要求。

---

① 恩格斯：《家庭、私有制和国家的起源》，北京：人民出版社，1972年，第63页。
② 恩格斯：《家庭、私有制和国家的起源》，北京：人民出版社，1972年，第61页。

二十二、单偶婚与杂婚制

恩格斯曾经明确指出："古时的性交关系的相对自由，并未因对偶婚或甚至个体婚制的胜利而消失。"①恰恰相反，杂婚制却"在整个文明时代，以种种不同形式而盛行起来，而且愈来愈变为公开的卖淫了。"②在事实上，不但被容忍而且特别为支配阶级所乐于奉行的杂婚制，在口头上却要予以非难。"而这种非难，在事实上，也绝不是为了反对热衷于此的男性，而只是为了针对妇女而已。"③然而尽管妇女的杂婚处处遭受非难与严禁，但妻方的外遇却始终不能除，"男子虽获得了对妇女的胜利，但是荣冠还是由败者泰然承受了。"④这样一来，男性长期所坚决要求的儿子出于合法父亲的确实性，像从前一样，至多只能靠道德信念而已。个体婚制数千年来存在的最后结果，便是如此。

既然婚姻具有鲜明的排他性，那么，一夫一妻制长期以来又为什么无法制止夫妇的不贞呢？难道在一夫一妻制的情况下真的像天主教会所认为的那样："对付妇女不贞，如同对付死一样，是没有任何药品的吗？"⑤不！事实并非如此。

必须指出，在一夫一妻制的婚姻形态下，造成夫妇不贞的根源就是私有制度。在这里，父母把子女当做私有财产。根据自己的利害与意愿包办子女的婚事。甚至"在整个古代，婚姻的缔结都是由结婚者的父母包办。"⑥包办的依据，往往就是本阶级的和父母本身的经济和政治利益。因此，这种婚姻的本身并不是爱情的结果，而真正的爱情却总是发生于这种婚姻之外，"奸夫"与"淫妇"虽然受到了官方的制裁，而却博得了民间的同情。甚至，通过民间文学，诗歌

---

① 恩格斯：《家庭、私有制和国家的起源》，北京：人民出版社，1972年，第63页。
② 恩格斯：《家庭、私有制和国家的起源》，北京：人民出版社，1972年，第63页。
③ 恩格斯：《家庭、私有制和国家的起源》，北京：人民出版社，1972年，第64页。
④ 恩格斯：《家庭、私有制和国家的起源》，北京：人民出版社，1972年，第64页。
⑤ 恩格斯：《家庭、私有制和国家的起源》，北京：人民出版社，1972年，第67页。
⑥ 恩格斯：《家庭、私有制和国家的起源》，北京：人民出版社，1972年，第74页。

或戏剧"对之加以歌颂。"①反映中世纪武士之爱的《破晓歌》便是很好的例证②。在这里，无数青年男女为了反抗残酷的包办婚姻，为了忠实于他们自己私订的爱情而投河、上吊、殉情自杀。

在封建社会里，年轻王公的未婚妻是由他的父母选择的。对于武士或男性，像对于最有权势的王公一样，娶妻乃是一种政治的行为。③他们往往借助缔结婚姻扩大势力，巩固统治。在这里，"起决定作用的是朝廷的利益，而决不是个人的情感。"④那时，"以两方的相互爱情高于其他一切考虑为结婚理由的事情，在统治阶级的实践上是从来没有听说过的。只是在风流逸事中，或在毫无顾忌的被压迫阶级中才有这样的事情。"⑤在一切统治阶级中间，真正自由缔结的婚姻只是例外，而在被压迫阶级中，恋爱结婚却是通例。

1979 年 7 月 27 日，南非《中肯》周刊刊登一篇报导，《印度：仍然存在童婚的风俗》，文中谈道："在乌塔帕拉……古吉拉特和中央邦的一些农村地区……每年，当星星预示着吉祥兆头的时候，印度教教士要为成千上万的小孩子主持结婚仪式，每次收费 48 卢比。"

"小新娘在 12 岁左右，怀中可能抱着吃奶的孩子了。"

"最近在吉祥日在阿杰米尔举行的一次古老的集体结婚仪式上，大约有10 000万名印度孩子——有的刚两岁，有的还不到两岁——被宣布为'夫妻'，其中许多孩子还在母亲的怀里熟睡呢。"在多哥北部山区的坦姆伯族中，"甚至孩子还没有生下来，就订了婚约。"类似这样的"指腹为婚"，在其他民族的历史中也不少见。如此不合理的婚姻统治世界，男女关系怎能不乱？

1979 年 9 月的一天，爪哇岛南安由县，大约有 100 对小夫妻在当地的宗教法庭上排着队，要求尽快离婚，他们当中的许多对甚至从未合过房。这些女孩和男孩只有 10—15 岁。在那里人们以能早日为子女完婚而自豪；为了保持家产，扩大家产，为了和富人联姻而迫使子女早婚，因此，离婚率很高。1975 年以前，在南安由每年登记结婚的 3 万对夫妻中，至少有一半人的结局是离婚。雅加达《罗盘报》曾刊登一个 55 岁的老太太的照片。这个老太太说她已经结过

①　恩格斯：《家庭、私有制和国家的起源》，北京：人民出版社，1972 年，第 67 页。
②　恩格斯：《家庭、私有制和国家的起源》，北京：人民出版社，1972 年，第 67 页。
③　恩格斯：《家庭、私有制和国家的起源》，北京：人民出版社，1972 年，第 76 页。
④　恩格斯：《家庭、私有制和国家的起源》，北京：人民出版社，1972 年，第 76 页。
⑤　恩格斯：《家庭、私有制和国家的起源》，北京：人民出版社，1972 年，第 77 页。

50 次婚，其中 49 次都离婚了，她的婚姻，时间最短的只有 11 天。年近花甲的老人，55 岁，竟然离婚 49 次，真是古今奇闻！离婚现象如此严重，说明那里的婚姻自由是很少的，无须调查也会明白，这里的通奸就很难避免，难于清除。

在沙特阿拉伯，法律规定：妇女"不准干任何可能与男人'接触'的职业；进入该国的女子必须由一名男子（6 岁男孩亦可）陪同"①，女学生要听男教授讲课则需通过"闭路电视"；在同一报社里，男女编辑要商谈业务，也只能通过电话；甚至在家宴上，也要用活动挡板把男女隔开。②更有甚者，直至今日，在美国田纳西州的戴尔斯伯格，"姑娘不许打电话与男人约会，否则便会受到法律的惩处。"③可是，尽管壁垒如此森严，"风流案件"照样发生，可见人类渴求婚姻自由的魔力是如何的巨大。

民族学的有关资料告诉我们，在文明社会里，在不少民族中，有些人的妻子是买来的，租来的④，甚至是抵押而来的⑤。把妻子作为私有财产买来卖去，租进租出，甚至抵押于人，当然是一幕极端残酷的悲剧，令人不寒而栗。但买来的妻子未必肯于多情，硬被当做私产不许别人染指，而这样的"私产"却决不甘心"安分守己"任人宰割，而是要千方百计地逃脱牢笼寻求自由，寻求自己真正的爱情——实现杂婚。资本主义生产把一切都变成了商品，甚至，在爱情关系上也撕下了那层温情脉脉的面纱，而赤裸裸地把婚姻也商品化了。结婚往往不是爱情的结合，而是双方"等价物"的交换，一方是金钱，另一方则是青春与美貌，这里除了货币关系之外，爱情是罕见的，因此，真正的爱情只好靠通奸，靠杂婚去获得。韦斯特马克在其名著《人类婚姻史》中，曾经坦率地指出，在"今日文明社会中卖淫率的增加，较之人口增加率已显示遥遥跃进的倾向。虽在卖淫废止的欧洲城市中，私生儿超过了正出儿的数目。"⑥如果说把这种论断作为对于整个文明社会的揭露似乎有些夸大；那么，对于那些专以勾引对方妻女为乐的富商大贾与达官贵人集中之区则不为言之过甚。

19 世纪末 20 世纪初，在天主教诸国的资产阶级中，父母仍然包办子女的婚

① 《沙特妇女和"清规戒律"》，《文摘报》1985 年 1 月 3 日。
② 《沙特妇女和"清规戒律"》，《文摘报》1985 年 1 月 3 日。
③ 《美国法律之奇》，《西安晚报》1985 年 12 月 25 日。
④ （芬）爱德华·韦斯特马克：《人类婚姻史》，上海：神州国光社，1930 年，第 2 页。
⑤ 刘达临：《家庭社会学漫谈》，济南：山东人民出版社，1983 年，第 9 页。
⑥ （芬）爱德华·韦斯特马克：《人类婚姻史》，上海：神州国光社，1930 年，第 9 页。

事，其结果更是通奸的盛行便是杂婚制，便是实际上的公妻制；反之，在新教诸国，资产阶级的儿子被允许有从本阶级中选妻的自由。因此，在这里，丈夫实际杂婚的并不严重，而妻子的不贞也比较少些。

可是，在私有制的情况下，婚姻的自由是不可能彻底实现的，因而杂婚与通奸也就无法完全制止。因为那时，在不少人中，婚姻只是达到经济和政治目的一种手段。婚姻的缔结只是为了巩固和发展现存的私人所有制。至于夫妇的情爱，那"不是结婚的基础，而是结婚的附加物。"①只有到了私有制被彻底消灭，生产资料完全公有，财产继承已经无关紧要，婚姻的缔结除了互爱之外，再也不附加任何经济和政治因素的时候；只有到了"孩子的照管及其教养成为公众的事情，"②而夫妇双方再也不为婚姻的后果而担忧时，婚姻的自由才能办到，通奸、杂婚才能极大限度地清除，一夫一妻制的婚姻形态才能名副其实。恩格斯明确指出："结婚的充分自由，只有在资本主义生产与它所造成的财产关系彻底消灭，把今日对选择配偶尚有巨大影响的一切派生的经济顾虑消除以后，才能普遍达到。到那时候，除了相互的爱慕以外，再也没有别的动机存在了。"③那就是共产主义社会的到来，也只有在这样的时代里人类史上最进步的婚姻形态——一夫一妻制，才能真正实现，杂婚才能彻底清除。

---

① 恩格斯：《家庭、私有制和国家的起源》，北京：人民出版社，1972年，第74页。

② 恩格斯：《家庭、私有制和国家的起源》，北京：人民出版社，1972年，第73页

③ 恩格斯：《家庭、私有制和国家的起源》，北京：人民出版社，1972年，第79页。

二十三、群婚遗风

群婚并不是在对偶婚出现后就立刻消失的，而是甚至在单偶婚的形态下，仍然采取各种形式长期地残存下来。

直至公元前 4 世纪，古希腊哲学家苏格拉底和柏拉图还曾主张对"妇女的共有制度"，"主张每年用抽签方法重新组合夫妻。"这样一来，从表面上看，仍然是一夫一妻的婚姻制度，而实质上则是群婚。因为，每年用抽签方法重新组合夫妻的结果，就不但使男子一生可以有数十个妻子，而且也使妇女一生可以有数十个丈夫。在今天看来，这当然是格格不入的，然而在那时，"这种主张并没有什么可笑之处。那时候，所有的成年男子和年轻姑娘几乎都是裸体进入竞技场、演剧场和参加节庆的。"[1] 19 世纪末，在北美的一些部落中，与长姊结婚的男性有权把她达到年龄的一切姊妹也娶为妻——这是一整群姊妹共有丈夫的遗风。在加利福尼亚半岛居民的某些节日里，几个"部落"集合在一起，进行杂乱的交合。显然，这就表示他们对于以前一氏族女性以另一氏族全体男性为她们的共同丈夫，和一氏族男性以另一氏族全体女性为他们的共同妻子的时代，还保存着一点朦胧的记忆。在有些民族中，还有这样的情形，即男性长者、酋长及魔术师享有共妻，并且独占多数女性；不过他们在节日里，必须恢复以前的女性共有制，让自己的妻子去和年轻的男子们寻乐[2]。盛唐时代，中国景颇族里也还有"十妻五妻共养一丈夫的历史现象"[3]，民国初年，那里的氏族贵族还过着"娶妾三五不等，父殁后嫡子得娶父妾"[4] 的多妻生活。甚至竟有"官（山官）名干习者，本人有十四妻，父有十六妻，父殁不能不纳"[5] 的事例。还须指

---

[1] （法）埃蒂耶纳·卡贝：《伊加利亚旅行记》卷 2—3，李雄飞译，北京：商务印书馆，1978 年，第 243 页。

[2] 恩格斯：《家庭、私有制和国家的起源》，北京：人民出版社，1972 年，第 47 页。

[3] （唐）樊绰撰、向达校注：《蛮书校注：名类第四》，北京：中华书局，1962 年。

[4] 陆卫先、杨文虎主编：《永昌府文征·野人山调查记》，昆明：云南美术出版社，2001 年。

[5] 陆卫先、杨文虎主编：《永昌府文征·滇边野人风土记》，昆明：云南美术出版社，2001 年。

出：这种在家长制家庭下的群婚残余，不仅残存于景颇族的氏族内部，而且直到新中国成立前还流行于民间。

在阿比西尼亚的巴雷人中，19世纪末还存在着这样的情况："新郎的朋友和亲戚参加婚礼的客人，在举行婚礼时，都可以提出古代遗传下来的对新娘的权利，并且新郎按次序成为最后的一个"，①在其他某些民族中，一个有公职的人——部落或氏族首领、酋长、黄教僧等都可以代表公社行使对新娘的初夜权，这种初夜权直至19世纪末，还当做群婚的残余，存在于阿拉斯加大部分土人及其他民族中。②当然，这和后来欧洲某些封建主所享有的"初夜权"有着本质的区别，前者属群婚残余，后者属阶级压迫。

13世纪后期，意大利人马可波罗在他的游记里，曾经记载了中国藏族同胞的群婚遗风，他说："你们要晓得那地的男人无论如何不娶贞女作妻。因为他们说一个女人没有和许多男子交合过的是无用的。……你们必须知道，外方生人经过这地，立起帐篷，预备休息的时候。就有集镇村庄中的老妇人带领她们的女孩子来到帐篷。每次二十人或三十人，成群结队，把她们的女孩献给过路客人。随他们挑选，留着共寝。……客人和这些女孩行欢之后，要离别时，每人必须给他共寝的女孩子少许珠宝饰品，或别的纪念品，俾她以后到结婚时候。可以证明她已经有情人了。"③甚至，直到新中国成立时，藏族同胞中"一妻多夫"、"姊妹共夫"和"兄弟共妻"的群婚遗见了还相当普遍地残存着。

"在印度的奈尔人中间，至少每三、四人或更多的男子共有一个妻子，但是他们每人同时还可以和别的数个男子共有第二个妻，乃至第三个第四个妻。"④在古代斯巴达人中，"几个兄弟可以共有一妻；一个喜欢友人之妻的人，可以与那个友人共同享有她"⑤。这样一来，在奈尔人和斯巴达人中就不但存在着多妻制，而且也存在着多夫制，残留着十分普遍的群婚残余。

新中国成立前，在中国云南省宁蒗县永宁地区的纳西族中，尽管早已普遍地流行着"阿注"婚姻——对偶婚的早期阶段。但是，姊妹们共有丈夫，兄弟们共有妻子的现象也还相当普遍。有的男子已经公开地与某一家庭的大姑娘建

① 恩格斯：《家庭、私有制和国家的起源》，北京：人民出版社，1972年，第48—49页。
② 恩格斯：《家庭、私有制和国家的起源》，北京：人民出版社，1972年，第50页。
③ （意）马可波罗：《马可波罗游记》，北京：中国书籍出版社，2009年，第232页。
④ 恩格斯：《家庭、私有制和国家的起源》，北京：人民出版社，1972年，第58—59页；
⑤ 恩格斯：《家庭、私有制和国家的起源》，北京：人民出版社，1972年，第60页；

立了"阿注"（原系普米族语，意为朋友，即夫妻）关系，但却暗中与"阿注"的其他姐妹发生性关系；人们认为这是合理的，无可非议。但显然这种多角的爱情关系已经日益由公开走向秘密了。不仅如此，甚至直到新中国成立初期，在纳西族里，母亲和女儿们共有丈夫，舅父和外甥们共有妻子的现象也还没有完全消失。①显然，这是以女方为一集团，男方为另一集团，不受年龄与辈分限制的粗野的群婚形式的残余。因为，族外婚制本身并不严格要求遵守辈分。在这里"不论年龄上的差别或亲近的血统关系，都不能成为性交关系的阻碍。"②根据调查，在四川省木里县冲天河一带的摩梭人中，姊妹数人共有一个丈夫的现象相当普遍。姊妹几个通过一定的结婚仪式，共同娶回一个丈夫组成家庭。这种家庭以妇女为中心，子女随母姓，按母系继承。在婚配方面，女多男少，性生活失调，丈夫无法满足诸妻要求。因此，妻子可以与丈夫同居，也可以另求新欢，与其他男子共寝，结成"安达"关系（朋友关系），而不受道义上的谴责。除开姊妹共夫（一夫多妻）之外，还可以兄弟共妻（一妻多夫），也可以一夫一妻。这三种婚姻形式，不仅在摩梭人中是普遍流行的，甚至在一个家庭的数代祖先之内，也往往是交替出现的③。可见，在摩梭人中，群婚的残余形式是多样的。

在摩梭人中，兄弟数人共娶一个妻子是相当普遍（二人一妻；三人一妻；甚至四兄弟一妻的都有），反之，一个女子娶几个丈夫的则较少。兄弟共妻要通过订婚和结婚仪式，结婚时，几位新郎陪伴一名新娘，十分有趣。婚后，不但妻随夫居，而且还要改从丈夫的姓氏，子女从父。在婚姻生活方面，数名丈夫要分别拜会妻子。去时，要在妻子的房门上挂一条腰带、或一件衣服、或一顶帽子作为标志，后到的丈夫见到标志，也就只好加以回避。显然，一妻多夫是有矛盾的，一位妻子无法满足几位丈夫的要求因而只好各自去寻"安达"。当然，妻子也可以拒绝丈夫而另约情人，且不会遭受非议。

应当指出，姊妹共夫与兄弟共妻在纳西族、普米族、藏族、珞巴族西藏门巴族与摩梭人中，都曾普遍地流行过。这种婚姻形式不可能盛行于母权制或父权制的全盛时期，却是母权制向父权制过渡时期的产物，是原始群婚的遗风。

① 宋恩常编：《云南少数民族社会与家庭制度研究》，内部资料，1978年，第316—317页。
② 恩格斯：《家庭、私有制和国家的起源》，北京：人民出版社，1972年，第40页。
③ 宋兆麟、黎家芳、杜耀西：《中国原始社会史》，北京：文物出版社，1983年，第228页。

流传最广和最普遍的群婚残余是夫兄弟婚和妻姊妹婚。什么叫夫兄弟婚呢？就是一个死了丈夫的妇女，有权利和义务嫁给自己亡夫的哥哥或弟弟，如果亡夫的哥哥或弟弟尚未结婚的话，他们也就有权利和义务来和自己已经寡居的弟媳或嫂嫂成亲。20世纪70年代初，生活于新几内亚的阿斯玛特人就仍然保留着夫兄弟婚的婚姻习俗。[①]在他们那里，一个"死了兄弟的人，兄弟的妻子，孩子和房屋便都属于他"。[②]根据希腊的神话传说和《荷马史诗》，可以知道，古代特洛伊人那里也曾存在过夫兄弟婚的残余。特洛伊王子帕里斯借出使希腊之机，拐走了斯巴达的王后——全希腊最美的女人海伦，并且还抢走了斯巴达王的一批财宝。希腊人为此发动了长达10年的特洛伊战争，在这次战争中，帕里斯和他的哥哥赫克脱——全特洛伊最出色的英雄战死之后，他们的兄弟伊福波斯便成为"他的家族和他的人民的重要的支柱，而在帕里斯被杀以后，海伦就归他所有"。[③]在夫兄弟婚的习俗下，伊福波斯占有亡兄帕里斯的妻子是完全合乎道德的，直到希腊人攻陷特洛伊，斯巴达王将他砍死之前，伊福波斯在特洛伊人那里并没有为此受到任何非议和谴责。

根据印度古经《梨俱吠陀》的记载，公元前2000年，雅利安人已经处于氏族制度的解体时期。婚姻形态已经进入一夫一妻制阶段，他们之中最大的一个部落叫婆罗多，在这里，妻在夫死之后，仍然必须转嫁给自己亡夫的哥哥或弟弟[④]；不久前，中国的独龙族同胞也仍然保留着与婆罗多部落相同的婚俗，甚至直到今天，在多哥北部山区的坦姆伯玛族中，寡妇仍然应该按照通例，嫁给自己亡夫的哥哥或弟弟。在安达曼人那里，夫死从小叔的婚俗，也就是寡妇应嫁亡夫之弟的婚俗，也曾相当普遍地流行过，直至今日也还没有绝迹。

什么叫妻姊妹婚呢？就是一个男子要娶两个或几个同胞姊妹或堂姊妹为妻。后来演变为，一个死了妻子的男子，必须继娶自己妻子的姊妹为妻；而亡妻的姊妹如果尚未出嫁的话，也必须嫁给自己的姐夫或妹夫。

无论是夫兄弟婚或妻姊妹婚，在新中国成立前夕，我国云南的西盟佤族与

---

① 刘达成等编译：《当代原始部落漫游》，天津：天津人民出版社，1982年，第150页。

② 颜思久编：《世界民族风情录》，成都：四川民族出版社，1983年，第63页。

③ （德）斯威布：《希腊的神话和传说》下，楚图南译，北京：人民文学出版社，1959年，第585页。

④ （苏）B.F.狄雅可夫、H.M.尼科尔斯基编：《古代世界史》，日知译，上海：商务印书馆，1954年，第204页。

独龙族人那里，都还相当普遍地存在着。此外，在鄂伦春人的民间文学中，也还可以找到许多这类的例证。比如在《无名猎手》的故事中，有三个互称姊妹的姑娘同时向一个猎手表示爱情。而这个猎手不但同时答应了三位姑娘的爱情，并且还和三位姑娘同时结了婚。这类故事产生的社会根源是很清楚的，它是鄂伦春人早期流行的妻姊妹婚的缩影，和妻姊妹婚相适应的还有夫兄弟婚，它也曾在鄂伦春人中普遍地流行过。必须指出，类似这样的群婚遗风，就是在今天的世界上也还没有彻底消失。比如，在今日的鄂伦春人那里，尽管一夫一妻制的婚姻形态已经巩固，但还保留着某些对偶婚的原始遗风（如婚仪前男女要在女方家中同居等），甚至，"兄死后，弟可娶其嫂为妻。姐死后，妹妹可嫁给姐夫的群婚遗风也可以找到"[1]。在大安达曼人那里，婚后通奸虽遭严惩，但婚前试验性的性交却获得普遍的允许。不仅如此，夫死从小叔和妻死娶小姨的婚俗，也就是鳏夫应娶亡妻之妹的婚俗，也曾相当普遍地流行过，甚至直到今天也还没有绝迹。[2]

一般说来，夫兄弟婚或妻姊妹婚是比较容易组成的，一则是因为男女双方接触机会较多，容易相互了解，容易发生感情。二则因为男女双方年岁相当，兴趣爱好容易一致。三则因为姐姐和妹妹，或者哥哥和弟弟，无论在生活习惯或思想感情方面总是比较接近的，因此，也就比较容易为对方所接纳。

在广东省的某些瑶族同胞中，由旧历除夕开始到正月初二，只要成年人，无论结婚与否，都可以在山冈上、树林里、山洞中，从早到晚地对唱民歌。"当唱到情投意合之时，就互相偎依，进行野合，发生性关系。"[3]此种习俗被称为"放牛出栏"，表明人们在愉快的节日里，仍可以从现行婚俗中解脱出来，重温群婚时代的性自由，说明人们对于群婚仍然保留着某些模糊的记忆。

1979年2月10日，台湾《青年战士报》译载美国《博物学》杂志一篇文章，题目是《亚马逊河丛林中的原始人》，其中谈到活跃于亚马逊丛林中的一支印第安人在庆典游猎时，无论如何，要在前一天晚上，和不同团体的人睡在一起。丈夫们和妻子儿女们大家聚在一处，重新组合，因而每个人都会有一个临时构成的家庭。每一次的庆典游猎也都会使不同的人组成家庭。这就不仅会使

---

① 秋浦：《鄂伦春社会的发展》，上海：上海人民出版社，1978年，第50页。
② 颜思久编：《世界民族风情录》，成都：四川民族出版社，1983年，第103页。
③ 宋兆麟、黎家芳、杜耀西：《中国原始社会史》，北京：文物出版社，1983年，第201页。

男子一生可以有许多妻子，而且也会使妇女一生可以有许多丈夫。显然，这也是一种奇特的群婚残余，在人类历史上是罕有的。

居住在中美洲的洪都拉斯人有一种十分奇特的婚俗，那里的政府，允许居民们每三个月在本村内互相交换一次妻子，或者把妻子卖出去，甚至连未出嫁的姑娘也来参加这种交易，真是古今奇闻。

不要以为洪都拉斯人的这种交换与拍卖妻子只是他们历史上的偶发事件。事实上，在洪都拉斯，这种现象不仅由来已久，而且每次参加的人数也都相当可观，假如某位妇女被买走了，那么她就变成了买主的合法财产，如果她背主潜逃，那么卖主就得把得到的钱退还买主。

交换与拍卖妇女，一般都在旭日东升之时，假如有处女参加，她们就会优先被卖，接着才是已婚妇女，但如果某位妇女已经生过儿女，那么她的身价就会高于别人。

由于交换或买卖之风十分盛行，因此有的妇女 15 年内竟然改换过三十多次姓氏。①这样就不仅使男子一生中有数十个妻子，而且也使妇女一生可以有数十个丈夫，不仅是多妻制，而且也是多夫制，这是一种奇特的群婚遗风。

1979 年，在巴黎出版的阿拉伯文杂志《狩猎者》，在 3 月 30 日那一期，刊登了一篇介绍苏丹南部希克莱部落风俗的文章，其中写道：在希克莱的夫妻生活方面也颇有些趣闻，女孩子结婚时，要当着村里的每个居民的面宣布她情人的名字，情人越多，她的丈夫就越感到高兴。如果妻子除了丈夫之外没有情人，那么她丈夫就很伤心，因为情人们必须向这位妻子赠送一些羊。有时候妻子可能会说谎，提出一些假情人的名字，但是一旦发现她在说谎，她将被全部落蔑视，成为被唾弃的人；如果情人说谎，不承认是她的情人，而且证实他确实在说谎，那么他就要给她很大数目的羊。因此，当我们看到希克莱族的丈夫高兴地接受自己的妻子同那些可能爱上了她的富人们交往时，不应感到奇怪，因为他们将送给他妻子许多羊。由此可见，群婚遗风就是在 20 世纪的今天，也依然可见。

---

① 《拍卖妻子奇俗》，《旅行家》1985 年 5 月，第 18 页。

二十四、冶金术的发明

冶金术的发明是在新石器时代之后的金石并用时代。那时，石器的磨光和钻孔技术早已普遍使用，出现了大量木棒和石器结合而成的复合工具，陶器的制造和作用也已相当普遍，原始农业和原始畜牧业已经有了相当程度的发展。生产力水平空前提高，剩余产品早已出现。一般说来，这时人类社会已经分裂为主人和奴隶两大阶级，不久之后世界出现黄金和白银制品。早在新石器时代，西欧（爱尔兰、法兰西）北美和埃及等地就已经出现了黄金制品。①古埃及人首先使用的是黄金。在埃及发现的早期的黄金制品，其年代当在公元前第六千年纪。②不过，因为黄金和白银属于稀有金属，而且质地很软因此在相当长的时期里，它只是被人类用作装饰品。比如，埃及人早在公元前 3000 年就已经开始用黄金和白银作饰物。③而南美洲最早的侵略者——葡萄牙人，却于很久之后才在南美洲的土著中，第一次发现了用纯金制成的鱼钩。

铜是第三种被人类所发现和利用的金属。早在新石器时代，人类就开始了天然铜的利用。苏联的乌拉尔，北美的苏必略湖一带的天然铜矿，早已被为类所发现；亚洲人对于天然铜的利用，早在公元前 6000—5000 年代就已经开始；北美印第安人和爱斯基摩人也在很久之前，就已经开始利用天然铜制造的装饰品和工具。

最初，原始人世世代代都用树枝、骨管和燧石等物来做工具。不知经过了多少万年，地球表面的燧石被用光了，这就发生了"燧石荒"。后来，他们在采集燧石时，无意中发现了天然铜，也就是绿色的孔雀石，于是，原始人就把这种天然铜当作一般的石头来制造工具，用石斧加工锤打，结果天然铜不仅形状发生了变化，而且变得更加坚硬光亮，可以制成铜质工具，这就是人类史上最

---

① （苏）柯斯文：《原始文化史纲》，张锡彤译，北京：人民出版社，1955 年，第 201 页。

② （苏）柯斯文：《原始文化史纲》，张锡彤译，北京：人民出版社，1955 年，第 201 页。

③ 《自然科学大事年表》编写组：《自然科学大事年表》上，上海：上海人民出版社，1975。

早的金属工具。

后来，原始人又发现天然铜遇到火就变了样，就像石头熔化成黄泥浆一样漏到火下去了，原来的石头不见了，火下却凝结着一块红铜（又称纯铜或原铜）。从此，原始人就发明了铸铜技术。接着，他们又学会了制造铜范（多为陶质范），即制造模型，使铜液流入铜范，铸成铜器。后来，原始人更进一步地学会了把铜和锡（天然锡）混在一起炼出了坚硬的青铜。这就是人类史上最早的人工合成金铜。

铁是第四种被人类所发现和利用的金属。不过，人类最早所发现和利用的只是天然铁，也就是从天而降的陨铁。在埃及和两河流域最古老的文明国家中，远在新石器时代就已经使用陨铁制造的器物。[①]比如，古代苏美尔人就把铁叫"安巴尔"，意思就是"天降之火"。这种叫法本身就表明他们最初发现和利用的就是从天上掉下来的陨铁；爱斯基摩人和北美的印第安人也在很久之前，就已经知道对陨铁进行加工，把它制成锋利的箭镞；根据《左传》的记载，春秋时代，在中国就已经开始了铁器的铸造。

最初，在原始人看来，金、银、铜、铁这些天然金属，无非就是一些可以用打击法进行加工的具有延展性的石头。比如，在易洛魁人那里，就把铜叫"红石"。原始人使用石斧直接锤打这些天然的金属，把它制成自己需要的器物，这种制造金属器物的方法就叫"冷锻法"。至于对天然金属的熔炼，那是后来的事。虽然"冷锻法"对于人类铸造金属器物的技术发展没有很大影响。可是，它对于人类开始认识金属的性能却起了相当的作用。

金属时代的开端，不应从冷锻法算起，而应从对矿石金属的熔炼和进一步的铸造与热锻算起。冶金术的起源，很可能是由于铜矿石偶然掉在火堆里而被发现的。近代西方学界大多认为，冶金术起源于一个中心地点，甚至是由一个特别优秀的种族（如雅利安人）首先发明，然后才逐步传播到世界各地。这种说法带有明显的欧洲中心主义色彩，显然是一种为殖民政策服务的种族主义谬论。事实上，冶金术是在世界的不同地区，在生产力发展到一定条件下分别发生的。

根据考古资料可以知道，世界上对于铜矿石熔炼加工铸成铜器的最早地区

---

① （苏）柯斯文：《原始文化史纲》，张锡彤译，北京：人民出版社，1955年，第201页。

是西南亚。在这里，大约从公元前 5000 年开始，人类就已经开始了这项具有重大意义的活动；其次，古埃及人早在巴达里文化（前 5500—前 3600）时代的后期，也已开始了向铜石并用时代过渡。[①]在中国，铜矿的开采也是为时很久的，远在公元前 3000 年的龙山文化时期，中国社会即已步入铜石并用时代；在南欧和中欧，铜的熔炼大约从公元前 3000 年就已开始。这里最早的炼铜遗址，发现于地中海东部的塞浦鲁斯岛，那是古代欧洲最重要的产铜地之一。古代罗马在公元前 3000 年，也已步入铜石并用时代。

最初，人类对于铜的开采和熔炼是一项非常艰巨的任务。首先需要架火去烧岩壁上的矿石，等到把矿石烧得通红发亮时，突然把冷水泼上。这样，由于热胀冷缩的缘故，矿石就会裂出许多缝来。接着，人们就利用这些缝隙，把矿石一块一块地打下来，然后再把矿石砸碎，烧成铜汁，使它流入事先制成的铜范，制成需要的器物。根据考古发掘，可以知道，人类这一时期制成的铜制品主要是装饰器，比如，手镯、指环、项圈等等。当然，铜制的刀和剑也已出现。至于铜斧则很稀少，因为尽管铜质工具比用石头制成的工具刃口锋利不易破碎，而且可以按需铸形，可是纯铜的硬度不如燧石，所以铜始终未能大量地被制成生产工具，未能排斥石器而构成一个独立的"铜器时代"。人类历史的这一时期，只能叫做"铜石并用时代"或"金石并用时代"。就生产工具来说，这一时期，木器、石器仍占优势。

对石器取得决定胜利的是青铜，青铜是铜和锡的合金。其中铜的硬度大大超过纯铜，而熔点却比纯铜还低，纯铜的熔点是 1050—1330℃，百青铜的熔点却仅有 800—1000℃。其次，青铜容易铸造，容易得出锋利的刃口，而且外观美丽。和石器相比，青铜的优点则更多：经过熔化，青铜可以制成用石头根本无法制造的形式；磨一把石斧需要几个星期，甚至几个月的紧张劳动，而铸一把青铜斧则是轻而易举的；石器坏了根本无法修补，而青铜器则可以回炉再造等等。总之，青铜比石头更适于制造工具、武器、各种器皿和装饰品。因此，在相当漫长的时代里，人类一直都用青铜作为制造这些物品的主要原料。青铜的使用不仅便利了生活，而且也大大地促进了生产力的发展。

在两河流域和埃及，青铜的使用最早，那大约是公元前 4000—前 3000 年的

① 刘家和：《世界上古史》，长春：吉林人民出版社，1980 年，第 41—42 页。

事。不过，这时人类所用的青铜多半还是自然界现成的铜锡混合物，人们把它叫做"天然青铜"。[1]至于在欧洲发现的公元前3500年的青铜器，那只是由亚洲通过西班牙或巴尔干运去的商品。

人们过去曾认为中国夏代尚无铜器问世，可是，不久，结论就改变了。一则因为古书上不仅有大禹时曾用铜铸九鼎之说，而且也有夏代"以铜为兵"之说；二则因为二里头遗址不仅发现了青铜器（凿、锛、椎、戚、戈、箭镞、鱼钩和铜铃），而且还有冶铜、铸铜作坊，留有铜渣、坩埚与陶范（铸铜器用）碎片；三则因为在山西夏县东下冯遗址也发现了铜凿、铜箭镞等青铜器物。总之，这一切都证明夏代已经发明了青铜器，已经进入了青铜器时代，说明中华民族早在公元前21世纪前后即发明了青铜器，这是我们伟大祖国历史上的一次大飞跃。不过，应当郑重说明的是这些还不是中国最早的青铜器。1975年，在甘肃东乡县"马家窑文化"遗址中出土了一件青铜刀，距今约5000年，直到今天，它还是中国境内发现最早的青铜器。

学者们普遍认为，古希腊爱琴海地区，在早期米诺斯文化时期，即已步入青铜时代；西亚的两河流域步入青铜时代是在乌尔第三王朝时期（前2113—前2006）；中国步入青铜时代应当是在夏朝，到了商代，青铜已经更加广泛地被制成了生产工具，比如，地下出土的刀、锯、铲、锛就是那时已经普遍使用的青铜工具；其次就是古代埃及，步入青铜时代是在中王国时期（前2040—前1786）；接着就是北意大利，也于公元前2000年之初，跨入了青铜时代。[2]

青铜冶炼术的出现，是人类冶金技术史上的一个巨大跃进。在它被发明的那些地区，青铜器迅速地排斥着石器而在人类历史上形成了一个漫长岁月的"青铜时代"。从那时起，人类就开始用青铜制造工具（如青铜斧、鱼钩和铜针等等）、武器（如青铜剑、匕首矛头、盔甲和盾牌）、器皿和装饰品（如青铜扣针等）。当然，"青铜……还不能完全代替石器；只有铁才可以做到，而当时还不知道采铁。"[3]铁是人类史上所出现的一种极为重要的金属。它的出现比青铜晚，因为铁的熔点比铜高，需要摄氏1580度的高温。铁的提炼和加工标志着冶金史上新阶段的到来。根据北罗得西亚的孟勃哇洞穴中，考古学家不仅发现了

① （苏）柯斯文：《原始文化史纲》，张锡彤译，北京：人民出版社，1955年，第205页。
② 刘家和：《世界上古史》，长春：吉林人民出版社，1984年，第416—417页。
③ 恩格斯：《家庭、私有制和国家的起源》，北京：人民出版社，1954年，第155页。

大量的新石器时代遗物，而且还发现了冶铁的遗迹和铁制的箭镞等等。由此人们推断非洲的黑人可能就是最早的冶铁技术的发明者。在中国，铁器发明的时代仅后于北罗得西亚而居于第二位。河北省豪城县台西村商代遗址中铁刃青铜钺的发现，证明早在公元前17世纪前后，我们伟大的祖国就已经有了铁器的发明；其次，埃及人使用铁器的时代，大概要在公元前15世纪前后。[①]长期以来人们根据传说，认为赫梯是世界上最先使用铁器的国家。其实，在赫梯铁的使用乃是公元前14世纪才开始的，即使和我国相比，它也要晚300年左右。至于在西南亚等地所发现的冶铁遗迹，其年代大概要在公元前1300年左右。

学者们认为，古代印度开始进入铁器时代是在公元前11世纪，古代希腊进入铁器进代大致是荷马时期（前11—前9世纪）；古代埃及进入铁器时代大致是在利比亚·舍易斯时期（前1058—前525）；古代罗马进入铁器时代大致是在公元前1千年代之初（微兰诺瓦文化）；古代西亚进入铁器时代大致是在亚述帝国时期（前10世纪末—前612）；中国真正进入铁器时代大致是在春秋时期（前770—前476）。[②]人类最初所用的冶铁法，首先是把铁矿石和木炭装在用石块和黏土制成的熔铁炉里，然后再把木炭点着，并用手拉鼓风箱向熔铁炉内鼓入冷风。当温度达到一定高度的时候，炉内便会流出铁汁，凝固成铣块后人们再利用铣铁块去锻造各种铁器。比如，铁剑、铁犁、梭镖、投枪、矛和匕首等。

铁的出现，对于推动社会生产力的发展具有重大意义。铁器的广泛使用，引起了原始社会史中深刻的、革命性的变革。首先，铁制工具的使用给农业技术的发展提供了有利的条件。没有铁斧和铁锄的使用，要想大规模地清除原始森林从而开辟大片耕地牧场，那是极其困难的。同时，也只有当用牲畜拖拉的铁犁出现之后，大面积的土地耕耘和精耕细作才算开始，原始农业的面貌才为之一新，原始农业才真正成为人类最重要的生产部门；其次，铁的使用也使原始手工业的面貌发生了巨大的变化，因为铁的硬度很大，无论任何石头或当时所知道的任何金属都无法和它相比。它给原始手工业提供了优质的原料。用铁制成的工具和武器，其坚硬和锐利的程度是空前的。同时，冶铁既需要高度的

---

① （美）罗伯特·路威：《文明与野蛮》，吕叔湘译，北京：生活·读书·新知三联书店，2014年，第14页。
② 刘家和主编：《世界上古史》，长春：吉林人民出版社，1980年，第22页。

技术，又需要 1580℃的高温。铁器的加工技术又很复杂，不可能会由一个人来从事这样复杂的生产，于是铁的加工就专业化了。与此同时，专业陶匠和纺织工也都先后地分化出来。

不仅如此，铁的出现也促进了狩猎业的发展。因为弓箭虽然早已发明，可是石制、骨制和铜制的箭头对野兽的杀伤力毕竟是有限的，铁制的箭头和长矛一经出现，情况就改观了。有了这样坚硬锐利的狩猎武器，不仅猎人的生命有了保障，而且猎获物也空前增加。总之，铁器的使用不仅减少了原始人的劳动强度，而且提高了生产效率，因而大大地推动了那时社会生产力的发展，恩格斯曾经指出："铁……是在历史上起了革命作用的各种原料当中的……最重要者。"[1]向铁器时代的过渡，是社会生产力提高的表现，同时，铁器的出现，又大大地促进了社会生产力的高涨，社会财富也因之而日益丰富起来。古代东方诸国多是在青铜时代或金石并用时代就已经进入阶级社会的。而欧洲许多地区，如希腊、罗马则是由于铁器时代生产力的提高方才跨入了文明社会的门槛。

---

① 恩格斯：《家庭、私有制和国家的起源》，北京：人民出版社，1972 年，第 160 页。

二十五、原始儿童教育

原始人对于青年一代是否进行教育？如何进行教育？原始教育的方式、内容和目的如何？以及原始教育对于人类社会的发展具有什么重大意义呢？

马克思主义认为，教育是一种有意识、有目的的社会现象，教育起源于劳动，如果不对新生一代进行教育，向他们传授劳动经验、知识以及技能和技巧，那么，人类社会就不可能顺利地、持续不断地向前发展。人类社会的初期与后代一样，对于青年一代同样是要进行教育的。不过，那时没有专业的学校，也没有专职的教师和学生，整个教育是结合社会生产和社会生活而进行的，是和那时人类社会的经济生活密切相关的。老年一代人人都有教育青年的责任；青年一代人人都有接受教育的权利和义务。儿童属于社会所有，社会成员也就集体教育儿童。曾经在新几内亚土著中居住过很久的俄罗斯旅行家米克鲁哈·马克莱就曾经见到当地土著集体教育儿童。那时，教育的显著特征便是它不具有阶级色彩，而却具有鲜明的社会性，人人都要接受教育，因为原始社会没有阶级的存在，因此，教育对于一切儿童都具有平等的性质。在这里，教育基本上可以归结为老一辈对儿童传授在获取生活资料中所积累起来的技能和技巧。

因为原始社会没有阶级，没有阶级教育，所以那时教育的中心内容便是如何对大自然展开斗争，如何向大自然索取财富，如何战胜、改造和征服自然。评价人物和选举首领也以是否勤劳勇敢和具有杰出的生产经验和才能为重要依据。甚至，在某些原始人那里，决定小孩的生命——是否将他们养育成人，也要看他们将来是否能够具有同大自然进行搏斗的能力。如果某一婴儿将来不可能具有同大自然展开任何斗争的才能，那么，原始人是不允许他们长大成人的。至少在某些落后部落中，直至今天，仍然如此。

1980年10月25日至11月1日，我国台湾地区《中国时报》连载文章《非洲猎奇》，报道了中国著名油画家吴炫三在非洲大陆绕行数十万里，途经三十余国的一些重要见闻。其中谈到他在东南非"秀秀"族里，曾经见到一位黑人亲手杀死自己的一个出生不久的婴儿，原因是这个婴儿的"脚有缺陷"。不久，他又在南非的另一个原始部落里，看到了另一幕类似的悲剧。一位黑人杀死了自己的幼儿，原因是这位婴儿"先天失明"！从文明人的眼光来看，非洲黑人如此残忍，是不合人道的。可是，非洲黑人却不这样想。他们认为，"既然孩子长大以后，不能和大自然搏斗，应付艰苦的原始生活，何必让他们继续活下去呢？"由此可见，原始人是如何地重视劳动，重视对大自然的斗争，重视他们后代的基本品质。

众所周知，在文明社会里，打骂教育曾是很普遍的，甚至直到今天，在不少国家里也还相当流行。在中国，"不打不成才，棍头出孝子"早被奉为教育后代的至理名言。在西方"不打不成人，棒头出好人"也已成为教育学家的著名格言（或译"成语"）。古代埃及的教师们甚至认为，"学生的耳朵长在背上"，不打他们，他们就听不见，记不住。亨利四世曾经命令保姆鞭打王子，并且还要看鞭打记录。因此王子由两岁开始挨打，直到九岁当了国君也还不能幸免。

在儿童们年龄很小的时候，首先对他们进行教育的当然是他们的母亲。此外他们的姐姐，以及他们亲族中的任何一个成年妇女，必要时也都会主动前来照顾和教育他们。这既是成年妇女的权力，也是她们义务。不过那时教育的内容也只是引导儿童如何讲话、走路、吃饭、穿衣、玩耍，以及进行一些力所能及的生产活动等等。

到了年龄稍大的时候，女孩子们的教育就由成年妇女负责，教育她们采集、农耕、烹煮食物，制造器皿，缝制衣服（新几内亚土人即如此）等；男孩子们的教育则由成年男子负责。在"母权制"下，由儿童们的舅父们负责；在父权制下，则由儿童们的父亲和叔叔们负责，教他们学习耕田、畜牧、打猎和捕鱼等等。从一方面看，原始教育是很温和的；从另一方面看，原始教育又是十分严峻的，有时对儿童的训练和考验，简直严酷得使人吃惊。

原始人非常重视培养青年一代独立参加生产和社会活动的能力。儿童们，特别是男孩子们，在他们刚刚四五岁的时候，就要他们和自己年龄相当的孩子们在一起生活，要他们进行一些独立的生产活动。比如，要他们力所能及地采集自然界的现成物，以及狩猎小兽、捕鸟和学习驾驶小船等。当儿童们生长到六至八岁的时候，他们就几乎完全独立生活了。这时，他们不仅离开成年人而单独居住，而且也已开始从事那些比较复杂的生产活动，如制造工具、狩猎和捕鱼等等。一般说来，在原始教育的培养下，儿童们都普遍具有很强的独立性，绝不像文明时代这样，甚至儿童们已经到十岁左右，离开父母还几乎无法生活。

应当明白，原始人对于儿童的教育是与生产实践以及与大自然的搏斗紧密结合的。在澳大利亚土人那里，由于食物与水源的贫乏，他们对于儿童的教育就必须要考虑这些因素。从童年开始，他们就认真地教育儿童识别各种动物的足迹，区别哪些植物是可食的，哪些植物是有毒的，等等。此外，还要教育儿童根据云彩的形状来预测天气的变化，要求儿童记住他们领地内一切水源的精确地点，对儿童进行十分严格的辨别方向能力与观察能力的训练。生活在巴西中部的克拉霍印第安人经常对男女青年进行圆木接力赛跑的训练，目的在于对青年一代进行体质与耐力的锻炼。因为他们生活在广阔的热带大草原里，必须长途奔跑以狩猎、追逐野兽；就是猎获了大动物，也要争取当天送回村内，否则猎物就会腐烂或发臭。[①]因此，生产斗争要求克拉霍人的教育必须重视培养青年一代具有强健的体魄与奔跑能力。

氏族公社时期，随着生产力的发展，出现了畜牧业，农业和手工业。生产门类增多了，人类的劳动经验日益丰富，教育的内容当然也就复杂起来。这时，公社将新生一代的教育委托给最有经验和智慧的老年成员。他们除了教给儿童们以畜牧业、农业和手工业的劳动技能外，还要教育儿童挽弓射箭，使用枪、矛，练习骑马（如古代阿拉伯人），以及熟悉宗教仪式、神话传说和英雄故事等等。

中亚细亚各民族的母系氏族，7—9 岁以前的男孩和女孩都在一起受教育，而且主要是由妇女负责。从九岁起，男孩就转由男子负责教育，熟悉男子的职责，离开女孩子和妇女，而开始和男孩子们住在一起；女孩子就开始和女孩与妇女住在一起，并向成年妇女学习纺纱、织布、制造陶器以及其他各种家务活动。

原始时代的儿童，因为长期经受生产实践的锻炼和考验，所以他们那种坚韧不拔和机警敏捷的品质，甚至在许多方面竟是现代儿童所不能企及的。下面列举刚果黑人男孩狩猎的两个例子来说明这种情况。当一些黑人男孩要捕捉飞鸟时，他们就学习先辈的做法，首先选择那些飞鸟经常出没的地方，然后就仰面朝天地躺在那里，伸出一只胳膊，在手掌上摆上一些谷粒，等候飞鸟来吃。

---

① 刘达成等编译：《当代原始部落漫游》，天津：天津人民出版社，1982 年，第 246—247 页。

往往一连几个小时，动也不动，只要鸟儿刚一啄食，他们就突然握起手来把鸟死死抓住，任凭鸟儿怎么挣扎也逃不掉。当他们准备狩猴时，就首先在猿猴经常欢跳的那个树枝上绑上一根绳子，然后，由一个男孩拉上绳子，和其他男孩一样，统统躲在猿猴看不见的地方，暗暗地窥视着猿猴的动静，等到猿猴在那个树枝上纵身跳下的一刹那间，突然猛拉绳子。这样，猿猴就会伏身向下或者仰面朝天地摔下来。也就在猿猴摔下来的一瞬之间，孩子们就一跃而出，把猿猴活活打死。

在原始社会里，利用游戏对儿童进行教育也是很有意义的。一般说来，那时游戏的组织是非常认真的，男孩子们多是组织各种狩猎和战斗的游戏或比赛，女孩子们则多是组织烹制食物等炊事活动。除此之外，青年们还组织各种体育运动，运动项目通常都具有狩猎或军事的性质。比如，投掷标枪就是原始人的一项极为重要的运动，这项运动就具有鲜明的狩猎或军事的性质，而且还一直流传到今天。利用游戏对青年一代进行狩猎与战斗教育的事例，就是在今天的某些落后部族中也还可以见到，比如，在达尼人那里，上学的孩子们"大多数是裸体的"，他们在游戏时就不仅玩棒球，而且还可能玩过"杀竹圈"。所谓"杀竹圈"，就是把竹圈扔起来，然后投掷小矛，让小矛在空中穿过竹圈。这显然就是一种利用游戏对青年一代进行狩猎与战斗的教育。

众所周知，在中国的几十个少数民族中，鄂伦春人的狩猎技术是相当高明的，他们是公认的经验丰富的狩猎能手。然而，鄂伦春人之所以能够成为杰出的猎人自有其深远的历史原因：这是他们的祖辈世世代代经验积累与原始教育的成果。鄂伦春人在他们祖辈的教育下，从童年时代起，就经常做各种打猎游戏，从中吸取基本的狩猎知识。待到年岁稍长一些，父兄们就制作小弓小箭让他们练习射击，同时也教育他们捕捉和管理驯鹿。十岁左右，他们就要开始跟成年人一起出猎，在实践中进行学习。如果取得成就，就会受到父兄们的极大鼓励；如果遇到失败，也会获得长辈们的耐心指点。每当夜幕降临，篝火旁就成为鄂伦春人向小猎人们传授经验和知识的天然课堂。鄂伦春人认为教育后代与直接参加狩猎是同等重要的。就这样，鄂伦春人通过不断地实践、总结和教育，终于把青年一代培养成为勇敢机智的猎手。在鄂伦春人看来，只有那些不怕艰苦、机警敏锐、射击准确、掌握了各种野兽习性与活动规律的人，才是一个真正的鄂伦春猎人，而成年人的这些品质和才能却多是通过原始教育获得的。

原始人对于儿童的教育方式是多种多样的，除了上述那些结合生产与生活实践以游戏的方式进行教育外，还有行之有效的成丁礼与黥面文身。关于成丁礼与黥面文身的原始的教育方式和方法，在世界各民族中，可以说是五花八门无奇不有的，本章不便详述，只好另列专题。

在加罗人那里，个体家庭虽已出现，但直至今日，许多活动还以氏族或部落为单位进行。他们的村落多是依山傍水，村落中心设有公房。公房就是加罗村落对青年一代进行教育的中心地区。加罗人的男性青年，从十二岁起，除参加劳动外，就开始加入公房活动。在公房，加罗青年不仅学习文化知识，而且还要学习公社和氏族的传统美德与生活习惯。参加公房活动都有严格的纪律。年幼的必须服从年长的，如果有人胆敢破坏公房纪律，那他随时都有被开除的可能。从发展的眼光来看，这样的公房，终有一天会演变成为独立的教育机关——学校。

到了原始社会的瓦解时期，随着生产力的提高，个体家庭开始经营独立的经济，逐步成为那时社会的基本经济细胞，成为一个个独立的生产和生活单位。这时，对于儿童的教育自然也就开始在家庭内部进行。比如，当鄂温克人的家庭由氏族中分化出来后，"男子达到十几岁时，即开始跟随父兄学习狩猎技术，父亲有义务给新猎手准备一支猎枪，负责教练培养"[①]。一般说来，在不少的落后部落中，在私有制与奴隶制萌芽时，有些知识，如田地的测量、河流泛滥的预告和病人的诊治等，即已集中在少数人手中。于是，智力教育和体力劳动开始分离。一般来说，那时的智力教育总是成为祭司（僧侣）的特权。智力教育的主要对象总是酋长、僧侣、富人的儿童，而且为了讲授这些知识也开始建立专门的教育机关——学校。毫无疑问，这些学校从其成立之日起，就是用来巩固剥削者统治的工具。那时的统治集团开始用教育来加强自己的威信，并促使部落与氏族中的普通群众更加屈从于自己。这就是原始社会末期阶级教育的萌芽。一般说来，接受这样的教育，仅仅是那时富人儿童的特权。比如，在古代墨西哥，显贵的子弟可以免去体力劳动，而在特别的房屋内学习和研究象形文字、星辰的观察和面积的计算等等；而普通人民的子弟——被剥削，却只能在劳动中接受教育，这种教育多是在家庭内由家长把自己的劳动经验传授给儿童。

---

① 秋浦等整理：《鄂温克人习惯法：第 3 条"家庭"》，秋浦等著：《鄂温克人的原始社会形态》，北京：中华书局，1962 年，第 125 页。

散居于孟加拉湾东部安达曼群岛上的安达曼人（短种黑人部族），虽然长期以来仍以食物采集为生，对食物生产一无所知，可是他们的氏族公社却早已分化成为家庭。"家庭成员之间，按年龄、性别进行劳动分工。丈夫的职责在于保卫家庭，并为家庭提供充足的新鲜肉类。妻子的职责为打柴、取水、采集野菜和做饭；儿子跟着父亲，学习男人的职责，积累有关动物、树林和鱼虾的知识；女儿跟着母亲，采集柴火及野菜，逐步学会采集技术以及尽妇女职责所有的其他本领。"①由此看来，在某些落后部族里，当氏族分化为个体家庭时，子女的教育就多在家庭内部进行，儿子的教育多由父亲负责，女儿的教育多由母亲承担。教育的内容仍然是与生产劳动紧密相结合的。

某些种族主义分子在谈到落后部落时，总是竭力强调种族差别，把某些殖民主义者说成是天生的"优等种族"，而把被征服部落说成是天生的"劣等种族"。其实，所谓"先进"和"落后"只是反映生产力发展水平的差别，丝毫也不意味着这些种族之间有什么"天赋才能"的不同。大量事实证明：当所谓落后部落的儿童进入殖民者所设立的学校之后，他们所表现出来的迅速发展的才能，丝毫也不比殖民者的子弟逊色。比如，南美印第安人中的一个非常落后的部落巴开利人，他们计算数目只能到三，而且还是非和计数的实物结合起来不可。可是，当他们的子弟进入殖民者的学校之后，也要学习全部课程（包括算数），而他们的学习成绩并不次于殖民者的子弟。此外，像大洋洲塔斯马尼亚人的子弟的学习成绩，也不次于欧洲殖民者的孩子。这都证明种族主义者的上述谬论毫无根据。他们千方百计强调种族差别，无非是要说明他们自己是优等种族，是天生的统治者，理应统治世界，而一切处于原始状态的落后部落则理应遭受统治和剥削。事实上，人类的智慧和才能，主要是通过社会实践发展而来的。智慧才能的不同，主要是由于社会实践中主观努力的不同而决定的。这丝毫也不意味着是什么"天赋才能"的差别。

通过大量事实，可以看出，教育并不是一种生物现象（庸俗进化论的观点），也不是"儿童对长辈的无意识的模仿"，而是人类社会所特有的，成年人对儿童的一种有目的、的有意识的行为。教育起源于劳动，产生于劳动。在人类社会的初期，教育是与生产劳动直接结合的。没有教育，人类社会就不可能

---

① 刘达成等编译：《当代原始部落漫游》，天津：天津人民出版社，1982年，第46页。

顺利地发展。在原始社会中，儿童归社会所有，社会成员也就集体教育儿童。那时，教育的显著特征，便是它不具有阶级色彩，而具有鲜明的社会性。教育对于一切儿童都具有平等的性质。原始社会的教育，基本上可以归结为由老一辈对儿童传授在获取生活资料中所积累起来的技能和技巧。可是，到了原始社会的末期，随着生产力的提高，私有制的发生与阶级的分化，智力教育与生产劳动教育逐渐互相分离，并为统治集团所垄断，成为他们的特权。这时，学校成为宣扬阶级压迫的工具，成为统治阶级愚弄人民、巩固统治的工具，超阶级的教育不复存在。

应当指出，原始教育对于人类社会的延续和发展是具有重大意义的。没有生产知识、技巧、技能和经验的传授与积累，没有原始教育对于青年一代的熏陶与培育，社会生产力就不可能获得迅速的提高；人类社会就很难顺利地向前发展，就很难顺利地摆脱原始状态而跨入文明社会的门槛。

二十六、成年礼

苏联原始社会史权威人士柯斯文认为，到目前为止，"即便在最落后的部落中间，也已经有了可以被称为'学校'一类的东西，这就是所谓成丁礼。"[①]成丁礼拉丁语原为"传授"的意思，当然也就是传授知识的意思。也有人按中国学者的解释称之为"新成员的加入"或"入社式"。不过把成丁礼称为"成年礼"的则比较普遍，一般说来，这就是随着男女青年性成熟期的到来，原始人要他们在连续几年之内，经受整套的不同程序和不同仪式的、严格的训练和考验。训练和考验的目的，一方面是要使青年一代获得部落中成年成员所必须具备的知识和条件；另一方面是要测验青年一代的劳动技术和对困难与危险进行斗争的能力，以及刚毅、顽强、勇敢、吃苦耐劳和忍受苦难的精神和意志等等。

原始人对青年们所举行的成年礼，其中有许多项目是要教育被考验的青年永远不畏失败，不为失败所吓倒，使青年们能够经受住一切苦难的折磨。有些落后部落在他们的成年礼中，对于被考验的青年加以肉体的损伤。比如，用火烧他们，用烟熏他们。甚至打落他们的牙齿，刺伤他们的身体等等。不但男性青年经受各种各样的考验，女孩子们也要经过成年礼才能加入成年人的行列。不过男性青年受的考验要更加严峻。这种庄严的考验，通常都是由公社中专门选一些富有生活经验的老年成员来主持，而且平常还往往都是当众进行的。民族学的有关资料表明，原始人，非常重视通过成年礼仪式对青年一代进行教育。在北美的印第安人中，小孩刚一出生，他们的襁褓里就被放上了小弓、小箭和小木矛。在他们参加成年礼仪式的考验与考试之前很久，他们父亲就教他们在平地上或难行的山上练习跑步，教他们爬树、骑马、在寒冷的水里游泳，等等。总之，要他们为顺利地通过成年礼仪式的各种考验与考试做好准备。在一定意义上，就好像今天的孩子们在大考之前，父母们教他们做好考试的各种准备一样。澳大利亚的土著居民在举行成年礼考试时，都由老年人作老师。他们把孩

---

① （苏）柯斯文：《原始文化史纲》，张锡彤译，北京：人民出版社，1955年，第167页。

子们带走，把他们放在两根长矛上，全身涂上赭石色，装扮成死人，然后用打落孩子们的几颗牙齿来宣布成年礼仪式的开始，这就意味着孩子的童年已经死去。接着，就带孩子们到森林中，开始体验那一年左右的与世隔绝的艰苦磨炼。在此期间，教师要教孩子们打猎、种地和编织等各种本领；还要给他讲解本部落成员应遵守的礼教和规章制度等等。学习将结束时，就把孩子们带到篝火前，要他们面对篝火，注视火光，虔诚地高唱圣歌，直到篝火熄灭。凡是能够经得起上述考验的青年人，才能被视为本部落的合格成年人。①

非洲人常为正在发育的少男少女举行一种特殊的仪式——启蒙训练（或称成年礼，成丁礼）。训练期间，适龄的男女青少年被分别组织起来，在村上的一位专门祭司或长老的带领下，远离村寨，来到密林深处接受一系列宗教、文化的传统教育，以及肉体的、精神的痛苦磨炼，听训示、受鞭笞，烟熏、火烤、放血、磨牙、毒虫咬、蚂蚁叮、熬夜挨饿等折磨（中非共和国的曼加人即如此）。有时，在启蒙训练期间，甚至还要用刺把男女青年的身体划得皮开肉绽，然后再用胡椒与食盐等强烈的刺激物去刺激他们，弄得被考验的男女青年在地上来回翻滚，甚至爬起来拼命奔跑，失声大哭。就这样，一个无知识的天真活泼的青年人才算告别了自己的孩童时代而跨入了成年人的行列。

澳大利亚土人为青年人举行的成年礼要连续数年之久，男孩子们在此期间所接受的教育甚至可以说是痛苦的折磨。他们被长时期地隔离出去，单独住宿，在那里倾听老人们讲述部落的古老传统、习俗和信仰，学习使用各类武器进行狩猎。对男青年的考验是十分严峻的。比如，割破他们的皮肤，敲掉牙齿，揪头发，割包茎，用烟熏，要青年人赤脚跪在烧得炽红的炭块上等等。②

在大洋洲的阿兰达人那里，男女青年进入成年之时也必须举行"成丁礼"。女孩子的成丁礼仪式比较简单，而男孩子的仪式不仅相当复杂，而且简直残酷到令人吃惊的地步，每个男孩子到了青春期就举行割礼，接着就到森林中去休息。当一名男代表前来拜访时，就啃咬他的头皮，"直至血如泉涌"③。不久之后还要举行盛大典礼（"恩格乌马"），让男孩子们受多次火的考验；要妇女们向他们头上扔燃烧的野草和树枝（男孩子可以用树枝防御）；要男孩子在烧得正旺的

---

① 曹秀英、王仁训：《通过奇特考试取得"成年人"资格》，《化石》1982年第3期，第11—12页。

② 林耀华主编：《原始社会史》，北京：中华书局，1984年，第388页。

③ 范勇：《成年仪式漫谈》，《化石》1982年第4期，第10—11页。

树枝上躺五分钟；还要他们光着脚在烧得通红的炭块上跪半分钟。每个男孩子都须经过如此严酷的考验，才能成为该社团一名合格的成年成员。

在刚果，在为少年男子们组织的成年礼的仪式上，族长要用锉刀把少男们的牙齿锉成尖刀形，就像斑马和猫的牙齿那样。据说，此种"锉牙礼"意味着少男已经长成"男子汉"，可以开始同任何猛兽进行搏斗了。在加拿大基洛纳区的印第安人中，少年男子们在成年礼的仪式上，人人都必须活吞一条生蜥蜴，如果某位少男望而生畏，不敢吞食，那么他就不能通过成年礼。在墨西哥海滨区的一个原始部落中，成年礼考验更为奇特，少男们必须人人挟带一块沉重的大石头，游过一条海峡。秘鲁的少男们，在成年礼的仪式上，要从高8米左右的悬崖上跳下去！不少男性望而生畏，因而无法通过成年礼。尽管每次成年仪式都有人被摔得鼻青脸肿，但这条成规，直到今天还被忠实地奉行着。[①]在中国，云南省西双版纳基诺山一带居住的基诺人那里，男女青年在未举行成年礼仪式之前，被视为发育尚不成熟的孩童。这时，他们没有正式的公社成员的权利及义务，没有正式的"灵魂"——死后不能入葬于祖先的公共墓地，没有谈情说爱的资格。只有当他们（她们）通过了成年礼仪式之后，青年男女才算取得了正式社员的资格，有了正式的"灵魂"，也才有了谈恋爱的权利与自由。

与其他氏族相比，基诺人的成年礼有自己的特色。但各个村寨的成年礼仪式不尽相同，这里仅以札果寨为例，简单地介绍一下有关情况。

聚果寨的成年礼都在新年前的上新房仪式中进行。男青年一般都需经过突袭式的劫持与绑架。当他们大约长到十五岁左右时，就被认为是成熟期的到来。这时，或者在他们下地农耕回来的道路上，或者是在他们有事外出时，预先埋伏起来的社员们，就用突然袭击的方式，一拥而上，把他们绑架到即将举行祭祖仪式的会场上。接着就举行一些简单的宗教仪式，到了晚上，他们的父母就把整套的生产工具赠给他们，同时再给他们换一套成年人的服装。这样一来，他们就变为"合法"的成年人，就算通过了成年礼仪式，取得了正式社员的资格。女青年们在完成她们的成年礼仪式时，不必要通过劫持与绑架，但需亲生父母赠递给他们一套生产工具，同时也给她们换上成年人的服装。不仅如此，还要把她们的头发改梳成成年人的发式，这才算完成了她们的成年礼。

---

① 《"成年仪式"种种》，《读者文摘》1992年第2期，第47页。

成年礼是基诺人男女青年社会生活中的重大转折（当然也是其他民族男女青年社会生活中的重大转折）。重要的一点就是通过成年礼仪式，他们（她们）取得了社交、恋爱与婚姻生活的自由，取得了参加男女青年组织的权利。男青年参加他们的组织——"饶考"，执行夜间巡防与维护村落习惯法等职守；女青年的组织则多从事纺织与歌唱。到了夜间，通过了成年礼仪式的男女青年就可以自由地社交与谈情说爱了。不过，刚刚入社的青年男女，多半还出于羞怯，不敢主动大胆地向异性求爱，这就需要老社员的言传身教与父母的教诲，使他们迅速地摆脱窘境而选好对象。①

在巴布亚新几内亚的胡里部落里，男孩子长到二十岁左右，就必须只身进入山林，去过两三年"丛林生活"。"丛林生活"结束后，便由头人主持召开"成年考验"仪式，考验这位青年是否具备加入成年人行列的条件和要求。在这种仪式上，被考验者"必须当众爬上一棵指定的树木或者专门搭成的木架子，然后纵身跳下。若平安无事，便算取得成年人的资格"②。接着，他便可以随家长一起宴请头人和亲朋好友，表示祝贺。

在胡里部落里，青年男子只有通过"成年考验"仪式，才能取得选举权与被选举权，才有资格谈情说爱，并和自己心爱的姑娘结婚，才能和其他成年社员一样，进住"男子公社"的长屋，才能与其他成年社员一样出猎猛兽、保卫该部落神圣的疆土。

1957 年到中国进行过访问的南斯拉夫博物馆学硕士帖波尔·塞凯里，曾先后到过八十三个国家，专门访问和研究那些人烟稀少、鲜为人知的地区。可是，他最感兴趣的还是那些"野人部落"的习俗、生活和思想。他把自己的许多有趣经历与见闻写成了十五本书，其中最著名的就是《印第安小猎人》。

根据该书记载，有一次塞凯里乘船航行在水流湍急的亚拉瓜雅河（南美洲亚马逊河支流）上，因为船只失事，被困在巴西原始森林中，全船同伴陷入绝境。好在事出侥幸，意外地遇到了一位印第安人克瑞介族的小猎人，帮他们捕鸟、捉鱼、解决生活问题。最后，帮助他们脱离了险境。

在他们遇难的日子里，这位名叫瓦瓦的小猎人正在丛林中打猎。当遇难者和瓦瓦熟悉之后，就请他告诉大家，他两颊上的黑环是怎样来的。于是，瓦瓦

---

① 杜玉亭：《基诺族简史》，昆明：云南人民出版社，1985 年，第 15—16 页。
② 叶大兵编：《世界婚俗集》，南京：江苏人民出版社，1985 年，第 140 页。

就把黑环的来历详细地告诉了大家。

从小猎人的叙话中，人们才知道，两颊上烧有黑环是克瑞介族人经过考验进入成年人行列的标志。每个青年都渴望得这个标志，把获得这样的标志视为无上的光荣。有了这样的黑环才算是克瑞介族的成员，就可以和成年人一起打猎、跳舞，就可以向异性求婚，做人家的妻子或丈夫。可是获得黑环，需要经过艰苦的学习和严峻的考验。必须在毫无外界帮助的情况下独自一人在森林中生活（克瑞介族人认为实际锻炼是最好的学习方法），学习射箭、打猎、捕鱼、游泳、涉水渡河、用干树摩擦生火等。等到族中的老年人认为他们的知识达到了一定的水平，就委托著名的猎手进一步去教他们，最后一个月让他们独立活动。回到族中之后还要进行考试。比如，辨认各种野兽的脚印等等。等到公认某些青年达到了成年人的标准，就举行隆重的仪式，由老巫医在他们脸上烧烙黑环。烧时，尽管奇痛难忍，也不许喊疼，不许哭泣。这是克瑞介族人一生最伟大的日子，有了黑环就标志着他们已经在这所豪壮的森林学校胜利结业，已经完成了他们的成年礼。然而，必须明确，克瑞介族青年人取得的这些成就，多半都是他们父母与前辈人物对他们进行培养教育的结果。

在巴布亚新几内亚东部几乎与世隔绝的深山密林里，居住着一种勇敢尚武的高地人，在高地人那里，孩子们刚刚长到五、六岁时，就必须举行"入社式"。虽然由于部落不同，入社仪式各有差别，但作为入社的一种共同仪式，就是都必须在入社者的鼻子上穿洞。穿洞时，先用硬树枝刺入，然后再把鸟羽、野猪牙等装饰品插入洞内。孩子们忍受流血的剧痛。特别是男孩子，必须经得起这种考验才算合格的社员。从此，他们就可以告别母亲而搬入"男人公社"去倾听先辈人物讲述战斗故事，并学习打猎和养猪等。入社少年不仅共同住在一个大屋里，而且彼此平等，称兄道弟。据说，这种习俗的产生主要是因为过去部落之间经常发生激战。因此，战士们必须经常住在一起，随时准备战斗。

在印尼西伊里安岛的阿斯玛特人那里，男孩子长到15岁时就要举行成年礼，而举行成年礼就必须用一颗新猎的人头来做祭品。因此，在西伊里安地区，猎头之风盛行不衰，猎取的人头既是勇敢的象征，也是成年礼仪上的最好祭品。

在澳大利亚的耶雷康那部落里，当举行成年仪式（"耶帕"）时，就要加入成年行列的男孩子坐在帷幕前，部落的其他男成员站在帷幕后，在举行一定的仪式之后，就让男孩子仰卧于地，把头放在施手术者的膝盖上。施手术者先用骨器把男孩子的门牙弄松，接着就再用石头把他的门牙打落。只有通过这样的考验，男孩子们才成为一名合格的部落成员，才能加入成年人的行列。

在多歌北部的卡比耶山区居住着卡比耶部族。他们每年都要欢度本族的传统节日——摔跤节。节日由七月的第二周开始，持续一周。在此期间，政府要人、部族酋长、外宾以及本族的乐队与成员纷纷前来参加这个盛大的节日，整个卡比耶部族沉浸于欢乐的气氛中。

"按规定，凡年满十八至二十一岁的本族青年，必须连续三年参加摔跤锻炼，之后才可被确认为本族的一名新成员。只有参加过摔跤的青年，才准予结婚。"①摔跤节是卡比耶族人民赤手空拳在抵御外族入侵的长期战斗中形成的。世代沿袭的摔跤比赛把卡比耶族人民培养成为勇敢顽强的战士。如今它已成为卡比族教育、培养与锻炼青年一代的一种良好手段。这种传统的文化遗产早已获得多哥政府的保护与支持。

在亚马逊河流域的热带雨林中，居住着总数不过千人的瓦耶纳人。他们是印第安人加勒比种族的一支，几乎完全与世隔绝，长期过着刀耕火种的原始生活。瓦耶纳人的文化十分落后，连数目也只知道由一到十。十以上的数便由"很多"来代替。近年来，由于猎奇，外国游客蜂拥而至，对于瓦耶纳人的生活方式与思想影响颇大。可是，瓦耶纳人却认为，只要坚持为后代举行成年礼（瓦耶纳人称"曼雷克"），他们的民族特性和精神，就一定能够长期地保留下来。

当瓦耶纳人为男女青年举行成年礼仪式时，他们载歌载舞，并且还讲述瓦耶纳人的神话和传说，接着就宣布成年礼仪式隆重开始。这时就给将要接受考验的青年男女喝一种土酒（瓦耶纳人称"凯西利"）。喝酒以后，就由亲人们紧紧地握住青年人的手和脚。接着就把放有一百只会咬人的大蚂蚁的柳条编织物围在他（她）的光身上，任凭蚂蚁叮咬，无论如何奇痛难忍，也不许受考验者颤动或哭叫。②瓦耶纳人认为，只有经得起这场痛苦的"蚂蚁考验"的青年，才能够算是一个真正合格的瓦耶纳人。事实上，这样的皮肉之苦，对于青年人的忍受能力，的确是一种严峻的考验，但同时又不会过重地损伤他们的肢体。

在许多原始部落里，对于经受成年礼或入社式考验的男女青年来说，只要

---

① 《外国奇风异俗》，北京：世界知识出版社，1981年，第54—55页。
② 康俊译编：《独特的瓦耶纳人风采》，《知识与生活》1984年第6期，第35—36页。

能够经得起这场严峻的考验，就是一件无上光荣的大喜事。从此之后，他们就可以"合法"地、毫无愧色地和成年人一起并肩战斗——参加各种生产劳动和其他一切社会活动了。只有经过成年礼的考验，青年人才有权力结婚，才有权力参加部落会议。对于这些青年来说，这就是他们经过教育、经受考验，达到可以加入成年行列的标准和标志。

由上可知，在世界上现存的许多原始民族中，由青少年进入成年行列都具有一个共同的标志，那就是必须经过各种各样的考验和考试。考试及格者就被视为成年人，就享有本氏族成年成员的一切权力。不及格的往往是极少数，而这极少数人的命运是很悲惨的。比如，在北美的奥其拍威人中，要让那些不及格的青年成员终生去干最笨重的活，有的部落甚至还把他们赶走。在澳大利亚土著居民中，把不及格者视为小孩子，不许他穿戴和装饰，还要忍受成年人的殴打和辱骂。[①]迄今为止，世界上还有不少过着氏族部落生活的民族，尽管他们的政治、经济和文化都很落后，可是他们对于后代的教育却是非常重视、非常严格认真的。他们决不希望自己的后代成为贪图安逸、意志薄弱和害怕困难的懦夫，而要把他们培养成为坚韧不拔，吃苦耐劳和勇敢善战的勇士。

看来，就性质而论，成年礼属于原始教育范畴。它是原始教育的一个重要组成部分，是原始教育的一种方式。这种教育方式的传播是相当普遍的。教育的作用和意义也是应当肯定的。这既可由成年礼仪举行的普遍和认真得到证明，也可由原始人所表现出来的品质和才能获得论证。

---

① 曹秀英、王仁训：《通过奇特考试取得"成年人"资格》，《化石》1982 年第 3 期，第 11—12 页。

二十七、黥面文身

　　新中国成立初期，海南岛五指山区的黎族同胞仍然还对他们的后代举行"入社式"的考验。在那里，女青年到入社年龄的时候，就要进行"黥面文身"（或称"绣面文身"）的考验。那时，由一名有经验和威望的成年妇女在要经受考验的女青年的身上分区分批地刺绣各种各样的花纹，针刺时身体出血，然后就用烧黑的木炭粉，在出血之处反复研磨，使炭粉和血混在一起，渗入皮肤之内。有时使得周身肿胀，疼痛难忍。甚至，"常感染，红肿，体发高烧，有如大病"①。进行一次文身，往往需要数日之久。试想，那是一种如何痛苦的考验啊！等到伤疤脱落之后，全身就会露出花纹（由于花纹藏于皮肉之中故终生不灭），而且这种花纹的纹路都是有次序的，绝不是盲目地乱刺。在他们那里，每个人只要一看到对方的花纹，就会知道对方是属于哪个部落的，花纹成了他们识别血缘关系的标志。此外根据宋朝地理总志《太平寰宇记》168卷记载："（黎族）尚文身，豪富文多，贫贱文少。但看文之多少，以别贵贱。"显然黎族文身是个人财富和身份的标志。

　　在中国台湾的高山族人那里，男子成年必然黥面文身；姑娘在结婚前一、两天也必须黥面文身，否则对方就决不同她结婚。黥面文身虽然十分痛苦，但男女青年都希望进行。因为，一方面它标志着男女青年成年期的到来另一方面也标志着男女青年经受了教育和考验，取得了结婚与加入成年人行列的资格。

　　安达曼人无论男女没有不文身的，文身的刺花先从手背开始，接着就是背、胸、腹、腿等。脸上虽然不刺花，但却涂抹颜色（如用烧过的黄赭石、白黏土等涂抹）。无论男女，文身都从8岁开始，断断续续地一直到13岁时方才刺完。文身的手术都由妇女施行，所用的工具就是石英石、捕猎用的箭或玻璃。使用如此粗陋的工具在肉体上刺花岂有不痛之理，特别是对于儿童来说，那是一种如何严酷的考验啊！

---

　　① 　曾昭璇：《我国海南岛黎放文身初探》，《中国民俗学会论文集》，1985年。

应当明白，原始人进行黥面文身除了具有锻炼与考验青年人等目的外，还有美容与装饰自己的意义。比如，巴布亚妇女的文身图案远远看去很像穿着一件漂亮的毛线衣。当然，用今天的眼光来看，那样的装饰并不美观，可是原始人的审美观点与今人迥然不同。生活在苏丹中部的努巴人，通常都是赤身裸体，但皮肤上却刺有多种花纹。努巴人的文身同样也是多年多次进行，一般都由七、八岁开始，由妇女担任手术师。有时用荆棘去刺，有时用小刀去割。尽管每次手术都会弄得鲜血淋淋，但被考验的青年还要装出毫无痛楚的样子。当手术师问他（她）痛吗？回答则总是一个"不！"字。一位德国学者名叫奥斯卡·鲁茨，他于1966年曾在努巴人中，亲眼看到一位姑娘的文身情况。这位姑娘名叫黛丝，那时已经15岁了。她端坐在烟草田边的一块石头上，臂部、胸部和腹部早已刺有许多花纹。可是，为了把自己装饰得更加漂亮和魅人，她继续进行文身。尽管粗笨的刀锋使得鲜血已经涌将出来，可她仍然镇定自若，毫无痛苦的模样。黛丝生得十分漂亮娇媚，是她们那个部落的绝代美人。旁观的德国人一致认为，对这样的美人进行文身，实在可以说是画蛇添足。可是，对于努巴姑娘来说，身上的疤纹却可引以为豪，没有疤纹倒是不可思议的。

生活在泰国境内的泰族，长期处于原始状态，吃饭不用碗筷，围桌跪坐，用手抓食。泰族男子盛行文身，文身时，先用墨汁在背、胸、臂、腿之上画出各种动物形象，然后按形象进行针刺，待鲜血溢出后，就用醋涂抹。这样一来，不仅微细血管自然收缩，图像也慢慢地显示出来，而且图像清晰终身不灭。至于泰族人文身的目的，据说是为了增加美观。[①]当然也可能还有其他动机。

生活在缅甸的缅族人同样也有文身习俗。尤其是在过去，男子如果不文身就会被人嘲笑。文身的花纹可以刺在腿部、腹部或背上。刺花时，先用钢针或铁针在肉体上刺成花纹，然后再用洗不掉的花粉进行涂抹。伤愈后，就会在身上留下花纹，据说缅族文身是为了装饰自己，不仅男子文身，有时妇女也要文身。文一次身，要睡卧四五天才能起床，痛苦程度可想而知。居住在太平洋某些岛屿上的波利尼西亚人，往往遍体黥文不留空白；太平洋马贵斯群岛的某些土著甚至连手指上都要进行黥文，仅仅留下几个无法刺文的指甲。试想，这样地全身黥纹需要经受多大的痛苦和考验啊！

---

① 颜思久编：《世界民族风情录》，成都：四川民族出版社，1983年，第5页。

在中国，有的少数民族还有给出生不久的婴儿进行黥面的习俗。根据唐代的《蛮书·名类》第四记载，"绣面蛮，初生后出月，以针刺面，以青黛涂之，如绣状。"这里所说"绣面蛮"就是百夷的先民部落，他们生活于今天云南的南部地区。黥面系文身的一种，在独龙族和黎族同胞那里都曾普遍地流行过。不过一般都是在成年期进行，是对青年人加入成年行列的一种教育和考验（当然还有其他目的）；给婴儿黥面毕竟是罕见的，目的如何，尚未可知。

苏丹是一个多部族的国家，全国约有 590 个部族。这些部族在脸上用刀刻痕的习俗是举世罕见的。

在苏丹，达纳格拉族人在两颊上各刻有三条垂直的刀痕；沙伊吉亚族人在两颊上各刻三条水平的刀痕；阿布杜拉布族人两颊的疤痕好像英文字母贾阿利族人两颊的疤痕好像英文"I"；苏丹妇女两颊的疤痕好像英文字母；苏丹南部丁卡族人脸上的刀痕在六条以上，有时额上有三个或四个扁英文字母地疤痕；希史克族人用钩针把脸上的皮肉钩起来。沿着底部把钩起来的肌肉割掉，伤好后即留下像黄豆大小的圆疤。

苏丹人脸上刀痕最突出的是努厄尔族。他们把标枪尖烧红，顺着前额，由左耳到右耳割开六条深深的口子，伤好后就留下六条疤痕。努厄尔族男人到了青春期，脸上必须刻痕。他们把刻痕视为成人和勇敢的标记。脸上没有刻痕的男人就被认为是孩子和懦夫，没有一个姑娘愿意嫁给他。

苏丹人在脸上用刀刻痕看来也是一种原始人"黥面"遗风，它的起源很可能也具有"成丁礼"教育与考验青年人的意义。有了刻痕表示他们已经成为一个勇敢的成年人；当然，刻痕也有作为部族标记的意义。在苏丹，只要人们一看对方的疤痕，立刻就会明白他是哪一种族的成员。

根据《西洋番国志》一书的记载，15 世纪之初，与苏门答腊国西北边疆毗邻，有一个仅有"人民千余家"的小邦，名叫"那孤儿"。在这个小邦里，上自国王，下至黎民。一律"面刺三尖青花为号"，因此，这个小邦的国王又被呼为"花面王"。[①]那么，那孤儿居民为什么要一无例外的进行"黥面"呢？这很可能也和其他落后部族一样，是为了对自己的青年成员进行教育和考验，是一种图腾崇拜的方式，是为了区别血缘关系。

---

① （明）巩珍撰、向达校注：《西洋番国志》，北京：中华书局，1961 年，第 20 页。

目前，在亚马逊河支流的兴古河上游的巴西丛林中，还居住着一个尚处于石器时代的印第安部落——丘卡哈梅斯。在那里，在小孩成人之前，"为培养忍耐力和勇敢的性格，要练习用拳头去捅黄蜂窝，遭受惹怒的黄蜂的蜇咬。另外，由成年人用尖锐的鱼齿做成的刺刀在腿上进行文身。更多的考验是派孩子们出去，像勇士一样打猎、捕鱼、袭击割胶者的帐篷。在这一切都被成年人满意地通过后，他们就可以'毕业'了，也就可以加入成年人的行列。"

由此可见，原始人进行黥面文身的目的是多种多样的。有的是为了识别血缘关系，有的是为了装扮自己，有的是为了图腾崇拜，也有多种目的兼而有之的，而更多的则是为了教育、锻炼与考验青年一代的忍受能力，测验他们的勇敢程度是否已经达到进入成年行列的标准。

二十八、奇特的原始货币

原始社会初期，不仅没有产品交换，而且也没有交换的需要。因为那时生产工具极端简陋，生产力水平异常低下，除去消费之外，社会上根本没有剩余产物。因而人类也就没有可供交换的产品，也不可能产生交换的思想。

最初，原始人群内根本没有劳动分工，就是那么一群人，为了觅食求生，到处游荡，忙碌终日，所获无几，甚至不足糊口，为了生存，甚至还兴起了"食人之风"，那么哪里还有什么物品可以用来交换呢？同时，群本来就是一种闭塞的集团，群与群之间除了告借"火种"之外，很少发生联系，因此就更没有什么交换可言了。

既然产品交换的前提是产品的剩余，没有剩余也就没有交换。那么，剩余何时出现？产品交换又是何时发生的呢？一般说来，新石器时代之前，人类社会的生产剩余是极其有限的。所以，在那时原始人就只有"偶然的交换"，而没有"正常的交换"。只有发生于新石器时代的"第一次社会大分工"，才使"正常的交换"成为可能。因为，随着生产工具的改进，特别是弓箭的发明与新石器的使用，社会生产力大大地向前跨进了一步，不仅剩余产品日渐增多，而且畜牧部落也从农业部落中分化出来，畜牧部落既需要用自己的产品——牲畜、肉、奶、皮、毛等去交换农产品——粮食和饲料，农业部落也需要用自己的产品去交换畜牧部落的牛、马、羊、肉、奶和皮毛。这样一来，产品交换不仅成为可能，而且成为人类社会日常生活的必须。

最初的交换形式是"以物易物"，或者叫做"物物交换"。也就是用甲种产品直接去交换乙种产品，中间并不通过货币这个中介物。从古埃及的一幅壁画中，可以看到人类进行"以物易物"的真实情景：有的人用陶土罐子去换鱼，还有人用大葱去换扇子。可是，直接的"以物易物"，必须是交换的双方都恰恰需要对方的产品，交易才能成功，否则交易就无法进行。以古埃及的那幅壁画为例，假如，有鱼的人想换大葱，而有大葱的人不想换鱼却想换扇子，有扇子的人又不想换大葱而想换罐子，而有罐子的人却既不想换鱼、也不想换葱、更不想换扇子，偏偏要换别的东西……那么，在这种情况下，交易就无法进行。大家就只有带上自己的产品继续寻找各自需要的东西。由此看来，"以物易物"的交换方式实在不便。可是，在那时的人类社会中，根本没有货币，甚至直到今天，世界上还残存着一些根本不知货币为何物的落后部族。

1979年2月10日台湾《青年战士报》译载美国《博物学》杂志一篇文章，题目是《亚马逊河丛林中的原始人》。文中谈到活跃于亚马逊丛林中的一支印第安人，尽管他们除采集和狩猎之外已经知道从事农业，但"他们都不会使用钱币，要算'六'以上的数字。对他们都有困难"。这样一来，他们就不得不进行"以物易物"了。

在小安达曼岛上杜贡湾一带居住的翁格人，不久前也开始与外人进行以物易物。他们把自己在森林中采集的蜂蜜、椰子和树脂等物，送到哈特湾的合作商店里，在当地政府的监督下，直接换回他们喜爱的雨伞，以及他们特别需要的麦面、烟草、茶叶和塑料袋等物，从来都不使用货币。

20世纪50年代，新中国成立初期，云南境内的苦聪族同胞，不但没有文字，而且没有货币。可是他们需要交换，需要用山货特产向汉族交换食盐、针线和布匹等物，于是也就只好进行"以物易物"。在进行交换时，苦聪人总是先把自己的产品放在十字路口，然后就远远地坐在树下，等到汉族商人过来时，苦聪人就把自己手中的物品高高举起，摆晃几下，商人们如果看到他们摇晃的实物是布匹，那就表示他们要换布匹；如果他们摇晃的实物是针，那就表示他们要换针。总之，摇晃什么就是要换什么。于是，商人们也就立即放下自己的布匹、针线或食盐，拿上自己换得的产品匆匆离去。不过，直到那时，苦聪人仍然没有"等价交换"观念。因此，汉族奸商往往借机发财，进行不等价交换，坑骗苦聪族同胞。比如，用四、五个小针换走一筐鸡蛋，甚至竟有用一匹布换走一具价值四、五百元的鹿茸珍品。在这样的情况下，当地政府就对苦聪族同胞实行了合情合理的收购政策。

居住在印度尼西亚的达尼人，直到20世纪60年代中期仍尚未使用货币，一直采取以物易物的交易方式。到目前为止，他们所认得的货币只有伊里安盾，而这种货币却又被废除了，印尼盾代替了它。一天有位戴着羽毛头饰的达尼青年要买手电筒，他说他捕了10千克鱼，拿到基威卡的印尼陆军哨所去卖，说是要卖足够买一只手电筒的钱。逗得买主哄然大笑，就说一定要付给他一只手电筒的钱。当时一只手电筒价值四百印尼盾或一美元。但结果却只给了他十个印尼盾，约等于两美分。尽管如此，这位达尼青年仍然不知自己已经受骗。①由此可见，直到这时，达尼人不仅对货币十分陌生，而且根本没有等价观念，他们不仅从来不会欺骗别人，而且也根本不知道"文明人"竟会坑骗他们。

那么，以物易物的交换方式后来是如何过渡到货币的使用呢？

在原始社会的交易场上，凡是人们普遍愿意接受的物品，事实上都曾作为交换的媒介而具有货币的职能，比如石斧、石刀、皮革、谷物、牲畜，甚至某些装饰品——贝壳、蚌珠、玉石等等，都曾充当过货币。而在这些实物货币中，牲畜与贝壳是最受欢迎的，因而也是流通最广、使用时间最久的实物货币。

第二次社会大分工（手工业从农业中分离出来）出现后，社会上出现了日益增多的、不以生产者直接消费为目的，而以对外交换为目的的商品生产。这样一来，不仅交换日益频繁，而且以氏族首领为代表的氏族与氏族之间的集体交换，随着生产的个体化而逐步发展为氏族内部的个体家庭或个体劳动者之间的私人交换。为了交换的方便，自然而然地在交换者之间形成了一种惯例，那就是交换者在出卖自己的商品时，首先把自己的商品换成某种人们普遍都需要的商品，如牲畜，然后再用牲畜去交换自己真正所需要的商品。这样通过中介物——牲畜所进行的交换当然要比最初的"以物易物"省事得多，顺利得多。这样一来，在商品交换的过程中，牲畜这种商品便从一般的商品中分化出来，成为商品交换的中介物和商品的等价物。一切商品都用它来估价，并用它来交换别的商品。于是，牲畜便成了最早的通用货币。在拉丁文中，"货币"一词就是由"牲畜"一词转化而来的，这说明原始的拉丁人就曾把牲畜用作"货币"。还有古罗马人的 Pecunia——"钱"字就是 Pecus——"牛"字转化而来的，这说明原始的罗马人就曾用"牛"做过货币。此外，生活于印度尼西亚的达尼人与雅里人，多少世纪以来，一直通行着以物易物的贸易方式，他们所交换的物品有：石锛、石斧、皮毛、羽毛和贝壳等等，甚至还有食盐。"可是，近年来，他们在交换中，已经普遍地使用了各部落的流通货币——猪"②，因为猪这种牲畜在当地是普遍都需要的，用猪来交换其他物品是很受欢迎的。因此，猪也就从一般商品中分化出来，变成了达尼人与雅里人的通用货币。

① 刘达成等编译：《当代原始部落漫游》，天津：天津人民出版社，1982年，第178页。
② 刘达成等编译：《当代原始部落漫游》，天津：天津人民出版社，1982年，第174页。

用牲畜作"货币"固然比原始的"以物易物"方便得多，可是，牲畜要衰老、要生病、要死亡、要住圈、要吃饲料，既不好保管和收藏，又不好携带、分割和零用。比如，有一头牛的人要想换两捆大葱，问题就很难处理。因为两种物品既不等价，而"牛"这种"货币"又不好分割和零用。看来有些民族和部落选用贝壳或布帛作"货币"是有道理的。它比牲畜货币具有很多的优越性，几乎避免了牲畜货币的一切不便。汉字里的贿、赂、货、财、贷等等与价值有关的字大都含有一个"贝"字，这说明汉人的祖先就曾用贝壳作货币。

"贝币"曾是汉人祖先的主要的原始货币，它由天然贝、齿贝、珧贝和蚌制贝等来充当。考古发掘证明，某些贝币在中国，由原始社会末期一直流行到很晚时期。在属于夏代文化的二里头遗址里，考古学家就发现了作为交换媒介的原始货币——骨贝与石贝。在二里头的一个土坑内一次就出土了十二枚贝；在二里头的另一些遗址内还发现了依照海贝式样制成的小巧坚实的石贝和骨贝。汉代的《盐铁论·错币》中曾说："夏后以玄贝、周人以紫石、后世或金钱、刀布。"这都说明夏代已经有了以贝为主的原始货币，贝币实是中国史上最早的货币之一。

随着产品交换的日益广泛，天然贝壳已经越来越不能满足人类交换的需要。于是就出现了各种各样的仿制贝，也就是按照天然贝的模样，用其他材料仿制而成的贝币。到目前为止，考古学家所发现的仿制贝有：石贝、骨贝、蚌制贝、珧贝、陶贝、铜贝与金贝等。这些贝币在中国历史上流通的时间相当长久。到了东汉以后，贝币才在中原市场上逐步消失，而在云南少数民族地区的交易场所却一直充任着主要的交换媒介，直到清朝的乾隆时代，随着大量铜钱的使用，才最后地退出了历史舞台。[①]此外，据《西洋番国志》一书记载，直到 15 世纪末，南亚地区的暹罗国居民在进行交换时，也还是用贝壳作货币的（"交易以海贝当钱使"）。[②]不过，在这一地区，贝币究竟是在什么时代才退出交换领域的，这是难以查考的。

到今天为止，世界上是否还有继续使用贝壳作货币的部落呢？1981 年苏联《在国外》周刊第 15 期，译载西德《地理》杂志的一篇署名文章，题目是《劳拉齐——人工建成的小岛》。根据这篇报导，新几内亚以东、太平洋里的所罗门

---

① 秦广：《我国贝币史话》，《百科知识》1984 年第 8 期，第 34 页。
② （明）巩珍撰、向达校注：《西洋番国志》，北京：中华书局，1961 年，第 14 页。

群岛中有一个珊瑚小岛——劳拉齐。据该岛居民讲，这个小岛是他们祖先在300年前用珊瑚碎块人工建成的。由于屡遭白人迫害，1942年又遭美军轰炸（误认该岛驻有日军），死亡数十，首领负伤，因此一直严禁外人入岛，长期保持落后状态，直至今日仍然使用贝壳货币进行交换。值得介绍的是，有人通过中间人长期交涉，取得入岛资格，在那里发现了他们制造和使用贝壳货币的全过程：首先由妇女们把贝壳破成大小相同的小块，用两块石头作工具，小石头作锤子，大石头当铁砧，再从贝壳上凿下若干直径约一公分的小块，粘到木块上，然后加以琢磨，做成薄片。最后，还要用带硅头的小木棒把薄片钻上孔，再用绳穿成串，制成约两米长的项链。接着，就由男子们用质地柔软的、带半圆凹档的石块继续研磨，以使"硬币"变成圆形。货币做好后，按颜色和质量分类：价值低的是黑色贝币，价值最高的是深红色的贝币。

劳拉齐居民制造这种货币是为了在这个既无肥沃农田，又无淡水的小岛上继续生活。他们把贝壳货币兑换成纸币（比如，去新几内亚换澳大利亚元），然后驾船去马拉伊塔岛（所罗门群岛之一）购买食品，在归途中，再拐向离岸不远的一条小溪去汲取淡水。

劳拉齐岛的居民在举行婚礼时，不仅新娘的脖子上挂着一串串精美的贝壳项链。而且还把许多项链一串串地摆放在婚礼的现场，以供观众欣赏和评议。而这些挂着或摆着的货币项链，一般都是新娘长达数年的杰作，是新郎送给新娘本人与新娘家庭的礼物。

据此报道，可推知某些原始人在制作和使用贝壳货币时的一幅栩栩如生的情景。当然，在大多数使用贝壳货币的原始人那里，并不对充作货币的贝壳进行加工，而是直接使用原有的天然贝壳充作货币。

应当知道，原始社会末与文明社会初，被用作货币的物品是五花八门的。古苏美尔人甚至曾经相当普遍地使用奴隶作货币（苏美尔·阿卡德时代）。在商业活动时，把活人——奴隶作为交换媒介进行交换，是人类史上罕见的野蛮行径。民族学的资料告诉我们，直到公元前后，居住于中美洲地区的印第安人中的玛雅人，还仍然使用可可豆作货币。一个奴隶约值一百粒可可豆，一只兔子约值十粒。在他们那里，偶尔被用作货币的还有贝壳、布匹、宝石，以及墨西哥的铜斧和铜铃等等。

随着生产力的提高和社会的发展，随着铜、铁、金、银等金属的出现，人们愈来愈发觉牲畜、布帛、贝壳等物并不是什么稀有与珍贵之物，用它们来做"货币"，不仅会带来许多麻烦（特别是牲畜），而且携带也不方便，再加上各民族各地区充当"货币"的物品又不一致，因而也就必然会要影响商品流通的范围，使人深感不便。于是，人们也就开始把注意力集中在金属上。铜、铁、金、银在不同的历史时期，都曾被人类用作货币，不过原始时期的金属"货币"并不是后代的铜钱、铁钱、银元或金币，而是原始的金属块。古埃及人甚至到了新王国时期，尽管内外贸易都很发达，与爱琴海的克里特、南希腊的迈锡尼、两河流域、叙利亚等地都已有了商业往来，但却仍无铸币。在交换中使用的货币，仍然只是金属块。[1]在两河流域，甚至到了乌尔第一王朝时（约前27——26世纪），"塔木卡"（商人）进行交换也无铸币，而仅使用铜块和锡块。更有甚者，直到公元15世纪时，居住于中美洲地区的阿斯特克人尚还不知用铁，而仍把铜块、锡块与可可豆作为货币来使用。

铜块、锡块今天看来当然是无足轻重的劣货。可是，在人类社会发展的原始时期，它们却是稀有且贵重的。那时，用它们来做货币应该说是当之无愧的。至于说到定形铸币的出现，那是后来的事。长期以来，人们一直认为小亚细亚的吕底亚王国是世界上最早铸造铜币的国家。可是，在那里开始铸造铜币已经是公元前7世纪的事情了。在中国，西周时期（约公元前11世纪—公元前771年）开始铸造铜贝，这才真正是世界上出现最早的铜质铸币。这种铜贝到了春秋战国时代才由楚国把它改造为椭圆形的小铜钱，这也就是货币学家所说"鬼脸钱"和"蚁鼻钱"。

自第二次社会大分工之后，商品生产迅速地发展起来。商品交换不仅在氏族之间、部落之间与个人之间广泛地进行着，而且后来更出现了第三次社会大分工（商人阶层的出现）与海外贸易。这时的货币，除了牲畜、贝壳等等之外，金属的货币也出现了。不过，这里所说的金属货币，实际上就是原始的金块、银块、铜块和铁块等。

关于原始的海外贸易，希罗多德曾有报导。"据说迦太基人到达利比亚人居住的地方，便卸下货物，并且沿海岸把它们排列停当，然后点燃火堆，回到船上。利比亚人看到了烟就来到海边，他们看了货物，便留下一些黄金，离开海

---

① 崔连仲：《世界史·古代史》，北京：人民出版社，1983年，第73页。

岸。于是，迦太基人又下船检查黄金，假如认为给价公平，就收下黄金扬帆而去，否则上船再等，直到满意为止。双方公平交易，互不欺骗。卖主在成交时才去取黄金，买主只有在船上的人带走黄金后才去拿货物。"① 在人类漫长的贸易活动中，有一种奇特的贸易方式，古代西方称之为"沉默贸易"。后代人则称之为"无言买卖"。除了刚刚说过的迦太基人与利比亚人的"沉默贸易"之外。关于这类事例还有许多。比如，古代的阿拉伯商人赶着成群的骆驼，穿过一望无际的撒哈拉大沙漠，把洁白纯净的岩盐板块送到盛产黄金而不产食盐的西苏丹（在白尼罗河中上游）去，到了那里就敲起大鼓宣告他们的到来，然后把盐块放到预定地点，随即离去。次日再去观望，盐旁已经放上了黄金。如果商人认为所放黄金足以抵偿盐价，就把黄金取走，留下盐块，第三日再去观望，盐块早已不翼而飞，不知去向；但如果商人认为土人所放黄金太少，那就让盐块与黄金原封不动继续放着，次日再去看时，一般说来，黄金就有增加。如此反复，直到双方满意为止。这样一来，双方互不见面，更不交谈，交易就可成功。有时，商人们还驾驶小船，漂洋过海来到盛产黄金的锡兰（今斯里兰卡），换回珍贵的宝石；甚至，也有乘坐狗拉雪橇来到"黑暗之国"的北极圈附近，从那里换回珍贵皮革（如黑貂、白貂以及西伯利亚粟鼠皮等）的；据说地处丝绸之路上的古代安息人也曾与中国商人进行过丝绸绢帛的沉默贸易。

关于沉默贸易的交换方式，散居于云南边境原始森林里的尚未确定族系的苦聪人也曾早已使用。在过去，人们曾一度把苦聪人视为"野人"，甚至将他们捉住装进铁笼，运进城市当做"动物"观赏。因此，苦聪人只好长期地躲进一望无际的深山密林之中，过着悲惨的原始生活。那时，苦聪人的对外交换方式是异常有趣的。他们把自己的山货特产摆在林边的道路上，而自己却躲在附近的草丛里，拉开弓弩，静候来人进行交换，来人虽然不见对方，但只要随便放上一件衣服、刀子或一些食盐，就可以将山货特产全部拿走而无人阻拦（那时苦聪人尚无等价交换观念）。但是，如果有人不放东西而白白拿走了他们的山货，那么，这位企图占便宜的奸商就一定会受到弓弩的教训。苦聪人的这种交易双方互不见面的无言买卖，实际上也是一种独特的以物易物。

关于"沉默贸易"，在国外见于史料的记载，大约距今已有 3500 年了。随

---

① 崔连仲：《世界史·古代史》，北京：人民出版社，1983 年，第 32—33 页。

着人类社会的发展、科学文化、商品贸易的进步，沉默贸易到 20 世纪初年在国外逐步地销声匿迹。^①最后，还应指出，有迹象表明，原始时期人类把某些生产工具作为货币进行交换。在中国，人们所熟悉的刀币、布币和铲币，就是由金属生产工具刀、布和铲演变而成的。尽管这种金属货币流通于春秋战国时代，可是，这种把某些生产工具作为交换媒介进行交换的交易方式起源于原始社会。如前所述，印第安人就曾用墨西哥铜斧作为货币进行交换。

货币的出现对人类社会的发展是具有促进作用的。恩格斯指出货币出现的"最重要的结果是商品形式的普遍化"。^②从前的"以物易物"经常受到时间、地点和产品品种的限制，交换起来很不方便，现在有了货币，商品流通畅行无限。于是，越来越多的产品源源不断地被投入商场变成了商品。最初，作为商品投入到交换领域中的只是动产，如牲畜、粮食、陶器和布帛等等，而后来却连不动产，如房屋等也开始进行交换了。这对于公有制的瓦解与私有制的发展当然起到了催化作用。

货币出现的第二种后果便是"求金欲的产生"。^③在过去，氏族首领要想利用职权在交换的过程中大量侵吞公有财产是有困难的。因为在那时，任何人要想大量占有公产，就只能大量地占有牲畜、农产品、手工业品或土地，既不好保管、收藏，又容易为人察觉；而现在有了货币，不仅为积累私有财产提供了方便，而且刺激了氏族首领积累私产的贪欲，化公为私的现象愈演愈烈，加速了氏族公社的解体。

货币出现的第三种后果，便是使贫富分化的加剧和债务奴隶的迅速出现。最初，生产资料是公有的，没有贫富之分，没有阶级差别，氏族成员平等互助，团结友爱。后来，虽然出现了私有，但贫富分化较为缓慢。可是，货币出现后，贫富分化愈演愈烈，氏族内部出现了债权人和债务人，出现了债务契约，土地私有制迅速发展起来。贫穷的公社成员往往由于天灾人祸而不得不向富有者、氏族贵族等借贷度日，落入高利贷者的魔掌。最终，因为还不起债，就只有抵押土地、出卖子女，甚至连自己也沦为债务奴隶。

货币出现的第四种后果，便是人类本身也变成了商品。从前的奴隶就是战

---

① 《古代沉默贸易》，《西安晚报》1983 年 7 月 24 日。
② 《马克思恩格斯选集》第 3 卷，北京：人民出版社，1995 年，第 349 页。
③ 《马克思恩格斯全集》第 23 卷，北京：人民出版社，1972 年，第 151 页。

争中的俘虏，而现在奴隶却可以用货币来买到，奴隶买卖的市场到处出现。这样一来，货币不仅可以交换劳动产品，而且可以交换劳动者本身——奴隶。恩格斯指出："人们刚刚开始交换，他们本身也就被交换起来了。"①这时，被抓来的战俘，债务奴隶以及那些由市场上购买来的商品奴隶逐步被用于生产劳动，奴隶制度日益巩固和发展。

随着主人对奴隶的日益残酷的剥削与压榨，奴隶反抗主人的斗争也就日益激烈起来。氏族贵族、奴隶主、富人为了维持他们的特权地位，为了镇压被剥削者——公社成员、穷人和奴隶日益强烈的反抗，便设法组织各种暴力机关，如军队、警察、监狱和法庭。这样一来，古老的氏族宣告瓦解，国家机器就此诞生，人类社会开始跨入了一个新的历史时期——奴隶制社会。

目前世界上绝大多数国家都用纸币或金属货币，但也有一些地区仍然沿用着极为奇特的具有浓厚原始色彩的货币。

在太平洋某些岛屿和若干非洲民族中，都以一种贝壳"加乌里"作为货币。此种货币流通甚广，其价值昂贵。比如，用六百个"加乌里"便可以买一匹棉布。另外动物的牙齿：狗牙、野猪牙、海豚牙，甚至蝙蝠牙等也有用作货币的。

美拉尼西亚群岛的居民就用狗牙作货币。当地居民普遍养狗，每逢节日便宰狗庆祝，留下狗牙作货币。大约一颗狗牙可买一百个椰子；娶一位新娘，必须有数百颗狗牙作礼金。近年来，有些白人骗子曾向这里运入大量狗牙，盗骗土著财物，造成"通货膨胀"。为了对付白人骗子，美拉尼西亚人还有别种货币。其中最有价值的是猪獠牙，獠牙越弯，价值就越高。因此，当猪还小的时候，土著居民便拼命弄弯它的獠牙，甚至竟有弄成两个圆圈的。此外，美拉尼西亚人还有一种叫做"地亚那"或"丹布"的货币。它就是一种蜗牛壳，拥有蜗牛壳最多的人，往往成为部族中的酋长。

用猪獠牙作货币或者作装饰品的落后部族，直到今天也还没有绝迹。在小南巴人那里，当公猪长到一岁时，就设法把上犬齿敲掉，好让它的下牙长成优美的环状獠牙。獠牙越是变曲，猪的价值就越高。尽管小南巴人在交易中，早已知道使用新赫布里底斯、法郎和澳大利亚钱币，但是在他们那里，"只有长着獠牙的猪才能换来生活中的重要东西——妻子"②。可见，在这里弯曲的猪獠牙

---

① 《马克思恩格斯选集》第 4 卷，人民出版社，1995 年，第 176 页。

② 刘达成等编译：《当然原始部落漫游》，天津：天津人民出版社，1982 年，第 114 页。

仍然具有货币的作用。不仅如此，南巴人还经常把弯曲的猪獠牙挂在脖子上当作装饰品。

印度东北部有些省，如阿萨姆省，直到今天还有某些民族用母牛的头盖骨作货币。

在波利尼西亚群岛，由蜂鸟、鹦鹉、鸽子的羽毛编成的腰带或饰物，都是价值很高的货币。圣培古尔斯群岛也通行鸟羽货币，但只限于红色鸟羽。此种鸟羽只能从一种罕见的鹦鹉身上获得，因而极为珍贵。

此外，在非洲，某些部族把食盐和烟叶当作货币更是众所周知的。

最为奇特而有趣的货币，就是太平洋加罗林群岛的雅浦岛居民所用的石头货币。有一种货币叫做一"分"，它是圆形的，中心有个圆洞。这种货币不可能带在身上。因为一"分"就是一个"庞然大物"。按照规定"分"的体积越厚，直径越大，价值就越高。有些"分"的直径，竟至大到五米![1]巨石货币的优点是不怕贼偷，缺点是难于携带。那么，如何用它去购买商品呢？在交换时，买主看上了货物，就把货主带到石币旁边，然后就值论价。由于搬运困难，人们把商品卖掉，换来巨石货币，只好留在原地，当做一笔"不动产"。政府派员赴该岛征税，同样难于带走一"分"，只好把印记打在巨石货币上，表示它已成为美国政府的财产。[2]

从上面介绍的原始货币的残存情况，可以看出原始人使用的货币是如何的五花八门和无奇不有；同时也可以看出，至今仍然使用这类货币的部落，在人类历史上，是处于一个如何落后与原始的发展状态。

---

① 《奇异的货币》，《生活科学月刊》1983年第6期，第23页。
② 《奇异的货币》，《人民日报》1979年5月7日，第6版。

二十九、文字的创造

目前世界上所用的文字，种类非常繁多，各种文字都有它自己的创造和发展过程。那么人类最初使用的文字到底是谁创造的？文字最早是在什么时间和什么地方形成的？以及我们为什么要进行文字改革呢？

关于文字的创造，历史上有许多传说或神话，一般倾向是把文字的发明归功于某个杰出的神灵或圣人。比如，"古埃及人把自己的文字看作'神明'，叫它称为'神文'（即上帝的文字）"[①]；古印度人"把文字的创造归功于万能的'婆罗马'（即梵天神），于是有婆罗迷文（上帝的文字）的名称"[②]；在中国，"仓颉作书"或"仓颉造字"也家喻户晓，说是仓颉观察鸟兽的足迹而发明了文字（见仓颉庙碑）。根据传说，仓颉是给黄帝管理粮食和牲畜的，为了记准粮食和牲畜的数目，他就用贝壳来记数，后来粮食、牲畜越来越多，用贝壳记数既不方便又常出差错。有一天，仓颉遇到三位猎人在三岔路口争辩，一个说北面有鹿群，应当向北；一个说东面有野牛，应当向东，另一个则说西面有老虎，应当向西，他们都是根据野兽的足迹判断的。仓颉由此受到启发，就在地上画各种符号代替贝壳记数。黄帝对这种记数方法十分欣赏，要仓颉向人推广，于是就演化成为今日的汉字。[③]

实际上，文字的创造也与火的发明一样，绝不是少数"圣人"，或者某个天才人物一时一地灵机一动或苦思冥想的产物，而是劳动人民世世代代在社会生产和社会实践中的共同创造。在文字创造的过程中，人民群众个个都有可能成为造字能手，劳动人民不仅是文字的创造者，而且也是文字得以发展，不断改革的强大推动力。仓颉之类的人物如果确有，那他们最多也只能是在人民群众造就的众多的文字基础上，进行了集中、整理、改造和系统化的处理而已。正

---

① 周有光：《字母的故事》，北京：人民文学出版社，2009 年，第 15 页。
② 周有光：《字母的故事》，北京：人民文学出版社，2009 年，第 90 页。
③ 《仓颉造字》，《富春江画报》1985 年第 2 期，第 44 页。

如鲁迅先生所说:"仓颉也不是一个,有的在刀柄上刻一点图,有的在门户上画一些画,心心相印,口口相传,文字就多起来。史官一采集,便可以敷衍记事了。中国文字的由来,恐怕也逃不出这个例子的"。①把文字发明的功绩归之于仓颉之类的"圣人",是英雄创造历史的英雄史观的反映。

从历史唯物主义的观念来看文字的产生,文字并不是从人类社会一开始就出现的,它是原始社会末期的产物,它形成于原始社会的末期或者阶级社会的开端。②一般说来,文字的产生是人类社会进入文明时代的一个重要标志。就中国的历史情况来看,文字在原始社会就已出现。仰韶文化中的刻画符号,马家窑文化中的彩绘符号,都和图画文字有着密切的联系。在山东莒县陵阳河和诸城县前寨的大汶口文化遗址中还出现了不少的象形文字。不过,真正完整的文字是在阶级社会才出现的。

由于历史的发展是不平衡的,各民族进入阶级社会的时间也不一致。所以,各地区文字出现和形成的时间不仅很不一致,而且差异甚大。有人认为"钉头字(即楔形字——引者注)大致是人类历史上最古老的文字了。……早在公元前约第四个'千年期'的中叶(距今约 3500 多年前),它就已经存在了"。③其实,楔形文字与埃及的象形文字谁先谁后还很难说。因为,有人认为公元前 4 千年代中期埃及的象形文字就已存在,而两河流域的楔形文字却是在公元前 4 千年代末期(前 3200 年左右)才出现的。在中国,新石器时代遗址——西安半坡村的陶片和陶器上,总共发现了 112 个"刻画符号",计有 32 种之多。④这些形状不同的标志符号,显然都含有不同的意义。有人认为"这就是中国文字的起源"。⑤如果这种看法能够成立,那么西安半坡村就不仅是中国文字的发祥地,而且也是目前世界上所知道的最古老的文字发祥地。此外,与半坡同时代的临潼姜寨遗址,也曾发现 120 多个约 40 余种刻画符号。据此看来,中国文字的产生有可能在 6000 年前。

---

① 转引自《原始人怎样战天斗地》,上海:上海人民出版社,1975 年,第 60 页。
② 《马克思恩格斯全集》第 4 卷,北京:人民出版社,1995 年,第 465—466 页;斯大林:《马克思主义与语言学问题》,北京:人民出版社,1950 年,第 24 页。
③ 周有光:《字母的故事》,北京:人民文学出版社,2009 年,第 8 页。
④ 中国科学院考古研究所、陕西省西安半坡博物馆编:《西安半坡——原始氏族公社聚落遗址》,北京:文物出版社,1963 年。
⑤ 史星:《原始社会》,上海:上海人民出版社,1972 年,第 39 页。

三十、实物文字

　　文字和语言一样，它是人类交际以及思想交流的工具，是语言的代表，是记录与传达语言的一种符号，是在语言的基础上产生与发展起来的。如果没有语言，也就不可能会有文字。一般说来，文字的创造，在原始社会大概经历了"实物文字"、图画文字和象形文字三个阶段。[①]到了奴隶社会，才由象形文字发展为字母或方块字。古文学家一致认为文字起源于图画。其实，这并不符合历史实际，大量事实表明，文字的产生确实是经过"实物文字"阶段的。"实物文字"的提出并不是没有根据的，"图画文字"，只是文字发展史上的第二阶段。所谓"实物文字"，就是随着原始人的生产实践和社会交往的日益复杂、广泛和丰富多彩，随着原始人生产收获物的不断增加，产生了计数和记事等必要。单靠语言这种交际工具，已经不能满足那时社会发展的需要。因为语言使用的局限性很大，如果交谈双方距离较远，彼此既听不到声音，也看不到手势表情，那么，语言就无法达到交流思想的目的。它只能用于当面交谈，或者在短距离、短时间内进行交谈。仅用语言既无法把自己的思想传播给远隔两地的人们，也无法把自己的思想遗传给子孙后代，更无法把自己容易遗忘的事件记录下来。于是，为了解决空间和时间上的隔离，避免遗忘，原始人就设法用实物来作为交际的工具，以弥补语言的不足，这就是人们所说的"实物文字"。

　　目前可以收集到的，关于原始人使用"实物文字"的事例并不贫乏。锡兰岛的辛哈列人把死人的头发缠在树枝上，用布或树叶包起来作为讣告，向人报丧；西伯利亚的通古斯人出远门狩猎时，把一根木棍斜插在雪地里，用以向来访的客人指示他们出走的方向。如果木棍十分倾斜，那就表示他们是到附近的一个牧群里去了。对于这些实物文字，外族人看了莫名其妙，而他们本族人却

---

　　①　（苏）格拉德舍夫斯基：《原始社会史》，东北师范大学历史系翻译室译，北京：高等教育出版社，1958 年，第 120—121 页。

在长期的使用过程中因约定俗成，其意一望而知。

不久前，美洲的印第安人，尚还相当普遍地使用"实物文字"。他们用不同的实物来表达不同的意思。至于用什么样的实物来表达什么样的意思，他们本族人是十分清楚的。比如，当北美印第安人外出访友，到了那里，却见那个家庭的住屋旁边钉着几根带有横杆的木橛，那么他们就知道主人已经外出狩猎；如果那里仅仅钉着一根木橛，这就表示主人一昼夜之内不会回来；如果是两根木橛，那就是两昼夜之内不会回来，依此类推。这样一来，虽然前来拜访的人并不知道主人是什么时间离开了住所，但是，他们却可以知道主人大概什么时间能够回来，以便决定下次来访的时刻。类似这样交流思想的方法，在落后的非洲部落中同样也可以见到。①

居住在美洲的易洛魁人（印第安人的一支），经常"把紫色、白色或其他颜色的贝壳珠排列成各种图形，串成各种珠带，一定图形的珠带表示一定的意思"。每当他们的酋长讲完话之后，就把一条条珠带交出，这可能就是他们的"文件"或"史书"。难怪易洛魁人的酋长在开会时常说，"我的话都保存在贝壳珠串中"。②北美印第安人如果向敌人捧送战斧，这就是下"战书"，就表示要宣战。战斧被特派的使者送往敌方，到了那里，使者把战斧放在地上，如果敌方首领从地上拾起战斧，这就表示决心应战，准备厮杀；如果敌方把战斧埋藏起来，这就表示"和平的成立"。③公元前 6 世纪末，波斯王大流士率军数十万，远征黑海北岸的斯基泰人（或称西徐亚人）。那时游牧的斯基泰人尚处于使用"实物文字"的历史阶段，他们立即派使者去见大流士，并且还在使者的脚上绑了一只鸟、一只青蛙、一只土拨鼠和五支箭。据说，这就是一封完整的"战书"。大意是说："大流士！你要像鸟一样地远远飞开，像青蛙一样地跳入湖中，像老鼠一样地藏入洞内，不然的话，我们就要万箭齐发，射你的士兵，叫你们去见阎王！"④果然，当这封实物"战书"发出不久，大流士就离开了那里。

在中国，也有伏羲氏时代"结绳记事"的记载。《易·系辞下》："上古结绳而治，后世圣人易之以书契……"这被认为是人类使用实物文字的另一形式。

①　（苏）格拉德舍夫斯基：《原始社会史》，东北师范大学历史系翻译室译，北京：高等教育出版社，1958 年，第 119 页。

②　崔连仲：《世界史·古代史》，北京：人民出版社，1983 年，第 41 页。

③　（苏）柯斯文：《原始文化史纲》，张锡彤译，北京：人民出版社，1955 年，第 157 页。

④　荒蓬：《社会发展史通俗讲话》，上海：劳动出版社，1952 年，第 23 页。

北美印第安人、古波斯人、古埃及人和墨西哥人也曾使用"结绳"作为记事的手段，特别是古秘鲁人的结绳记事最为发达。在他们那里，成年人几乎每人都有一条绳结，名叫"魁普"，意思就是"结子"。秘鲁人把绳结打在木棒上，可以用绳结的大小、距离的远近、形式和颜色的不同去表达各种复杂的事物。比如，大事结大结，小事结小结（中国怒族亦如此），相连之事结连环结；用黄结表示黄金；绿结表示谷物；红结表示战争；白结表示白银或和平；黑结表示疾病或死亡；无色结表示数目——单结表示十位，双结表示百位，三重结表示千位等等。[①]用这种计数方法，可以计算到百万以上的数目，而且准确无误。甚至，古秘鲁人还可以用结绳的办法记载历史事件和传说。印第安人中的"印加人采用结绳记事的办法代替文字。在一根粗绳上拴了许多条细绳，涂上不同颜色。在这些细绳上，以不同形状的结子和位置记录数字，用结子的颜色标志一定的物品"[②]。在中国西藏，如果请人赴宴，就给对方送一条带结的绳子。这条绳子的意义就像今天的请帖，上面有几个绳结，就表示请对方几天后赴宴。对方接到绳子，每过一天就割掉一个结子，结子割完了就去赴宴，绝对不会错过日子；佤族同胞甚至可以用结绳记录复杂的债务。只用一条绳结就可以表示对方借了多少钱；半年的利息是多少钱；钱已经借去多久了等。

事实上，"结绳"多是为了"记事"，只是一种帮助记忆的手段，它并不能完善地达到交流思想的目的。甚至，绳结所要代表的内容，时间一长，连结绳者自己也会莫名其妙不知所云。因此，它不能称为完善的文字。

除了上述的一些实物文字之外，还有其他形式的实物文字。比如，中国佤族，除了结绳记事、记账之外，还有用刻木记事、记账的。佤族的记账木刻，尖端代表债主，中间代表中人，根端代表借债人，下面的细刻，每刻就代表一元，也可以代表五元（钱数少，每刻就代表一元，钱数多，就代表五元）。再如，景颇族同胞会用不同种类的树叶代表不同的含义，约定俗成，一望而知。这样一来，景颇族同胞就可以把多种树叶凑合起来彼此"写信"，甚至还可以借此表达爱情。

应当明确实物文字的使用，在人类历史上绝不是一种个别的或偶然的现象，

---

① （苏）格拉德舍夫斯基：《原始社会史》，东北师范大学历史系翻译室译，北京：高等教育出版社，1958年，第119页。

② 刘明翰等编：《外国历史常识：中世纪部分》，北京：中国青年出版社，1982年，第298页。

而是相当普遍的。除了上面列举的事例外，在中国还有鄂伦春族、鄂温克族、独龙族、和高山族等，①他们在其原始时期（有的直至近日）都曾广泛地使用过实物文字，而且还是各具特色和各有风趣的。如果没有学者们的深入调查，谁会相信这些少数民族的青年男子竟能使用实物文字谈情说爱呢。

---

① 李家瑞：《云南几个民族记事和表意的方法》，《文物》1962 年第 1 期；汪宁生：《从原始记事到文字发明》，《考古学报》1981 年第 1 期。

三十一、图画文字

　　随着时代的进步，随着生产领域的扩大与社会交往的日益频繁，人类需要表述和记载的事物也就更加复杂起来。实物文字已经无法满足那时社会发展的需要。比如，当人们需要提到太阳、月亮、高山和大河时，他们也就很难再用实物进行表述。于是，原始人就发明了"绘画文字"，绘画文字又称"图画文字"。每当人们需要书写某种东西时，他们不再搬动实物，而是照着原物画成图画。比如，中国古代和古代埃及，就经常参照原物画成图画，借以表达书写意思；云南纳西族所保留的古老文字——东巴文中就是如此；把鸟字写成图画；古代苏美尔人就经常参照原物画成图画，发展为楔形文字后完全成了表意符号。此外四川大凉山区耳苏人的图画文字更是五花八门，形象逼真，这种介于图画与文字之间的原始文字，往往被刻写在树皮、石片、骨片或皮革之上。

　　最初，当人们需要书写某种东西时，就照着原物实实在在地画成完整的图画。后来，感到这样的表述十分麻烦。于是，就逐步设法只画某物的局部形象作为代表。比如，最初要表达的"牛"字或"羊"字，就实实在在地画一条完整的牛和羊角、头、耳朵、躯干、四肢、尾巴，样样俱全；后来，则仅画一个牛头或羊头作为代表，甚至在写"天"字时，只画几个星星；在写"路"字时，只画几个脚印也就行了。

　　在人类历史上，图画文字究竟何时出现，这是一个很难说清的问题。不过，在两河流域图画文字的确是出现于公元前3500—前3100年的乌鲁克时期，也就是国家形成的前夕。根据种种迹象推断，世界上许多地区图画文字的出现，大致都在文明社会到来之前。

　　早期的图画文字是一种图画形式的文字，它比后来的象形文字具有更加浓厚的图画色彩。不要以为使用图画文字只能表示单词，而不能记述事件的进程。事实上，使用这种文字，不仅可以用一个图去表述某种东西，而且还可以用一个图或几个图去表述一个复杂的事物。在山东大汶口出土的 5000 多年前的陶器上，有这样一个图画符号，不少学者认为这是"旦"字。代表太阳，代表地平线，合在一起表示太阳刚刚出来。直到今天，"旦"字还是天亮的意思。不仅如此，原始人还可以画一幅图画去叙述一个复杂的过程。比如记述祖先的英雄事迹，或者画一幅图去表述一封完整的信。比如当原始人打猎时，在交叉路口的某个角落里画了一头山羊，这就不仅表示他们打到了一只羊，而且在什么地方打到的，是谁打到的，只要原始人一看就会明白。有位印度女子名叫奥基布娃，她在杨树皮上用"图画文字"写情书给自己的男友，图的左上角画一只熊，是她的图腾，左下角画一只泥鳅，是她男友的图腾，用曲线表示应走的路，用帐篷表示约会的地点，帐篷里画一个人表示她在等候，旁边画三个十字表示周围住的是天主教徒，帐篷右面画三个湖沼，指示帐篷的位置，这就是人们所说的"奥基布娃的情书"。[①] 1849 年，住在苏必略湖附近的印第安人德拉瓦尔族，曾在白桦树皮上给美国总统用图画文字写了一封请愿书。在请愿书上面画着由鹤领队的七个动物（七个氏族的图腾形象），这些动物是用绳子联系起来的，绳子的一端由鹤的眼睛中突出，并且引向总统，另一端则引入湖中，这封请愿书的大意是说：以鹤氏族为首的印第安人诸氏族，共同向总统请求允许他们在苏必略湖附近的另一个小湖中捕鱼，否则他们便无法生活。

从这里可以看出，图画文字所表述的事物，必须是阅读的人们也要熟悉的事物，否则阅读人就根本无法准确地理解这些图画的意义。因此，图画文字并不能达到很好地交际和交流思想的目的。虽然它比实物文字进步，但是它同样只是表意，而没有读音，所以图画文字也不能称作真正的文字。它只是介于图画和文字之间的一种表达思想的符号。不过既然这种叫法已经相当流行，这里也就只好沿用旧称。事实上，图画文字还只是象形文字的前身，它和实物文字一样，最多只能称作文字的祖先。这样的文字，在埃及人、苏美尔人、美拉尼西亚人、澳大利亚人和巴布亚人那里，都曾广泛地流行过。在中国，甲骨文、商周彝器铭文中，也有不少的字是图画文字，比如前面提到的"象"和"牛"

---

① 任凤阁、阎瑞生主编：《世界上古史新编》，西安：陕西人民教育出版社，1990 年，第 41 页。

字等等。从殷商的甲骨文、西周的金文直到小篆，虽说已属象形文字，可是都未完全脱出图画文字的影响而属于古文字系统。只有隶书的出现才改变了古文的结构，改圆转弧形笔画为方折笔画，摆脱了古文字的象形成分，在相当程度上实现了符号化。显然，隶书已经属于近代文字系统了。

三十二、象形文字

象形文字是在图画文字的基础上，经过不断改革发展而来的。图画文字具有浓厚的图画色彩，书写起来很不方便；而且，随着时代的进展，特别是随着交易的发展，人类需要表述和记载的事物更加复杂和繁多。于是，原始人就逐步设法把他们所要书写的图画文字加以简化，略去那些不必要的绘画部分，而仅仅保留它所代表的那个事物的主要特征，使文字朝着符号体系的方向发展，这样就产生了象形文字。比如，在中国古代，写"牛"字，最初要画一条完整的牛，后来，则只画一个牛头；到了象形文字时期，"牛"字就简单多了。[①] 写"山"字，最初要画一座完整的山，后来，却把"山"字仅仅用形象的字符表示。在古埃及，画一个持弓的人就表示"军队"或"军人"；[②] 画一幅叉开的双腿就表示"走路"；在古巴比伦，"鸟"字[③]、"鱼"字、"谷物"等也有形象特征[④]；在高山族人那里，人字也有类似特征；在山东莒县陵阳河与诸城前寨发现有读作"斧"、"锛"（象形字按形读音）的符号；[⑤] 在甲骨文中，有读作"日"、"月"等的象形符号。这种既具有"象形"特征，也具有"符号"特征的文字就是通常人们所说的"象形文字"。象形文字比图画文字进步，它是在图画文字的基础上，经过长期改造发展而来的，它不仅表意，而且也有了一定的读音。一般说来，象形文字的出现就标志着真正文字的形成和文明社会的到来，在这时中国也就进入了夏代和商代。

曾有一些学者把甲骨文与纳西族的东巴文进行比较，结果发现二者之中的不少文字无论在字形上或字义上都奇迹般地相似，这绝不是偶然的巧合。众所

---

① 任凤阁、阎瑞生：《世界上古史新编》，西安：陕西人民教育出版社，1990年，第41页。
② 周有光：《字母的故事》，北京：人民文学出版社，2009年，第17页。
③ 周有光：《字母的故事》，北京：人民文学出版社，2009年，第17页。
④ 周有光：《字母的故事》，北京：人民文学出版社，2009年，第17页。
⑤ 宋兆麟、黎家芳、杜耀西：《中国原始社会史》，北京：文物出版社，1983年，第394页。

周知，甲骨文是殷商时代的文字，距今已有 3 千多年，长期埋藏地下，直到 1899 年才被发现。而东巴文却形成于唐代以来，充其量也不过仅有千年左右的历史。二者既不可能有直接的渊源关系，也不可能有相互仿效的机缘。那么，二者之间的如此相似又作如何解释？这表明各族人民当初造字时的心理活动是具有一定规律的。当然，除了共性还有个性，这就体现在世界各民族原始文字的千差万别上。

世界上最先出现象形文字的国家是古代埃及，在这里远在涅加达文化（前 3500—3100）时期，就不但已经形成了国家，而且也出现了象形文字。[①]甚至，还有人认为早在公元前 5000 年，古埃及人就已经创造了象形文字。[②]美洲印第安人中的玛雅人也曾创造了由音标、音节符号组成的象形文字。他们的象形文字有 800 个符号，30000 多个词汇，内容丰富多彩，这种象形字书写顺序一般是自左至右，从上到下，字除刻在柱、建筑物、木头、玉石和贝壳上外，玛雅人还用动物的毛发制笔，书写在榕树皮或鞣制过的皮子上。玛雅人除用这种象形字编写神话、历史、诗歌、戏剧外，也用它编写天文、历法等科学著作。遗憾的是由于欧洲白人殖民主义的入侵，玛雅人的这些珍贵著作，多被当做"魔鬼的作品"而焚烧殆尽，保留至今的寥寥无几。

一般说来，原始人没有笔墨，他们所用的书写工具多为树皮、羊皮与白粉等物。不久前，美洲的印第安人还有用石斧砍下白桦树皮当纸写字的。就是到了文明社会的初期，也还有不少地区仅仅是用树皮、羊皮（如印第安人那样）或竹片（如古中国人那样）作纸，用毛发、白粉或漆物作笔墨。比如，《西洋番国志》中所谈的占城国居民，直到 15 世纪之初，就仍然是"书写无纸笔，槌羊皮令薄，或摺树皮，以白粉书之"。[③]由于那时书写工具极为难得，书写起来又十分不便，因此，原始社会与文明社会之初的文字典籍也就极为罕见与珍贵。

在中国，属于夏代文化的二里头遗址（在河南省偃师县城西南 9 公里处）所发现的二十多种"刻画符号"（刻于陶器之上），就已经更多的具有由图画文字向象形文字过渡的特色。有人把二里头所发现的"刻画符号"称为"原始文

① 刘家和：《世界上古史》，长春：吉林人民出版社，1984 年，第 414 页。
② 林耀华主编：《原始社会史》，北京：中华书局，1984 年，第 443 页。
③ （明）巩珍撰、向达校注：《西洋番国志》，北京：中华书局，1961 年，第 3 页。

字"，这是很有道理的。[①]因为在《左传》与《国语》等书中，曾经常引用《夏书》的原话。尽管《夏书》今已失传，但这至少证明夏代是有"书"有"文"的。没有文字哪里会有什么《夏书》；再则，既然晚于夏代的殷商甲骨文已经具有"完备的文字体系"，[②]那么，它就绝对不可能会是无源之水，不可能会是中国文字的始祖，它的祖先就应当是二里头遗址的"刻画符号"；同时，这样的结论又是和经典作家所认定的文字发明于"文明社会"之初的论述相一致。

一般认为，象形文字才是真正的文字。中国的甲骨文（因刻于龟甲和兽骨而得名）、埃及的象形文和巴比伦的楔形文，是目前所知道的最古老的影响最大的三种文字。它们都属于象形文字体系，但又各有其特点。甲骨文是现代汉字的祖先，属于方块字，而埃及的象形文字和巴比伦的楔形文字则都朝着字母的方向发展。

世界上最早发明字母文字的是腓尼基人，他们于公元前1300年左右，参照埃及的象形文字，创造了由22个辅音字母表示的字母文字，成为后来欧洲拼音字母的始祖。关于腓尼基字母的发明，希腊人有这样一个传说：

有个聪明的腓尼基木匠，名叫卡德穆斯。有一天，他给别人干活，忘带了一件工具。于是，就顺手劈了一块木片，在上面画了几笔，要一个奴隶送交木匠的妻子。妻子看到木片，二话未说把就把木匠忘带的那件工具交给奴隶。奴隶惊呆了，认为这木片是用一种神秘的方式传达了木匠的意图，据说那木片上写的就是第一次出现的腓尼基字母文字。

当然，腓尼基字母不可能是由卡德穆斯一人所创造的，就是文字的发展变化也是由劳苦大众在漫长的岁月中逐步完成的。比如中国商代，甲骨文中的象形文字还占百分之八十左右；而且这时的象形文字还是五花八门很不一致，同是一个"鹿"字，可以有很多不同的写法；同是一个"田"字，可以写成"田"等许多形状，这样一来，使用当然很不方便；而且在象形文字的情况下，某些代表抽象概念的名词、形容词、动词，以及那些只有语法意义而无词汇意义的虚词等等，也都根本无法表述或象形。因此这种文字就仍然需要人民群众在长期使用的过程中，继续不断地加以改造或改革，一直发展到目前这个样子。

① 黄慰文等：《中国历史的童年》，北京：中华书局，1982年，第157页。
② 黄慰文等：《中国历史的童年》，北京：中华书局，1982年，第157页。

三十三、文字的演化、改革与作用

在中国，许多汉字的创造是十分有趣和耐人寻味的。用手遮去眼睛（目）上方刺眼的阳光就是"看"字；太阳（日）的一半落在大地（大）之下，另一半落在大地（大）上的草（艹）丛中，便是"暮"。后来，经过演化与改革，"天"字就成为在人头上方加两横道（头顶之上即青天）；"地"字就成为在"土"字旁边加个"也"字，地者，土地。

古体汉字笔画过多，繁难复杂，苦记不易，学生为苦记古字而深感苦恼。看来，促进汉字的简化与改革是具有积极意义的。

应当明白，随着汉字的不断演化，今日我们所用的汉字离繁体字已经相去甚远，无论人们的主观愿望如何，汉字的简化方向是不可抗拒的。甚至，随着汉字的演化，人们在汉字的使用中，不仅逐步地进行了单字简化，而且也已创造了大批复合字。当然，这样的复合字很可能会在汉字使用中造成某些混乱，我们并不提倡，但这种简化汉字的迫切愿望却是可以理解的。从总体上讲，今日人们所用的大量简体汉字，决不是少数天才人物的独创，而是无数世代人民大众的共同杰作，热衷于文字改革的中心人物，其主要功绩只在于收集、整理和规范化而已。

文字的发展规律是由无到有、由少到多、由繁到简、由低级到高级（实物、图画、象形、符号、拼音）。在文字的发生、发展、演化、改革和不断完善的过程中，人民群众始终起着决定性的作用。生产不断发展、财富日益增多、人类的社会交往也日益频繁、整个社会都在前进之中，反映社会生活的语言文字当然也要发展变化。随着新生事物的不断涌现，新的语言、词汇、文字，自然就要产生，而旧的语言、词汇、文字自然就要死亡和淘汰。

比如，在我国早期历史的战国时代，文字种类很多，繁难复杂，不但当时的七个国家（战国"七雄"）"书不同文"，就是各国的内部文字也不一致。这对于那时生产技术、物质文化的交流与社会的发展，当然是个阻碍。秦始皇统一六国后，为了加强统治，命丞相李斯以秦文为基础，改大篆为小篆，加以简化，作为标准文字，推行于全国。这既是当时社会政治、经济、文化发展的需要，也适应了人民群众简化文字和改革文字的要求，同时也符合文字本身由繁到简的发展趋势。秦代统一文字的贡献不仅在于推行小篆，而且在于通过整理简化，规范了汉字的形体结构，结束了分裂局面造成的"文字异形"状态。这种"车同轨，书同文"的进步改革，对于战国时期社会的政治、经济、文化的发展起了积极的作用。直到今天中国的方块字至今仍较繁难和复杂，未来的发展趋势仍然是推进文字的改革和简化工作。

如前所述，文字最初并不是上帝，或者像仓颉之类的"圣人"创造出来的。它是人民群众长期生产和生活实践斗争的产物，是历史发展到一定阶段的产物。它的创造是基于交流思想、记事、计数与传递信息等需要，文字的产生经历了"实物文字"、"图画文字"和"象形文字"三个阶段。文字出现于原始社会的末期，形成于阶级社会之初。在中国，如果把西安半坡村的"刻画符号"视为"文字的起源"，那就是 6000 年前的事。如果把殷商时代的甲骨文视为文字的形成，那也已有 4000 年左右的历史。

文字是仅次于语言的人类社会交际和交流思想的重要工具。它虽然是在语言的基础上产生的，但它却比语言具有独特的优越性。它可以不受时间和空间的限制来进行远距离的和不同时代的思想交流，传递消息，帮助记忆。文字的发明和创造，对于人类相互交际和交流思想、总结和传授生产斗争的经验教训、传播和交流物质文化的先进成果，都起着重大的作用。它是人类社会不可缺少的、促进社会发展的积极因素。有人认为："有了文字之后，民智日开，民德日漓，欺伪狡诈，种种以起，争夺杀戮，由此而生，大同之世，不能复见于天下，世界永无宁日"。①事实上，"欺伪狡诈……争夺杀戮……世界永无宁日"只能是私有制的罪恶，它与文字的发明并没有必然的联系。文字的发明具有划时代的意义，它是人类由野蛮时代过渡到文明时代的重要标志之一；它的发明对此后的科学文化与社会发展具有重大的促进作用。

在此，对文字的改革还需要谈谈自己的看法。毫无疑问，人类文字的发展进程本身就包含着对文字不断进行改革的过程。放眼世界，世界最早的三大象形文字世系：古代埃及的象形文字、两河文明的楔形文字和中国的汉字。在这

---

① 钟毓龙：《上古神话演义》卷 2，北京：中华书局，1985 年，第 225 页。

三大古老的文字系统中，中国之外的两支都已发展变化成了字母文字，唯有中国的汉字系统一直在自身的发展轨迹上前行，直到今天仍保留着明显的象形文字的特点。因此，在现代社会，特别是在信息化时代，许多人往往将中国的改革开放和融入国际社会与中国的汉字改革联系起来，甚至建议将中国的汉字尽快向字母化文字转变。一时间，中国汉字何处去成为中国文化和汉字改革的一个关键问题。但值得庆幸的是，中国学者以其深厚博大的胸怀和文化洞察力，正确地理解并解决了世界文字的统一化与各民族语言个体化二者之间的有机关系，站在中国文化的历史传统上，根据中国语言自身发展的内在规律进行了循序渐进的语言和文字的改革，从而使中国语言成为一个能被人们认知和学习的系统，在最大限度地保证了人类古老文明的传承的同时，也有利于与现代文明和文字的沟通与交融，堪称为人类文字史的伟大的创举。其实，在世界古老改革史中，曾出现了许多值得人们借鉴的教训，最典型的以古埃及的象形文字的改革为例。过去，相当多的人们以为古埃及的文明和文字是在公元 7 世纪遭到阿拉伯人入侵后才出现的悲惨的后果，其实现代学界公认，其根源要追溯到古埃及被希腊人征服的托勒密王朝时期。由于占统治地位的托勒密王朝一再强力推行希腊化的文字改革，因此早在阿拉伯人入侵前，埃及人就已经不认识他们祖先的文字了。也就是说古埃及的文明就已开始断绝了，而阿拉伯人侵埃及，只是完成埃及文化和文字断绝的最后一步而已。

由历史的教训看来，对文字的改革和发展需要一个既具历史，又具现实，同时还要深刻了解文字本身的内在发展特性，唯如此，才可以使文字的发展和改革走在正确改革之道上，也才能真正且更好地发挥其所具有的重大作用。

三十四、文明社会的降临

　　过去，西方学者不承认人类历史上早已存在过公有制度，不承认人类历史上曾经存在过原始共产社会，并认为人类历史一开始就是私有制的，而且私有制又是永恒不变的。这就是我们曾经批判过的"私有制永恒说"或"资本主义永恒说"。随着时代的进步，随着考古学、民族学的科学成果不断涌现，时至今日，私有制永恒说在全世界范围已经没有多大市场。原始共产主义社会的存在已经无可争辩。可是，必须明确，仍有一些西方学者顽固地否定私有制必然灭亡，共产主义必将到来的历史发展趋势。

　　众所周知，在漫长的原始共产社会里。包括山岭、河流、土地、猎区、牧场、森林、小舟等在内的生活资料统统都是公有的；劳动成果、住所也是公有的。那时，在生产资料方面所出现的术语，只能是"我们的"、"你们的"、"他们的"，而不可能是"我的"、"你的"、"他的"。在生产工具和武器那样落后、简陋和原始的情况下，个人占有山岭、河流和森林是毫无意义的。任何个人如果脱离集体就无法生存，就是宣布整个地球都属于他个人所有那也毫无用处，那也难免要饿死或被猛兽所吃掉。可见，原始的公有制是生产力水平低下的必然产物。

　　当然，从总体上讲，在原始共产社会里，生产资料是公有的，但也不排除某些生产工具、防御武器、日常用具和装饰品是属于个人占有的。特别是随着原始时代生产力的增长，这种个人占有工具和武器的种类与数量是日益增多的。比如，当鄂温克人的原始社会发展到家庭公社时期，猎场、森林、河流、栅栏和仓库等虽仍归家庭公社所公有，但猎枪、猎刀、砍树刀、地箭、犴哨、鹿哨、滑雪板和猎犬等却都已归个人所占有。①

　　在漫长的原始共产社会里，因为没有私有制度，所以也就没有私有观念。

---

　　① 秋浦等整理：《鄂温克人习惯法：第 4 条"生产资料的占有"》，秋浦等著：《鄂温克人的原始社会形态》，北京：中华书局，1962 年，第 126 页。

剥削、压迫、抢劫和盗窃是在原始社会末期或文明社会之初才逐步发生的，公而忘私、殷勤好客、助人为乐倒是原始人思想境界的主流。

1982年秋季的一天，蒙蒙细雨下个不停。在广西苗山白云公社的路上，走着一位老年苗民，他未带雨具，衣服将被淋湿。这时，有位记者忙叫住他说："大叔，别淋坏身体了，你用这帽戴上不好吗？"①老人虽然听懂了记者的话，但他只是摆了摆手，继续冒雨前进。

原来前天记者在这里经过时，就看见这顶竹帽。竹帽的绳子缠在一米多高的木桩上，木桩下有块石头压着一个用青草打成的结子。据苗人说，凡是遭到别人遗失的东西，拾获者就要打木桩打草结为号，好让失主认领。不是失主，看到有草结和有木桩的东西，是绝对不会乱拿的，就是这件遗物放的时候再久，最终也还是只有失主才肯把它取走。类似这样路不拾遗，不肯把别人的财物据为己有的高尚民风，在所谓落后的原始人那里是极为普遍的。恰恰相反，在"高尚的文明社会"倒是十分罕见。

在帕米尔高原上的塔吉克人那里，直到今天仍然"门不上锁，路不拾遗"。"据说，塔吉克人早晨出远门，天冷穿厚了衣服；中午天热，只要把衣服脱下来往路旁一放，上面压一块石头，风刮不走，就不会有人动。晚上回来，天冷了，正好可以穿上。"记者访问塔吉克人时，每到一处就把自行车锁上，当地县委的卡得同志告诉他说："不用锁，丢不了的，你没有注意吗，这里的塔吉克人连门都是不上锁的。"②从一位村长那里，记者还听说，就是塔吉克人下地劳动，也从不锁门，门窗大开，主人回来发现屋里少了东西也从不惊慌，因为他们知道是别人借走了，用完就会送回来的。

有一次，记者和卡得要到另一个村里去采访，走到半路，灌木丛与小石块使他们无法继续骑车。于是，卡德就要记者把车子放在这里，记者见他不锁车子昂然而去，也就不好意思去锁自己的车子，但他一面走着却一直惦记着自己的车子，生怕被人偷去。两个小时之后，他们回到这里，车子仍然放在原处。记者这才相信在塔吉克人那里直到今天加锁防盗仍然是多余的。

塔什库尔干塔吉克族的自治县武警中队指导员张润成还告记者说，他在帕米尔工作了十多年还从未听说塔吉克人有犯杀人放火罪的。后来，记者访问了

---

① 《淳厚的苗山民风》，《西安晚报》1983年3月14日，第4版。
② 武纯德：《帕米尔高原上的塔吉克人》，《人民画报》1960年第19期，第20—26页。

这个县城的监狱，结果里面空空如也，没有一个犯人，监狱反而成了飞鸟的乐园。

《每周文摘》1986年3月13日转载美国《时代报》的文章说："新疆维吾尔自治区塔什库尔塔吉克自治县，是地处边陲，海拔三千米以上的小县，近年来以没有一个罪犯而闻名全国，县内风情人物仿佛《镜花缘》中的'君子国'。"

该文还说，1983年夏，美国旅游公司总经理罗伯特里曾经到塔吉克自治县去访问。"他听说这里人不贪财，夜不闭户，路不拾遗，很是怀疑。一天，他到牧民木沙江家里作客，受到主人盛情款待。罗伯特里当即取出一些金银首饰馈赠主人，不管木沙江一家怎样婉言谢绝，他还是把礼品留下来了。离开的时候，他有意把自己的珠宝皮箱丢下，到县城后才突然提起这件事，坚持要回去索取。宾馆工作人员告诉他，东西绝对丢不了。果然，当他走到车站时，就遇见木沙江赶着牦牛，驮着珠宝箱迎面走来，并送回了他赠与的首饰，这使罗伯特里目瞪口呆。"①

在广西苗族、瑶族和侗族人居住的木板楼里，一律都是人住二楼，而猪、牛、羊、鸡却都养在一楼，四面没有墙壁，如果有人顺手牵羊，那是极容易的。可是，在他们那里，无论谁家也没有因此而丢失过一只羊或一只鸡，这在"文明人"那里，简直是不堪设想的。

有天夜里，一位记者投宿在广西贝江河边的一位贾姓苗民家里。客房的桌子上放着收音机和闹钟等物。可是，楼梯口却没有大门，客房虽然有门而却没有门栓。为了安全，记者只好找条木棒把门顶住，这才上床入睡。第二天，记者问主人为什么不注意防盗，主人却回答说："我们这里没有会来家偷东西的！"

更有趣的是当记者走进深山的一家百货商店时，只见前来购物的瑶族同胞，他们一选中需购的货物之后，就把钱包放在售货台上，任凭售货员随意取钱，然后取回钱包也不点数就扬长而去。最初，记者认为这是他们没有文化不认识货币的缘故，后来才知道就是具有高深文化的瑶族同胞也是如此。更有甚者，他们中间的粗心人则往往会把钱包忘在售货台上，而他们的钱包又都大同小异，因此，那些返回来取钱包的人，又往往会把钱包取错。当记者问售货员，遇到这种情况怎么办？售货员则回答说："万一错拿了也不要紧，他们各自回家发现

---

① 《美国经理旅游"君子国"》，《每周文摘》1986年3月13日。

钱的大数不对，就会拿钱包到这里来交换取回。"①这在文明人看来，恐怕也是难于理解的。因为在文明社会里，送还钱包毕竟是罕见的，反之偷呀，抢呀，倒是随处都有。

在独龙江畔的独龙族人那里，不经允许拿走别人的东西被认为是莫大的耻辱。他们离家远出，只需在门前横放一根木棒，就表示主人不在家中，谁也不会进去，根本不需用锁就可太平无事。独龙族人如果在山上找到了野蜂、中草药，或砍好了一堆柴火与木料，那么，他只需要在旁边压上一块石头，就表示这些东西已经有了主人，谁也不会把它拿走。独龙族人如果有事远行，为了减轻负担，就把自己回途中吃用的东西挂在沿途的树上，或者放在岩洞里，也没有人会把它拿走。独龙族人宁肯自己饿死，也绝不会去偷吃别人的东西。在山上收割的庄稼就放在野外，或者就地搭个防雨防潮的棚子长期存在那里，从来无人去偷。拾到遗物，便不辞辛劳地翻山越岭，送还失主；如果找不到失主，就把遗物挂在路旁显眼的地方，以便失主寻找。在独龙江畔的山路旁边，至今已经挂着许多遗物，由于长期无人认领，有的遗物早已褪色变质。②多么淳朴的原始习俗，多么高尚的品德和民风啊！文明人对此恐怕是自愧不如的。

在鄂温克人那里，尽管没有成文法律，但偷盗现象从不发生。虽然按户平分，但对于本族内部的鳏、寡、孤独之人都能予以照顾，分给他们一些兽肉与皮毛。打中野兽的人则总是把兽肉中最好的一份送给别人，而自己则拿取最少最差的一份。

在落后、原始的安达曼人那里，尽管猎物已归射中第一箭者所有，鱼已归捕获者所有，妇女采集所获得的果类菜类等物已归采集者所有，蜂巢已归上树割取者所有……总之，任何食物都已归获得此种食物者所有，但是，无论谁有食物，都能自觉自愿地分送一些给那些缺少食物的人，单身汉无论何时都能把他们收获物中最好最大的那部分送给无依无靠的老人。这正像《礼记·礼运篇》中所说的那样："矜寡孤独废疾者皆有所养"，只要大家有食物，谁也不会轻易饿死的。不仅如此，在安达曼人那里，无论别人提出什么要求，都要尽力满足，拒绝别人的要求就被视为严重的失礼。③这种不仅不剥削别人而且舍己为人、助

---

① 《美国经理旅游"君子国"》,《每周文摘》1986年3月13日。

② 《不用锁的独龙人》,《西安晚报》1985年4月3日。

③ 刘达成等编译:《当代原始部落漫游》, 天津:天津人民出版社, 1982年, 第51页。

人为乐的高尚品质，和文明社会剥削阶级那种剥削别人、压榨别人，挖心思地霸占与窃取别人劳动成果的行为，构成了鲜明的对比。就此而论，野蛮时代并不野蛮，文明时代也不文明。文明人有时很野蛮，野蛮人有时倒很文明。当然，如以物质文化的繁荣昌盛而论，野蛮时代自然是相形见绌的。

纵观人类历史，在整个阶级社会里，一个民族在物质文明方面的发展与繁荣，往往并不意味着它在思想觉悟与道义水平方面相应的觉醒与提高。恰恰相反，那些船坚炮利的文明民族，往往成为落后民族的压榨者与毁灭者。达尔文曾说："欧洲人把脚伸到哪里，那里的土著居民就遭到死亡的侵袭。"①数百年来"文明的"白人殖民主义者到处侵吞土著居民的土地、砍光森林、毁灭他们的优良传统，肆意地屠杀他们，致使各地的原始部落人口锐减，或灭绝，或濒于灭绝，这难道不是历史事实吗？

众所周知，在许多原始部落里，好客的习俗是相当突出的。不仅久住的常客能够受到款待，获得丰盛的饮食，甚至连过路人遇到困难时也会得到赤诚的帮助。如果他们正在分配猎物，过路人谁遇上了谁就算走运，并且丝毫也不会比别人少分。比如，居住在阿富汗与巴基斯坦境内的帕坦族人，就一直是把款待与保护客人、供给客人丰盛的饮食，作为自己应尽的义务。如果来了部落的客人，按照传统，部落首领就得给客人一把匕首或一件外衣。客人拿上赠给的匕首或者穿上这件外衣，就可以在本部落范围内畅行无阻，处处受到保护与款待。在中国西双版纳攸乐山一带居住的基诺人那里，尽管客人们受到了热情的款待，但却不许客气，不许说"谢谢！"否则，他们就很不高兴。因为，善良好客的基诺人认为，各族人民是一家，如喊声"谢谢！反而显得十分见外"。② 由此看来，在漫长的原始社会里，不仅生产资料是公有的，而且连私有观念也是不存在的。原始人不仅没有剥削别人，强占或多占别人财富的思想，而且普遍具有舍己为人、助人为乐的精神，彼此相处"无有相害之心"。③因此，夜不闭户、路不拾遗是完全可能的，也是很自然的。私有观念、剥削思想，那是阶级社会或者文明社会的产物。

众所周知，生产资料的私有制并不是从来就有的，私有制的观念也不是从

---

① 《一些幸存于世的原始部落》，《世界知识画报》1986年第7期，第26—27页。
② 《奇特的民族禁规》，《西安晚报》1986年10月20日，第3版。
③ （清）王先谦：《庄子集解·盗跖》，北京：中华书局，1987年。

来就有的，而是人类社会发展到一定阶级的产物，是原始社会生产力发展的必然结果。那么，私有制、阶级和国家究竟是怎样产生的呢？

关于私有制的发生，大安达曼人的有关资料给我们提供了一些具体的线索。在大安达曼人那里，虽然私有观念已经萌芽，但其经济形态基本上还是属于原始共产主义阶段的。土地、山林仍属公有，任何人在山崖原野之间都有平等的狩猎权，但树木却可以占为私有。任何人只要选中一棵树，而这棵树又尚未被人占有的话，他就可以向大家宣布，说他想用这棵树，大家也就会承认他对该树的所有权。此后，别人既不许砍伐这棵树，也不许摘这棵树上的果子，除非征得主人的同意，或者送一部分果子给主人。此外，大安达曼人所采集和猎获的食物虽然早已不属集体而归私有，但无论任何人都有义务分一些食物给缺食的人。单身汉尤其必须把自己的好食物送给老人们去享用。

从安达曼人私有制萌芽的过程来看，原始人由公有过渡到私有，很可能普遍是先由生活资料开始的。首先是产品私有，食物等消费品私有，工具、武器与树木等私有，然后才是生产资料——土地、牲畜（部落畜牧）等的私有。首先是动产的私有，然后是不动产的逐步私有。在不动产的私有化过程中，房屋的私有化可能较早，而土地的私有则晚得多。比如，在独龙族、怒族、拉祜族和佤族人那里，房屋是随着一夫一妻制家庭的出现与个体家庭独立生活的巩固就私有了，而土地的私有却晚得多。根据民族学的有关资料，土地私有化的一般规律，在许多氏族里，都是首先由公社分配给各家暂时使用（无所有权），定期交回，再重新分配。后来通过逐步延长分配期，而终于不再交回，成为私有的。那当然需要一个漫长的过程，不可能是在短期内一次完成的。

应当指出，那种认为私有制的发生乃是由于原始社会末期氏族首领产生私心杂念的观点是十分肤浅的。如果这样，那么，母系时代氏族首领为何未曾产生私有观念呢？假如社会生产力尚未提高到有剩余产品出现，那么，占有生产资料并借以剥削别人剩余劳动的私心杂念，无论如何是不会产生的。此外，还应明白，那种认为奴隶制的发生乃是由于原始社会末期部落首领对战俘施用暴力的观念也是完全错误的。为什么母系氏族时期部落首领不去施用暴力呢？如果生产力尚未发展到剩余产品的出现，那么任何暴力也不可能促使奴隶制的诞生。奴隶制只是在剩余产品出现的基础上才有可能发生。恩格斯曾经明确指出:"私有财产在历史 上的出现,绝不是掠夺和暴力的结果。"①
在人类历史上,畜牧业与农业的分离被称为"第一次社会大工"(也有人认为是采集与渔猎的分离)。根据恩格斯的说法,第一次社会大分工就产生了第一次社会大分裂,分裂为主人与奴隶,剥削者与被剥削者两大阶级。那也就是说在新石器时代剩余产品已经出现,已经提供了奴隶制发生人剥削人的可能性。必须明确,剩余产品的出现是私有制产生的物质基础,也是占有别人劳动产品,进行经济剥削的前提条件。

一般说来,畜牧部落私有制的发生,往往首先是在氏族首领代表氏族对内分配产品、对外进行交换的过程中而实现的。氏族首领在对内分配产品与对外交换中,利用职权暗中侵吞公有财产。如,占有集体的牧畜——猪、牛、羊、马、皮毛以及交换回来的谷物等等。而牲畜在牧部落中就是生产资料,在这里,私人开始占有牲畜就意味着私有制的萌芽。后来,随着生产力的提高以及个体生产的出现,私有制就日益获得了巩固和发展。

应当明白,原始社会的生产资料公有制是建立在生产力水平极端低下的基础之上的。原始社会末期,畜牧业、农业以及金属工具逐步出现,社会生产力有了显著的提高。生产力的发展,使得原先必须由集体进行的生产活动,这时只需要少数几个人也就行了。比如,当原始人在使用棍棒、长矛、投枪,甚至弓箭进行狩猎时,他们就必须共同出动,否则就会为猛兽(虎、豹、狮子等)所吃掉;可是,当原始畜牧业出现后,放牧或饲养牧畜也就只需几个人就可以了;再如,当原始人在使用尖木棒、石斧、石锄从事农业时,他们为了砍伐森林、开垦荒地、播种、对抗鸟兽,收割庄稼,那就非靠集体力量不可。可是,当耕犁、金属斧头与金属锄头等工具出现后,个体家庭就完全可以独立地从事农业活动了。那也就是说,生产力的发展已经使得个体家庭单独从事生产成为可能。在这样的历史情况下,个体劳动代表着先进的生产力,它必然迅速地战胜原先那种以氏族为单位的集体劳动,从而取得支配地位。当人们在氏族公社范围内集体劳动时,生产资料和产品自然地要归氏族所公有。可是,当个体劳动逐步发展起来之后,生产资料和产品也就相应地由氏族公有慢慢地转化为个体家庭所私有了。最初是消费品、生产工具和牲畜等逐步变为个体家庭的私有

---

① 恩格斯:《反杜林论》,北京:人民出版社,1999年,第168页。

财产，后来土地也日益私有化了，这就标志着私有制的确立。

由上可知，私有制的产生是当生产力提高到剩余产品普遍出现之时，通过生产的个体化而实现的。原先由于工具与武器的简陋，生产技术的拙劣，人类战胜自然的能力异常薄弱，因此，必须集体采集、狩猎或耕作，后来，随着生产技术的提高，金属工具的应用，人类战胜自然的能力大大加强，单个家庭对自然展开斗争成为可能。于是，在农业部落里，随着犁农业的发展，土地开始分给各家使用，定期收回，按人口和生产的变化情况重新分配。后来，可能为了刺激生产的积极性，而逐步延长定期，终至不再交回，占为私有。当然，首先开始不愿交回重新分配的往往都是那些占有份地较多较好的氏族首领。由此看来，私有制只能是社会生产力发展到一定历史阶段的产物；私有制从其产生之日起就存在着差别，存在着占有上的不平等。

随着生产力的发展，交换日益频繁起来。第一次社会大分工之前，剩余产品很少，交换只在氏族之间偶然发生。可是，当畜牧业与农业分离后，畜牧部落与农业部落的剩余产品就日益丰富起来。于是，交换也就逐步成为各个氏族日常生活的必需，成为一种经常发生的事。当然，最初交换仍在氏族之间进行。后来，随着氏族成员私有财产的增加，交换也就日益在氏族内部的氏族成员之间逐步发展起来。第二次社会大分工（手工业与农业的分离）之后，交换就更加频繁了。

在此期间，当氏族首领代表氏族对外进行交换时，他们往往借助职权首先占有集体财产，使自己日益富有起来。接着，普通的氏族成员也随着产品交换的频繁而出现了日益激烈的贫富分化。事态的发展，终于导致了原始社会的解体与文明社会的降临。

自从产品有了较多的剩余，剥削别人的产品成为可能，私人占有财产的现象逐步发生，战争的俘虏也就不再杀死，而是用他们去生产，开始剥削他们的劳动成果，把他们变为剥削的对象——奴隶。古代印度把奴隶称为"达萨"，"达萨"的原意就是"敌人"，可见印度奴隶的最初来源就是战俘。由此看来，在人类历史上，私有制与奴隶制几乎可以说是一胎双生的。后来，战争的性质也就逐步地由"报复侵犯"、"血亲复仇"一变而为公开的劫掠。军事首领和氏族显贵也已逐步开始靠战争发财，掠夺大量的财富和奴隶。

不过，这时的奴隶制还是很原始的，具有鲜明的家内奴隶制（或家长奴隶制）的特色：奴隶主尚未完全脱离劳动；奴隶还被视为家庭成员之一；奴隶生产还只是为了供给奴隶主日常生活的消费，而不是为了生产出卖的商品。19 世纪末年，那加族人尚处于原始公社制的崩溃阶段，开始使用奴隶劳动，奴隶的来源是战俘，战俘有时仍被当做祭品杀生祭神。除此之外，在那里，"虐待奴隶几乎是不存在的"，① "对待奴隶仍像对待自己家里的低等成员一样。"②可见那时，那加族人的奴隶制度就仍处于萌芽状态，处于家内奴隶制阶段。

今天看来，私有制在世界上许多地区早已过时，垂死没落，最终必然要灭亡、要退出历史舞台。但在当时看来，私有制和奴隶制却是新生的，不可战胜的，它的发生是必然的和不可避免的。奴隶制度代替了原始公社制度，促进了社会生产力的发展，是历史发展的一个巨大进步。

众所周知，在原始社会里，大批的战争俘虏原先都被杀死，甚至直到今天，生活于大洋洲某些地区的石器时代遗民还保留着"猎取人头和宰食战败者尸体的原始习俗"。③可是自从私有制与奴隶制产生之后，战争俘虏也就不再被杀害，而是被用作奴隶，用他们去从事生产劳动，这当然是具有积极意义的。正如恩格斯所说："甚至对奴隶来说，这也是一种进步，因为成为奴隶来源的战俘以前都杀掉，而在更早的时候甚至被吃掉，现在至少能保全生命了。"④这至少是替社会保留了大批精壮的劳动力或生产力。

我们不能用痛骂或发泄义愤的简单办法去否定奴隶制发生的意义，而应当认真地去探讨奴隶制是怎样产生的，它为什么能存在，它在历史上起了怎样的作用等问题。正如恩格斯所说："如果我们对这些问题深入地研究一下，那我们就一定会说——尽管听起来是多么矛盾和离奇，——在当时的条件下，采用奴隶制是一个巨大的进步。"⑤

按照恩格斯的说法，当人的劳动生产率还非常低下，除了维持生命之外剩余的产品还极端较少的时候，"都只有通过更大的分工才有可能，这种分工的基础是，从事单纯体力劳动的群众同管理劳动、经营商业和掌管国事以及后来从事艺术和科学的少数特权分子之间的大分工。这种分工的最简单的完全自发的

---

① 刘达成等编译：《当代原始部落漫游》，天津：天津人民出版社，1982 年，第 56 页。
② 刘达成等编译：《当代原始部落漫游》，天津：天津人民出版社，1982 年，第 56 页。
③ 刘达成等编译：《当代原始部落漫游》，天津：天津人民出版社，1982 年，第 2 页。
④ 恩格斯：《反杜林论》，北京：人民出版社，1999 年，第 187—188 页。
⑤ 恩格斯：《反杜林论》，北京：人民出版社，1999 年，第 188 页。

形式，正是奴隶制"。①在这里，恩格斯十分明确地指出，原始社会末期奴隶制的发生就是社会大分工的一种"最简单的完全自发的形式"，这时生产力的提高与社会的发展则只有通过奴隶制这种大分工的形式才有可能。甚至，恩格斯还更加具体地指出："只有奴隶制才使农业和工业之间的更大规模的分工成为可能。从而为古代文化的繁荣，即为希腊文化创造了条件。没有奴隶制，就没有希腊国家，就没有希腊的艺术和科学；没有奴隶制，就没有罗马帝国；没有希腊文化和罗马帝国所奠定的基础，也就没有现代化的欧洲。我们永远不应该忘记，我们的全部经济、政治和智慧的发展，是以奴隶制既为人所公认，同样又为人所必需这种状况为前提的。在这个意义上，我们有理由说：没有古代的奴隶制，就没有现代的社会主义。"②

应当明白，在奴隶制度下，奴隶主可以把大批奴隶集中在自己的庄园或作坊中进行劳动，这就不仅可以做更细的劳动分工从而促进生产，而且也可以组织规模更大的生产协作去完成更大的生产任务。比如，在古代希腊和罗马的矿山中，在古代埃及的水利工程中（如美利多诺湖的挖掘），使用奴隶的数目竟多达数万。他们所完成的巨大工程，是氏族成员无论如何也无法完成的。同时，既然奴隶主可以在自己的作坊里集中大量的奴隶，那么作坊内部自然也就可以进行更细的劳动分工了。比如，在中国的西周时代，一个生产车辆的作坊里，就有皮革工、金工、木工和漆工等。这些奴隶在生产中分工协作，每人只从事一种专门的手艺，生产效率自然就会大大地提高，而在氏族公社制度下，这样的分工将是不可能的。

随着私有制和阶级的出现，剥削和压迫也就随之产生了，有剥削就有反抗，有压迫就有斗争。奴隶与奴隶主阶级利益是根本对立的。奴隶主阶级的残酷压榨，必然激起奴隶的强烈反抗；广大平民也经常起来反对奴隶主贵族的剥削和压迫，阶级斗争日益激烈。奴隶主阶级为了维护他们的统治与压榨，就逐步地改变氏族机构的性质，建立了军队、法庭和监狱等暴力机关，作为镇压奴隶与平民反抗的工具，于是国家机器就产生了。

由此看来，国家并不是从来就有的，而是社会生产力发展到一定阶段的产物，社会分裂为主人与奴隶、剥削者与被剥削者两大阶级是之后才出现的；国

---

① 恩格斯：《反杜林论》，北京：人民出版社，1999年，第189页。

② 恩格斯：《反杜林论》，北京：人民出版社，1999年，第188页。

家是阶级矛盾不可调和的产物；国家是一个阶级压迫另一个阶级的工具。奴隶制国家是人类历史上出现最早的国家，它的出现是人类历史进入文明社会的标志。

一般说来，国家总是在那些阶级矛盾不可调和的时间和地区出现。人类历史上出现最早的国家是"埃及、巴比伦、印度和中国，这就是所谓的'四大文明古国'"。如果再加上以古代克里特半岛为中心的克里特与迈锡尼霸主，那就是学者们所说的"五大文明区"（也有再加上印第安文明而称为"六大文明区"的）。这些地区最早国家的形成，标志着人类历史告别了漫长的原始共产社会，而跨入了一个崭新的历史时代——奴隶制社会；标志着原始公有制社会的结束与私有制社会的开端；标志着人类历史告别了野蛮落后粗野无文的原始时代而跨入了文明社会的门槛；标志着文明社会的到来。

三十五、论木器时代之存在

早在 1836 年，丹麦皇家博物馆馆长、考古学家汤姆逊最先将原始社会划分为石器、铜器和铁器三大时期。在他之后的相当年月里，我们的先辈学者也只能得出和他相同的结论，不过，随着考古学、民族学、人类学等新的科学成就的增多，先木器论即已问世。但因证据不足，至今未获公认。本文将依据考古学、民族学、人类学、生物化学等有关资料，以及远古人类的经济生活与经典作家的有关论述，论木器时代之存在。

一、石器发明之前，人类历史已经经历了一个漫长时期

到目前为止，世界上所发现的可以确定为打制石器的考古资料，超过 250 万年的为数甚少，超过 300 万年的完全没有。可是，古人类学家根据化石形态的研究与功能鉴别分析法，确定为人类的化石资料却大大地超过了 300 万年，甚至还有 500 万年以上的。比如，1973—1977 年，在埃塞俄比亚王国哈达尔地区发现的人类化石，经测定距今为 350 万年（奥杜威峡谷人科化石年代也在 350 万年之前）；1974 年，在坦桑尼亚共和国伽鲁西河流域发现的人类上下颌骨与牙齿化石，定年距今 359—377 万年；1965 年布·帕特森在肯尼亚的图尔卡纳湖西南的卡纳坡发现的肱骨化石，年代测定为 400 万年之前；1932—1967 年，在埃塞俄比亚王国奥莫盆地七十个地点所发现的人类化石中，最早的也为 400 万年之前；1982 年，美国加利福尼亚大学的科学家们在埃塞俄比亚的阿瓦什河谷发现的相当完整的原始人类化石，时间也约在 400 万年之前[①]；1984 年，在肯尼亚发现的古人类颚内化石，定年则为 500 万年之前。[②]但在这些地区均未发现石器，这种情况显然说明，早在打制石器发明之前，人类实际上早已形成。

生物学家根据生物进化的年代，利用电子计算机分析确定，要改变生物体里的一个氨基酸，平均需要 700 万年。根据这一数字来计算一种生物从另一种

---

① 《约四百万年前的原始人骨骼》，《人民日报》1982 年 8 月 11 日，第 7 版。

② 《五百万年前的人类化石》，《光明日报》1984 年 10 月 12 日。

生物分化出来的时间，是相当科学的。有人根据细胞色素 C 的分析认为，动物和植物大约在 15 亿年前相互分离；脊椎动物和昆虫大约在 10 亿年前相互分离；而人由猿类中开始分离的时间大约在 750 万年之前[①]。这也说明最少在 300 万年制造石器之前，人类就已经从猿类中分化了出来。

恩格斯在《劳动在从猿到人转变过程中的作用》中指出："在人用手把第一块石头做成刀子以前，可能已经经过很长很长的一段时间，和这段时间相比，我们所知道的历史时间就显得微不足道了。"恩格斯这话表明，由人类形成到开始制造第一件石器，中间可能经历了"很长的一段时间"。在《家庭、私有制和国家的起源》中，恩格斯又把蒙昧时代低级阶段称为"人类的童年时代"，是人类社会的第一时期。可是在这一阶段，他并没有提出石器的发明，而是到蒙昧时代中级阶段才提出了早期石器或太古石器。这也同样说明，恩格斯认为石器发明之前，人类已经形成。所以石器发明之前，人类早已形成，这是毫无疑问的。

二、人类历史的开端是木器时代

既然石器发明之前人类早已形成，亦即是说，人类社会早已形成，那么这个时期的人类社会，按考古学上的划分，应是什么时代呢？我们认为，论定人类历史的这一时期为木器时代，已有相当论据，是可以作出结论的。

人类形成的标志是制造工具，人类最初制造的工具是什么呢？应当说就是木器。最初的武器是棍棒、木棒，马克思恩格斯都有说明。石器发明之前，人类获取生活资料与对抗野兽，离开木棒无法生存。木器是怎样制造出来的呢？以往人们总认为，原始人制造木器必得用石器砍削，所以历史的开端就只能是石器时代，这并不符合实际。人类最初制造木器可能是通过两条途径而实现的。

其一，在用树枝拨火的过程中逐步发现火是可以烧树棒为木矛的。这就牵涉火的发明时间。以往人们一直认为，人类对于天然火的利用是由北京猿人才开始的。如果真是这样，人类初期利用天然火烧制木器自然就无可能。可是，近年来的考古发掘与人类学资料则表明，人类对于天然火的利用要早得多。欧洲早期智人遗迹是 10—20 万年前；周口店与匈牙利基本采石场是 50—60 万年前；陕西公主岭、山西西侯度与法国马赛附近是百万年左右；非洲维多利亚湖

---

① 周国兴：《人怎样认识自己的起源》上册，北京：中国青年出版社，1977 年，第 224 页。

地区①肯尼亚切萨瓦亚是在 140 万年之前②；苏联阿尔泰山乌拉林卡河畔是在 150 万年前左右③；云南元谋是在 170 万年前（有炭屑与动物烧骨）；南非的普罗米修斯种南猿的用火，时间可能更早；英美的切萨瓦尼亚考古发掘的学者们早已认定在 140 万年以前，类似人的动物已能使用火并能控制火④；最近更有人指出，不能完全排除类人猿用火的可能性，类人猿会大胆地从火圈里取出它所喜欢的东西，会用一只空手去扑灭另一只手上已烧着毛的火⑤。马克思在《摩尔根〈古代社会〉一书摘要》中说："当人类还不知道用火时，人们没有发音分明的语言，也没有人工制造的工具"。人类用火要在语言和工具发明之前，也就是说，要在人类形成之前。恩格斯在《家庭、私有制和国家的起源》中，也曾把人类用火为蒙昧时代中级阶段开始的标志，而把未加琢磨的太古石器的出现放在这一阶段之内。可见，马克思与恩格斯都是把人类用火放在石器发明之前的，都是把人类用火放在从猿到人的过渡时间。

既然古猿在向人过渡时就已开始用火（可能用树枝拨火取暖），那么，它们在长期使用天然火的过程中，自然就会发现长树枝可以烧断，烧短，可以烧得比那些天然的树枝更适于同其他野兽搏斗，自然就会发现它们经常使用的那些又秃又钝的烧火棍由于经常拨火，竟会一天天地变成锐利坚硬的尖木棒。古猿使用这些尖木棒去刺杀野兽自然就比天然木棒有效得多。于是，它再进一步去烧制更多的尖木棒，用以对抗野兽，从而转化为人，自然就好理解了。

其二，用天然石片砍树枝而为木矛。考古资料证明，旧石器早期存在大量石片制品与刮削器（详后），而这些石片制品与刮削器又主要是用来制造木器的。既然人类此时已经知道石片制品与刮削器是可能用来砍制或刮制木器工具的，那便说明，石器发明之前，人类就已使用天然石片砍制或刮制木器。当古猿为了对抗野兽，开始由最初使用天然树枝，进而有目的地折下树枝，摘掉叶芽，折去那些不必要的枝权，进一步使用天然的石片砍尖，或者烧制成第一条尖木棒这种有力的狩猎工具时，古猿本身也就起了质的变化，从而转变成人，

---

① 王俊仁：《最古老的用火遗迹》，《化石》1983 年第 3 期，第 31 页。
② 《一百四十万年前的用火遗迹》，《在国外》1981 年第 7 期。
③ 《苏联发现一百四十万年前人类遗址》，《史学情报》1982 年第 2 期。
④ 《一百四十万年前的用火遗迹》，《在国外》1981 年第 7 期。
⑤ 周国兴：《狼孩·雪人·火的化石：科学知识小品集》，天津：天津人民出版社，1979 年，第 179 页。

揭开了人类历史的第一页！由此看来，早在打制石器发明之前，从猿到人的质变已经完成，完成的动因就是木器的制造。

另外，人类学资料有助于我们做出上述判断。现代猿类可以用木棒驱赶狮子①，痛打大象，② 从地下挖掘食物③；可以折下树棍，捋掉叶芽，折去枝杈和多余部分，钓吃白蚁。如果树棍弯了不好用时，黑猩猩还会折去弯曲部分，继续再用；还可以把两根短木棒的一端啃尖，中间套上一段空心管子，接成长木棒，用以拨取食物④。人类学上提供的这些例证，可以用以推断人类早期的状况。当改造和使用天然掘棒的古猿，进化到跨进人类门槛的时候，开始制造和使用木棒、木矛，这是很自然的。因而古猿通过木器制造而转变成人，首先进入木器时代，也就不难理解了。

我们还可以用民族学的资料加以论证。直至20世纪60年代，世界上还有一些部落在利用合适的尖石块、鲨鱼的牙齿和贝壳作为工具。大洋洲有些部落的人们，偶尔还选取带有利刃的天然破裂的石块来砍伐树木和制造木质工具。大洋洲南部辟杰达特加拉部落的土著居民，还用一块带天然利刃的未加修制的石块砍伐树木。南澳大利亚皇家学会的蒙特福还特地拍摄了这些土著用天然石片砍伐树木的照片⑤，照片下方还标有"曙石器时代遗风"。可见，石器发明前后，人类使用天然石片砍伐树木，砍制木器，不仅完全可能，而且确有其事。

直至20世纪中期，世界上还有不少原始部落从未发明石器，长期使用木器。比如，老挝的卡族人靠采集、狩猎度日，仅用一根长达九尺的标枪，它既是唯一的生产工具，也是自卫的武器，除此之外，别无石器可用；中国云南省金平县的苦聪人，在未有输入铁器之前，也是仅用木锄刨地，用木棒插穴点种，用弩弓射猎禽兽⑥。南美洲查科地区的查科印第安人，至今仍处于原始状态，从未发明石器，世世代代使用木棍、木矛或尖木棒，挖块根与点穴下种的木棒还十分尖锐，狩猎的木矛也很锋利。

① （英）珍妮·古多尔：《黑猩猩在召唤》，刘后一、张峰译，北京：科学出版社，1980年，第46—49页。

② （英）赫胥黎：《人类在自然界中的位置》，北京：科学出版社，1971年，第4页。

③ 方少青：《古猿怎样变成人》，北京：中国青年出版社，1978年，第41页。

④ 朱铮：《会使用工具的动物》，《科学画报》1982年第5期，第22页。

⑤ （英）奥克莱：《石器时代文化》，周明镇译，北京：科学出版社，1965年，第3—4页。

⑥ 禾子：《"苦聪"人过去的生活简况》，《文物》1960年第6期，第71页。

民族学的这些资料用以推断初民使用木器是很有力的。

马克思在谈到原始时代工具发明的顺序时说："由木棒这种最初的武器进到具有石尖的矛，最后进入到弓和箭；由石刀和石凿进到石斧和石槌。"[①] 恩格斯也说："最初的武器是棍棒与戈矛"，还说，在人用手把第一块石头做成刀子以前，已经经历了很长很长的"童年时代。"[②] 既是很长很长，又是棍棒或木棒，那也就是说，石器发明前有一个漫长的木器时代。

至于石器时代之前的木器为什么至今仍无发现，那主要是因为，第一，多数木器早已腐烂；第二，长期以来一直认为石器是人类形成的标志，因而，即使发现了最古的木器，也会因为没有石器伴存而被当做一般朽木看待。

另外，还有某些学者虽已承认木器先石器而问世，但却认为木器问世一瞬即过，为石器所代替，不可能构成一个独立的木器时代。持这种观点的人是忘记了，由旧石器到新石器，主要区别仅在磨光，却经历了二百九十多万年。而由木器到石器，其变化之大，远远超过前者，怎么可能设想它能"一瞬即过"呢？总之，木器时代之存在，是不应当有所怀疑的。

三、旧石器时代初期亦应属木器时代

不仅旧石器时代之前，人类历史的开端是木器时代，而且，我们还要进一步说，现在通常所说的旧石器时代初期，亦为木器进代。关于木器时代的具体年代，大致由 400 万年到 250 万年前（可视出土物而变动）。由 400 万年前到 300 万年（一般认为是人类形成）前为木器时代前期；由 300 万年到 250 万年前（公认的打制石器出土），为石器时代后期。这也就是说，通常说的旧石器时代初期，应属木器时代后期。

首先，旧石器时代初期发现的猿人化石，有相当一部分没有石器伴存。原因之一就是，那时人类赖以生存的生产门类，仅仅只有采集，狩猎还谈不上。在采集中，只需使用木器，不需石器，也无制造石器的要求。就是对抗野兽，也以木棒、木矛为主，天然石块为辅。至于砸坚果，那也只需要一块天然的石块也就够了。现代落后民族与现代猿类砸坚果也是仅仅使用天然石块而已。

第二，中国旧石器考古学家认为，中国旧石器的主要特色是剥离下来未经加工的石片制品占重要比例。旧石器时代早期的石器类型以刮削器为主。在北

---

① 马克思：《摩尔根〈古代社会〉一书摘要》，北京：人民出版社，1965 年，第 50 页。

② 恩格斯：《家庭、私有制和国家的起源》，北京：人民出版社，1972 年，第 22 页。

京猿人的石器中，刮削器占70％以上；黔西观音洞遗址的一千五百多件石器中，刮削器占70％。在肯尼亚图尔卡纳湖以东地区发现的石器中，有的石器类型与北京猿人的石器和观音洞的石器有不少相似之处，都以刮削器为主；1982年《剑桥非洲史》第一卷第三章中，早期旧石器及其用法一节，有图片八幅，根据说明，有六幅与木器制作有关，也以刮削器与刮具为主；英国学者奥克莱认为，旧石器早期，石片工具早已广泛使用，在欧洲东部或中部，石片文化在整个旧石器时代早期都占重要地位①。

旧石器时代早期为什么会有那么多的石片制品或刮削器呢？民族学与考古学资料都告诉我们，这些石片制品与刮削器，特别是那些半月型或凹型刮削器，是专门用来制造木质工具的。既然旧石器时代早期制造木器的工具如此之多，那么，旧石器时代初期，木器的使用相当广泛和普遍。

第三，在肯尼亚特卡纳湖东岸发掘的261万年前的砾石石器，被称为最早的石器，在此之前，至今仍无公认的打制石器出土。南方古猿（阿法种、进步种或纤细种）的砾石石器，既稀少，又原始，甚至某些砾石石器与天然石块还很难区分。猿人使用这样的石器对抗野兽根本没有可能；从事采集也不堪胜任。反之，猿人在261万年前使用木器倒是相当普遍。

第四，旧石器初期的采集与狩猎经济，决定了这一时代应属木器时代。采集就是打野果，挖块根，采食某些植物的嫩叶和幼芽。那些远离树干，生在柔软枝条上的各种果子，单靠猿人的双手是摸不到的，如果用石块去打落树上的一枚胡桃，那是非常困难的。假如与猛兽搏斗，也以木棒为佳。既然旧石器初期石器在那时的采集和狩猎经济中不起决定作用；而广泛使用并起决定作用的确是木器，离开木器人类便无法生存，旧石器初期自然亦应属木器时代。

以上可见，人类是随着木器的发明而形成的，人类历史开始于木棒、木矛的发明，石器发明之前人类早已形成。初民的生产活动是采集与狩猎，原始的采集与狩猎经济决定了木器时代的存在；采集与狩猎经济的漫长决定了木器时代的漫长。后来，随着打制石器的发明与增多，才发展到石器时代。木器先石器而问世、木器时代的肯定，将引起人类年龄与人类故乡的新论断；将引起石器在早期人类历史中作用与地位的重新评价；将引起原始社会分期的重大变化。

---

① （英）奥克莱：《石器时代文化》，周明镇译，北京：科学出版社，1965年，第47—48页。

三十六、"先石器说"质疑

　　1979 年笔者于高教部在开封召开的"高等院校材审稿会"上，与 1982 年中国世界古代史研究会在杭州召开的"学术讨论会"上，发表了"先木器"观点，散发了《木器先石器问世考》一文，但对此问题，长期未遇争议，深感遗憾。近日拜读戴尔俭同志于《史前研究》1984 年第 3 期，对拙文提出的异议论文——《人类历史上究竟有没有木器时代》（下称戴文），受到不少启发。本文拟就下列问题再就教于专家学者：一、原始人造木器必用石器吗？二、早期社会最具决定意义的工具是木器。三、"木器时代从未有过"吗？四、对几种新论断的批评。

一、原始人造木器必用石器吗

　　先石器论者一致认为，原始人"伐木、断木……均需以比木材更硬的东西方能胜任……主要还是靠石器"（戴文）；"为了把木棒削尖……必须使用石器"[①]"无论是木材、骨片都需要坚硬的石器才能加工"，因此，"最初和最主要的工具，肯定还是石器。"[②] 或者说，"就是使用木棒，也需要加以修理，只有在使用石器的基础上才能更好地利用木棒。"[③] 果真如此，先石器说就是正确的，先木器论与先木器时代论就不能成立。但历史实际情况并非如此。

　　首先，无论猿类或猿人之初，伐木、断木，或削尖木棒并不使用石器。人类的祖先古猿以及现代类人猿黑猩猩等，都要弄断树木"构木为巢"，或者折断树棍钓吃白蚁；还有像古籍上所记载的"野人"（实即猿类）那样，也要拔掉树木或"折断树枝"，用树枝做"睡窝"，"找东西吃"[④]，但都一律不用石器去砍。

---

① （苏）P. T. 波里斯柯夫：《氏族制以前的社会生产力》，麦特伦编：《世界原始社会史》，卢哲夫译，南京：江苏教育出版社，2006 年，第 59—62 页。

② 余继林：《原始社会简史》上册，成都：四川人民出版社，1981 年，第 141 页。

③ 中国科学院考古研究所编辑：《考古学基础》，北京：科学出版社，1958 年，第 4 页。

④ 《归顺直隶卅志》，第 3 卷物产篇，清光绪己亥年（1899）刻印；《野人史料点滴》，《知识》1984 年第 4 期，第 12 页；峻谷：《野人继续在某些地区出没》，《化石》1984 年第 4 期，第 7 页。

猿类虽"用木棒驱赶狮子"①，"痛打大象"②，挖掘食物③，南猿也用木棒挖掘块根，但也从不使用石器断木。猿类所用的树棒，或者来自自然倒伏的树木，或者是暴风刮断的，或者是它们直接折断的，从未用过石器。④

在猿人尚未发明石器之前，古猿已使用木棒对抗野兽。那么，猿人的木棒由何而来？既然他们的祖先可以弄来木棒与狮、象搏斗，可以折断树木构木为巢，模仿能力很强的猿人只需简单地由他们祖先那里继承下来也就行了。如果猿人（或古猿）感到木棒不足，那么，他们顺手使用早已使用的天然石片去砍制木棒，进而砍尖他们早已使用的天然木棒而为木矛，从而转化为人，进入"木器时代"，这也是顺理成章合乎逻辑的。戴尔俭同志说得好："人工制造工具是使用天然工具长期发展的必然结果，而天然工具是最有可能首先被用来加工它物制造人造工具的。这种以物克物的最初最简单的方式，莫过于石质天然工具加工制作比石头软的木制工具"。反之，使用天然木棒去加工天然石块则无可能。无论如何，木器时代既然尚未发明石器，那么再说"断木……主要还是靠石器"那就很难讲通。当然，伐木、断木使用石器在人类历史上确曾出现过，不过，它的发生只能是在石器发明之后。因此，它决不应作为先石器论的根据。

不仅如此，就是在石器发明之后的相当长的岁月里（旧石器时代初期），原始人砍断树木也不一定非用石器不可。比如，大洋洲的某些土著居民砍断树木一直使用天然石片（详后），某些落后民族，如查科印第安人，他们从未发明和使用过石器，但却大量使用木器工具和武器。至于他们如何弄断树木，不得而知，但却从来不用石器去砍伐是可以肯定（详后）。说是"这里把木棒削尖……必须使用石器"，其实，历史实际也非如此。

人类学资料表明：猿类能够选择树棍将其折断，弄短，去掉枝杈叶芽，钓吃白蚁。树棍弯了不好用时，就再折掉弯曲部分，继续再用；还会将两根短木棒之一端啃尖，中间套上一段空心管子，制成长木棒，用以取食⑤。既然现代类人猿不用石器就能改造树棍，弄尖木棒，难道比猿类进步的猿人反而做不到这

① （英）珍妮·古多尔：《黑猩猩在召唤》，刘后一、张峰译，北京：科学出版社，1980年，第46—49页。
② （英）赫胥黎：《人类在自然界的位置》，北京：科学出版社，1971年，第4页。
③ 方少青：《古猿怎样变成人》，北京：中国青年出版社，1978年，第41页。
④ 张峰：《猩猩国奇遇》，《科学与文化》1985年第1期，第17—18页。
⑤ 朱铮：《会使用工具的动物》，《科学画报》1982年第5期，第22页。

一点吗？

考古资料表明，"我国旧石器的主要特色是剥离下来未经加工的石片制品占重要比例……旧石器时代早期的石器类型以刮削器为主"①。在北京猿人的石器中，刮削器占 70％以上；在黔西观音洞遗址的石器中，刮削器占 80％。此外，肯尼亚图尔卡纳湖以东发现的石器，也以刮削器为主；英国"克拉克当石器的制作者主要从事石片工具的生产"②。在这里，"凹刃刮削器出土（也）较多"，非洲最早的石器遗址也以刮削器、刮具、两面斧与石刀为主；英国学者奥克莱依据大量考古资料指出，"在欧洲东部和中部，石片文化在整个旧石器时代早期时都占主要地位"③。迄今为止，世界上所出土的最古老的四十八件石器也全部都是石片制品④。那么，旧石器时代早期为什么会有那么多的石片制品与刮削器呢？考古学与民族学的资料都告诉我们，这些石片制品与刮削器中的相当一部分，特别那些凹型或半月形的刮削器，是专门用来制造木器的。既然旧石器时代早期有那么多的石片工具用以制造木器，那么，自然也就证明：一、旧石器时代早期木器的使用是相当广泛的。二、在旧石器时代早期人类大量制造石片工具之前，肯定已经知道天然石片是可以加工木器的。从而可知，旧石器时代之前，人类已经使用天然石片砍制木器。既然腊玛古猿就已使用天然石块敲骨吸髓，现代类人猿能够用天然石块砸吃胡桃，那么，比猿人类进步的猿人使用天然石片砍尖木棒自然也无可疑。甚至，直到 20 世纪 50 年代，大洋洲有些部落的人们，还留有"曙石器时代遗风"，"偶尔还选取带有利刃的天然破裂的石块来砍伐树木制工具"⑤。既然砍制木器或制造木质工具是用天然石片，那就不好说是"为了把木棒削尖……必须使用石器了。"

民族学资料表明，在南美洲，"整个查科地区完全没有石头和金属"⑥，可是，世世代代居住在那里的处于原始状态的印第安人，用以点穴下种的木棒却是相当尖锐的。苏联科学院人类学和民族学捕物馆收藏的查科人的木标本，手

---

① 周国兴：《人怎样认识自己的起源：人类起源研究史话》下册，北京：中国青年出版社，1980年，第212页。

② （英）奥克莱：《石器时代文化》，周明镇译，北京：科学出版社，1965年，第47页。

③ （英）奥克莱：《石器时代文化》，周明镇译，北京：科学出版社，1965年，第48页。

④ 林耀华：《原始社会史》，北京：中华书局，1984年，第53—54页。

⑤ （英）奥克莱：《石器时代文化》，周明镇译，北京：科学出版社，1965年，第3—4页。

⑥ （苏）A. B. 叶菲莫夫、C. A. 托卡列夫主编：《拉丁美洲各族人民》上，李毅夫等译，北京：生活·读书·新知三联书店，1978年，第442页。

柄通常是圆的，尖端被磨得扁平锋利①，所收藏的挖掘各种块根所用的木棒也都十分尖锐，不过稍微短些罢了。此外，南美密林中的原始人，尽管没有石器，可是他们使用的木制长矛等却也十分锋利。可见原始人不用石器，同样可以首先制造木器，制造木器不一定"必须使用石器"。

考古资料还表明，人类用火可能是在150万年之前。"苏联发现140万年前人类遗迹"；170万年前的云南元谋猿人遗址有碳屑与动物烧骨出土；普罗米修斯种南猿用火的可能不能排除②。人类学资料表明，猿类可以大胆地从火圈内取出它所需要的东西，可以用一只手去扑灭另一只手上正燃烧毛的火③；猿类喜欢玩火并不怕火④。马克思认为，人类用火要在"发音分明的语言"的发明与制造工具之前⑤。恩格斯也认为，人类用火要在石器发明之前⑥。那么人类在长期使用天然火的过程中，自然就会发现长树枝可以烧断、烧短，可以烧得比天然树枝更适于同其他野兽的搏斗，也自然就会发现它们经常使用的烧火棍由于经常拨火，竟会一天天地变成锐利坚硬的尖木棒，于是，它们为了对抗野兽，再进一步有目的地烧制更尖的木棒（晚后的克拉克当遗址曾有烧制木矛出土；澳大利亚土人也用火硬化木矛与掘土棒），从而转化为人，进入木器时代是完全可能的。既然用火烧断树棍，烧制木矛比起使用石器去砍，既省力，速度又快，又可造出硬度更大的矛尖，那又为何"必须使用石器"？

二、早期社会最具决定意义的工具是木器

戴文认为："早期人类社会……并不是以木器为主"，"石器是当时最具决定意义……的工具"，也"是当时直接广泛用于生产……的工具"。其实，这并不符合历史实际。

首先，由早期社会人类获取生活资料的手段进行分析。旧石器时代初期，人类赖以生存的生产方式只有采集和狩猎。所谓采集大致就是打野果，挖块根，采食某些植物的嫩叶和幼芽。而从事这些生产活动，现代落后部族一概是用木

---

① A. 梅特罗：《查科民族志》，《南美印第安人手册》第一卷，第246—248页。

② 周国兴：《狼孩·雪人·火的化石：科学知识小品集》，天津：天津人民出版社，1979年，第178页。

③ 周国兴：《狼孩·雪人·火的化石：科学知识小品集》，天津：天津人民出版社，1979年，第179页。

④ 吴汝康等：《人类发展史》，北京：科学出版社，1978年，第281页。

⑤ 马克思：《摩尔根〈古代社会〉一书摘要》，北京：人民出版社，1965年，第49—50页。

⑥ 恩格斯：《家庭、私有制和国家的起源》，北京：人民出版社，1972年，第20页。

棒或尖棒（澳大利亚土人不久前仍如此），或者用手直接采摘，但没有使用石器的，使用石器也不能解决问题；就连猿类也都知道使用木棒挖掘食物，使用树枝打落野果，[①]何况人为"万物之灵"。至于说到狩猎，如用猿人初期的任何石器去与猛兽——狮、象、虎、豹等厮杀，无疑等于送死！倒是猿人个个手执木棒、木矛却可以置猛兽于死地。难怪后代的落后部族，如，南美印第安人、苔克人等，在狩猎时，一律使用木棒、木矛，而不使用石器；甚至，就连猿类也都知道使用木棒与狮、象等猛兽血战，何况人乎。

既然人类在那时仅有的生产活动——采集与狩猎中，广泛使用木器，很少使用石器，那么，再说石器是那时"最具决定意义的工具"或者说"石器是当时直接广泛用于生产……的工具"就很难讲通。因为，石器在猿人初期采集与狩猎中的使用既不"直接"，也不"广泛"，更不"具决定意义"，反之，那时的生产是以木器为主，最具决定意义的倒是木器。

再由考古资料进行分析。如前所述，在中国，"旧石器时代早期的石器类型以刮削器为主"；在非洲，"最早的旧石器遗迹"中，刮削器、刮具等也占重要比例；"在欧洲东部和中部，石片文化在整个旧石器时代早期都占主要地位。"可见，在早期猿人的石器中，用以制做木器的石片制品与刮削器等工具是相当多的，与其他石器相比，在有些遗址中，竟然多达70％—80％。可以肯定，用这种工具制造出来的木器要比这些工具本身多得多，在这里，如果说木器在数量上超过了石器是可以讲通的；反之，如果说"从数量上说，石器绝不是少量的"（戴文）似乎就有些勉强。

如果再由250万年前人类制造的石器进行分析，结论也是相同的。因为，那时人类制造的石器"数量减少"[②]，质量"粗陋"，以至"要正确鉴定人类制造的最初的工具是一件十分困难的事"，"人类最早尝试用石块制造的工具与自然力量破碎而成的没有多少差别"[③]。在这种情况下，人类从事采集，打野果，挖块根，或者对抗野兽，就只有使用木棒木矛。如果用那样粗陋的石器对抗猛兽无疑自取灭亡！如果用它们去打野果、挖块根绝对不能胜任。因此，石器绝不可能是"最具决定意义的工具"。甚至，某些"曙石器时代遗民"在"制造木质

① 解放军总政宣传部：《社会发展史常识》，北京：战士出版社，1982年，第27页。
② 余继林：《原始社会简史》上册，成都：四川人民出版社，1981年，第130页。
③ （英）奥克莱：《石器时代文化》，周明镇译，北京：科学出版社，1965年，第3—4页。

工具"时，也根本不用石器，而是使用"带有利刃的天然的石块"。大洋洲南部的"曙石器时代遗民"辟杰达特加拉人，直到 20 世纪中期，依然使用"带天然利刃的未加修制的石块砍伐树木"。①既然在旧石器时代初期的采集和狩猎中并不多用石器；甚至砍伐树木、制造木制工具也是仅用天然石片，那么在那时，石器就不可能是"最具决定意义的工具"；反之，最具决定意义的工具倒是木棒与木矛。

如果用木棒打野果，鲜果就会立刻落地；反之，如果用石去打，则极不易得手。如果用尖木棒去挖块根，立刻就能见效；反之，如果用石块去挖，则会事倍功半。如果用木棒、木矛对抗猛兽，则会置猛兽于死地；反之，如果用石块去打猛兽，则无疑等于送死。因此，早期社会最具决定意义的工具是木器而不是石器。

三、"木器时代从未有过"吗

先石器论者认为："木器时代没有过，也不可能有"②；或者说："木器时代过去从未有过"（戴文），其他中外专家也都如此认为，然而，历史实际并非如此。

首先，由考古资料进行分析。迄今为止，世界上所发现的可以确定为打制石器的考古资料，超过 250 万年的为数甚少，超过 300 万年的完全没有。可是，古人类学家根据化石形态的研究与功能鉴别分析法，确定为人类的化石资料却大大地超过了 300 万年。甚至，还有五百万年以上的。比如，1973—1977 年，在埃塞俄比亚王国哈达尔地区发现的人类化石，经测定距今为 350 万年（奥杜威峡谷人科化石的年代也在 350 万年之前）；1974 年在坦桑尼亚共和国伽鲁西河流域发现的人类上下颌骨与牙齿化石，定年为距今 359—377 万年；1965 年，在肯尼亚的图尔卡纳湖西南的卡纳坡发现的肱骨化石，年代测定为 400 万年之前；不久前，在埃塞俄比亚王国奥莫盆地七十俱地点所发现的人类化石中，最早的定年也为 400 万年之前；1982 年，在埃塞俄比亚的阿瓦什河谷发现的"原始人类化石"，定年也约 400 万年之前③；1984 年，在肯尼亚发现的"古人类颚骨化

---

① （英）奥克莱：《石器时代文化》，周明镇译，北京：科学出版社，1965 年，第 3—4 页。
② （苏）P. T. 波里斯柯夫：《氏族制以前的社会生产力》，麦特伦编：《世界原始社会史》，卢哲夫译，南京：江苏教育出版社，2006 年，第 59—62 页。
③ 《约四百万年前的原始人骨骼》，《人民日报》1982 年 8 月 11 日，第 7 版。

石",定年更在 500 万年之前。参加发掘的美国人类学家匹尔比姆认为:"过去的发掘表明东非地区三、四百万年前就有人类生存,这次发现的颚骨,把人类在地球上的出现的时期又往前推进了 100 万年"①。但在这些地区均未发现石器,这种情况显然说明,早在石器发明之前,人类实际上早已形成。既然那么多地区都没有石器,而古人类学家则又确认这些出土物就是"人类化石",而人类形成的标志又是工具的制造,那么,结论就只能是:石器之前有木器时代。

再由民族学资料进行考察。在赤道非洲的原始森林中,生活的侏儒种族——苔克人,靠采集与狩猎度日。他们仅有的财产是矛、弓和箭(箭用坚硬笔直之芦苇秆制成),至今仍无任何石器;生活在老挝的某些卡族部落,也靠采集与狩猎度日。一根长达九尺的标枪,既是他们唯一的生产工具,也是他们自卫的武器,除此之外,他们也无石器可用②;南美中部的原始大森林区,至今仍是地球上的未知地带。可是,在这里却生活着一种原始人,他们以狩猎为生,其武器是长矛、弓箭之类,至今也无石器;不久前,智利中部的印第安人狩猎所用之武器,也是仅有竹枪或木枪;在南美洲,长期处于原始状态的查科印第安人,也是仅有木器而无石器。他们的"果实和嫩芽是用沉重的长木棍打落的。"③捕鱼时,先用渔网把鱼捉住,再用木棍把鱼打晕;狩猎时就用木棒把野兽打死,或用木矛把野兽刺死。1985 年初,在马来西亚东部的密林深处,发现了一个原始部族——白种人。这种野人不穿衣服,仅披一块兽皮;可以从这棵树上摆渡到另一棵树上。他们没有石器,仅仅使用木棒、木矛狩猎野兽。④

直到 20 世纪 60 年代,世界上还有这些处于原始状态的采集者和狩猎者,他们所用的工具和武器都一直是木器而不是石器,他们之中的有些民族甚至根本没有接触过石器,不知石器为何物(如查科印第安人)。既然这样,如果再说:"木器时代从未有过"恐怕也很难讲通。看来没有石器的民族确曾存在,没有木器的民族却找不到。这里不存在木器为主,还是石器为主的问题,不称其为"木器时代"恐怕也很难选词。

如果再由人类那时获取生活资料的手段来看,结论也是相同的。如前所述,

① 《在五百万年前的人类化石》,《光明日报》1984 年 10 月 12 日。
② 颜思久编:《世界民族风情录》,成都:四川民族出版社,1983 年,第 89 页。
③ (苏)A.B. 叶菲莫夫、C.A. 托卡列夫主编:《拉丁美洲各族人民》上,李毅夫等译,北京:生活·读书·新知三联书店,1978 年,第 447 页。
④ 《马来西亚发现白种野人》,《西安晚报》1985 年 4 月 22 日。

人类社会之初，谋取生活资料依靠采集与狩猎，而无论是打野果、挖块根、打落嫩叶与幼芽，或者狩猎猛兽，只有使用木棒或木矛（如猿类与现代落后民族那样），使用石器并不能解决问题。因此人类历史的开端只能是木器时代。

最后，再由经典作家的有关论述来看，恩格斯说："在人用手把第一块石头做成刀子以前，可能已经经过很长很长的一段时间，和这段时间相比，我们所知道的历史时间就显得微不足道了。"①在这里，恩格斯十分明确地告诉我们：第一，在用石头制成工具之前，人已经形成了；第二，由人类形成到开始制造第一件石器，中间可能经历了"很长很长的一段时间"。

恩格斯在《家庭、私有制和国家的起源》中，还曾把蒙昧时代的低级阶级称为"人类的童年时代"（或译"人类的幼年时代"）。在人类的童年时代，恩格斯并没有提到石器的发明，而是到蒙昧时代中级阶段才提出了"早期石器"或"太古石器"。显然，在恩格斯所说的"人类的童年时代"是没有石器的。

恩格斯认为："最初的武器是棍棒与戈矛"，马克思在谈到原始时代工具和武器发明的顺序时说："由木棒这种最初的武器进到具有石尖的矛，最后进到弓和箭；由石刀和石凿进到石斧和石槌。"②在这里，革命导师明确告诉我们：人类"最初的武器是棍棒"和"木棒"，而不是石器。

由以上可知，马克思与恩格斯认为：在石器发明前，人类已经经历了很长很长的"童年时代"，在这段时间里，人类没有石器，使用的武器是棍棒、戈矛或木棒。简言之，即：石器发明前，有一个漫长的木器时代。

可见，"木器时代过去从未有过"，或者说"木器时代没有过，也不可能有"的结论，值得研究。

四、对几种新论断的批评

迄今为止，在全世界范围内，石器时代依然篡窃着人类历史的第一章，不肯让位于木器时代，关于先木器时代论的问世更出现了一些新论断。本文拟择其要者，简加评述，以供探讨。

一、恩格斯曾把蒙昧时代低级阶段称为"人类的童年时代"或"人类的幼年时代"，不少学者认为："人类的童年时代"是从猿到人的过渡时期；童年时代的人类是"过渡期间的生物"。理由是因为那时尚无明石器，所以，那时的人

---

① 恩格斯：《劳动在从猿到人转变过程中的作用》，北京：人民出版社，1973年，第2页。
② 马克思：《摩尔根〈古代社会〉一书摘要》，北京：人民出版社，1965年，第50页。

类就本质上是猿而不是人。其实，人类那时已经不是胎儿，他已经出生了，不出生怎么能称为"童年"或"幼年"呢？在这里，恩格斯不提石器，是与他所说的"在人用手把第一块石头做刀子以前，可能已经经历过很长很长的一段时间"，与人类"最初的武器是棍棒"，以及马克思所说的最初的武器是木棒等完全一致的。

马克思说："人类在他已不再是猿类以后就是蒙昧人。"①那也就是说，蒙昧人已经不是猿类而是真正的人类了。这当然也包括蒙昧时代低级阶段的人类在内。可见，马克思恩格斯认为：人类的童年时代已经不是"从猿到人的过渡时期"；这时的人类本质上也已是人，而不是"过渡期间的生物"，他们首先制造的工具或武器是"棍棒"和"木棒"。

二、戴文在解释恩格斯的先木器观点时说：诚然，恩格斯虽多次提到"最初的"武器是"棍棒和标枪"，但"切莫忽略，恩格斯在蒙昧中级阶段首先提到的是'石器时代的粗制的、未加磨制的石器'"。

这里有两个问题需要澄清：其一、尽管恩格斯首先提到了石器，但却毫无石器最先发明，棍棒尔后发明的意思。正如在同一段内恩格斯首先提到"钻木取火"，然后才提到"棍棒"一样，丝毫也没有"钻木取火"发明在前，"棍棒"发明在后的意思。可见，首先提到石器，并不表明石器发明在前；其二、恰恰相反，恩格斯十分明确地指出"最初的武器是棍棒和标枪"，那也就是说，在"棍棒和标枪"发明之前，没有其他武器发明；在"棍棒和标枪"发明的同时，也无其他武器发明。如果不做这样解释，那么，"最初的"三字就完全变为错用或多余的定语，这显然是不可能的。

三、戴文在解释马克思的先木器论时说："马克思所说的'由木棒这种最初的武器进到具有石尖的矛，最后进到弓和箭'，也只是列举了向大自然作斗争的代表性'武器'的顺序，而绝不是说在使用木棒的阶段，可以不用加工木棒的石器，可以少用进行生产斗争的石器"。

这里有两个疑问需要：第一，戴文既然认为石器是早期人类社会"最有代表性的"武器，这里又说马克思所说的"木棒""只是列举了向大自然作斗争的代表性'武器'"，两种意见不知哪种正确，似乎不好和平共处。第二，既然

---

① 马克思：《歌达纲领批判》，北京：人民出版社，1971年，第10页。

"在使用木棒的阶段"还可以同时使用石器进行生产斗争，那也就是说，石器的发明或在木器发明之前，或与木器发明同时，而绝不可能是要木器发明之后。那么，马克思所说的"由木棒这种最初的武器……"，"最初的"三字岂不成为误用的定语，或者是完全多余的！

四、尽管戴文也承认"在最初，完全有可能只是使用天然锐利的石片或石块来作为加工棍棒的工具……从这个意义上说，早期人类社会最初的工具或武器是棍棒，则是完全合理的"。但接着说，"但它不能构成一个独立的'木器时代'，甚至还不能构成一个独立的阶段"。因为，"既然能以石克木，以较硬之石克较软之木，那么在劳动过程中以较硬之石克软之石，甚至以硬碰硬，来制造石器，也就不再是什么难以逾越的分水岭了，以石克石的人工制品很快就会压倒天然的石片、石块，成为进一步对木头、石头等材料进行加工的主要工具"。简言之，即，既然已知用天然石片捶制木器，很快就会知道用石片制造石器，木器时代一闪即过，因此，不可能构成一个独立的木器时代。

笔者认为，文明人几个小时可以办到的事，原始人几十年，几百年，甚至几千年几万年也未必能够办到，今日世界日新月异，瞬息百变；而远古时代却不可能这样。试想：腊玛古猿即知用天然石块砸破动物的骨管吸食骨髓，可是，经历了数百万年的时间，古猿或猿人才知道用石块砸石块去制造石器；由旧石器到新石器，主要区别在于"磨光"，而却经历了290多万年的时间。由木器到石器变化之大远远超过前者，为何竟不能构成一个独立的"时代"或"阶段"？

五、有人认为，在木、石共存的情况下，原始人首先选择"硬质材料"（石头）去做工具是很自然的。因此，先木器论与先木器时代论不能成立。

其实，恰恰相反，正是因为钢比铁硬，铁比铜硬，青铜比石头硬，石头比木头硬，因此，人类对它们利用的先后顺序才是：木、石、铜、铁、钢；而不是钢、铁、铜、石、木。因为人类对自然物的接触是有先后的；对自然物的认识是有过程的；技术的成长也是有过程的。

当古猿在树上生活时，爬上爬下，荡涤攀援，构木为巢，所要接触的首先是树木；下地之后，对抗猛兽，所要使用的首先也是树棒（现代猿亦然）。因此，经典作家称此时的人类为"使用棍棒的猿猴群"，而不称其为"使用石块的猿猴群"是符合事实的。后来，当人类感到天然棍棒不好用时，就顺手使用他们已经开始使用的天然石片（硬质材料）加以修整，使之成为适用的木器——

木棒、木矛，这是顺理成章合乎逻辑的；反之，如果使用天然棍棒这种软质材料去加工天然石片这种"硬质材料"首先制造石器则无可能。

就人类的认识过程与技术成长过程来看，当人类在树上时就已长期接触和使用木材，下地之后，又世世代代地使用棍棒，因此，它们通过长期实践最先熟悉木材的性质，首先加以改造，使之成为木器是合理的；反之人类接触石头甚晚，获得不易（与木材相比），加工不易，接触、认识、了解其性质，进一步加工需要有个过程，因此，人类对于木材的利用与加工应比对石材的加工更早，尽管人类形成初期，木材、石材，天然铜（孔雀石）、天然青铜，天然铁（陨铁、铁矿石等）均已存在，但软质材料——木器却是最先发明的。一般说来，越是"硬质材料"反而加工较晚，这是合乎规律的。因为，其间还有一个制造与加工技术的成长过程。

总之，上述种种否定木器先石器而问世，木器先于石器时代论的论断是不能成立的；恰恰相反，它们却证明了先木器论与先木器时代论的正确。

结　语

一、原始人不用石器完全可以弄断树木和制造木器。他们弄断树木和制造木器有时用天然石片去砍；有时用天然火烧；有时直接用手去折；当然还可能有其他办法。如塔斯马尼亚人"用贝壳刮磨矛"[①]。总之，"必须使用石器"之说不能成立，否则，试问，猿类弄断树木，构木为巢，钓吃白蚁，驱赶狮象，使用何种石器？辟杰达特加拉人用天然石片砍伐树木、制造木制工具又当如何解释？查科第安人根本没有石器，而却可以弄断树木，制造了那么多尖锐锋利的木器更当如何解释？

二、早期人类社会最具决定意义的工具是木器而不是石器。因为在那时的采集和狩猎中，木棒、木矛具有决定意义。考古资料表明，旧石器时代早期，制造木器用的石片制品与刮削器在石器中比例最大；石器发明前——人类的童年时代，木器具有决定意义更无可疑。因此，石器是早期社会"最具决定意义的武器"的结论，仍须探讨。否则，试问，人类社会之初，打野果、挖块根，以及打落嫩叶和幼芽是用何种石器？对抗猛兽或与虎、豹、狮、象搏斗又用何

---

① 林耀华：《原始社会史》，北京：中华书局，1984年，第164页。

种石器？

三、人类历史的开端是木器时代，而不是石器时代。因为，石器发明前，人类已经经历了漫长的"童年时代"，那时，人类所用的工具只能是木器；直至近日，世界上还有一些根本没有发明和使用过石器的民族，他们世世代代使用木器，因此，他们的这段历史只能称为"木器时代"，具体情况见表1；人类社会之初，无论采集与对抗猛兽，离开木器无法生存，考古发掘之任何石器都不足以战胜猛兽，保存人类，倒是木棒、木矛却可以达到这个目的。因此，"木器时代没有过，也不可能有"，或者"木器时代从未有过"的结论还需研究。否则，试问，石器发明前的人类童年时代，在考古学上当如何命名（石器时代呢还是木器时代）？像查科印第安人等，从未发明和使用过石器，而却大量使用木器，又应把他们的这段历史称为什么时代？难道可以称他们的这段历史为"没有石器的石器时代"吗？

表1　木器时代表

木器时代	前期	距今 300 万—400 万年
（距今 250 万—400 万年）	后期	距今 250 万—300 万年
所处阶段	摩尔根分期	蒙昧低级阶段
	恩格斯分期	人类童年时代
	人类学分期	南方古猿
	考古学传统分期	曙石器时代，原始石器时代
生产门类	采集、对抗猛兽、采集、狩猎	
工具特征	木棒、木矛为主，天然石片、石块为辅，木棒、木矛为主，原始石器为辅	
人类化石	"露西"少女奥杜威人，"露西人"等	
人类体形发展	直立行走，脑容量已达 1400 毫升	

后　记

在《野蛮与文明》这部著作即将出版之时，作为这本书的参与者，我想对本书的一些背景和内容作些说明，以帮助读者更好地理解这本书的内容和观念。

这部书的雏形是我的硕士导师任凤阁先生给研究生开设的课程《原始社会史专题研究》的讲义。朱本源先生、任凤阁先生招收研究生的方向是世界古代史，但任先生的研究重点是在原始社会史这一领域中。我和同门师兄弟汪圣云、柴克俭在20世纪80年代中期有幸成为朱先生和任先生的弟子的时候，任先生就为我们开设了这门课。后来，这个讲义经打印后，也在弟子们中间和学术圈内交流。在这个讲义的形成过程中，我们几个师兄弟也曾为此书做了一些力所能及的工作。1988年我留校后，任先生就希望我继续进行这一领域的研究，进一步丰富这一研究成果，后来我也确实进行了一段原始社会史的教学和研究工作，发表了一些关于原始社会史方面的论文，并在这部书的最终定稿在内容方面也做了一些工作。由此，任先生为了提携我，也将我作为这本书的第二作者，准备出版，这已经是20世纪90年代中期的事了。

20世纪90年代是学术界相当困难的时期，出版机构开始转型，原先登门约好的国家级出版社转而对学术著作的出版要求资助。当时任先生已退休，我也才工作几年，由于观念没有转化，对现实变化无法接受。由此，出书之事就放下来了。

这时期还发生了一件事，影响了这部书的出版进程。那就是我在20世纪90年代中期，我的学术研究方向从原始社会史向史学理论方面转移。对此，任先生在尊重我的选择的同时，认为出版此书不管从精力、财力上和学术发展对我已没有大的帮助，他也退休多年了，就不再想出版此书之事。

那时我还年轻，尚不知晓自己的学术转型对任先生的心理造成多大的冲击。事实上，当时任先生也没有在我面前表现出来，只是感觉之后向任先生问安、请益时，任先生的话题不再像原先那样多在学术方面，转而更多的是关心我的工作和生活方面。但在2008年首都师范大学召开的世界古代史年会上，郭晓凌老师（世界上古史研究理事会长）在总结世界古代史发展状况时，其中有一句话，大意是说，原始社会史的研究几乎全军覆没。这句话对其他人产生什么样的感受我是不清楚的，但对我的心理影响是巨大的。我忽然间明白了许多往事：从我攻读研究生时，任先生就希望我继承他的事业，致力于原始社会史的研究，一再讲，越困难，研究越光荣，越有意义。我留校后，任先生对我更是寄予了厚望，但我最终还是改变了学术研究的方向。对此，任先生没有丝毫责怪我，而是理解我，支持我。细细想之，任先生的这一态度对学生的成长而言是一种多么宽松的学术环境啊！同时对导师而言，这也是需要付出多大的爱心啊！而当时，任先生已去世一年多了，自己内心的不安又无法诉说，晚上只是一个人在首都师范大学的校园里转来转去……

今年学院为了鼓励学术研究，下大气力支助学术著作的出版，这是一件具有重要影响的义举，也为我稍为弥补内心不安提供了难得的机遇。正是在这一背景下，本书有幸列为其中之一，即将付梓。

当然，在此需要说明的是，这部书稿的内容是在 20 世纪 90 年代中期定稿的，因此，不管从话语体系还是知识成果而言，明显地带有那个时代的特征，必然在一些学术研究的具体问题上和现代的研究成果有了一定的距离。因此，我原先曾想对书稿进行大的修订，但后来放弃了这一想法，其原因有三，第一，如果对书稿进行大规模修订的话，不管从精力上还是从知识上都不具备。其二，这部著作毕竟主要是任先生长期研究的成果，如果再进行大的修改，将使读者难以了解任先生对原始社会历史的系统和有深度的认识成果。第三，欣慰的是，这部著作从其初衷，再到初稿最后到定稿都是本着学术研究的目的在进行，前后进行了将近 20 年，因此，但总体而言，其内容和资料是可信的，是建立在扎实的历史研究的基础之上的。基于此种认识，在交付出版的书稿中只是对于一些个别的字句进行了最基本的技术方面的修订。

当然，在此还想再次说明的是，阎瑞生老师和众多的同门师兄弟都对这著作以不同的方式作出自己的贡献。之所以当初任先生将我作为这部著作的第二作者，究其原因，我是这样理解的，一方面是出于任先生对我的厚爱；另一方面也是将我作为他的众多学生们代表，以肯定弟子们在这一著作最终形成过程中所付出的一定努力。

下来，我还想表达一下此刻内心的真实感受。

首先我得感谢历史文化学院院长何志龙教授，正是由于学院在学术方面所推出的重要举措，才使得这一著作的出版式成为现实，衷心期望历史文化学院发展蒸蒸日上。

　　衷心感谢我的老师白建才教授对我决心出版这一著作的支持，他的支持也是坚定我克服困难，寻找和整理遗稿的强大动力。

　　再下来我还得感谢院上的李秉忠副院长、曹伟副院长和刘晓东老师，由于他们三人辛苦的具体运作，才使得这一著作得以顺利进行。

　　还得感谢任先生的哲嗣彦模兄，正是得到他的大力支持和协助，才得以完成任先生的遗愿，才得稍缓弟子们对任先生的亏欠之情，虽然任先生并不这样认为。

　　忆当初入室成为任先生的弟子时，距今已 30 年了。叹时光如梭，不可追寻。任先生已仙逝近十年，抚今追昔，不胜感慨。师生之情，念兹在兹，先生之恩，山高水长。

　　谨以此书铭记任先生对众多弟子的栽培之恩。

王成军

2015 年 12 月于西安雁塔校区